永州市地方志丛书

永州市房产志

永州市房产志编纂委员会　编

方志出版社
Publishing House of Local Records

图书在版编目（CIP）数据

永州市房产志/永州市房产志编纂委员会编．—北京：方志出版社，2020.3
ISBN 978-7-5144-4160-4

Ⅰ.①永… Ⅱ.①永… Ⅲ.①房地产业—概况—永州 Ⅳ.①F299.276.43

中国版本图书馆 CIP 数据核字（2020）第 138708 号

永州市房产志

编　　者：永州市房产志编纂委员会
责任编辑：董　琳

出 版 者：方志出版社
地址　北京市朝阳区潘家园东里 9 号（国家方志馆 4 层）
邮编　100021
网址　http://www.zgfzcb.cn
发　　行：方志出版社图书经销中心
电话（010）67110500
经　　销：各地新华书店
印　　刷：衡阳顺地印务有限公司

开　　本：889×1194　1/16
印　　张：29.25
字　　数：589 千
版　　次：2020 年 3 月第 1 版　2020 年 3 月第 1 次印刷
印　　数：0001～1000 册

ISBN 978-7-5144-4160-4　定价：300.00 元

《永州市房产志》编纂委员会

主　任：高　武
副主任：蒋文林
委　员：李祥甫　周进春　唐国雄　曾亚辉　唐国强
　　　　张木用
主　编：刘湘军
副主编：蒋文林
编　辑：雷　超　张华兵　奉春艳
摄　影：张华兵　张新国　蒋新国　彭　雯
资　料：唐奇辉　唐亚玲　邹德宝　刘柱良　卢志华
　　　　王飞国　聂美姣　冯德军　王　英　刘伯平
　　　　周晓文　蒲　琼　唐军芳　廖周红　杨文林
　　　　唐云豪　周军丽　李　雪　黄　耀　罗　博
　　　　奉江南　陈　弦　于牧青　汪　华　唐正亚
　　　　李永桃　吴国斌　廖财春　罗文芳　陈建军
　　　　李　磊

《永州市房产志》审稿人员

蒋政平　高　波

序

《永州市房产志》正式出版发行，是永州市第二轮修志工作取得的新成果，也是永州房产事业的一项重大成果，可喜可贺。

盛世修志，志载盛世。20世纪末，中国城镇居民住房分配体制改革和城镇化快速推进，拉开了房地产大繁荣大发展的帷幕。自1996年永州撤地建市以来，20年间全市房产建设和管理取得较大的发展，房地产行业迅速发展成为永州的支柱产业，成为带动地方经济增长的“生力军”。记述这20年永州房产行业发展历程，对深入了解永州社会和经济发展历程，具有非常重要的现实意义和参考价值。经过全体编纂人员历时两年多时间资料收集、编纂和评审，《永州市房产志》最终成书，来之不易。

志稿坚持历史唯物主义和唯物辩证法思想，全面反映1996—2015年这20年间永州房产建设管理的概貌和基本发展历程，真实地记录了永州房产管理者、建设者、投资者、消费者20年来的建设成就和变迁。还通过历届房地产交易会、商品房小区集中整治、地方历史建筑等章节，反映鲜明的时代特征和浓郁的地方特色。全书资料翔实，脉络清晰，数据权威，可读性强，是鉴古照今、垂范后世的好教材。

安得广厦千万间，大庇天下寒士俱欢颜。作为基本的社会公共设施和民生保障，房产事业发展与人民日益增长的美好生活需要息息相关。《永州市房产志》的编纂成书出版，必将起到“修志问道，以启未来”的作用，更好地推动新时代永州房地产的高质量发展。

是为序。

永州市房产局局长　高武

2019年6月

编辑说明

一、本志以马克思列宁主义、毛泽东思想、邓小平理论、“三个代表”重要思想、科学发展观、习近平新时代中国特色社会主义思想为指导，遵循实事求是原则，力求全面、准确、科学地记述永州境内房产建设和管理的历史与现状，注重反映时代特征和地方特色。

二、本志记事以2015年年底永州市行政区域为范围。上限为1996年，下限为2015年。个别事项上溯至发端，下限顺延至2017年。

三、本志采用述、记、志、传、图、表、录等体例。前设总述、大事记，次列小编并列结构的志6章，为全志主体。大事记以编年体为主，辅以纪事本末体；专记采取专题体；其他各章，以类系事，横排门类，纵述史实。为体现国家历史文化名城特色，附录收录境内重要历史建筑遗迹48处。编末为编后记，记述修志过程。重要图照集中于志首，其余图照和表格随文设置。

四、本志时间表述按《永州市志行文通则》书写。对历史纪年、地名、机构、官职等，均按当时历史习惯称呼。历史纪年和历史地名，在各节首次出现时注明公元纪年和今地名。中华人民共和国成立后，采用公元纪年。

五、本志多次应用同一名称时，在各章首次出现用全称，并括注简称，其后均用简称。

六、本志除引用古籍原文外，均采用规范语体文表述。

七、本志计量单位、数字、标点符号等，均按国家规定的统一规范书写。

八、入志资料主要来源于永州市房产局现存档案和档案馆藏材料、旧志记载、书报刊物、口碑资料及实物，并参考吸收有关研究成果。除个别注明出处外，余不加注。

永州市行政区划图

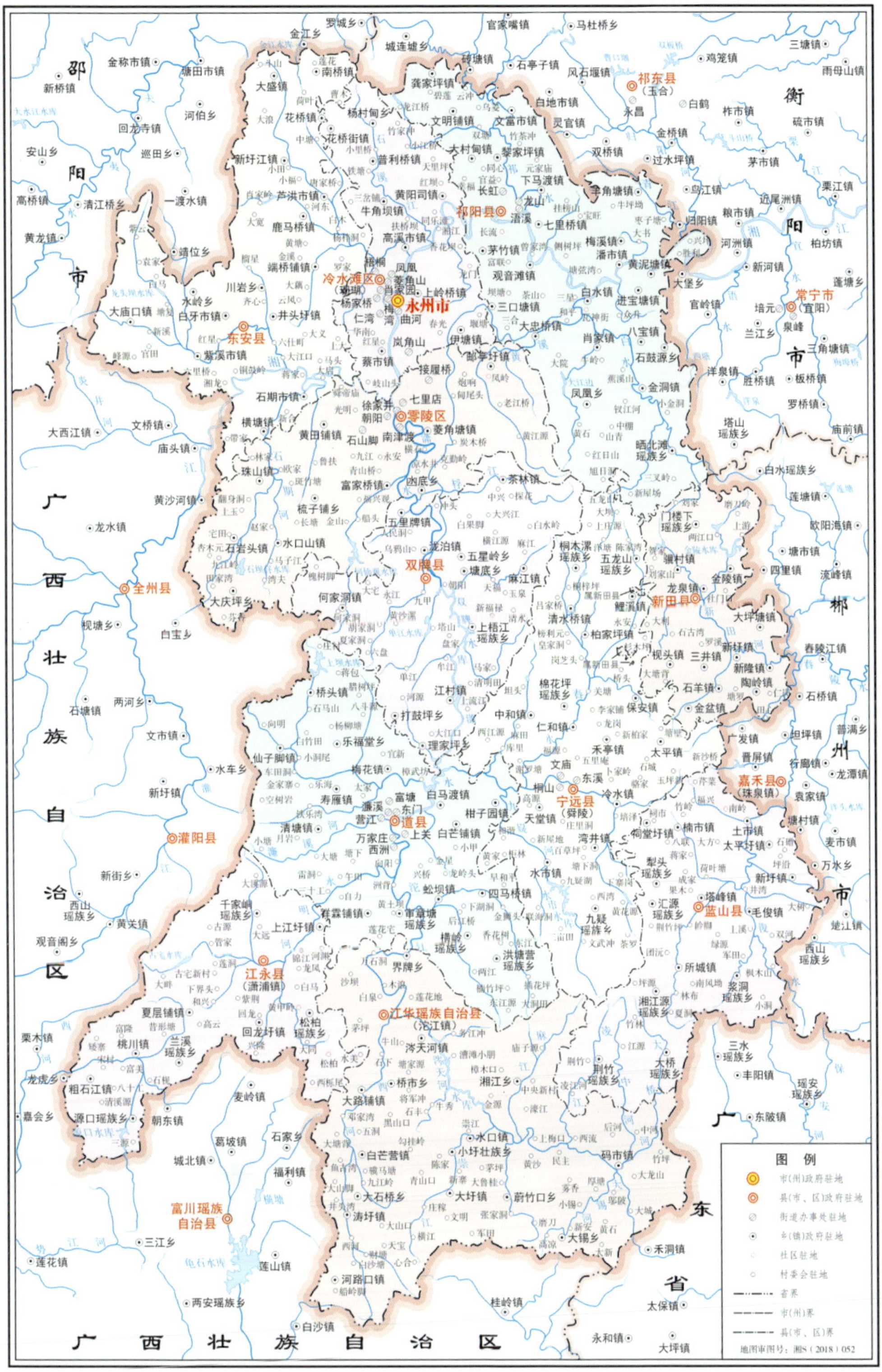

永州市
冷水滩区
零陵区
祁阳县
东安县
双牌县
道县
宁远县
新田县
江永县
蓝山县
江华瑶族自治县
(沱江镇)
祁东县
常宁市
嘉禾县
全州县
灌阳县
富川瑶族自治县
邵阳市
衡阳市
郴州市
广西壮族自治区
广东省
图例
市(州)政府驻地
县(市、区)政府驻地
街道办事处驻地
乡(镇)政府驻地
社区驻地
村委会驻地
省界
市(州)界
县(市、区)界
地图审图号：湘S（2018）052

领导关怀

2017年5月3日，省委书记杜家毫（前左四）考察将军岭棚改区建设

2011年10月11日，市委书记张硕辅（左三）调研涔天河管理局棚改工程

2015年8月6日，市委书记陈文浩（右二）调研湘江西岸棚改工作

2005年3月21日，市委副书记、市长刘爱才（前左二）调研零陵轻机厂经济适用住房建设

2012年11月9日，市委副书记、市长魏旋君（左二）调研保障房建设

领导班子

2015年，市房产局历任局长（左起）：高武（2015—）、杨建平（1996—2007）、刘湘军（2007—2015）

1999年8月，市房产局领导班子在研究工作

2015年，市房产局领导班子

1996年11月，永州市房地产管理局授牌仪式

2005年12月12日，永州市首届房地产交易暨城建、商贸投资洽谈会召开

2008年11月28日，永州市第二届房交会开幕

2010年11月19日，永州市第三届房交会开幕

2012年11月9日，中国·永州第四届房地产交易展示会开幕

棚户区改造

三多亭片区改造新旧对比

黄泥井片区改造新旧对比

滨江城市综合体拆迁前后对比

廉租房建设

2015年，长丰新村廉租房建设

2015年，冷水滩瑶湖路廉租房

住宅小区

2006年5月18日　　唐少纯 摄

2012年10月26日　　唐少纯 摄

见证崛起《四》

2006年5月18日　　唐少纯 摄

2012年10月26日　　唐少纯 摄

见证崛起《三》

2008年11月8日　　唐少纯 摄

2012年10月19日　　唐少纯 摄

见证崛起《二》

2007年4月18日　　唐少纯 摄

2011年6月2日　　唐少纯 摄

见证崛起《一》

2015年，零陵、祁阳、江华、冷水滩房地产开发一角

2015年，中心城区房地产开发小区掠影

2018年12月3日，《永州市房产志》编纂人员与评审专家合影

目 录

概 述

一

永州民居历史悠久，境内现存众多古代人类活动遗址或遗迹，反映永州源远流长的民居史。位于零陵区黄田铺镇的零陵石棚遗址，是永州境内现存最早的人工建筑物，为旧石器晚期文化遗址，距今约2万年。宁远县境内的舂陵侯城遗址、泠道故城遗址和江永县境内的谢沐故城遗址，是东汉时期永州境内人类聚居的见证，距今2000多年。新田县文庙内现存的清代《永州古城图》《道州古城图》等反映永州八县城廓风俗的描金彩绘木雕，细致精妙地刻画出当时永州城内的民居、寺庙、街巷、城墙、塔楼、府衙等布局，是研究永州民居史的珍贵实物资料。

清初，境内城镇房产除官署、医院、学校等少量公产外，大部分为私产。中期，庙宇、祠堂、行业会馆等集体所有房产逐步增加，清宣统三年（1911），境内芝城、冷水滩、道州3个较大的镇房屋总面积35.5万平方米，其中公产2.66万平方米，占总面积（下同）的7.5%；集体产8.02万平方米，占22.6%；私产24.82万平方米，占69.9%；所有房产中店、坊、住宅合一的面积19.23万平方米，占54.1%。人均居住面积芝城6.3平方米，冷水滩3.27平方米，道州11平方米。

民国时期，随着城镇经济贸易活动日益频繁，不少农民迁至城镇定居，加之文化、教育、卫生事业发展，城镇房屋数量逐年增加。民国38年（1949），全区城镇（缺江华县）房屋138.62万平方米，其中国有房产50.52万平方米，占总面积（下同）的36.4%；集体房产23.11万平方米，占16.7%；私人房产77.51万平方米，占55.9%. 私人房产中纯住宅64.99万平方米，占私人房产的83.84%。人均居住面积零陵县6.6平方米、冷水滩镇2.22平方米、祁阳县5.81平方米、道县6.6平方米、江永县11.8平方米、宁远县5.93平方米、蓝山县20平方米、新田县11平方米。城区房屋多为木结构平房，贫民住宅则用毛石、碎砖、竹木、杉皮以至稻草搭建而成，私有店铺狭窄阴暗，唯寺庵、庙宇、祠堂、会馆及官吏富商的住宅采用抬梁式结构或砖木结构，比较宽敞明亮。

新中国成立后，1950年各县开始没收、接管旧政权、官僚、地主房产，接收部

2015年柳子街老街民居一角

分庙宇、祠堂、会馆。同时，部分全民单位开始兴建房屋。1951年，私人建房增加。同年2月20日，零陵县城发生反革命纵火案，烧毁房屋512栋。1952年，零陵、祁阳、道县、江永、蓝山、冷水滩6县镇房屋面积131.2万平方米，比1949年增加31.05万平方米，增长23.66%。其中公产60.09万平方米，占总房产（下同）的45.8%；集体房产12.59万平方米，占9.6%；私人房产58.51万平方米，占44.6%。

1953—1959年，境内城镇房屋建设加快，开始出现钢筋混凝土和砖混结构房屋；同时，部分县镇先后成立房地产管理所，负责公房管理，代管外逃人员和无业主房屋。1960—1962年，国民经济困难，房屋建设基本停滞。1963—1965年，国民经济逐步恢复，加之恢复零陵专区建制，房屋建设随之发展。1965年，零陵、祁阳、道县、江永、蓝山、冷水滩6县镇房屋总面积255.78万平方米，比1952年（下同）增加124.58万平方米，增长94.95%，其中公产157.82万平方米，增加33.44万平方米，增长62.63%，占总面积的69.9%，所占比例上升24.4%；私产58.92万平方米，总体水平相当，占总面积的23%，下降21.6%。

1966—1978年，随着境内新办工业企业增加，建筑业设计、材料、施工技术进步，房屋建设数量增加、形象改变、质量提高，水、电、卫成套住宅和单元住宅开始出现。1978年，零陵、祁阳、道县、江永、蓝山、冷水滩6县镇房屋总面积421.16万平方米，比1965年（下同）增加165.38万平方米，增长64.6%。其中公房487.14万平方米，占总面积的75.26%，增加329.32万平方米，增长67.6%；私房128.31万平方米，占面积19.83%，增加69.36万平方米，增长117.71%。

1979年开始，各县市城区规模扩大，住房建设政策逐步放宽，鼓励单位、个人集资建房；房地产管理机构由单一的管理型向管理经营型转变，积极兴建商品房，房屋建设数量增加。同时，各类房屋建筑逐步采用新材料、新工艺、新技术，房屋质量提高；城镇建设实行统一规划、综合开发、配套建设，房屋周围景观和外部环境逐步向优美、舒适、绿化、美化方向发展。1991年，全区11个县市城镇住房总面积1582万平方米，比1978年（下同）增加900万平方米，增长1.32倍；人均居住面积 8.9 平方米。1992 年，邓小平南方谈话后，全区城镇出现房屋建设热。1992—1995 年，全区城镇房屋建设坚持走新区开发与旧城改造并举的路子，重点突出中低档住宅建设，并抓紧启动安居工程，城镇房屋建设走上持续、快速、健康发展的道路。1995 年，全区城镇房屋建设完成投资 8 亿元，竣工面积 200 万平方米，其中新区开发投资 3.85 亿元，建设房屋 82.5 万平方米；旧城改造投资 2.8 亿元，改建房屋 59.6 万平方米；城镇安居工程投资 1.8 亿元，竣工住房面积 57.9 万平方米，解决住房困难户 8000 户，户均 72.375 平方米。其中教师安居工程投资 3690 万元，竣工住宅面积 11.6 万平方米，解决住房困难户 1427 户。是年，全区城镇房屋总面积 2111.5 万平方米，比 1991 年增加 529.5 万平方米，增长 33.47%。人均居住面积 12.7 平方米，1993—1995 年连续 3 年位居湖南省首位。

改革开放后新建的城镇住宅

民国时期，区内城镇房屋交易（买卖、租赁）以房契为依据，到税务或田粮管理部门纳税。民国 27 年（1938），道县住宅每平方米每月租金 0.3 元，占成本价的 6%。新中国成立后，各县镇人民政府依照《湖南省城镇房地产管理暂行办法》的规定，保护私人房产所有权，允许房屋交易。1952—1965 年，私房租赁在公房福利制、经济状况和历次政治运动等因素影响下，住宅租金略低于成本租赁，非住宅租金则高于成本租金。1952 年，住宅每平方米（下同）租金在 0.02~0.8 元。1965 年，住宅租金 0.1~1.5 元；非住宅租金 0.4~2 元。“文化大革命”期间，私房公开租赁被当成“剥削”批判，但仍有少数业主与租赁方暗里私下交易。1978 年中共十一届三中全会后，私房租赁恢复，其租价随着房屋造价水涨船高，是年住宅租金 0.05~3 元。1985 年，房屋租金普遍上升。住宅租金 0.28~3 元，非住宅租金 1.5~40 元。1991 年以后，私房出租、租赁商品化。到 1995 年，住宅租金一般稳定在每平方米每月 1.2~1.5 元。非住宅租金随行就市，因地而别，繁华地段每平方米每月 40~80 元，新城区和非繁华地段每平方米每月 8~12 元。

区内公房有房地产部门直管公房和单位自管公房两种，租金标准基本一致。1952 年，根据湖南省人民政府印发的《湖南省城镇房屋管理暂行办法》，区内城镇公房开始实行租金制，确定租金的基本原则是发展社会福利和集体福利事业，实行低租金出租住宅，一直维持到70年代末。全区单位自管公房每月每平方米租金（下同）0.02~0.04元。房地产部门直管公房租金0.01~0.16元，非住宅租金0.035~0.28元。1980年，祁阳县遵照国家和省、地有关政策及规定，开始按照折旧、维护、管理3项计费标准，在区内率先调整住宅公房租金，实行“以房养房”“以租养房”。此后，各县市先后多次将租金调高。1988年，各县市房地产部门通过出售部分分散公房、向银行贷款、向买房户集资及公房租金出资4种途径，开始兴建商品住宅房出租。1991年，全区有直管公房30万平方米，平均每月每平方米租金1元，年租金收入360万元。到1995年，全区有直管公房78.5万平方米，平均每月每平方米租金1.8元，年租金收入1413万元。

二

1995年11月，国务院批准撤销零陵地区，设立地级永州市。市委决定，成立永州市房地产管理局。1996年8月，永州市房地产管理局在上收的冷水滩区房地产管理局和芝山区房地产管理局的基础上成立，负责全市房地产系统的行政管理和事业发展。11月，市委、市人民政府对新成立的永州市房地产管理局举行授牌仪式。以此为新起点，永州市房地产事业发展步入一个新阶段。

住房制度改革循序渐进。1994年12月，国务院颁发《关于深化城镇住房制度改革的决定》，规范城镇住房制度改革的根本目的和基本内容、全面推行住房公积金制度、积极推进租金改革、稳步出售公有住房、加快经济适用住房的开发建设、做好原有售房政策同本决定的衔接工作等方向原则问题。1996年8月，国务院办公厅转发国务院房改领导小组《关于加强住房公积金管理的通知》，全面建立住房公积金制度，基本完善公有住房出售政策，经济适用房发展迅速，住房金融体系逐步形成。1998年7月3日，国务院下发《关于进一步深化城镇住房制度改革、加快住房建设的通知》，明确指出从1998年开始停止住房实物分配，逐步实行住房分配货币化；新建住房原则上只售不租；全面推行住房公积金制度。1999年，建设部发布《关于进一步推进公有住房改革的通知》，要求各市、县人民政府认真研究，明确辖区内可出售公有住房和不宜出售公有住房的范围并向社会公布，城镇成套现有住房除按规定不宜出售的以外，均应向符合条件、有购房意向的现住户出售。

永州市住房制度改革从1988—2001年，经过试点起步、整体推进、全面规范三个阶段，逐步改革低租金、高福利，无偿分配的住房旧制度，建立符合社会主义市场经济体制的住房新制度，住房是商品的住房消费观念形成，住房新制度建立，全市城镇人均住房面积极大改善。永州市房改购房价经历三个阶段：第一阶段是

1993 年 5 月到 1994 年 10 月，职工按房改标准价购房；第二阶段是 1995 年 1 月到 1998 年 12 月，职工按房改成本价购房；第三阶段为 1999 年 1 月以后，职工按经济适用住户微利价购买公有住房。2001 年 2 月，永州市政府印发《永州市市区房改房上市交易实施办法》，允许城镇职工在住房制度改革中所购公有住房、经济适用住房和按房改政策由个人全额集资建设的住房进入市场交易，房改房原存房改部门的房屋产权档案全部移交市房地产局，房屋产权证发放由市房地产行政管理部门统一办理。

1997 年市委机关大院住宅区建成

1997—1998 年，大力组织有条件的单位组织职工集资建住房。全市有 454 个单位集资建房 149.3 万平方米，17612 套，其中个人集资 4.92 亿元。市直单位利用市委市政府从零陵搬迁到冷水滩的机遇，用足政策，发挥各搬迁单位建房积极性，从 1996—1998 年，72 个单位兴建 2721 套住房。1997 年，市本级和东安、道县、祁阳、宁远、蓝山都兴建教师新村，有近 500 户教职工搬进新居。零陵卷烟厂住宅小区、市委、市政府住宅小区建成，填补全市没有标准住宅小区的空白。从 2003 年开始，永州市政府规定行政事业单位不得以任何名义进行集资建房，加大对住宅小区和公务员小区的开发规模，杜绝无资质、小规模零星开发。

1998 年 12 月 31 日，永州市停止住房实物分配，实行住房货币分配。永州市的住房货币分配包括两个方面：一是由财政或单位给予职工公积金补贴；二是对未购房改房的职工发放工龄补贴。2001 年，全市全面推进住房分配货币化工作，同时完善公积金制度，初步建立廉租房制度和鼓励筹建经济适用房，有效地改善了城镇居民住房条件。实物分房制度的结束，使广大城镇居民家庭加入购买商品房和住宅的行列。

1995 年，市委、市政府推行住房公积金制度，建立健全住房公积金管理制度和管理机构。1997 年，市委、市政府决定，凡在芝山、冷水滩两区范围内地市属单位（含中央、省属企业）的住房制度改革和建立公积金制度，统一由市住房制度改革领导小组办公室具体组织实施。1997 年 6 月，市政府出台《永州市市直单位住房公积金制度实施办法》，从 1997 年 7 月 1 日起施行。要求凡在芝山、冷水滩两区范围内的市直所有党政机关、群众团体、企事业单位（含中央、省属行政企事业单位）及其在职职工均应按照“个人存储、单位资助、统一管理，专项使用”的原则，缴纳住房公积金，建立住房公积金制度。单位和个人住房公积金的缴交率各定为工资额的5%。办法还对住房公积金的缴存、支付、使用和偿还进行规范管理。当年，全市471个单位40160名职工缴交住房公积金，归集住房公积金1303.71万元，其中市直26个单位1252个职工共缴交住房公积金63万元。除市本级外，11县区都与银行签订委托协议，明确双方权利和责任，为建立住房公积金制度打下良好的基础。2003年，市政府出台《住房公积金提取使用制度》《住房公积金个人委托贷款管理办法》，全面规范和约束住房公积金的归集、放贷、收贷和提取工作。截至2005年年底，全市参缴职工12.95万人，全年归集住房公积金2.53亿元，实现归集余额6.04亿元，在全省归集增幅中居首位，累计向11405户发放贷款3.96亿元，推动永州的住房消费，有效地支持职工改善住房条件，实现住房公积金快速健康的发展。

2002年永州市住房公积金管理中心成立

商品房建设全面起步。住房制度改革的实施，促使永州市房地产建设从公房向商品房转变，商品房从购地自建房到小区建设转变，从单位配房到市场购买转变，房地产业逐渐成为永州市新的经济增长点，永州房地产业的发展进入全新时期。

为解决城镇居民住房困难户问题，1996年以来先后实施安居工程、旧城改造、经济适用住房和廉租住房建设，作为住宅建设的重中之重，从土地、资金等方面予以扶持。2002年三多亭住宅小区建设，突出解决群众反映强烈的拆迁安置问题，采取实物安置与货币安置有机结合和“以小换大、以旧换新、以少补多”的房屋置换办法，变过去的分散安置为集中安置，一次性解决5000人安置问题，成为全市安置小区的样板。

2001年，永州市人民政府为促进城市综合开发，搞活城市房地产市场，出台并实施《永州市城市规划区土地管理暂行规定》和《永州市地产市场管理暂行办法》，取消全市各类开发区、道路建设指挥部的征地权、卖地权，由市政府统一调控和驾驭土地市场。同时，全市城镇住宅建设坚持全面规划、合理布局、配套建设、旧城改造与新区开发并举，加大旧城开发力度，逐步向小区化过渡，并在资金、建材物资等方面向小区住宅建设倾斜。当年中心城市先后完成九疑精品步行街改造和零陵北路中心广场区的银龙大厦、永泰大厦、长隆大厦等建设，并于 11 月 16 日公开拍卖三多亭中心大市场 10.38 亩国有土地使用权，亩均 48.79 万元，开启永州市房地产市场化建设之路。至 2005 年，全市地产交易规则进一步完善，土地二级市场逐步规范，房地产开发用地一律实行招拍挂出让，实现经营土地 100%进市场。

2002 年 3 月，市政府召开全市首次房地产招商会，促进房地产投资与消费。境内外、省内外 43 家有资质的房地产开发企业到会，市有关部门与境内外 18 家房地产开发商签订房地产开发意向合同，总投资金额 10 亿元，开发规模 20 万平方米。2005 年 12 月，在中心城市冷水滩区召开永州市首届房地产交易会，56 家房地产开发商、48 家家居、装饰材料企业参加房交会展览，先后有 13 万余人次参观展览。交易会期间，成交房地产 3.99 亿元；引进境内外、省内外房地产开发外资 5612.5 万美元、内资 31.47 亿元人民币。2005 年，投资结构逐步优化，在全市房地产开发投资中，外资、民资所占比例达 95%以上，成为房地产开发的主力军。

1996—2005 年，全市房地产开发出现投资形式多种、范围扩宽、额度大增，新区开发与旧城改造齐头并进，安置小区、商贸小区、文化体育休闲小区建设各显特色，安置房、商品房、商业门面、办公写字楼等项目齐全的局面。2002 年，永州市第一个商品房住宅小区——翠苑小区开工建设。2004 年，永州出现第一个城市综合体项目——舜德摩尔。房地产投资大幅升温，商品房供需两旺。

1995 年 1 月 1 日起施行《中华人民共和国城市房地产管理法》，房地产管理逐步进入依法规范化管理的轨道。按建设部的统一要求，市房产管理局和 9 个县房地产管理部门 1998 年全部在国家建设部注册产权登记发证机关和搞好产权证书国家统一编号工作。从 1998 年 7 月 1 日起，全市范围内统一启

2004 年冷水滩颐园小区开发

用全国统一制作、编号的新房产证，并对旧证开始进行换发工作。全市产权产籍工作开始迈入现代化、信息化、规范化发展轨道。1998 年，市房产管理局先后投入资金 10 多万元用于添置电脑，使房地产产权产籍管理步入现代化高科技的管理轨道。2001 年，永州市人民政府组织市国土、规划、城建等部门对中心城市规划区内闲置土地进行全面清查，所有房地产开发所需土地，统一由国土部门公开拍卖，实现政府对土地一级市场的高度垄断，做到“一个口子进水，一个池子蓄水，一个龙头放水”。2002 年，为优化全市房地产市场环境，根据国家七部委关于在全国整顿和规范房地产市场秩序的部署，市委、市政府组织市纪委、监察局、规划建设局、国土资源局、房产局、财政局、工商局、物价局、凤凰园管委会等部门，用半年时间，对全市 2000 年以来从事房地产开发经营活动的 56 家开发企业、20 家中介机构、6 家物业管理企业，进行全面清理整顿。同时，加大经营性用地招标拍卖比例，建立健全挂牌交易制度，规范交易程序和规则。2003 年，全市开展房地产中介市场整顿，加强物业管理。中心城市和各县城全面实施《永州市房地产中介服务机构管理暂行办法》，普遍开展“放心房”和“放心中介”承诺活动，严格执行房地产经纪人和房地产估价师执业资格制度，严格遵照估价程序和估价规定办理各类评估业务。2005 年起，全市房地产开发用地全部实行招拍挂出让，实现经营性用地 100% 进市场。是年，为加强全市房地产市场建设，努力构建诚信社会，市人民政府组织开展 2005 年“永州市房地产开发企业综合实力 20 强”“永州市房地产开发企业诚信单位”认证挂牌活动。经有关部门严格进行综合性评审，评选出永州市房地产开发企业综合实力 20 强及房地产开发企业诚信单位 34 家。

1997 年，经市政府常务会议讨论通过，颁布《永州市城市房屋拆迁管理实施办法》，使拆迁安置工作有规可依。2003 年，以永州市人民政府第 3 号令发布实施《永州市城市房屋拆迁管理实施办法》，在房屋拆迁补偿安置过程中，严格加强拆迁资金、拆迁评估、拆除施工队伍和拆迁安全的监管，严格执行拆迁许可证制度，严格责任追究制。

“十五”时期（2001—2005），城镇建设快速推进，中心城市完成新一轮总体规划修编，建成区面积达到 46 平方公里，城区人口增加到 39 万人，城市整体框架基本形成，建成一批城市道路，推进城市功能配套和亮化、绿化、美化，打造新火车站广场、滨江风光带、南津路等城市景观工程，2005 年启动创建文明卫生城市，市容市貌有所改观。县城和重点建制镇实施“十个一”工程，提质扩容取得新成效，9 县县城 5 年大变样，8 个镇进入全省“百强镇”。2005 年，全市城镇化率为 27. 6%，比“九五”末提高 6. 3 个百分点。

1996—2010 年冷水滩滨江一带变化明显

三

“十一五”时期（2006—2010），永州市城镇化进程加快，围绕建设“湘粤桂省际区域中心城市”目标，加快扩城联城步伐，中心城市建成区面积由 2005 年的 46 平方公里拓展到 2010 年的 54.8 平方公里。全市城镇人口由“十五”末的 160 万人增至 235 万人，城镇化以年均 2.4 个百分点的速度推进，城镇化率达到 35.4%，提高 10.9 个百分点。5 年修建城市主次干道 45 条，新增城市道路 52.9 公里。新建在建高层建筑 100 多栋，一批市民休闲场所建成使用。城镇居民人均住房面积由 31.4 平方米提高到 45 平方米。住房公积金进一步完善，5 年新增廉租房 1.5 万套、租赁补贴 1.8 万户。城镇变新变靓。5 年间，9 县县城市政设施投入 78 亿元，是“十五”的 1.5 倍，小城镇建设投入 62.6 亿元，是“十五”的 2 倍，高标准建设一批市政基础设施，打造一批亮点工程，县城和中心镇功能逐步完善，集聚辐射能力大为增强。城镇人口超过 10 万人的县城达到 6 个，比 2005 年增加 3 个，常住人口 2 万人以上小城镇达到 13 个。江华、祁阳被评为“省级文明城市”，沱江镇、白牙市镇荣获“全国文明村镇”称号。中心城市成功创建为省级卫生城市。

“十二五”时期（2011—2015），深入实施“三年提质扩容行动”，坚持以城带乡，注重品质活力，大力推进新型城镇化和城乡发展一体化，城乡面貌发生巨大变化。永州市中心城区扩容提质强力推进，城市规模和形象发生历史性变化，建成区面积由 54.8 平方公里增加到 60.1 平方公里，人口由 54 万增加到 63 万，基本形成中等城市框架。湘江风光带成为市民休闲健身乐园，“源味街”深受市民欢迎。安置小区建设、背街小巷改造和城中村整治取得质的突破，“零陵古城”保护项目全面开工建设，“智慧城市”建设高位破题。主要城市道路及沿街建筑立面综合提质改造相继完成，23 条“断头路”全部通车。清理闲置土地 1.5 万多亩，整治小区 103 个，补办“两证”10 万多本，湘江纸业关停并转，宋家洲综合整治有序推进，市民呼吁 10 多年的许多历史遗留问题得到解决。县城和小城镇面貌变化显著，集聚辐射能力增强，人口过 10 万的县城达到 6 个，其中过 15 万的县城达到 3 个、过 20 万的县城达到 2 个，新增人口过 5 万的小城镇 3 个，江华荣获全国文明县城称号，宁远成功创建国家卫生县城，全市城镇化率由 35.38%提高到 45%。住房保障得到加强，累计开工建设保障性安居工程和各类棚户区改造 15.3 万套，建成 10.8 万套。经过 5 年的努力，中心城市综合承载力、辐射力日益增强，基础设施薄弱的状况显著改变，制约永州发展的瓶颈取得突破，成功创建国家卫生城市、国家森林城市，入选中国幸福城市 20 强，入围中国地级市民生发展 100 强。

2001 年建设三多亭安置小区

房地产投资保持强劲增速。2006 年以来，随着土地、信贷等政策调整，部分城市房地产投资规模过大和房价上涨过快，政府对房地产市场进行多轮宏观调控，从住房供应结构、税收、信贷、土地、廉租房和经济适用房建设等方面出台政策，促进房地产业健康发展。市政府先后出台《关于规范和扶持市区房地产业健康发展的意见》（2008 年）、《永州市市区房地产税收一体化管理办法》（2008 年）、《关于进一步完善中心城区住房制度改革的通知》（2011 年）、《关于促进我市房地产业平稳健康发展的若干意见》（2012 年）、《关于促进房地产市场平稳健康发展的实施意见》（2014 年）等政策文件对房地产市场进行调控。房地产企业在此轮发展周期中，伴随市场规模的增大，企业数量上升，但随着调控也进一步兼并整合，行业集中度快速提高。2015 年，永州市城镇房地产累计完成投资 89.48 亿元，市本级完成投资 26.95 亿元，金融机构房地产贷款余额 161.52 亿元。其中，开发贷款余额为 25.6 亿元，占整个房地产贷款余额的 15.86%；个人购房贷款余额为 134.7 亿元，占整个房地产贷款余额的 83.4%；企业购房贷款余额为 1.2 亿元，占整个房地产贷款余额的 0.74%；全市城镇完成住房建筑面积 434.82 万平方米，其中市本级完成建筑面积 116.44 万平方米。

新建商品房供销总体平稳。继 2005 年 12 月成功举办永州市首届房地产交易暨城建、商贸投资洽谈会之后，永州市先后在 2008 年、2010 年、2012 年、2015 年举办第 2~5 届房交会，逐步从政府主导走向市场运作，以会展营销促进住房的理性消费和投资，推进永州市房地产业持续健康发展。2015 年，全市累计房屋交易登记 30527 宗，面积 451.65 万平方米，成交金额 95.58 亿元。其中市本级交易面积 174.5 万平方米，交易金额 43.5 亿元。新建商品住房价格稳中有升。2009 年，商品房销售均价 1460 元/平方米，2015 年 6 月，住宅均价 3100 元/平方米，其中新建商品住房均价 3600 元/平方米。

2010 年永州第 3 届房交会召开

2008 年，市政府对公积金管理体制进行调整，市住房公积金管理中心负责全市范围内住房公积金的管理和运作，各县区住房公积金管理部是市住房公积金管理中心的派出机构，其人、财、物、事由市住房公积金管理中心统一管理，实行统一的规章制度，进行统一核算。住房公积金管理实行市住房公积金管理委员会决策、住房公积金管理中心运作、银行专户存储、财政监督的原则。2012—2015 年，住房公积金贷款政策进行 3 次调整：2012 年，住房公积金最高贷款额度由 15 万~20 万元提高到 25 万~30 万元，贷款年限由不超过借款人法定的退休年龄，放宽到不超过借款人法定退休年限延长 5 年（含 5 年）。2014 年，全市住房公积金最高贷款额度实行统一标准 35 万元。2015 年，全市住房公积金贷款额度由 35 万元提高至 45 万元。

自 2008 年全市公积金实行统一管理以来，住房公积金归集额和贷款额逐年稳步上升。全市住房公积金缴存总额从 2008 年的 20.23 亿元增长到 2015 年的 100.55 亿元，缴存职工从 18.49 万人增至 21.02 万人，缴存余额从 14.10 亿元增至 62.59 亿元，职工累计提取住房公积金总额从 6.13 亿元增至 37.96 亿元。发放个人住房贷款从 2008 年的 3.54 亿元增至 2015 年的 14.62 亿元，回收个人住房贷款从 1.39 亿元增至 5.66 亿元，全市累计发放个人住房贷款从 24066 笔 12.66 亿元增至 64914 笔 79.2 亿元。住房公积金业务收入从 4636.86 万元增至 24582.58 万元，住房公积金业务支出从2791.68万元增至9026.96万元，住房公积金增值收益从1845.18万元增至1.56亿元。累计上缴城市廉租房（公共租赁住房）建设补充资金从328.45万元增至7813.07万元。

1996—2015年，永州住房制度改革从实物分配逐步过渡到货币分配，最终全面推行住房公积金制度；保障性住房建设从安居工程到经济适用住房、廉租住房建设，改革成果惠及每个普通群众。新型城镇化快速发展，房地产市场从无到有，从小到大，房地产业健康快速发展，逐步成为区域经济发展的一大支柱产业，城市品质和人居环境得到全面改善。

站在新的历史起跑线上，市委、市人民政府以科学发展观为指导，以保障和改善民生为重点，认真落实国家和省级城镇住房发展规划的相关要求，积极发挥城市住房建设规划的引导和调节作用。着力强化政府住房保障，加强房地产市场调控，推进住房建设消费模式转型，促进住房事业科学发展，努力实现广大群众住有所居的目标。

大事记

1996 年

6 月 24 日，全市房改工作会议召开，市委常委、常务副市长朱泽民出席会议并讲话。

8 月 15 日，市机构编制委员会下发《关于设立永州市房地产管理局的通知》，在上收冷水滩区房地产管理局和芝山区房地产管理局的基础上成立永州市房地产管理局，负责全市房地产系统的行政管理和事业发展。

9 月 10 日，全市清房工作会议召开，市委副书记谢朝月、常务副市长朱泽民出席会议并讲话。

10 月 21 日，中国房地产开发集团永州有限公司挂牌，原零陵地区人大联工委主任孔宪访、省建委副主任贺佩球出席揭牌仪式。

11 月，市委、市人民政府对新成立的 4 个正处级单位永州市房地产管理局、永州市城市规划局、永州市市政管理局、永州市建工局举行授牌仪式，杨建平任永州市房地产管理局局长。

1997 年

1 月 10 日，永州市住房制度改革办公室挂牌成立。

1 月 17 日，市房地产管理局成立永州市房屋拆迁建设事务所，为独立核算、自主经营、自负盈亏的企业单位，挂靠永州市房屋拆迁管理办公室。

2 月，经市人民政府批准，撤销芝山、冷水滩两区房地产管理分局，分设永州市房地产管理局第一、第二房地产管理处，接管两分局全部业务。

3 月，全市房地产管理系统开始对直管公房进行清查，建立健全产籍档案 37000 个，其中市本级 4500 个。

3 月，市人民政府批转市房地产管理局《关于白蚁防治的规定》。

4 月 1 日，市房地产管理局下发《关于推行社会服务承诺制度的通知》，结合房地产部门职能管理项目，在办事时限等方面向社会作出 5 点承诺。

4 月 8 日，全市体改和房改工作会议召开，市房改领导小组组长、常务副市长朱泽民作工作报告《求实创新、重点突破，扎扎实实地把我市改革推向前进》，要求把建立住房公积金制度作为房改的首要任务来抓，全市所有单位要从 7 月 1 日起建立住房公积金制度。市委书记邹金鹭、市长王道生在会上讲话。

4 月 16 日，市编制委员会办公室下发《关于永州市房地产局芝山分局等机构更名的批复》，永州市房地产管理局芝山分局更名为永州市房地产管理局第一管理处，永州市房地产管理局冷水滩分局更名为永州市房地产管理局第二管理处。

4 月 18 日，市房地产管理局下发《关于实施办事公开制度的通知》，着重推行实施 18 项办事公开制度，全面推行阳光行动，促进勤政廉政建设。同日，成立以局长杨建平为组长的市房地产局推行政务公开制度领导小组，加强组织领导。

4—12 月，祁阳县黎家坪 322 国道改道拆迁、道县道州公路新建拆迁、冷水滩区河东开发建设拆迁、东安县沿江路旧城改造拆迁先后完成。

5—12 月，市、县房地产管理局先后组建房地产评估机构，祁阳、道县、新田 3 县组建房地产信息咨询机构。

6 月 4 日，市政府办印发《永州市市直单位住房公积金制度实施办法》。

6 月 14 日，全市房地产工作会议召开。这是市房地产局成立以来的第一次房地产局长会议，会议听取各县区工作汇报，研究房政管理及房地产市场管理工作，部署全市房地产业下段工作。

6 月 14 日，永州市人民政府办公室印发《永州市城市房屋拆迁管理实施办法》，明确市房地产管理局为房屋拆迁主管部门，对拆迁管理、拆迁补偿、拆迁安置进行规范。

8—12 月，全市各县区清理整顿“一市一县多头发证”现象，制止非法发放房屋所有权证行为。

1998 年

3 月 18—20 日，永州市房地产工作会议在冷水滩区召开。市人大常委会副主任吕芳村、市政府副市长张维、市政协副主席沈泗海出席会议，市建委系统各局及各县区建委、房产部门负责人参加会议。会议要求，进一步发展房地产业，加速培育新的经济增长点和消费热点。

5 月 27 日，市房产局召开全市各县区房地产局（处、所）长会议，传达省建委会议关于全国换发产权证的有关精神，安排部署产权换证事项。7 月 1 日起，全市范围内统一启用全国统一制作、编号的新房产证。

7 月 22 日，市委、市人民政府出台《关于加快住房建设、搞活房地产市场的暂行办法》，鼓励干部职工全额集资建房，鼓励市内外开发商投资开发商品房和住宅小区，认真做好房改房部分产权衔接为全部产权的扫尾工作，加快存量公有住房改革，放开住房交易市场，加强住宅小区建设。

8月1日起，市房产局暂时委托芝山、冷水滩区建委对农村房屋进行产权发证。

1999年

5月7日，全市房地产工作会议召开。会议主要内容是回顾总结1998年全市房地产业工作，安排部署1999年工作。

5月10日，市房产局召开动员大会，围绕机关行风整顿、经济环境整顿、维护社会稳定3个问题开展自查自纠活动。

6月10日，市房产局成立永州市房地产测绘大队、永州市房地产测绘事务所。

6月16日，永州市房地产评估协会成立大会召开。

11月12日，市直机关、企事业单位“房改房”产权产籍档案移交工作协调会议在市房产局召开，明确市房改办向市房产局移交“房改房”产权产籍档案具体事项。

12月3日，市房产局向芝山、冷水滩区建委下达通知，2000年1月1日起停止委托两区建委发放乡镇房屋所有权证。

2000年

4月4日，市房产局行文，全权委托凤凰园经济开发区管理委员会行使房屋拆迁行政裁决。

6月19日，市人民政府下发《关于深化永州市市区住房制度改革加快住房建设的实施方案》《永州市市区职工住房货币分配实施办法》，明确停止住房实物分配，实行住房货币分配，逐步放开住房交易市场。

8月22日，市人民政府印发《永州市房改房上市交易实施办法》，对房改房转让、出租和抵押进行规范。

11月10日，市委副书记邓三龙主持召开专题会议，研究凤凰园经济开发区房产证发放问题，同意凤凰园开发区代发所辖范围内的房产证，原委托终止。

2001年

2月21日，市人民政府印发《永州市市区房改房上市交易实施办法》，对城镇职工在住房制度改革中所购公有住房、经济适用住房和按房改政策由个人全额集资建设的住房首次进入市场交易进行规范。

5—7 月，市房产局组织在全市范围内开展危旧房屋安全大检查，检查中心城区房屋 600 万平方米，其中危房面积 15 万平方米（拆除 13 万平方米，技术处理 2 万平方米），危房率 2.5%。9 县检查 265 万平方米，危房面积 25 万平方米（拆除 18 万平方米，技术处理 7 万平方米），危房率 5.66%。

9 月，市委、市人民政府印发《永州市机构改革方案》，将永州市房地产管理局更名为永州市房产局，将市经济体制改革委员会的指导住房改革的职能划入市房产局（加挂市住房制度改革领导小组办公室的牌子），同时明确市房产局为市政府直属正处级事业单位。

9 月，市人民政府办公室印发《永州市房产局职能配置、内设机构和人员编制规定》，永州市房地产管理局正式更名为永州市房产局，增加住房制度改革职能，下放芝山区管理职能，为市政府直属事业单位，负责全市住宅与房地产业行业管理及房屋产权产籍管理工作。

10 月 1 日，永州市房地产评估事务所改制为永州潇湘房地产评估有限责任公司（资质二级），人员、名称、财务、职能 4 个方面与主管部门脱钩，改为独立执业的中介服务机构。

11 月 11 日，市委副书记、市长刘爱才主持召开中心城市建设领导小组成员会议，研究决定启动 12 个城建重点项目，其中住宅小区建设项目计划 2003 年年底在冷水滩城区建设好一个公务员住宅小区和一个商业居住小区，承建单位是市房产局。

2002 年

1 月 8 日，市房产局出台《关于规范永州市房屋拆除行为的规定》，严格拆迁许可制度，强化资质管理，规范拆除行为。

3 月 22—24 日，市政府在南华大酒店召开全市首次房地产招商会，境内外、省内外 43 家有资质的房地产开发企业到会，市政府副市长刘新普、市政协副主席曹小华等有关领导出席会议。会上，市有关部门与境内外 18 家房地产开发商签订房地产开发意向合同，总投资金额 10 亿元，开发规模 20 万平方米。

4 月 5 日，市政府印发《永州市地产市场管理暂行办法》，规范城市规划区内的土地使用权出让、转让、出租和抵押等交易行为。

5 月 20 日，市委办、市政府办下发通知，调整市与芝山区环境保护、公安、房产等管理体制，将芝山区城内的房产管理职能由市房产局下放芝山区管理。

6 月 25 日，市房产局公布《永州市冷水滩河东路网拆迁补偿安置实施办法》。

6月27日，市长刘爱才主持召开市政府第24次常务会议，研究整顿和规范房地产市场秩序等工作，决定集中开展整治活动。

7月31日，市政府第27次常务会议讨论通过《永州市白竹大道拆迁补偿安置实施办法》，自8月8日起实施。

10月，经市委、市政府批准，成立永州市住房公积金管理中心，为直属于市政府不以营利为目的的副处级事业单位。

11月18日，副市长刘新普主持召开专题会议，研究公务员住宅小区建设问题。

是年，永州市招商引资开发的第一个商品房住宅小区——翠苑小区开工建设。

2003年

2月10日，市纪委、市监察局下发《关于永州市党政机关和事业单位违规组织职工新建和扩建住房若干问题的处理意见》，就1999年全市城镇停止实物分房后出现的一些问题明确处理办法。是年，对市直29个单位1562套24.84万平方米新、扩建住房进行清理，收回各种税费118.26万元。

2月26日，市房产局根据市政府第35次常务会议精神具函凤凰园经济开发区，从即日起不再委托发放房屋所有权证。

3月31日，市房产局下发《关于加强对房屋拆迁监管的规定》，加强对拆迁资金、拆迁安置、房屋拆除、拆迁评估的监管。

4月22日，全市住宅与房地产工作会议召开。

6月18日，市房产局下发《永州市房地产中介服务机构管理暂行办法》，规范房地产市场秩序。

7月7日，市政府第50次常务会议研究通过《永州市城市房屋拆迁管理实施办法》，于7月18日发文公布，自2003年9月1日起施行。

2003年，市政府出台《住房公积金提取使用制度》《住房公积金个人委托贷款管理办法》，全面规范和约束住房公积金的归集、放贷、收贷和提取工作。

2004年

2月18日，市房地产交易大楼举行开工典礼。3月12日，破土动工。

9月，市房产局在冷水滩区委会议室召开冷水滩区武装部16户私有门面房行政裁决听证会，为省里制定《湖南省城市房屋拆迁听证管理规定》提供初始模型。

12月1日，市人民政府办公室转发市房产局《永州市经济适用住房建设交易管理办法》和《永州市城镇最低收入家庭廉租住房管理办法》，规范全市经济适用住房和廉租住房建设、交易和监督管理，自12月20日起施行。

2005 年

5 月 30 日，市物价局下发《关于对确定廉租住房租金标准的函》，规定廉租房的租金标准每月每平方米（适用面积）一、六层为 1.2 元，二、三、四、五层为 1.4 元，原则上每两年对廉租住房的租金标准进行一次调整。

5 月，省房协和市房产局组织 2005 “永州房地产开发企业综合实力 20 强”“永州房地产开发企业诚信单位”认证挂牌活动，评选出综合实力 20 强企业 20 家、诚信企业 34 家。

10 月 17 日，市房产局发文，成立永州市房地产价格评估专家委员会，对全市范围内拆迁估价进行技术指导，受理拆迁估价技术鉴定。伍世璠为主任委员。

11 月 13 日，市发展改革委员会下达《关于永州市湖塘路廉租住房项目建议书的批复》，同意市房产局建设湖塘路廉租住房，项目从 2005 年起分 5 年完成，设计面积 16000 平方米，建筑面积 2500 平方米，当年投资 145 万元。市财政局每年配套 100 万元，其余由市房产局自筹。

12 月 12 日，永州市首届房地产交易暨城建、商贸投资洽谈会召开。市委书记曾庆炎率在家的市委、市人大、市政府、市政协全体领导出席开幕式。本次房交会有 30 家房地产开发企业参展，13.8 万人次参观展会，房地产交易成交额 3.99 亿元，签约项目 49 个，其中内资项目 40 个，总投资 327268 万元。

2006 年

3 月 10 日，全市房产地产工作会议召开，对经济适用房、廉租住房建设工作做专门布署。

9 月 6 日，市房产局组织召开中心城市开发商座谈会，商榷永州市房地产发展思路。

10 月 10 日，香港惠联投资有限公司和长丰集团共同投资开发的大型现代化物流商居中心——永州长丰国际广场正式开工。该项目总投资 4 亿元，在上年 6 月召开的“湖南（香港）投资洽谈会”上被列入省招商引资重点签约项目，是永州市最大的外商投资建设项目。

2007 年

4 月 23 日，市人民政府召开全市房地产市场秩序专项整治工作动员会，副市长荣燕明在会上进行安排部署。由永州市房产局牵头，会同市规划建设局、国土资源局、财政局、审计局、监察局、国家税务局、地方税务局、发改委、物价局、工商局等部门，联合开展房地产市场秩序专项整治工作。到当年年底，发现违规问题较为严重的有5家房地产开发企业，追缴入库违规房地产企业所得税271万元。通过专项整治，有效净化房地产市场。

7月6日，刘湘军任永州市房产局局长。

12月，市人民政府制定《永州市廉租住房土地供应、建设规划及工作方案（2007—2009）》。

是年，市、县（区）出台《“十一五”住房建设规划》，对“十一五”期间的住房建设做出详细部署。

2008年

5月9日，市财政局印发《永州市廉租住房保障资金管理办法》，对廉租住房的资金来源、适用、预算、拨付、决算、监督等做明确规定。

5月16日，省建设厅副厅长张洪均一行到永州督查住房保障“两房”建设和安全生产“百日督查专项行动”落实情况。

7月26日，市政府召开中心城区房地产业调研座谈会。

8月31日，市人民政府出台《永州市市区房地产税收一体化管理办法》和《关于规范和扶持市区房地产业健康发展的意见》，实施购房财政补贴，降低交易成本；限制淘汰散小开发，进一步规范房地产开发；建立房地产市场信息发布制度和商品房销售合同备案制度，维护购房安全；启动住房专项维修资金的收集与监管。新政策对促进永州房地产市场稳定发展，支持居民购房起到重要的作用。

9—10月，市房产局投入50万元，完成局域网硬件软件建设，完善业务流程，房产综合信息系统开始运行，业务办理由手工向信息化管理转变。

10月7日，市房产局行政审批科进驻市政务服务中心，行政许可事项集中进入市政务中心办理业务。同日设置信息中心，履行信息化建设及管理职能。

11月28—30日，永州市第二届房交会在冷水滩区舜德摩尔举办，市政协主席陈金荣、市人大常委会副主任杨怀康、副市长荣燕明等参加11月28日的开幕式。此届房交会成交房屋781套10万平方米，成交金额超过1亿元。

12月，李农妹任永州市房产局党组书记。

是年，市人民政府制定《永州市解决城市低收入家庭住房困难发展规划和年度计划（2008—2010）》。同时，市政府成立住房保障工作领导小组，由市政府分管领导任组长，办公室设在市房产局。

2009 年

1月8日，2009中国（永州）楼市总评榜颁奖典礼在永州电视台举行，评出2009年度永州十大名盘、年度营销机构、年度营销人物等13个奖项并颁奖，邀请清华大学继续教育学院房地产总裁班教授曾宪斌和长沙房地产开发协会理事骆宪炳作楼市专题报告。

2月17日，全省建设工作会议召开，永州市房产局被评为湖南省建设系统先进单位。

2月19日，市政府第31次常务会议召开，要求进一步激活房地产市场，加大廉租住房建设力度。

2月20日，市房产局成立住房保障工作领导小组，局长刘湘军担任组长。

2月23日，全市建设国土工作会议上，各县区主要负责人向市长递交保障性住房建设目标责任书。

5月5日，举办永州市“两房”建设统计员培训班。

5月，市房产局设立物业管理办公室（房屋维修资金管理中心），负责指导全市物业管理和住宅维修资金管理工作，对冷水滩城区内的住宅维修资金进行收缴归集和管理。

5月20日，市房产局下发《关于全面开展住宅小区专项维修资金归集管理工作的通知》，明确市房产局维修资金管理中心是办理专项维修资金专户缴存的具体承办单位，各建设单位应将收取的专项维修资金统一缴存到指定专户。

6月25日，省建设厅副厅长袁湘江带省建设督导组对永州市拆迁项目安全监管、保障性住房建设安全生产、直管公房安全管理进行检查。

6月29日，全市中小学校舍安全工程电视电话会议召开，市政府全面启动中小学校舍安全工程，计划通过3年的时间，将全市近3000所中小学校建成最安全、家长最放心的地方。副市长戴菊芳参加会议并讲话。

8月18日，市房产局、市民政局下发《关于批准实施〈市直城市低收入家庭廉租住房租赁补贴发放实施方案〉》。

8月24日，市人民政府印发《永州市房改房上市交易实施办法》，建立房改房流通体制，促进存量住房的流通，满足居民住房消费需求。

8月，永州市商品房网上签约备案系统和商品房预售资金监管系统正式启用。

9月1日起，市房产局全面开通永州市房产政务网，将所有政务信息、房产信息进行网上公开。

9月12日上午，市委常委、常务副市长唐松成召开由市直各有关部门主要负责人参加的工作调度会；9月14日，市委常委、纪委书记刘湘凌主持，市委常委、副市长张正通报年度未开工项目情况，唐松成要求全市对中央投资的廉租住房项目和国家新增投资项目必须做到“3个100%”，即：所有项目在9月底前100%开工建设，地方配套资金9月底前100%落实到位，对检查中发现的问题要100%整改到位。

10月，湖南省土地利用总体规划修编领导小组审查通过《永州市土地利用总体规划（2006—2020年）》，从空间布局上规划“两片四轴”城镇空间结构，中心城区总体发展方向由冷水滩区和零陵区沿湘江相向发展。

11月12日，市规划建设局面向社会公示《永州市中心城区一体化规划》。

11月17日，市政协主席陈金荣深入城市绿岛住宅小区、湖塘路廉租房建设项目基地、市房产局办公大厅视察全市房产工作。市政协副主席蒋政平、袁火林、彭爱华、盘玉花、余华生、周秀英，市政协秘书长宋可福等陪同视察。

12月11日，市房产局召开全市各县区房产局局长座谈会，分析交流全市住房保障、房地产市场、行业管理工作。

2010年

3月31日，省住房保障工作领导小组检查组由省建设厅副厅长高东山带队到永州督查调研住房保障工作。

6月11日，市房产局召开市场专项治理专题会议，针对房地产开发领域突出问题，开展房地产开发企业经营行为检查。

6月13日，市房产局召开房地产开发企业经营行为检查工作会议，按照省市部署组织开展开发企业经营行为检查。

6月30日，市委常委、副市长张正到市房产局调研工作。

7月1日，省住建厅厅长高克勤一行到永州检查保障性住房建设工作。

7月30—31日，市政府第67次常务会指出，廉租房建设用地保障坚持多条腿走路，一是把廉租住房建设与园区、企业职工宿舍相结合找土地；二是把廉租住房建设、棚户区改造与旧城改造相结合找土地；三是把廉租住房建设与征地拆迁安置相结合找土地。

10月27日，市房产局召开全市保障性住房建设调度会议。

11月19—21日，永州市第三届房交会在冷水滩区远志新外滩举办，市领导唐松成、陈金荣、蒋政平、彭爱华出席开幕式。参展企业70家，其中房地产开发企业28家，参展楼盘33个，成交住房和门面用房1020套，成交总面积10.8万平方米，成交金额1.53亿元。

12月22日，副省长韩永文在市委书记黄天锡陪同下视察长丰一期廉租房小区建设项目。

是年，市房产局先后下发《关于房屋维修资金归集管理工作的通知》《关于房屋维修资金移交管理工作的通知》，从6月1日起，中心城区房屋维修资金归集工作全面展开。

是年，制定和公布《永州市房产局行政处罚自由裁量权基准制度》《永州市房产局行政处罚自由裁量权基准（试行）》，对市房产局行政处罚自由裁量权进行明确界定，规范行政处罚行为，促进依法行政。

2011年

5月9日，市政府第81次常务会议研究贯彻落实全省保障性安居工程建设工作会议精神。

5月9日，在市房产局的领导和监管下，永州市组建成立物业服务企业协会。

5月21日，永州市城镇住房保障工作管理办公室成立。

5月，市委常委、副市长张正带领市直有关部门对各县区和管理区的保障性安居工程工作进行调研督查，共同探讨如何抓好保障性安居工程工作。

5月，市房产局开展房屋预售专项清查活动，对中心城区34个开发项目进行清查，发放暂停预售通知书35份，召开加强市场监管及预售许可管理工作会议及专题培训，规范市场秩序。

7月12日，市政府召集专题会议研究保障性安居工程建设工作。

7月15日，市人民政府召开永州市房地产市场形势分析座谈会，听取市房产局和开发企业代表关于房地产市场运行情况的汇报。

8月15日，省农业厅副厅长李志纯带队到永州进行省政府对各市州保障性安居工程建设进展情况专项督查。

8月16日，市人民政府办公室转发市房产局《永州市前期物业管理招标投标暂行办法》，自2012年1月1日起施行。

9月1日，省审计厅审计组到永州对市本级及县区政府保障性住房投资进行专项审计调查。

9月2日，市人民政府下发《关于进一步完善中心城区住房制度改革的通知》。

9月28日，市房产局印发《永州市房产局行政执法依据》，进一步规范行政行为。

9月30日，市政府第87次常务会议明确按规定从土地出让金收益中计提廉租住房建设基金。

10 月 13 日，全市优化经济环境和机关效能建设工作会议上，通报 2011 年度市直机关（单位）优化经济环境和机关效能建设工作上半年测评结果排序情况，市房产局被评为司法、执法机关（部门）类第一名。

10 月 21 日，市房产局召开全市房产局长会议，安排部署为民办实事考核、保障性住房建设工作。

11 月 22 日，市房产局出台《市直保障性住房分配和运营管理暂行规定》，对保障房的申请条件、申请和审核、退出管理、物业管理、监督管理等方面做出规定，进一步规范保障性住房的后续管理工作。

12 月，市房改办下发《关于住房部分产权衔接为全部产权计算办法的通知》。

2012 年

2012 年年初，启动并实施永州大道城区段 1.88 公里扩建工程项目房屋征收工作。

1 月 31 日，市委常委、常务副市长周德睿主持召开办公会议，将保障性安居工程建设项目纳入市政府重大项目管理。

1 月，市房产局在 2011 年度市直优化经济环境和机关效能建设工作“满意不满意”民主测评中排列第一，被评为“2011 年度全市优化经济环境和机关效能建设工作先进单位”。

3 月 1 日，市人大常委会副主任杨海河到双牌县调研保障性安居工程建设情况。

3 月 9 日，市人民政府印发《关于加强保障性安居工程建设的实施意见》。

4 月 1 日，高武任永州市房产局党组书记。

5 月 11 日，市房产局出台《保障性住房配租公开摇号方案》和《关于违规骗取保障性住房的处理意见》。

5 月 21 日，《永州市国有土地上房屋征收与补偿实施办法》（试行）和《永州市中心城区国有土地上房屋征收补助奖励项目及标准》经市人民政府第 5 次常务会议讨论通过，于 6 月 1 日颁布实施。

5 月 25 日，全市房地产统计工作会议在永州长城大酒店 6 楼会议室召开，由市房产局主持，市住建局、市国土局、市地税局、中国人民银行永州支行等单位的领导及各县区房产局等相关负责人参加会议。

5 月 25 日，市房产局组织全市及各县区房产局、房地产开发企业、经纪机构、房地产中介机构、从事商品房销售和房地产经纪工作的单位和个人近 200 人开办为期 3 天的房地产从业人员培训班。

5 月，根据《中共永州市委永州市人民政府关于凤凰园经济开发区行使有关市级行政经济管理权的意见》，市房产局将凤凰园辖区内城市房屋征收补偿、划拨土地上房屋转让的审批权、商品房预售许可的审批权下放给凤凰园开发区。

6月5日，市委副书记、市长魏璇君主持会议研究永州大道1.88公里扩建工程范围内房屋征收补偿方案。

6月6日，中心城区集中整治规范城区房地产开发小区物业管理工作动员大会召开。市政府副秘书长王衡平主持，市房产局局长刘湘军宣读市政府办《永州市集中整治规范中心城区房地产开发小区物业管理工作的实施方案》，中共冷水滩区委副书记秦功智作动员报告，市政协副主席彭爱华讲话。

6月7日，市委常委、副市长蒋善生主持召开促进房地产市场健康发展及保障性安居工程建设联席会议。

6月8日，全省住房和城乡建设系统窗口单位和服务行业为民服务创先争优活动经验交流会上，永州市房产交易所窗口被授予全省住房和城乡建设系统为民服务创先争优“群众满意服务窗口”。

6月19日，市委常委、副市长蒋善生主持召开专题会议，研究河东城市综合体项目工作有关事项。

6月25日，市政府常务会议审议通过《永州市中心城区企业参与公共租赁住房建设暂行办法》《永州市廉租住房共有产权管理实施方案（试行）》。

6月26日，省法制办、省住建厅到永州市调研国有土地上房屋征收补偿实施办法。

7月16日，市城建领导小组2012年第7次会议原则通过河东城市综合体旧城改造项目建设范围内国有土地上房屋征收方案，同意公布。

7月19日，市人民政府办公室印发《永州市廉租住房共有产权管理实施方案（试行）》，推行廉租住房共有产权，以筹集廉租住房建设资金，促进廉租住房建设滚动发展，解决更多城镇低收入家庭住房困难，满足已获得廉租住房入住权家庭拥有一定产权的需求。

7月19日，市人民政府办公室印发《永州市中心城区企业参与公共租赁住房建设暂行办法》，鼓励和支持企业参与公共租赁住房建设，加大解决城市中等偏下收入家庭、新就业职工和进城务工人员住房困难的力度。

7月23日，市委副书记、市长魏璇君调研房地产工作，现场考察潇湘国际广场、皇家帝王广场、恒森电力花园、长丰国际广场一期、埌地中山城、耀江文景苑等项目，研究保障性住房建设、物业管理，促进房地产稳定健康发展的意见措施。

7月28日，市房产局在长城酒店举办关于进一步加强房地产市场监管、规范商品房预售销售行为的培训会议。部分县房产部门相关领导、市内开发企业代表、营销代理机构代表等参与培训工作会议。

7月31日，全市保障性住房建设推进会召开，通报2012年1—6月全市保障性住房建设进展情况，市委常委、副市长蒋善生出席并讲话。

7月，市编办下发《关于永州市中心城区国有土地上房屋征收与补偿机构设置等有关事项的通知》，明确市房产局为市人民政府房屋征收部门。

8月21日，市编办调研市房产局住房保障、物业管理、行政审批三部门机构设置、人员编制问题。

8月23日，市绩效考核组督查市房产局半年绩效工作。

9月2日，市政府办印发《永州市中心城区商品住房项目配建保障性住房实施细则（试行）》。

9月18日，市委常委、常务副市长周德睿主持召开会议，研究永州大道城区段1.88公里、永州大道景观带、万商红商贸物流中心等项目征收拆迁工作。

10月19日，市房产局召开中国·永州2012年房地产交易展示会新闻发布会。

10月30日，市房产局召开永州市冷水滩区河东城市综合体旧城改造项目建设范围内国有土地上征收补偿方案听证会。

11月1日，市委书记张硕辅调研保障性住房建设，现场察看达福鑫公司、奔腾彩印公司公租房建设项目，听取市房产局专题汇报。

11月5日，市人民政府办公室下发《关于促进我市房地产业平稳健康发展的若干意见》。

11月9—12日，中国·永州第四届房地产交易展示会在冷水滩区华源府第举办。市领导魏璇君、唐定、蒋善生、袁火林、张建亮参加11月9日的开幕式。参展企业50家，会展期间达成意向房屋5000套，成交116套，成交房屋面积近1.5万平方米。

11月20日，市政府办发文成立永州市国有土地上房屋征收评估专家委员会，市房产局副局长曾亚辉任专家委员会主任。

12月12日，《永州市人民政府关于促进物业管理健康发展的若干意见》出台。

11月23日，省住建厅对市房产局2012年度绩效进行评估考核。

11月27日，市政府召开全市拆违控违动员大会暨保障性安居工程建设工作会议。市委常委、副市长蒋善生出席并讲话。

11月29日，湖南省房协白蚁防治专业委员会2012年度年会在永州召开，市委常委、副市长蒋善生出席会议。

12月7日，市房产局召开网友座谈会，局长刘湘军向市人大代表、市政协委员、网友代表介绍市房产工作情况，听取网友意见建议，推进网络问政工作。

12 月 13 日，市政府召开冷水滩区河东城市综合体旧城改造项目建设范围内国有土地上征收补偿工作动员会。市委常委、副市长蒋善生出席并讲话。

2012 年，市房产局被人社部、住建部评为全国住房建设系统先进集体，被省住建厅评为全省房地产开发与监管工作先进单位，2012 年度反腐倡廉建设先进单位。

2013 年

1 月 4 日，市政府印发《永州市物业管理暂行办法》。

1 月 24 日，省林业厅纪检组长王鹰柏率省政府检查组一行对申报省政府表彰的新田、江华、祁阳三县住房保障工作进行审核，市委常委、副市长蒋善生陪同检查。

3 月 25 日，市人大常委会对中心城区物业管理开展专项审议。

4 月 2 日，市政府副秘书长王衡平主持召开会议，专题研究涔天河库区移民安置与住房保障政策安置相结合问题，为省住建厅现场办公作准备。

4 月 9 日，市城建领导小组 2013 年第 2 次会议研究同意冷水滩区凤凰园车站新村城中村整体改造及农贸市场升级改造项目列入中心城区棚户区改造项目。

4 月 10 日，市人大常委会副主任袁火林、市人大常委会城环委主任李章发到市房产局调研房地产、住房保障、征收补偿、物业管理工作。

4 月 15 日，市委常委、副市长蒋善生主持召开全市保障性住房建设调度会，各县区分管领导及住建、房产部门负责人参加。

4 月 15 日，市委常委、副市长蒋善生主持召开协调会，研究冷水滩区河东城市综合体建设项目征收补偿工作。

5 月 9 日，市政府正厅级干部戴菊芳到市房产局专题协调市农业科技园区金桔尔物流公司、瑞科电子科技公司、果秀食品公司、福田茶业公司等 4 个保障性住房项目建设工作。

5 月 22 日，市委常委、副市长蒋善生主持召开中心城区保障性住房建设、棚户区改造项目协调会，调度工程进度、质量和安全生产工作。

5 月 22 日，永州市房地产行政许可、行政处罚工作研讨会在永州市政务服务中心三楼会议室召开。市房产局、市法制办领导以及各县区分管行政许可、行政执法负责人出席研讨会。

6 月 14 日，省住建厅纪检组长王芳柏带队到江华瑶族自治县现场办公，专题研究涔天河库区移民安置与保障性住房建设政策对接，对江华廉租住房、公租房、城市棚改、工矿棚改、农村危房改造及城市基础设施建设和生态保护项目给予支持。市委常委、副市长蒋善生、舒平参加。

6 月 17 日，市委常委、副市长蒋善生主持召开专题会议，研究落实市委主要领导指示意见，解决商品房小区房产证办理，抓好小区集中整治，加强小区建设和管理问题。市政协副主席、市建设工程专项治理办公室主任彭爱华参加。

8 月 5 日，市委书记陈文浩主持召开商品房小区产权登记发证工作专题会议，顺应群众呼声，研究解决商品房住宅小区房产证、国土使用证办理的历史遗留问题。市长严志辉，市委常委、副市长蒋善生，市委常委、市纪委书记朱映红，市政协副主席彭爱华参加会议。

8 月 8 日，市政府正厅级干部荣燕明与国华电厂负责人到市房产局座谈公租房建设问题。

8 月 28 日，市四届人大常委会第十四次会议对中心城区住宅小区物业管理工作进行专项审议。

8 月 30 日，市委常委会明确冷水滩区商品房房屋产权证、国有土地使用权证（以下简称“两证”）办理工作的原则和要求，9 月 2 日开始中心城区 103 个商品住宅小区项目办证工作。

9 月 2 日，市委常委、副市长蒋善生召开专题会议，落实 8 月 30 日市委常委会精神，制定具体方案。

9 月 16 日，市委书记陈文浩主持召开中心城区冷水滩区 103 个小区（项目）“两证”办理座谈会。市纪委书记朱映红、市政协副主席彭爱华，办证群众代表、开发商代表，冷水滩区、街道、社区负责人，市房产、国土、住建、消防、税务等市直部门负责人参加座谈。

9 月 18 日，市政协副主席彭爱华、市政府副秘书长王衡平专题督办 103 个小区两证办理工作。

9 月 23 日，市委常委、副市长蒋善生主持召开中心城区商品房“两证”办理工作调度会，市政协副主席彭爱华出席会议。国土、房产、税务、住建、消防、环保、城管、公安、法院等市直相关部门及冷水滩区负责人出席会议。

9 月 25 日，市委常委会议听取“两证”办理情况汇报。

9 月 26 日，市委常委、副市长蒋善生约谈房地产开发商，推进 103 个小区“两证”办理工作。

9 月 26 日，永州市创建国家卫生城市攻坚克难动员大会暨中心城区控违拆违推进大会在永州会堂举行。市委书记陈文浩出席会议并作重要讲话，市委副书记、市长严志辉作报告。省卫生厅巡视员林安弟、省爱卫办主任刘五星到会指导。会议由市委副书记唐松成主持。

9 月 26 日，市委常委、副市长蒋善生召集市规划区土地遗留问题协调处理领导小组会议，研究商品房项目配建保障性住房建设工作。

9 月 30 日，市城建领导小组 2013 年第 5 次会议听取 2013 年度全市保障性住房建设进展情况和 2014 年度保障性住房项目申报情况汇报。

10 月 9 日，市委常委、副市长蒋善生，副市长唐能武召开恒伟药业公司 29 户职工住房建设遗留问题现场办公会。

10 月 9 日，市政府第 27 次常务会议审议通过《关于提高中心城区国有土地上房屋征收补助标准和增设征收工作连带责任奖的意见》。10 月 14 日提交市委常委会原则通过。

10 月 10 日，市人民政府办公室印发《永州市中心城区低收入家庭廉租住房补贴发放办法》，进一步规范廉租住房补贴的申请对象、申请及审核程序、补贴标准等事项。

10 月 22 日，市政府第 28 次常务会议同意国企改革解决职工住房困难的 3 条意见，符合政策规定的可纳入棚改、经济适用住房建设、申报廉租房、公共租赁住房。

11 月 1 日，市政协副主席彭爱华、市政府副秘书长王衡平到市房产局召开集中办理“两证”督办调度会。

11 月 7—8 日，市政府考察组到湖南省常德市和湖北省黄石市考察学习棚户区改造工作。

11 月 22—23 日，省房地产业协会信息化专业委员会 2013 年度会议在永州宁远召开，会议由省房协信息化专业委主办，永州市房产局承办。大会传达省住建厅关于建立全省个人住房信息系统数据中心的方案和要求，各成员单位进行经验交流。

12 月 26 日，市房产局颁发《永州市房地产行业守信激励和失信惩戒实施细则》，市房产局、市住房和城乡规划建设局联合颁发《永州市房地产行业信用评级实施细则》，对永州市从事房地产开发、估价、经纪、物业管理等经营活动，具有相应资质等级的房地产企业进行规范。

11 月 27 日，市政府副秘书长王衡平主持召开 2013—2017 年棚户区改造规划编制协调会。

12 月 11 日，市人大常委会第三次全体会议集中审议市政府关于中心城区住宅小区物业管理专项审议整改情况报告。

12 月 13 日，市委书记陈文浩，市委副书记、市长严志辉召开会议研究《永州市商品房预售管理暂行办法》和《关于进一步加强中心城区物业管理工作的意见》等城市建设管理相关制度文件。

12 月 17 日，市委常委会听取永州市中心城区房产开发小区“两证”集中办理及相关整治工作情况汇报。

12 月 19 日，市委常委、副市长蒋善生召开专题会议，研究 2014 年度全市棚户区改造工作。

12 月 24 日，市房产局拆迁办会同九嶷股份公司、市城建投公司组织舜皇大道断头路未搬迁户召开“实现安居梦，打通断头路”拆迁安置动员大会。

12 月，市房产局、市规划设计院制定《永州市棚户区改造规划（2013—2017）》。

12 月，刘湘军任永州市房产局党组书记、局长。

是年，市房产局被省总工会、省住房与城乡建设厅评为全省保障性安居工程建设劳动竞赛先进集体。

2014 年

1 月 9 日，市委书记陈文浩，市委副书记、市长严志辉听取中心城区提质三年行动计划情况汇报，重点推进湘江西岸棚户区改造、河东城市综合体建设项目。

1 月 10 日，市城建领导小组 2014 年第一次会议重点研究“两房两棚、两供两治”（公租房建设、农村危房改造，城市棚户区、工矿棚户区改造；城市供水和供气，城市污水和垃圾治理）工作。明确市木材总厂生活区棚户区改造及永州大桥至曲河大桥段棚改工作意见。

1 月 10 日，成立湘江西岸棚户区改造推进领导小组，市委常委、副市长蒋善生任组长，办公室设在市房产局，市房产局副局长高武任办公室主任。

1 月 24 日，市人民政府印发《永州市国有土地上房屋征收与补偿实施办法》。

1 月 24 日，市人民政府发布《永州市商品房预售管理暂行办法》，规定商品房预售条件。

2 月 7 日，市政府办印发《永州市房屋维修资金管理暂行办法》。

2 月 25 日，舜皇大道断头路未搬迁户 34 户全部搬迁完毕，3 月 4 日进行拆除，依法破解遗留近 10 年的拆迁难题。

3 月，市创建国卫领导小组设立“单位和社区创卫小组”，办公室设市房产局。

3 月 21 日，市政协副主席彭爱华督查中心城区商品住宅开发小区集中整治工作。

5 月 4 日，市委书记陈文浩主持召开六件实事调度会议，听取棚户区改造、住宅小区专项整治工作汇报，要求按照主体属地原则，加强对县区政府考核。

5 月 16 日，市政府第 38 次常务会议审议通过《关于进一步明确中心城区市属建设项目房屋征收工作有关事项的通知》《永州市冷水滩区河东城市综合体建设项目建设范围内国有土地上房屋征收与补偿方案调整补充意见》。

5月18日，市政府发布《永州市中心城区改造提质三年行动计划（2014—2016）》和《永州市中心城区改造提质三年行动计划2014年实施方案》，致力改善城市生态和人居环境。

5月20日，市委召开河东城市综合体项目征收工作调度会。21日再次调度。

5月26日，全市“两房两棚”工作会议在市房产局召开。

5月28日，市委召开河东城市综合体项目征收工作推进会。

5月28日，市委常委会研究中心城区湘江西岸城区段棚户区改造工作。

6月5日，市委召开河东城市综合体项目征收工作会议。

6月11日，市政府下发《永州市房地产开发小区集中整治工作实施方案》，成立永州市房地产开发小区集中整治领导小组，办公室设在市房产局，整治范围从103个小区扩大到所有房地产开发小区和安置小区，从中心城区扩大到全市9县3区。

6月27日，市委研究河东城市综合体项目强制征收及执行工作。

7月8日，市人大物业管理专题询问调研，听取市房产局关于物业管理工作情况汇报及物业管理企业、业主、社区代表意见建议。

7月8日，市国企改革办下发《关于改制企业房改及职工住房处置有关事项的通知》，指导改制企业处理住房问题。

7月16日，市委召开河东城市综合体项目征收收尾有关工作会议。

7月17日，市人大常委会召开中心城区住宅小区整治专项工作会议。8月7日再次调度。

8月16日，市委召开河东城市综合体项目征收补偿工作会议。

8月27日，市四届人大常委会第22次会议召开，市人大常委会委员、人大代表、业主及各界代表就中心城区建设管理工作开展询问。

9月11日，市长向曙光调研中心城区湘江西岸棚户区改造项目。

10月11日，市政府召开中心城区住宅小区整治专项工作专题会议，研究中心城区标准小区创建和小区整改标准。

11月4日，市人大常委会听取重点整治违法违规开发商和物管企业工作情况汇报。

11月6日，市政府第48次常务会议决定，于2015年年初召开永州市第五届房交会。

11月25日，市委常委、常务副市长易佳良主持召开永州大道1.88公里集体土地上房屋征收工作调度会议。

11月27日，市人民政府发布《关于促进房地产市场平稳健康发展的实施意见》，出台购房激励政策：2014年12月1—2015年11月30日在中心城区与房地产开发企业签订购房合同，及时到地税局办理契税缴纳并到房产交易所办理商品房预告登记手续的新购商品房者，可按购房者实际缴纳契税的50%给予补贴，促进楼市的稳步健康发展。截至2015年11月30日，发放购房补贴4986户。

12月17日，市人大常委会抽样调查西苑春天、状元府邸等小区整改工作。

12月，市房产局、市规划设计院编制《永州市住房建设规划（2014—2020）》，加强城市住房建设的指导和统筹，促进永州市住房建设市场健康有序的发展，解决和改善中低收入家庭住房问题。

2015年

1月20日，为期3个月的中国·永州第五届房交会（电视房交会）拉开帷幕。6月5日举办颁奖典礼暨专家讲座。49家（含各县区25家）房地产开发企业及其楼盘参展。房交会期间，永州市中心城区房地产开发项目新建商品房销售网签2179套，销售面积25.5万平方米，达到激发房地产市场活力的预期效果。

1月28日，省住建厅调查组到永州座谈全省城镇个人住房信息系统前期调研工作，指导部署省市县三级联动建设个人住房信息系统工作。

2月6日，市人大常委会召开中心城区住宅小区整治专项工作调度会议。

2月6日，全市开展永州市中心城区保障性安居工程安全生产隐患大排查行动，通过开展保障性安居工程安全生产隐患大排查行动，查隐患、抓整改，达到“治隐患、防事故”的目的，有效防范和遏制保障性安居工程建筑施工生产安全事故的发生。

4月28日，市政府办印发《永州市推进住宅产业化实施意见》，加快推进全市住宅产业化发展。

4月，高武任永州市房产局局长、党组书记。

5月8日，市政府办印发《永州市保障性住房分配和运营管理暂行办法》，对保障房的申请条件、申请程序、审核程序、退出管理、权属管理、物业管理、监督管理、租金标准给予明确规定。

5月28日，市房产局下发《关于加强房屋维修资金监管，推行维修资金业主自缴的通知》，改进房屋维修资金缴存方式，从2015年7月1日起，全面实行业主自存自缴模式，取消原建设单位代收代缴方式。

7月31日，市房产局出台《关于加强商品房买卖合同实施网签的有关规定》，进一步加紧对市场上预售房源的监管力度。

8 月 15 日至 9 月 1 日，市房产局干部分 9 组进小区解难题，提高物业服务质量。

10 月 29 日，永州市房地产行业发展联合会正式成立。

是年，市整治办严格督查考核要求，制定出台《小区整治督查方案》《永州市闲置土地清理处置和房地产开发小区集中整治工作责任追究暂行办法》《永州市闲置土地清理处置和房地产开发小区集中整治工作责任领导干部纪实评价量化办法（暂行）》等文件。

是年，成立湘江西岸棚户区改造领导小组。制定和出台《湘江西岸棚户区改造实施方案》《湘江西岸棚户区改造范围内国有和集体土地上房屋征收补偿方案》。

第一章　机构队伍

第一节　永州市房产局

一、机构设置

1995年11月，国务院批准撤销零陵地区，设立地级永州市。为适应撤区建市后行政体制改革的需要，以及加强对永州市城区（芝山、冷水滩两区行政辖区）内房地产业管理的需要，经市委常委扩大会议研究决定，1996年8月15日，永州市机构编制委员会下发《关于设立永州市房地产管理局的通知》，设立永州市房地产管理局，为差额预算的处级事业单位，归口市建委管理。按照“精简、统一、效能”的原则，局机关编制为38名，其中，局长1名，副局长3名，正副科长16名。永州市房地产管理局主要职责是：依据《中华人民共和国城市房地产管理法》研究制定地方性法律、规章，对执行城市房地产管理法的情况进行监督、检查和指导。负责房产纠纷的行政复议、行政诉讼；负责全市房地产业行业管理，会同有关部门指导城镇土地开发利用、土地使用权有偿转让、房地产开发经营工作；研究制定房产产权产籍管理办法及实施细则；代表政府对各类产别房屋的产权进行鉴定确认，并进行登记和发放产权、抵押等权证；负责各类产别房屋产籍资料的收集、整理、立卷归档、保管、利用，进行房产测绘工作，规定各类产别房屋产籍资料的归档要

1996年11月永州市房地产管理局授牌仪式

求；研究制定房屋安全鉴定管理办法及实施细则；负责房屋安全的鉴定和白蚁防治工作；研究制定房屋拆迁管理办法及实施细则；定期制定各类房屋重置成新价格的标准；负责房屋拆迁管理工作（征地拆迁除外）；研究制定住房建设的发展规划和管理办法及实施细则；负责住房建设的审批和管理工作；研究制定并负责房产买卖、租赁、抵押、典当、商品房预售的管理工作；归口管理房地产咨询、交易评估、经纪等中介服务机构；负责房地产交易评估、经纪人员的资格认证；综合管理国家公务员和社会中低收入者的住宅建设工作；负责"安居工程"的组织协调和督促、检查工作；参与城镇住房制度改革，推进住房商品化；负责各种住宅小区的物业管理、公房售后服务管理；负责物业管理单位的资质审批；负责国家直管公房的管理、维修和经租工作；管理局机关及所属单位的人事、劳资、文秘、档案、信访、群团、计划生育等日常工作；承办市委、市政府和市建委交办的其他有关事项。

2001年9月，市委、市人民政府《关于〈印发永州市机构改革方案的意见〉的通知》明确，永州市房地产管理局更名为永州市房产局，将市经济体制改革委员会的指导住房改革的职能划入市房产局（加挂市住房制度改革领导小组办公室的牌子），同时明确市房产局为市政府直属正处级事业单位。根据机构改革方案，2002年8月永州市人民政府办公室《关于印发〈永州市房产局职能配置、内设机构和人员编制规定〉的通知》对市房产局的职能、机构、人员编制做出具体规定。设置永州市房产局（加挂永州市住房制度改革领导小组办公室牌子），市房产局是市人民政府直属的正处级差额拨款事业单位，负责全市住宅与房地产业行业管理及房屋产权产籍管理工作。核定市房产局机关差额拨款事业编制为28名，其中局长1名，副局长3名，副处级房改办主任1名，纪检组长1名，正副科级领导职数12名（含纪检监察负责人）。

此次职能调整，一是增加研究拟定市直城镇住房制度综合配套改革的方案并组织实施和指导全市城镇住房制度改革职能；增加凤凰园经济开发区住宅与房地产业行业管理及房屋产权产籍管理职能。二是将芝山城区住宅与房地产业行业管理及房屋产权产籍管理职能交给芝山区承担；将城市房屋拆迁单位四级资质审批职能交给县（区）承担。三是取消物业管理企业临时资质的审批职能。

2012年7月，永州市编办下发《关于永州市中心城区国有土地上房屋征收与补偿机构设置等有关事项的通知》，明确市房产局为市人民政府房屋征收部门，负责监督全市国有土地上房屋征收和补偿工作，并负责中心城市冷水滩城区、凤凰园经济开发区国有土地上房屋征收与补偿工作。

2015年8月，根据《中共永州市委永州市人民政府机构设置、职能职责变化及部分单位机构级别调整的通知》和《中共永州市委永州市人民政府关于印发〈永州市人民政府职能转变和机构改革方案的实施意见〉的通知》，市编办下发《关于永州市房产局有关职责和机构编制调整的通知》，明确市房产局由市政府直属正处级行政类事业单位调整为市住房和城乡规划建设局所属的正处级公益一类事业单位。此次职能转变和机构改革中，永州市房产局职责调整为：一是取消、下放、调整、增加由省人民政府和市人民政府公布予以变动的行政审批事项；二是将市房产局原承担的全市住宅建设规划和行业发展规划拟订、全市住宅及房地产业行业管理、冷水滩城区（含永州经济技术开发区）内房地产开发监督管理、保障性住房建设（含棚户区改造）监督管理、危房鉴定和危房改造监督管理、物业管理企业的监督管理等行政职责划入全市住宅建设规划和行业发展规划拟订。上述行政职责，除全市住宅建设规划和行业发展规划拟订职责由市住房和城乡规划建设局行使外，其余行政职责由市住房和城乡规划建设局委托市房产局行使。核定市房产局机关全额拨款事业编制35名，其中：局长1名、副局长3名、纪检组长1名；正科级领导职数10名，副科级领导职数7名。机关党组织、纪检（监察）机构和群团组织负责人职数按有关规定及章程核定。

永州市房产局1996—2015年历届领导班子名录一览表

表1-1

届别	职务	姓名	任职时间
1996—2007	局长	杨建平	1996.09—2007.06
	党组书记		1997.10—2007.09
	副局长	曾亚辉	1997.08—1997.10
	党组成员、副局长		1997.10—2001.10
	党组副书记、副局长		2003.12—
	副局长、党组副书记	黄爱平	2006.06—
	副局长	周小驹	1997.05—2000.07
	党组成员		1997.10—2000.07
	纪检组长、党组成员	陈学仪	1997.10—2002.09
	副局长、党组成员	陈锻淑	1999.08—
	纪检组长、党组成员	唐建明	2002.12—
	副局长、党组成员	刘　骥	2003.12—
	副局长、党组成员	李祥甫	2005.12—
	副调研员	黎成德	2001.10—2002.11
	市房改办主任		2002.11—
	副调研员	张木用	2003.12—
	副调研员	陶世保	2003.12—

续表1-1

届别	职务	姓名	任职时间
2007—2015	局长、党组副书记	刘湘军	2007. 06—2013. 12
	党组书记、局长		2013. 12—2015. 04
	党组书记	李农妹	2008. 12—2012. 03
	党组书记	高　武	2012. 03—2013. 12
	副局长、党组副书记		2013. 12—2015. 04
	副局长	曾亚辉	1997. 08—
	党组成员、副局长		1997. 10—2003. 12
	党组副书记、副局长		2003. 12—
	副局长、党组副书记	黄爱平	2006. 06—2008. 12
	副局长、党组成员	陈锻淑	1999. 08—2010. 09
	调研员		2010. 09—2013. 10
	纪检组长、党组成员	唐建明	2002. 12—2010. 03
	副局长、党组成员	刘骥	2003. 12—
	副局长、党组成员	李祥甫	2005. 12—
	纪检组长、党组成员	张疑斌	2010. 03—2010. 09
	纪检组长、党组成员	周进春	2010. 09—
	副局长、党组成员	唐国雄	2011. 02—
	市房改办主任	黎成德	2002. 11—2009. 09
	调研员		2009. 09—2011. 11
	市房改办主任	唐国强	2010. 01—
	原市房改办主任		2015. 08—
	副调研员	张木用	2003. 12—
	副调研员	陶世保	2003. 12—2011. 05
	副调研员	蒋文林	2009. 08—
2015—	局长、党组书记	高　武	2015. 04—
	党组副书记、副局长	曾亚辉	2003. 12—2015. 10
	调研员		2015. 10—
	副局长、党组成员	刘骥	2003. 12—2015. 09
	副局长、党组成员	李祥甫	2005. 12—
	纪检组长、党组成员	周进春	2010. 09—
	副局长、党组成员	唐国雄	2011. 02—
	原市房改办主任	唐国强	2015. 08—
	副调研员	张木用	2003. 12—
	副调研员	蒋文林	2009. 08—

二、内设机构

1996 年 8 月，永州市房地产管理局成立时，内设 8 个职能科（室）：办公室负责机关文秘、综合协调、档案管理、机要保密和行政事务工作。财务科负责局系统各种专项资金、事业经费、局机关行政财务，局属单位的财务拨款监督、费用收缴；控购申报和固定资产清产核资。产权监理科负责对各类产别房屋产权的确权、登记、变更和发证工作；负责房产纠纷的调处；负责私房管理和房产政策的落实；负责房屋的统计工作。产籍档案室负责房产档案资料的保管、整理；负责城区内各类产别房屋资料的收集、整理、保管、立卷、归档及合理利用工作；负责对城区房屋地籍图幅的修测、补测工作。房地产经营管理科参与土地部门对城镇国有土地使用权的行政划拨和有偿出让；负责房屋有偿转让的管理；负责房屋拆迁管理；负责归口管理各物业管理单位及其资质、个人资格的认定和公房售后服务；指导管理旧城改造、住宅小区建设工作；综合管理国家公务员和社会中低收入者的住宅建设工作；参与城镇住房制度改革。工程科组织旧城改造工作；负责“安居工程”和解危解困的组织协调和监督指导；负责房屋安全鉴定工作。政工科负责局机关及所属单位的党务、宣教、职称、人事、劳资，归口管理房地产业协会等工作。纪检监察室（加挂审计科的牌子）负责本局及所属单位党纪、党风建设，行政监察和财务收支及专项资金的内审调查和监督。

2001 年 9 月，永州市机构改革，永州市房地产管理局更名为永州市房产局后，内设 6 个职能科（室）：办公室负责起草和修订全市住宅与房地产业行业发展规划和年度计划；负责全局政务协调、文电处理、督查督办、综合调研、新闻宣传、后勤、重要文稿起草和会议组织；负责机关文书档案管理、保密工作和信访工作；负责全局社会治安综合治理和保卫工作；负责人大代表批评建议和政协委员提案的办理工作；负责房地产法律法规和政策的宣传教育；承担房地产行政裁决、行政处罚、行政诉讼、行政复议等法律事务。政工科负责局机关工作人员和局属单位领导班子的管理工作；负责全局党组织建设和党员、干部、职工的管理教育；负责职称评聘；负责岗位培训和专业技术人员的管理工作；负责全局计生、工、青、妇和离退休人员管理工作；负责全局干部职工调动、干部考核、任免奖惩、劳动工资、机构编制、人事档案管理等工作。财务审计科负责编制全局财务计划并组织实施；负责全局的财务管理和财务统计工作；负责局属单位的资金调控监督、税费收缴、控购申报和固定资产清产核资；组织实施局系统内部审计和财务检查、监督工作；指导、协调、监督冷水滩区域内住宅共用部位、共用设施设备维修基金的管理与使用。产权产籍管理科负责冷水滩城区房屋产权产籍的确权、登记、变更和发证的管理工作；负责冷水滩城区住宅建设的审批和管理工作；负责房屋产籍图幅的修测、补测工作；负责房地产测量及房屋面积计算管理工作，负责房屋面积测量机构的资质管理；调处房产纠纷。工程管理科（加挂经营管理科牌子）负责局属工程项目的立项报批、规划设计等工作；组织经济适用住房、廉租住房建设的实施；负责局属工程技术、质量、安全和文明施工管理；负责全局系统科技发展规划的制定和科技成果的推广应用；负责房屋安全鉴定工作；负责房屋室内装饰装修管理；参与住宅小区综合验收。参与市中心城市土地开发利用和土地使用权有偿转让；归口管理物业单位及其资质、个人资格的认定和公房售后服务；指导旧城改造，住宅小区建设工作；综合管理国家公务员和社会中低收入者的住宅建设工作；负责商品房预售管理和房地产统计工作。住房制度改革办公室拟定市直城镇住房制度改革方案并组织实施；负责指导全市城镇房改工作。此外，纪检监察机构按有关规定设置，人员编制在机关人员编制总额内单列。

2004年永州市房地产交易大楼（市房产局办公大楼）开工建设

2005年2月，根据业务工作需要，永州市房产局增设业务受理室、规费审核室、价格核定室、收费室4个内设机构。业务受理室负责全局政务、业务受理和转让、安排办理工作；负责房屋权证的领取、登记、保管和统计工作；负责咨询和督办工作。规费审核室负责税费征收的审核。价格核定室负责房地产价格的认定。收费室负责契税的代征和规费的征收。2007年2月，因国家规定房地产价格评估需由房地产评估中介机构承担，价格核定室撤销。2008年10月，业务受理室撤销。2012年9月，市编办同意市房产局增设收费审核科，规费审核室、收费室撤销。

2009年，市房产局设立住房保障办公室、物业管理办公室（房屋维修资金管理中心）、信息中心3个内设机构。

2012年7月，永州市编办下发《关于永州市中心城区国有土地上房屋征收与补偿机构设置等有关事项的通知》，明确：市房产局为市人民政府房屋征收部门，负责监督全市国有土地上房屋征收和补偿工作，并负责中心城市冷水滩城区、凤凰园经济开发区国有土地上房屋征收与补偿工作。设立永州市人民政府国有土地上房屋征收与补偿办公室，为市房产局内设机构，负责中心城市冷水滩城区、凤凰园经济区国有土地上房屋征收与补偿日常管理和协调监管工作，指导各县、零陵区国有土地上房屋征收和补偿工作。其领导职数为：主任 1 名，副主任 2 名。市城市房屋拆迁管理办公室更名为市房屋征收与补偿事务所，为市房产局下属正科级全额拨款事业单位，与永州市人民政府国有土地上房屋征收与补偿办公室合署办公，受市房产局委托负责中心城市冷水滩区、凤凰园经济开发区国有土地上房屋征收与补偿的具体事务性工作。其领导职数配所长 1 名、副所长 2 名。原市城市房屋拆迁管理办公室的 20 名自收自支事业编制、21 名工作人员连人带编划转 5 名编制到市房产局（其经费性质由自收自支改为差额拨款），连人带编划转 16 名到市房屋征收与补偿事务所（其经费性质由自收自支改为全额拨款）。

2015 年 8 月，根据永州市人民政府职能转变和机构改革方案，市编办下发《关于永州市房产局有关职责和机构编制调整的通知》，调整永州市房产局内设机构为 10 个：办公室（政策法规科）、政工科、财务审计科、产权产籍科、工程管理科、住房制度改革办公室、永州市人民政府国有土地上房屋征收与补偿办公室、行政审批科、住房保障工作办公室、收费审核科。机关党组织、纪检（监察）机构和群团组织按有关规定及章程设置。

第二节 直属机构与协会组织

一、市局直属机构

1996 年，永州市房地产管理局成立时，所属事业单位 8 家，具体是：永州市房地产管理局芝山分局，为正科级自收自支的事业单位，定编 62 名；永州市房地产管理局冷水滩分局，为正科级自收自支的事业单位，定编 40 名；房产管理交易所（永州市房产交易中心），为正科级自收自支的事业单位，定编 40 名；白蚁防治所，为正科级自收自支的事业单位，定编 20 名；房屋安全鉴定办公室，为正科级自收自支的事业单位，定编 6 名；房屋拆迁办公室，为正科级自收自支的事业单位，定编 20 名；房地产评估事务所，为正科级自收自支的事业单位，定编 10 名；物业服务中心，为正科级自收自支的事业单位，定编 20 名。

1997 年 4 月 16 日，市编制委员会办公室下发《关于永州市房地产局芝山分局等机构更名的批复》，永州市房地产管理局芝山分局更名为永州市房地产管理局第一管理处，永州市房地产管理局冷水滩分局更名为永州市房地产管理局第二管理处，永州市房地产管理局房地产评估事务所更名为永州市房地产管理局房地产评估管理所。在产权监理科加挂产权发证办公室牌子。

2003年4月，市编制委员会办公室下发《关于永州市房产局直属事业单位机构编制调整的通知》，对市房产局直属事业单位机构编制进行调整：将永州市房产局第二管理处更名为永州市房产局冷水滩房产管理所（正科级），该机构原定自收自支事业编制40名，调整为45名，其中主任1名，副主任3名；永州市房产交易所（正科级），该机构原定自收自支事业编制40名，调整为21名，其中所长1名、副所长2名；永州市白蚁防治所（正科级），该机构原定自收自支事业编制20名，调整为15名，其中所长1名、副所长2名；永州市房地产评估管理所（正科级），该机构原定自收自支事业编制10名，调整为8名，其中所长1名、副所长1名；永州市城市房屋拆迁管理办公室（正科级）加挂永州市人民政府房屋拆迁管理办公室的牌子，该机构原定自收自支事业编制20名，现核定20名，其中主任1名、副主任3名；设立永州市房屋测绘管理所（正科级），核定自收自支事业编制13名，其中所长1名、副所长2名。

2005年，根据国务院办公厅《关于经济鉴证类社会中介机构与政府部门实行脱钩改制的意见》、建设部《关于房地产价格评估机构脱钩改制的通知》及省、市相关文件精神，经局党组讨论决定制定《关于房地产评估机构脱钩改制方案》，规定局属潇湘房地产评估有限公司和局彻底脱钩，单位脱离隶属关系；人员脱离人事组织关系，彻底推向社会；脱离工资关系。市房产局干部职工（不限当时市房地产评估管理所编制内或工作的人员）都可在2005年4月15日前申请自愿脱钩，自愿解除人事关系、工资关系、组织编制关系。伍世璠、罗祥德、盛泰山、唐勇、陈建辉、汤战胜、唐颖华、邹利秋、周国芳9人自愿与单位脱钩，组建湖南潇湘房地产评估经纪有限公司。2009年，市编办下发《关于永州市房地产评估管理所脱钩改制后有关事项的批复》，同意撤销市房地产评估管理所，注销其事业单位法人资格。

2012年设立永州市房产档案馆

2012年7月，永州市编办下发《关于永州市中心城区国有土地上房屋征收与补偿机构设置等有关事项的通知》，设立永州市人民政府国有土地上房屋征收与补偿办公室，为市房产局内设机构。

2012年9月，为适应全市物业管理、房地产登记信息化与房产档案管理的发展需要，市编办下发《关于设立永州市物业管理办公室等机构编制事项的批复》，同意市房产局设立物业管理办公室等 3 个单位。设立永州市物业管理办公室（加挂永州市房屋维修资金管理中心牌子），为归口市房产局管理的正科级全额拨款事业单位，其领导职数配主任 1 名，副主任 2 名。设立永州市房地产信息中心，为归口市房产局管理的正科级全额拨款事业单位，其领导职数配主任 1 名、副主任 1 名。

2014 年 12 月，市编委《关于市房产局事业单位分类有关事项的通知》明确：经研究并报市委常委会审定，市房产局所属的市房屋征收与补偿事务所、市房产档案馆、市房地产信息中心、市物业管理办公室（加挂市房屋维修资金管理中心牌子）为公益一类事业单位。

2015 年 8 月，根据永州市人民政府职能转变和机构改革方案，市编办下发《关于永州市房产局有关职责和机构编制调整的通知》，明确市房产局归口管理市房屋征收与补偿事务所、市白蚁防治所、市房产交易所、市房屋测绘管理所、市房产局冷水滩房产管理所、市物业管理办公室（市房屋维修资金管理中心）、市房地产信息中心、市房产档案馆 8 家单位。

二、直属机构简介

（一）永州市冷水滩房产管理所

1996 年，永州市房地产管理局成立时，所属冷水滩分局为正科级自收自支的事业单位。1997 年 4 月 16 日，市编制委员会办公室下发《关于永州市房地产局芝山分局等机构更名的批复》，永州市房地产管理局冷水滩分局更名为永州市房地产管理局第二管理处。2003 年 4 月，市编制委员会办公室下发《关于永州市房产局直属事业单位机构编制调整的通知》，将永州市房产局第二管理处更名为永州市房产局冷水滩房产管理所（正科级），负责冷水滩城区国家直管公房的管理、维修和经营工作。

（二）永州市房产交易所

1998 年 10 月 24 日，市机构编制委员会下发《关于设立永州市产权交易中心的批复》，成立企业化管理的自收自支事业单位（社会中介组织）永州市产权交易中心，隶属市体改委管理，依法承担市区所有公私房屋的买卖、抵押、租赁、转让、交换、赠与和评估等交易活动。

（三）永州市白蚁防治所

永州市白蚁防治所成立于 1996 年，是湖南省白蚁防治专业委员会常务委员单位，具有二级资质等级证书，其主要职责负责市本级新建、改建、扩建房屋的白蚁防治和灭治工作。

（四）永州市国有土地上房屋征收与补偿管理事务所

2012年7月，市编办下发《关于永州市中心城区国有土地上房屋征收与补偿机构设置等有关事项的通知》，明确：市房产局为市人民政府房屋征收部门，负责监督全市国有土地上房屋征收和补偿工作，并负责中心城市冷水滩城区、凤凰园经济开发区国有土地上房屋征收与补偿工作。设立永州市人民政府国有土地上房屋征收与补偿办公室，为市房产局内设机构，负责中心城市冷水滩城区、凤凰园经济区国有土地上房屋征收与补偿日常管理和协调监管工作，指导各县、零陵区国有土地上房屋征收和补偿工作。其领导职数为：主任1名，副主任2名。市城市房屋拆迁管理办公室更名为市房屋征收与补偿事务所，为市房产局下属正科级全额拨款事业单位，与永州市人民政府国有土地上房屋征收与补偿办公室合署办公，受市房产局委托负责中心城市冷水滩区、凤凰园经济开发区国有土地上房屋征收与补偿的具体事务性工作。其领导职数配所长1名、副所长2名。原市城市房屋拆迁管理办公室的20名自收自支事业编制、21名工作人员连人带编划转5名编制到市房产局（其经费性质由自收自支改为差额拨款），连人带编划转16名到市房屋征收与补偿事务所（其经费性质由自收自支改为全额拨款）。

（五）永州市房屋测绘管理所

永州市房屋测绘管理所成立于2003年10月，正科级，核定自收自支事业编制13名。永州市房屋测绘管理所，其主要职责是负责全市房屋面积计算的管理工作，负责冷水滩区域内房屋户籍图幅修测，补测工作，负责房屋测量和房产面积的计算的具体工作。

（六）永州市房地产信息中心

永州市房地产信息中心于2009年成立，为永州市房产局临时设置的内设机构。当时局内的局域网系统的使用、培训、维护、业务办理中数据调取、修改、变更、核审、整理和房地产数据统计等职能没有具体的科室及单位进行管理，参照省内外、市外房产管理机构的设置情况，临时招聘3名技术员，建立永州市房产局局域网、房产政务网、0746楼市网，安装房产综合管理系统、商品房网签系统、房屋维修资金管理系统、二手房交易资金监管等系统。2012年9月3日，市编办《关于设立永州市物业管理办公室等机构编制事项的批复》确定：永州市房地产信息中心为归口市房产局管理的正科级全额拨款事业单位，至此信息中心方正式成立。其主要职责是：负责全市房地产市场信息资源的开发、应用和公众服务工作；管理“永州市房产政务网”和“0746楼市网”；负责房地产信息采集、信息交易、信息分析、信息发布及信息数据库的建设、维护和管理，协助有关部门建立房产市场预警预报体系；承担全市商品房买卖合同联机备案管理系统开发、维护、管理、培训和延伸服务；负责市局管理信息系统和办公自动化信息系统及局电子政务级数支持等工作。2014 年 12 月 29 日，市编办将市房产局市房地产信息中心明确为公益一类事业单位。2015 年，永州市房地产信息中心创造性开展工作，一是建立与完善全国个人住房信息系统，实现全国房产信息的互通共享；二是配合不动产登记改革工作的进行，完成与全市国土资源部门的信息对接工作，并签订信息对接协议，实现信息共享；三是建立全市房地产信息统计系统，完成住建部要求的日报月报工作；四是创建并筹办永州市房地产企业发展联合会。

（七）永州市物业管理办公室（市房屋维修基金管理中心）

1996 年永州市房地产管理局成立时下辖事业单位永州市物业服务中心，2003 年机构编制调整时撤销，其职能并入市房产局冷水滩房产管理所。随着房地产业的逐步兴起，有一定规模的住宅小区开始出现，为适应永州市房地产市场的快速发展，改变物业管理缺位的状况，2009 年 4 月，结合永州市物业市场现状，市房产局党组决定设立内设机构物业管理办公室，加挂永州市房产局房屋维修资金管理中心的牌子，具体负责指导全市物业管理和住宅维修资金管理工作，对冷水滩城区内的住宅维修资金进行收缴归集和管理，加大力度指导小区成立业主委员会；2011 年组织成立自律性的行业组织永州市物业管理协会，推进行业管理。2012 年 9 月，为适应全市物业管理的发展需要，市编办下发《关于设立永州市物业管理办公室等机构编制事项的批复》，同意市房产局设立物业管理办公室（加挂永州市房屋维修资金管理中心牌子），为归口市房产局管理的正科级全额拨款事业单位，负责全市物业管理工作及市中心城区住宅专项维修资金的归集与使用的监督、指导工作。2014 年 12 月，市编委《关于市房产局事业单位分类有关事项的通知》明确：市物业管理办公室（加挂市房屋维修资金管理中心牌子）为公益一类事业单位。

（八）永州市房产档案馆

2012 年 9 月，为适应全市物业管理、房地产登记信息化与房产档案管理的发展需要，市编办下发《关于设立永州市物业管理办公室等机构编制事项的批复》文件，同意市房产局设立永州市房产档案馆，为归口市房产局管理的正科级差额拨款事业单位，其领导职数配馆长 1 名，副馆长 1 名。其主要职责是：负责贯彻实施城市房地产权属档案管理政策法规，监督、指导全市房产档案管理工作，承担中心城区冷水滩区、凤凰园经济开发区房产档案的收集、整理和管理工作。

三、市级协会组织

（一）永州市物业管理协会

2011年4月27日，永州市物业管理协会成立大会暨首届会员大会在冷水滩召开。大会由多家物业公司发起，市房产局物管科协调组织，市民政局批准，永州市11个县区40余家物业管理服务企业参加。市委常委、副市长张正出席大会并讲话。市房产局局长刘湘军主持会议。市房产局党组书记李农妹做关于全市物业管理工作报告。会议讨论通过《永州市物业管理协会章程》《永州市物业管理行业自律公约》，选举产生协会第一届领导机构。2011年，永州市物业服务企业达91家，从业人员近6000人，实施物业管理项目约600个，在管物业总面积达600多万平方米，其中住宅小区建筑面积200万平方米，中心城区物业管理覆盖率50%以上。物业管理服务涵盖普通住宅小区、高档公寓、别墅、办公楼、商厦、工业区、学校、仓库等多种类型。

永州市物业管理协会是在市民政部门注册登记的具有法人资格的非营利性社会组织，是由全市物业管理企业及相关事业单位、科研、教学等单位和专业人员自愿组成的地方性行业社会团体。协会的宗旨是以邓小平理论和“三个代表”重要思想为指导，坚持和落实科学发展观，发扬实事求是，注重调查研究的作风，依靠广大会员单位，团结、组织从事物业管理的企事业单位、教学科研单位及有关部门和专业人员，共同推动永州市物业管理行业的发展。

协会严格遵循办会宗旨，积极行使协会职责，维护行业的合法权益，为物业服务企业提供服务；倡导行业自律和公平竞争；在物业服务企业、政府、社会之间发挥桥梁纽带作用；不断引导、培育、发展永州市物业管理市场，提高物业管理服务水平，提升社会公共利益，促进物业管理的发展。

协会开展行业调研，配合政府强化行业监管，努力推动提高物业管理理论水平。组织开展行业培训，提高队伍素质，推动行业发展。组织示范项目评选，推动服务水平向高层次发展。参与物业管理地方法规建设，努力改善行业发展环境。做好行业宣传，正确把握舆论导向。组织考察交流，开阔物业管理视野。截至2015年11月，永州市物业管理协会发展会员单位84家，其中荣获物业管理市级优秀称号的9个，省级优秀称号的3个。

（二）永州市室内装饰装修协会

永州市室内装饰装修协会是经政府主管部门批准成立的室内装饰装修行业性组织，是具有法人资格的社会经济团体，是中国室内装饰协会会员单位、湖南省室内装饰协会副会长单位。业务上接受政府主管部门和中国室内装饰协会、湖南省室内装饰协会的指导和监督，承担全市室内装饰行业和市场管理的具体工作。

永州市室内装饰装修协会的工作职能与服务是：宣传、贯彻、落实国家和省、市有关本行业法律法规和政策，指导行业健康发展；负责全市室内装饰行业设计、施工、监理企业资质考核、评审、认证、年检工作；受理全市室内装饰行业设计、施工管理、监理人员培训、考核、办证、年检工作；配合主管部门，协助室内装饰工程招投标的监督管理和企业资质审核、备案工作；推介优秀装饰企业、优秀设计人员；推介优质、环保、节能装饰材料与健康产品；开展人才培训，举办各类展览、讲座及学术交流，开展行检、行评和表影活动；受理消费者投诉，受理室内装饰工程设计图审和室内装饰工程质量检测、鉴定服务；建立行业自律机制，办好协会会刊和行业专刊，建立室内装饰行业信息网络服务；推广先进经验和新技术、新材料、新设备的应用，促进永州室内装饰行业的发展。

（三）永州市房地产企业发展联合会

永州市房地产行业发展联合会（简称“永州房联”）是由永州市范围内从事房地产开发、策划、设计、房地产营销、测绘、评估、房地产经纪（代理）、房屋设计、施工、房地产管理、金融、建材及相关媒体等企事业单位和热心房地产发展在行业有一定知名度的个人自愿组成的区域性大行业联合组织，是经永州市民政局批准成立的非营利性社会团体。

2015 年 10 月 29 日，永州市房地产行业发展联合会成立大会暨一届一次会员代表大会在冷水滩区南华大酒店隆重举行。湖南省房地产协会领导赵靖、永州市政府副秘书长李黎武到会指导，永州市各县区房产局及相关单位领导、79 家房地产企业及永州各大媒体的代表出席本次大会。会议由永州市房产局局长、党组书记高武主持。大会审议通过《永州市房地产行业发展联合会章程》及《永州市房地产行业发展联合会会费缴纳管理办法》，选举永州市人和仙聚房地产有限公司董事长王建国为永州房联首届会长。

协会性质：永州市房地产行业发展联合会是由永州市范围内从事房地产及相关行业的企事业单位和热心房地产业发展的社会各界志士仁人自愿组成的区域性社会团体，是非营利性社会团体。

协会宗旨：坚持四项基本原则，以科学发展观为指导；遵守国家的法律、法规和政策；旨在传达政府意图，传递行业信息，加强行业交流，反映企业愿望，依法维护行业和会员的合法权益，提高永州房地产企业品位，促进永州房地产行业规范、有序和健康发展。

联合会业务范围：对房地产市场进行调查研究，向政府及有关部门提出意见和建议；协助政府有关部门加强房地产业管理；依法承担政府及相关部门委托的各项工作；发挥行业自律作用，制定和实施行业行为规范，促进房地产业规范、有序和健康发展；为房地产企业培训人才，提高行业整体素质；组织行业内外经济技术合作与交流，开展房地产业咨询服务，总结推广行业经验、表彰先进会员单位和个人会员；推介优秀企业及最佳楼盘；反映会员呼声，依法维护行业和会员的合法权益。

联合会业务指导及监督管理单位：永州市房产局为业务指导单位、永州市民政局社团登记管理机关为业务监督管理单位。

第三节 队伍建设

1997 年市房产管理部门组建之初，有干部职工 300 多人，严重超编，人浮于事，各种经济收入全部用于养人吃饭，不利于事业发展。1998 年，市房地产管理局实施“轮岗制度”改革，待岗人员达30%以上；并通过创办经济实体、岗前培训等途径，逐步实现“再就业工程”，提高工作效率。

2015 年，市房产局在职工作人员 148 人（其中党员 90 人），退休人员 63 人（其中党员 28 人）。其中，硕士学位 3 人，大学学历的 40 人，大专学历的 55 人。获得律师执业资格 2 人，高级政工师 1 人，土建工程师中级职称 6 人，房地产估价师执业资格 7 人，会计师 3 人，网络工程师 1 人，经济师中级职称 13 人，房地产经纪人 3 人。

1996—2015 年永州市房产局主要荣誉一览表

表 1-2

年度	获奖单位	获奖名称	授奖单位
2004	永州市房产局	建筑工程安全生产目标管理考核先进单位	省建设厅
2004	永州市房产局	为民办实事先进单位	省建设厅
2007	永州市房产局	湖南省建设系统思想政治工作先进单位	省建设厅
2007	永州市房产局	协会工作先进集体	省房地产业、房地产开发协会
2008	永州市房产局	湖南省建设系统先进单位	省建设厅

续表1-2

年度	获奖单位	获奖名称	授奖单位
2009	永州市白蚁防治所	湖南省白蚁防治行业先进单位	省房协白蚁防治专业委
2010	永州市白蚁防治所	湖南省白蚁防治工作先进单位	省住房和城乡建设厅
2010	永州市房产局长丰新村廉租房	湖南省优质工程	省住房和城乡建设厅
2010	永州市房产局	湖南省文明行业	省委、省政府
2010	永州市房产局	湖南省城市房屋征收（拆迁）工作先进单位	省房地产业协会
2011	永州市房产局	巾帼文明岗	省妇女巾帼建功领导小组
2011	永州市房产局	文明行业创建工作先进单位	省住房和城乡建设厅
2011	永州市房产局	湖南省建筑市场监督执法工作优秀单位	省住房和城乡建设厅
2011	永州市房产局	湖南省建筑工程安全生产目标管理考核先进单位	省住房和城乡建设厅
2010—2011	永州市房产局	湖南省建筑管理工作先进单位	省住房和城乡建设厅
2011	永州市房产局	湖南省住房保障二等奖	省住房和城乡建设厅
2011	永州市白蚁防治所	湖南省白蚁防治先进单位	省住房和城乡建厅、湖南省白蚁防治协会
2011	永州市房产局	湖南省保障性安居工程工作二等奖	省人民政府
2012	永州市房产局	全国住房城乡建设系统先进集体荣誉称号	人力资源社会保障部、住房和城乡建设部
2012	永州市房产局	全省房地产开发与监管工作先进单位	省住房和城乡建设厅
2012—2013	永州市房产局	湖南省保障性安居工程建设劳动竞赛优秀组织单位	省住房和城乡建设厅、省总工会
2013	永州市房地产信息中心	湖南省信息化建设先进单位	省房协信息化专业委
2009—2013	永州市白蚁防治所	湖南省白蚁防治行业特殊贡献单位	省房协白蚁防治专业委
2013	永州市白蚁防治所	湖南省白蚁防治先进单位	省房协白蚁防治专业委
2015	永州市房产局	湖南省档案宣传工作先进单位	省档案局
2015	永州市白蚁防治所	湖南省白蚁防治行业先进单位	省房协白蚁防治专业委

1996—2015 年永州市房产局部分荣誉牌匾

1996—2015 年永州市房产局个人获主要荣誉一览表

表 1-3

年度	获奖个人	获奖名称	授奖单位
2006	刘　骥	为民办八件实事工作三等功	永州市人民政府
2006	蒋文林	为民办八件实事工作三等功	永州市人民政府
2010	周军丽	2008、2009 年全省为民办实事工作二等功	省人民政府
2011	蒋燕钦	湖南省住房城乡建设系统纪检监察先进工作者	省住房和城乡建设厅
2011	杨文林	湖南省廉租房建设巡查先进个人	省住房和城乡建设厅
2011	李　娜	湖南省白蚁防治行业先进个人	省房协白蚁防治专业委
2011	陈晓敏	湖南省白蚁防治行业先进个人	省房协白蚁防治专业委
2012	刘湘军	全省住房城乡建设系统先进个人二等功	省人力资源和社会保障厅、省住房和城乡建设厅
2012	卢志华	全省住房城乡建设系统先进个人二等功	省人力资源和社会保障厅、省住房和城乡建设厅
2009—2013	李　娜	湖南省白蚁防治行业特殊贡献个人	省房协白蚁防治专业委
2013	高　武	湖南省物业管理先进个人	省房地产业协会
2013	李　娜	湖南省白蚁防治行业先进个人	省房协白蚁防治专业委
2013	胡建平	湖南省白蚁防治行业先进个人	省房协白蚁防治专业委
2013	文　洁	湖南省白蚁防治行业先进个人	省房协白蚁防治专业委

续表1-3

年度	获奖个人	获奖名称	授奖单位
2014	高　武	湖南省物业管理先进个人	省房地产业协会
2015	唐云豪	湖南省物业管理先进个人	省房地产协会
2015	廖周红	湖南省白蚁防治行业个人	省房协白蚁防治专业委
2015	文绍亮	湖南省白蚁防治行业个人	省房协白蚁防治专业委
2015	文　洁	湖南省白蚁防治行业个人	省房协白蚁防治专业委
2015	高　武	永州市创建国家卫生城市三等功	永州市委、市政府

2009 年国庆期间永州市房产局举办职工文体活动

第四节　县区房产机构

1981 年，江华瑶族自治县房地产管理所成立；1982 年，新田县房地产管理所成立；1985 年，双牌县房地产管理所成立；1987 年，蓝山县房地产管理处成立，祁阳、零陵、宁远等县区无房产管理机构，其相应职能由县房地产公司承担，负责公房管理、维修、出租和出售，以及区域内城镇房屋买卖、租赁、转让、抵押等交易活动的监管，归口城市建设系统管理。2002年机构改革，各县区成立房产局，主管辖区内住宅与房地产业、住房保障和国有土地上房屋征收等工作，内设有住房保障、产权颁证、产籍管理、房屋测绘评估、物业管理等业务股室，下设产权所、交易所、白蚁防治所等二级机构。

零陵区：1987年10月，设立副局级单位永州市房地产业管理处；1991年2月，改设为永州市房地产管理局；1996年9月，上划地级永州市房地产管理局，在芝山区设第一管理处；2001年，更名为市房产管理局第一管理处；2002年7月，房产管理职能下放，芝山区设立房产管理局。2015年年底有干部职工140人。

祁阳县：1990年，县房地产公司更名祁阳县房地产管理处；1996年，祁阳县房产处更改为县房地产管理局；2002年，祁阳县房地产管理局更名为祁阳县房产局，为县人民政府直属事业单位。2015年年底有干部职工430人。

东安县：1995年2月，设立正科级直属全额自收自支事业单位东安县房地产管理局；2002年，更名为东安县房产局。2015年年底有干部职工59人。

双牌县：1985年7月，成立双牌县房地产管理所；2005年1月，将原房地产管理所、县房改办合并组建成正科级事业单位双牌县房产局，主管全县房地产工作。2015年年底有干部职工23人。

江华瑶族自治县：1981年5月，成立县房地产管理所；1989年12月，更名为江华瑶族自治县房地产管理处；1992年12月撤销房地产管理处，工作职能划入国土局；1993年10月，成立江华瑶族自治县房地产管理局；2002年4月，江华房地产管理局改为江华瑶族自治县房产局，为正科级直属事业单位。2015年年底有干部职工37人。

宁远县：1991年9月，县房地产公司改为房地产管理处；1999年12月，撤销房地产管理处，成立县政府直属事业单位宁远县房地产管理局；2002年7月，更名为宁远县房产局，为县人民政府直属正科级差额拨款事业单位。2015年年底有干部职工174人。

新田县：1982年，成立房地产管理所；1993年，县房地产管理所升格为房地产管理局；2002年，县房地产管理局更名为房产局。

蓝山县：1987年，成立蓝山县房地产管理处；1996年12月，更名升格为蓝山县房地产管理局；2002年，更名为蓝山县房产局，为县人民政府直属的正科级自收自支事业单位。2015年年底有干部职工115人。

金洞管理区：2007年12月，成立城建规划房产局，加挂在金洞管理区发展和改革委员会，下设城投公司、规划、建设、房产、环卫五条线。2015年，在编人员

36 人。

回龙圩管理区：2003 年，在经济发展局加挂房产局的牌子。2008 年 3 月 7 日，正式成立永州市回龙圩管理区房产局，核定行政编制 4 人。

2002 年机构改革，各县区房产局主要的管理职能和业务范围是：负责房地产业行政管理和行业管理，组织住房供应政策和保障性住房建设的实施，房地产市场的监管。负责全县房屋产权登记发证和房屋产籍管理、房地产测量及面积计算管理工作。负责房地产交易、商品房预售、房地产中介服务机构的管理。负责全县房屋安全鉴定、危房普查、县城规划区房屋室内装饰装修管理，编制危旧房屋改造计划；审查相关资质。负责全县房屋白蚁防治的监督管理、房屋白蚁防治和灭治工作；负责全县房地产评估管理工作，定期制定和公布各种类别房屋的重置价格；负责房地产评估机构的管理。负责全县国有直管公房的管理、维修和经租工作，审查物业管理企业相关资质；指导协调、监督房屋维修基金的管理与使用。负责保障性住房的建设、管理和住房租赁补贴的受理、审核、发放。负责组织实施国有土地上房屋征收与补偿工作。承办县委、县政府交办的其他事项。

各县区房产局按照其职能，在房地产业中的住房保障、产权交易、执法行政等各项领域发挥市场机制作用，强化政府调控职能，健全房地产市场体系，促进房地产市场规范有序发展。结合旧城改造、新城建设和城市服务业发展，优化商业地产区域布局，引导人流、物流向新区发展。房地产建设鼓励开发商在新城区规模开发建设环境舒适、功能齐全、设施配套的各类居住小区，加快城市提质扩容步伐。同时加快旧城区改造步伐，突出建设一批品质好、品位高，环境优越、节能省地的生态宜居工程，促进城市均衡发展；落实更加有力的扶持政策，调整优化商品房住宅户型结构，增加中低价位普通商品房供应，满足居民首次置业住房需求和改善型住房需求。建立健全住房保障责任机制，扩大保障性住房覆盖面，形成以高档商品房、廉租住房、公共租赁住房、棚户区改造住房为主，以社会小户型存量租赁住房为补充的住房保障体系框架；加大房地产招商引资力度，集中招引一批国内知名地产商，重点扶持一批技术力量雄厚的大型房地产企业，增强支撑带动作用。加快房地产业现代化，引导开发企业更加理性地转变增长方式和发展路径，改善房地产开发结构，拓展旅游地产、休闲地产、养老地产、工业地产等领域，推进房地产多元化发展，提升房地产业整体发展水平；加强房地产市场监测，完善土地招拍挂和商品房预售制度，规范房地产市场秩序。大力推动房地产市场诚信体系建设，协调整合政府内外涉及房地产市场诚信体系建设的各类事务，加强房地产行业协会纽带和桥梁作用，通过提供公共信用服务营造良好市场诚信环境。

第二章 住房制度改革

1988年3月，永州市住房制度改革领导小组办公室组建。1997年10月，明确为永州市人民政府直属行政机关副处级单位，人员编制核定6人。2015年，市房改办有人员4人，其中副处级主任1名，副主任1名，工作人员2名。主要职责是：贯彻落实国家、省、市关于推进城镇住房制度改革的方针、政策和措施；指导和负责全市城镇住房制度改革工作；完善住房分配制度，审批住房补贴；对房改房上市交易的审核工作；负责干部、职工个人住房档案的管理；负责其他房改资金的政策指导并监督使用；搞好房改政策性咨询和服务工作；配合协调有关部门在房改工作中的关系，会同市财政局制定本市住房资金的政策和使用计划，经市人民政府批准后实施。

1988年3月，永州市住房制度改革起步。截至1995年，大体经过“试点起步，整体推进，全面规范”3个阶段，逐步改革低租金、高福利，无偿分配的住房旧制度，逐步建立符合社会主义市场经济体制的住房新制度。

零陵地区从1988年5月起，在祁阳进行全省的房改试点。按照实现住房商品化这一目标，从改革公房低租金制度着手，抑制不合理的住房分配，促进职工个人买房，组织职工集资建房，走出一条既能解决住房问题，又能带动房地产及其相关产业发展和经济发展的路子，试点制定“分步提租，鼓励职工购房，组织职工集资建房，加强房地产市场管理的方案”，于1989年1月经省房改领导小组批准正式试点实施。祁阳的房改试点提租面积达35.5万平方米，年租金达63.4万元，出售公房463套，2.7万平方米，收回资金327万元，摸索县镇房改的路子，为全省房改起步提供依据。

根据祁阳县的房改试点经验和省里的安排部署，原地委、行署制定《地区直属单位收取租赁保证金，以息代租的房改实施办法》，各县也相应出台配套措施。全市收取租赁保证金近1亿元，统一租金面积达250万平方米，租金由过去每平方米0.05元提高到0.2元。到1993年9月，地区又出台按房改标准价出售公有住房的办法，房租又相应提高到新房月均租2元，旧房月均租1.5元，占家庭职工年均收入的9%，为实现国务院关于住房租金在2000年达到家庭职工年均收入15%的要求奠定基调。零陵地区按房改标准价出售公有住房的方案出台后，全区向职工出售公有住房 39250 套，面积达 234 万平方米，占当时公有住房总量的 67%，收回住房资金 1.98 亿元。从此，永州市房改迈出坚实的第一步。

1994 年 12 月 25 日，国务院颁发《关于深化城镇住房制度改革的决定》（国发〔1994〕43 号），规范城镇住房制度改革的根本目的和基本内容、全面推行住房公积金制度、积极推进租金改革、稳步出售公有住房、加快经济适用住房的开发建设、做好原有售房政策同本决定的衔接工作等方向原则问题。根据国务院决定和省政府实施意见，永州市调整房改工作部署，1995 年 5 月 18 日颁发《零陵地区深化城镇住房制度改革实施方案》及 5 个配套办法，对前段房改工作进行认真回顾和总结。从本地实际出发，一是对标准价出售的房改房进行全面衔接。全市 3.9 万户，已衔接 3.8 万户，衔接补款 1100 余万元。二是对住房资金管理进行全面的清理和规范。根据省财政厅、省房改领导小组、省建委转发《颁发〈国有住房出售收入上交财政暂行办法〉的通知》精神，永州市房改售房收入全部上交财政 1.05 亿元（其中：转城市住房基金 6586.85 万元）；市直售房单位 133 个，购房 5231 户，收回售房款 2957.5 万元，除提留住房保险金等，上交财政 2504.9 万元。城市住房基金的动用，全部实行主管市、县长一支笔审批。二是对公积金制度的建立进行全面规范，统一使用全省统一的表格和票据。三是对单位集资建住房的管理作进一步的规范。

第一节 住房公积金

一、制度建立

1994 年 7 月，国务院颁布《关于深化城镇住房制度改革的决定》，要求在全国推行住房公积金制度。1995 年，市委、市政府开始推行住房公积金制度。全市住房公积金工作以国务院《住房公积金管理条例》和《国务院办公厅转发国务院住房制度改革领导小组关于加强住房公积金管理意见的通知》为依据，建立健全住房公积金管理制度和管理机构。

1997 年，市政府下文明确："根据地改市体制的要求和 3 月 27 日市委常委扩大会议研究的意见，凡在芝山、冷水滩两区范围内地市属单位（含中央、省属企业）的住房制度改革和建立公积金制度，统一由市住房制度改革领导小组办公室具体组织实施。1997 年 7 月 1 日以后所出售的住房收入统一由市住房公积金管理中心管理，并存入市住房公积金管理中心在受托银行设立的单位存款专户，权属不变，纳入单位住房基金，但是，1997年7月1日以前市属企业（含中央、省属企业）已在芝山、冷水滩区房改办建立住房公积金制度的，暂由两区房改办负责归集。”

1997年6月4日，市政府出台《永州市市直单位住房公积金制度实施办法》，从1997年7月1日起施行。要求凡在芝山、冷水滩两区范围内的市直所有党政机关、群众团体、企事业单位（含中央、省属行政企事业单位）及其在职职工均应按照“个人存储、单位资助、统一管理，专项使用”的原则，缴纳住房公积金，建立住房公积金制度。单位和个人住房公积金的缴交率各定为工资额的5%。办法还对住房公积金的缴存、支付、使用和偿还进行规范管理。截止到2005年年底，全市参缴职工12.95万人，全年归集住房公积金2.53亿元，实现归集余额6.04亿元，在全省归集增幅中居首位，累计向11405户发放贷款3.96亿元，推动永州的住房消费，有效地支持职工改善住房条件，实现住房公积金快速健康发展。

1995年，市直单位党政机关事业单位的职工公积金补贴财政转划暂时不能到位，对全市的整体起步有一定影响。对此，永州市重点抓市直非财政拨款企事业单位的公积金制度建立，截止1998年9月，市直39个单位3000名职工建立公积金制度，缴交公积金325万元，全市800多个单位50000多名职工建立公积金制度，缴交公积金1800万元。1996—1998年，市房改办一是积极组织市直各单位按年度价格出售存量公有住房，二是按政策规定对所售公房和集资建房预留“两金”，即维修基金、保险基金，三是重点组织非财政拨款的企事业单位建立公积金制度，所代管的市直单位的住房资金达1741万元，其中单位住房基金1416万元，个人住房基金325万元，增强市直单位的房改后劲。

2002年成立永州市住房公积金管理中心

2003年，市政府出台《住房公积金提取使用制度》《住房公积金个人委托贷款管理办法》，全面规范和约束住房公积金的归集、放贷、收贷和提取工作。

2008年，市政府发布《永州市住房公积金管理办法》，规定：职工缴存住房公积金的月工资基数以职工本人上一年度月平均工资为准，但最高不得超过市统计局公布的上一年度全市职工月平均工资的 3 倍，超过 3 倍按 3 倍计算。职工和单位住房公积金的缴存比例一致，不得低于职工上一年度月平均工资的 5%，最高不超过职工上一年度月平均工资的 12%。

二、管理机构

1996 年 11 月 27 日，永州市机构编制委员会办公室下发《关于县、区房改机构设置的通知》，明确：县、区分别设立住房制度改革领导小组办公室（简称“房改办”），为副科级行政单位，使用行政编制，分别挂靠县、区政府办与体改办合署办公。各县、区房改办分别设立住房公积金管理中心，为股级事业单位。

1997 年 1 月 10 日，《永州市人民政府办公室关于印发永州市经济体制改革委员会职能配置内设机构和人员编制方案》明确：永州市住房制度改革领导小组办公室下设永州市住房基金管理中心。1997 年 4 月 12 日，市编办《关于永州市住房基金管理中心更名和调整人员编制的批复》确定：永州市住房基金管理中心更名为永州市住房公积金管理中心，主要职责是：执行国家、省和市人民政府制定的住房公积金归集、使用和管理等有关政策；负责在芝山、冷水滩两区范围内的市直党政机关、群体团体、企事业单位（含中央、省属单位）的住房公积金的归集、使用、支付、核算，负责住房公积金的保值和增值；参与编制住房公积金年度使用计划并负责执行；督促各部门、各单位按月缴交住房公积金，审批职工支取、使用住房公积金；委托承办银行发放政策性住房贷款，监督、检查承办银行公积金存贷情况，负责住房资金的核算和收缴住房资金收益；代管政府委托的其他住房资金；指导、检查各县区住房公积金业务。

2002 年 10 月，经市委、市政府批准，成立永州市住房公积金管理中心，为直属于市政府不以营利为目的的副处级事业单位，其主要职责是：编制、执行住房公积金的归集、使用计划；负责记载职工住房公积金的缴存、提取使用等情况；负责住房公积金核算；审批住房公积金的提取、使用；负责住房公积金的保值和归还；编制住房公积金归集、使用计划执行情况的报告；承办住房公积金管理委员会决定的其他事项。

2008 年，市政府发布《永州市住房公积金管理办法》，规定：市住房公积金管理中心负责全市范围内住房公积金的管理和运作，各县区住房公积金管理部是市住房公积金管理中心的派出机构，其人、财、物、事由市住房公积金管理中心统一管理，实行统一的规章制度，进行统一核算。住房公积金管理实行市住房公积金管理委员会决策、住房公积金管理中心运作、银行专户存储、财政监督的原则。

2015 年，中心内设综合管理科、资金归集科、资金营运科、法规稽查科、财务核算科、信息管理科、人事科、资金结算科8个科室，下设1个直属营业部和冷水滩管理部、零陵管理部、祁阳管理部、东安管理部、双牌管理部、道县管理部、江永管理部、江华管理部、宁远管理部、新田管理部、蓝山管理部11个县区管理部。

永州市住房公积金管理中心严格制度规范操作。按照“统一决策、统一制度、统一核算、统一管理”的要求，结合中心的实际建立健全一整套内部管理制度，通过管委会的审定，出台《内部工作制度》《财务核算》《党风廉政建设》等系列制度，还建立兼职交叉审核制度、复核制度、账款分离制度等安全保障制度，使公积金资金运作处于严密的相互监督之下，保证住房公积金的安全运作。严格按住房公积金会计核算办法执行公积金的运算，从账册、会计科目的设置，到报表、统计等严格按上级规定的会计核算办法核算，保证会计核算的规范化、制度化，实现信息系统的规范操作，在全省率先实行联网的全方位监管。2004年，省人行、省建设厅、省财政厅、省监管办等6个联合部门对中心进行执法大检查，2005年经市审计局审核，均肯定住房公积金管理中心的做法；通过省监管办的严格年度考核，被评定为2005年全省优秀考核单位。

三、政策调整

2012年5月10日，市住房公积金管委会二届一次会议决定调整住房公积金贷款政策。一是适当提高期房按揭贷款额度，中心城区个人单方缴存住房公积金的最高贷款额度由20万元提高到25万元，夫妻双方缴存的最高贷款额度由25万元提至30万元，其他9县（含金洞、回龙圩管理区）个人单方缴存住房公积金的最高贷款额度由15万元提高到20万元，夫妻双方缴存的最高贷款额度由18万元提至25万元。二是放宽贷款年限，贷款年限由不超过借款人法定的退休年龄，适当放宽到不超过借款人法定退休年限延长5年（含5年）。2012年度永州市单位、个人月缴存额最高均不超过1047元，即月缴存额不得超过2094元，缴存比例不超过12%，单位、个人月缴存额均不得低于50元，即月缴存额不得低于100元，缴存比例不低于5%，中央、省属驻永单位可按长沙市标准执行。

2014年度住房公积金缴存比例单位和个人最低均不得低于5%，最高均不得高于12%。缴存额单位和个人最高均不得高于1047元/月，最低均不得低于88元/月，中央、省属单位按长沙标准执行。2014年11月22日起，调整住房公积金贷款利年利率为：5年以下（含5年）3.75%，5年以上4.25%；二次公积金贷款，贷款利率按基准利率的1.1倍执行。

2014年，根据《关于印发〈永州市住房公积金提取使用政策规定〉和〈永州市住房公积金个人住房贷款政策规定〉的通知》规定，全市住房公积金最高贷款额度实行统一标准35万元。当年住房公积金其他业务政策调整情况如下：一是适当放宽因重大疾病造成家庭生活严重困难提取的患病人群范围。缴存职工、配偶及子女因患重大疾病造成家庭生活严重困难的可以申请提取本人及配偶住房公积金账户内存储余额。缴存职工为独生子女，因本人父母患重大疾病造成家庭生活严重困难的可以申请提取本人住房公积金账户内的存储余额。二是适当放宽还贷提取政策。按时偿还住房公积金个人住房贷款、组合贷款本息的提取，只须提供还款明细，不再提供房产证和办证费用票据。部分或者全部提前结清购房住房公积金个人住房贷款、组合贷款本息的提取，只须提供贷款所购房屋的销售不动产统一发票、还款明细，不再提供房产证和办证费用票据。偿还商业银行自住住房个人按揭贷款本息的提取按原规定执行。三是调整贷款关于缴存时间的规定。缴存职工在永州连续足额缴存住房公积金6个月（含）以上的，可以申请住房公积金个人住房贷款或组合贷款；曾经在异地缴存住房公积金，但在现缴存地缴存不满6个月的缴存职工，其缴存时间可根据原缴存地住房公积金管理部门出具的缴存证明和现缴存地住房公积金管理部门接收的转入情况合并计算。四是统一全市贷款额度。取消缴存职工单、双方缴存公积金及期房、现房的区别，全市最高可贷额度实行统一标准35万元。五是推进异地贷款业务。省内缴存职工来永州市购买住房，可在购房所在地申请住房公积金个人住房贷款或组合贷款。六是规范中介服务及其收费。降低贷款中间费用，新房一律取消评估及其收费，取消强制性机构担保及其收费。七是调整第二套住房贷款政策。缴存职工被认定为购买第二套住房申请贷款的，首付比例按首套房标准对待。如本次贷款属于第二次使用住房公积金贷款的，贷款利率按同期首套房住房公积金个人住房贷款基准利率的1.1倍执行。八是明确房屋套数计算方式。房屋套数的计算以2009年1月1日以后缴存职工及配偶在本中心提取和贷款记录次数为准。跨县区工作调动的职工，房屋套数按缴存职工到现工作地后本人及配偶在本中心提取和贷款记录重新计算。

2015年度，住房公积金缴存比例单位和个人最低均不得低于5%，最高均不得高于12%。1—6月，住房公积金缴存额单位和个人最高均不得高于1047元/月，最低均不得低于88元/月；7—12月，调整住房公积金缴存额为单位和个人最高均不得高于1197元/月，最低均不得低于52元/月，中央、省属单位按长沙标准执行。2015年连续5次下调住房公积金存贷款利率。3月1日起，调整公积金存款利率：当年缴存0.35%；上年结转2.10%；公积金贷款利率：5年以下（含5年）3.5%，5年以上4.00%；二次公积金贷款，贷款利率按基准利率的1.1倍执行。5月11日起，调整公积金存款利率：当年缴存0.35%；上年结转1.85%；公积金贷款利率：5年以下（含5年）3.25%，5年以上3.75%。6月28日起，调整公积金存款利率：

当年缴存0.35%；上年结转1.60%。；公积金贷款利率：5年以下（含5年）3.0%，5年以上3.5%。8月26日起，调整公积金存款利率：当年缴存0.35%；上年结转1.35%。；公积金贷款利率：5年以下（含5年）2.75%，5年以上3.25%。10月24日起，调整公积金存款利率：当年缴存0.35%；上年结转1.10%。

2015年6月2日，永州市住房公积金管理委员会二届七次会议审议通过，全市住房公积金贷款额度由35万元提高至45万元。当年住房公积金其他业务政策调整情况：一是放宽租房提取政策。职工连续足额缴存住房公积金满3个月，在永州市行政区域内现工作地无自有住房且租赁住房自住的，可申请提取夫妻双方住房公积金支付房租，每年提取额为房租实际发生额，但不得超过每月800元。取消原“房租超出家庭工资收入规定比例”的规定。二是调整组合贷款模式。缴存职工使用住房公积金贷款不足以支付全部购房款时，可同时办理商业银行个人住房贷款。取消组合贷款总额度不超过永州市住房公积金管理中心最高贷款额度的规定，同时取消住房公积金管理中心、贷款银行各提供组合贷款总额50%额度的规定。三是降低首付比例。首次购房贷款不受面积限制，首付比例一律20%；第二套住房首付比例参照首套房标准执行。四是加强区域合作。按照住建部的要求，全面开办异地贷款业务，对户口在永州且在外地缴存住房公积金的职工，在永州市行政区域内购买自住住房的，可在永州申请住房公积金个人住房贷款。五是实施“公转商”贴息贷款。贴息贷款作为永州市住房公积金管理中心应对急剧增长的公积金贷款需求，有效缓解资金流动性紧张而采取的应急措施。符合住房公积金贷款条件的职工，可申请享受住房公积金“公转商”贴息贷款，享受贴息贷款的借款人，不视同为使用住房公积金贷款，适用永州市住房公积金贷款有关政策规定。

四、归集提取

1997年，全市11县区都把建立住房公积金制度摆在房改工作的首位。是年，全市471个单位40160名职工缴交住房公积金，归集住房公积金1303.71万元，其中市直26个单位1252个职工缴交住房公积金63万元。除市本级外，11县区都与银行签订委托协议，明确双方权利和责任。

2008年，全市住房公积金归集4.94亿元，比上年同期增长26.2%，继续保持增长态势，新增缴存人数17621人，缴存职工18.49万人，住房公积金覆盖率78%。到年底累计归集住房公积金202328.37万元，归集余额14.1亿元，其中银行存款6.35亿元、委托贷款余额7.68亿元、国债余额689.9万元。

2008年，职工提取住房公积金1.66亿元，比上年同期增长7.2%。到年底，职工累计提取住房公积金6.13亿元。

2009 年，住房公积金归集 5.79 亿元，比上年同期增长 17%，新增缴存人数 12900 人，缴存职工 19.26 万人，住房公积金覆盖率 78%。到年底累计归集住房公积金 26 亿元，归集余额 17.99 亿元。银行存款 5.89 亿元，委托贷款余额 12.08 亿元，国债余额 122 万元。

2009 年，职工提取住房公积金 1.9 亿元（其中：购建住房支取 9249.89 万元，偿还贷款本息支取 4713.44 万元，离退休支取 3828.44 万元，调离本市支取 436.16 万元，终止劳动关系支取 120.66 万元，死亡支取 269.03 万元，其他支取 387.13 万元），比上年同期增长 14.6%。到年底，职工累计提取住房公积金 8.03 亿元。

2012 年，全市归集住房公积金 10.62 亿元，同比增长 19.62%。新增缴存单位 143 个、缴存职工 13935 人。至 2012 年年底，全市 3448 个单位 21.65 万名职工建立住房公积金制度，住房公积金归集总额 52.78 亿元，归集余额 35.28 亿元。

2012 年，全市提取住房公积金 4.03 亿元，同比增长 34.55%。其中，住房消费类提取 3.03 亿元，占提取总额的 75.24%，离退休等原因销户提取 9974.3 万元，占提取总额的 24.76%。至 2012 年年底，累计提取住房公积金 17.50 亿元。

2013 年，全市归集住房公积金 12.61 亿元，同比增长 19%。新增缴存单位 201 个、缴存职工 1.26 万人。至 2013 年年底，全市 3644 个单位 23.76 万名职工建立住房公积金制度，住房公积金归集总额 65.39 亿元，归集余额 42.7 亿元。

2013 年，全市提取住房公积金 5.19 亿元，同比增长 29%。其中，住房消费类提取 3.75 亿元，占提取总额的 72%，离退休等原因销户提取 1.44 亿元，占提取总额的 28%。至 2013 年年底，累计提取住房公积金 22.69 亿元。

2014 年，全市住房公积金实缴单位 3829 家，实缴职工 20.15 万人，缴存额 15.68 亿元，同比增长 24%。当年新开户单位 240 家，新开户职工 1.52 万人，净增单位 185 家，净增职工 0.7 万人。截至 2014 年年底，缴存总额 79.97 亿元，缴存余额 52.54 亿元，分别同比增长 22.3%、23.04%。

2014 年，提取 5.84 亿元，占当年缴存额的 37%，比上年同期增加 12.5 个百分点。截至 2014 年年底，提取总额 27.43 亿元，同比增长 20.9%。

2015 年，全市实缴单位 4063 家，实缴职工 21.02 万人，缴存额 19.49 亿元，同比增长 24.3%。当年新开户单位 255 家，新开户职工 1.4 万人，净增单位 234 家，净增职工 0.6 万人。截至 2015 年年底，缴存总额 100.55 亿元，缴存余额 62.59 亿元，分别同比增长 25.73%、19.11%。

2015 年，提取 9.44 亿元，占当年缴存额 48.21%，比上年同期增加 11.21 个百分点。截至 2015 年年底，提取总额 37.96 亿元，同比增长 38.35%。

五、个人住房贷款

2008 年，全市住房公积金开始由市住房公积金管理中心统一管理。是年，中心向 4730 户职工发放住房公积金个人住房贷款 3.54 亿元，比上年增长 30.1%。到 2008 年年底，累计向 24066 户职工发放住房公积金个人住房贷款 12.66 亿元。2008 年，回收贷款本金 1.39 亿元，年末贷款余额为 7.68 亿元。3 期以上（含 3 期）逾期贷款额为 53.8 万元，贷款逾期率为 0.07%。

2009 年，中心向 5747 户职工发放住房公积金个人住房贷款 6.29 亿元，比上年增长 77.6%。到 2009 年年底，累计向 29908 户职工发放住房公积金个人住房贷款 18.96 亿元。2009 年，回收贷款本金 1.88 亿元，回收利息 3170.07 万元，年末贷款余额为 12.08 亿元。3 期以上（含 3 期）逾期贷款额为 20.92 万元，贷款逾期率为 0.02%。

2012 年，全市为 6285 户家庭发放住房公积金贷款 10.22 亿元，同比增长 12.66%。回收贷款本金 3.40 亿元。至 2012 年年底，累计向 48950 户职工家庭发放住房公积金贷款 45.67 亿元，支持购建房面积 864 万平方米，回收贷款本金 15.2 亿元，贷款余额 30.47 亿元。贷款逾期率（3 期以上）0.013%。

2013 年，全市为 6095 户家庭发放住房公积金贷款 10.77 亿元，同比增长 5%。回收贷款本金 4.38 亿元。至 2013 年年底，累计向 55045 户职工家庭发放住房公积金贷款 56.44 亿元，回收贷款本金 19.59 亿元，贷款余额 36.85 亿元。贷款逾期率（3 期以上）0.013%。

2014 年，发放个人住房贷款 4407 笔 8.14 亿元，同比分别减少 27.69%、24.42%。个贷率为 76.87%，比上年同期减少 9 个百分点。回收个人住房贷款 4.6 亿元。截至 2014 年年底，全市累计发放个人住房贷款 59452 笔 64.58 亿元，贷款余额 40.39 亿元，同比分别增长 8.18%、14.42%、9.61%。截至 2014 年年底，逾期个人住房贷款 1.7 万元，个人住房贷款逾期率 0.00042%（其中，直属营业部 0.001%，其他县区均为 0）。个人贷款风险准备金按贷款余额的 2%提取。当年使用个人贷款风险准备金核销 0 万元，个人贷款风险准备金余额为 8077.86 万元，个人贷款风险准备金余额与个人贷款余额的比率为 2%，个人贷款逾期额与个人贷款风险准备金余额的比率为 0。

2015 年，发放个人住房贷款 5462 笔 14.62 亿元，同比分别增长 23.94%、79.61%。个贷率为 78.83%，比上年同期增长 1.96 个百分点。回收个人住房贷款 5.66 亿元。截至 2015 年年底，全市累计发放个人住房贷款 64914 笔 79.2 亿元，贷款余额 49.34 亿元，同比分别增长 9.19%、22.64%、22.16%。截至 2015 年年底，逾期个人住房贷款 26.13 万元，个人住房贷款逾期率 0.005%。个人贷款风险准备金按贷款余额的 2%提取。当年使用个人贷款风险准备金核销 0 万元，个人贷款风险准备金余额为 0.99 亿元，个人贷款风险准备金余额与个人贷款余额的比率为 2%，个人贷款逾期额与个人贷款风险准备金余额的比率为 0.003%。

六、财务收支

2008 年，全市住房公积金开始由市住房公积金管理中心统一管理。是年，实现业务收入 4636.86 万元，其中：存款利息收入 2305.8 万元，委托贷款利息收入 2308.49 万元，国家债券利息收入 16.49 万元，其他收入 6.08 万元。业务支出 2791.68 万元，其中：应付缴存职工住房公积金利息支出 2616.41 万元，住房公积金归集贷款手续费支出 134.88 万元，其他支出 40.39 万元。实现增值收益 1845.18 万元，提取风险准备金 430.22 万元，上缴政府廉租房建设资金 328.45 万元。截止 2008 年年底，贷款风险准备金余额 1535.3 万元，资产总额 1.50 亿元。

2009 年实现业务收入 5335.63 万元，其中：存款利息收入 2148.48 万元，委托贷款利息收入 3170.07 万元，国家债券利息收入 10.98 万元，其他收入 6.1 万元。业务支出 2523.49 万元，其中：应付缴存职工住房公积金利息支出 2306.74 万元，住房公积金归集贷款手续费支出 175.15 万元，其他支出（诉讼费）41.6 万元。实现增值收益 2812.14 万元，提取风险准备金 881.01 万元，上缴政府廉租房建设资金 569.51 万元。截止 2009 年年底，贷款风险准备金余额 2416.32 万元，资产总额 1.92 亿元。

2012 年全市各项业务收入 1.61 亿元，各项业务支出 9092.08 万元（其中支付缴存职工公积金利息支出 8587.19 万元），实现增值收益 7005.02 万元，增值收益率 2.2%。根据财政部《住房公积金财务管理办法》对增值收益进行分配，提取贷款风险准备 1234.37 万元，提取城市廉租住房建设补充资金 992.39 万元。至 2012 年年底，住房公积金资产总额 3.86 亿元，负债总额 3.80 亿元，净资产总额 6163.24 万元。

2013 年全市各项业务收入 1.87 亿元，各项业务支出 8726.99 万元（其中支付缴存职工公积金利息支出 8120.8 万元），实现增值收益 1 亿元，增值收益率 2.57%。提取贷款风险准备金 1207.31 万元，提取城市廉租住房建设补充资金 1681.85 万元。至 2013 年年底，住房公积金资产总额 4.78 亿元，负债总额 4.70 亿元，净资产总额 7400 万元。

2014 年，住房公积金业务收入 2.19 亿元，同比增长 16.81%。其中，存款利息收入 3770.12 万元，委托贷款利息收入 1.81 亿元。住房公积金业务支出 1.06 亿元，同比增长21.75%。其中，缴存职工账户余额的利息支出9806.33万元，归集手续费用支出294.45万元，委托贷款手续费支出362.25万元，其他支出162.2万元。住房公积金增值收益11257.34万元，同比增长12.49%，增值收益率2.2%，比上年同期减少0.3个百分点。提取贷款风险准备金706.81万元，提取便民服务场地购置专项资金6000万元，提取管理费用和业务运营费用2162.45万元（其中，管理费用1199.7万元，业务运营费用962.75万元），提取城市廉租房（公共租赁住房）建设补充资金2388.08万元。上缴财政办公场地购置专项资金、管理费用及业务运营费用合计7000万元，上缴财政的城市廉租房（公共租赁住房）建设补充资金1900万元。截至2014年年底，贷款风险准备金余额8077.36万元，累计上缴城市廉租房（公共租赁住房）建设补充资金7324.99万元。管理费用及业务运营费用支出2073.51万元。其中管理费用支出1167.95万元，业务运营费用支出905.56万元。

2015年，住房公积金业务收入2.46亿元，同比增长12.34%。其中，存款利息收入5257.04万元，委托贷款利息收入1.93亿元。住房公积金业务支出9026.96万元，同比减少15.04%。其中，缴存职工账户余额的利息支出8260.87万元，归集手续费用支出376.77万元，委托贷款手续费支出386.51万元，其他支出2.81万元。住房公积金增值收益1.56亿元，同比增长38.05%，增值收益率2.78%，比上年同期增长0.58个百分点。提取贷款风险准备金1791.31万元，提取管理费用7788.4万元，提取城市廉租房（公共租赁住房）建设补充资金5975.91万元。截至2015年年底，贷款风险准备金余额9868.68万元，累计上缴城市廉租房（公共租赁住房）建设补充资金7813.07万元。2015年，管理费用及业务运营费用实际支出2630.6万元。其中管理费用支出1671万元，业务运营费用支出959.6万元。

第二节　住房商品化改革

一、公有住房租金改革

1997年，按照国家关于租金改革要求，在深入调查和反复测算的基础上，永州市和9个县制定1997年度房改实施方案，并全部由省房改小组批准出台实施。是年，旧房使用面积每平方米月均租金1.30元，新房使用面积每平方米月均租金1.80元。1997年，全市平均月租金水平为每平方米使用面积1.5元，高于全省平均水平。本年度全市房租支出达到占双职工家庭收入10%~11%，全市年租金收入

1619 万元。1998 年，新房月租金每平方米使用面积 2.2 元，占双职工家庭平均工资 10%以上；全市累计归集租金 500 万元；累计归集租赁保证金 9800 万元，为 2000 年房租标准达到占双职工家庭收入的 15%打下基础。

二、公有住房出售

1998 年 5 月，经省房改领导小组批准，永州市在祁阳进行房租改革和出售公有住房试点。在全市铺开后，截至 1998 年 9 月底，出售公有住房 39250 套，收回售房款 21177.27 万元。1994 年以前，永州市按照标准价出售公有住房。1995 年，根据国务院精神，取消标准价售房，全部实行房改成本价售房。1996 年 5 月 24 日，市房改领导小组下发《关于认真做好原售房政策与售房新政策衔接工作的通知》作如下规定：一是凡 1994 年 1 月 1 日以前按标准价向职工出售的公有住房，职工愿意拥有部分产权比例的，其个人拥有的产权比例确定为 60%，单位为 40%。衔接时，在已经颁发的住房所有权证上注明“已衔接，个人产权 60%”字样，不再办理其他手续。二是凡 1994 年 1 月 1 日以前按标准价向职工出售的公有住房，提倡鼓励购房人按 1994 年度的售房成本价格、优惠折扣进行衔接，所购住房产权全部归个人所有，并重新颁发盖有地级永州市政府印章的房屋所有权证。补交的售房款归产权单位所有，纳入单位住房基金，存入市住房公积金管理中心在银行开设的专户。三是 1994 年 1 月 1 日后按标准价向职工出售的公有住房，均按当年度售房成本价进行衔接。四是这次衔接以后，职工不论是按标准价还是按成本价购买的公有住房，个人出售出租时间均限定为购房 5 年以后。5 年后出租出售的收入，在补缴土地出让金或所含土地收益，并按规定缴纳有关税费后，属拥有全部产权的收入全部归个人，属拥有部分产权的收入按产权比例分配。5 年后出售时，还应将公用走道和楼梯间面积分摊到户出售，公用走道和楼梯间的出售收入全部归产权单位所有，纳入单位住房基金，存入市住房公积金管理中心在银行开设的专户。五是凡已经决定搬迁到冷水滩区建住房的单位，原在芝山区所出售的公有住房 1997 年年底之前暂不作衔接。1997 年年底之前搬迁不了的，均按本通知要求进行售房政策的衔接。是年 8 月 20 日至 12 月 13 日，市直单位分系统衔接售房政策。截至 1998 年年底，全市按标准价购买部分产权 3.9 万户，衔接 3 万户，衔接补款 1100 余万元，县、区出售公有住房的新老政策衔接基本完成。

2001 年 2 月 21 日，永州市政府印发《永州市市区房改房上市交易实施办法》，对城镇职工在住房制度改革中所购公有住房、经济适用住房和按房改政策由个人全额集资建设的住房首次进入市场交易进行规范。实施办法规定具备条件的房改房，经房改部门批准，可以到市房地产局设立的房地产交易中心上市交易，由市房产管理部门和市国土管理部门办理房屋产权转移登记和土地使用权变更登记。在房改房上市前，原存房改部门的房屋产权档案全部移交市房地产局，房屋产权发证由市房地产行政管理部门统一办理。房改房上市交易第一年，成交150多套，抵押300多套，2002年房改房上市交易380多套，成功启动住房二级市场。

2004—2015年，房改办在审核房改房维修资金、住房分配货币化、已购公有住房上市交易、公有住房出售及部分产权衔接为全部产权，协助做好经济适用房建设和房改遗留问题、公房清理等各项工作中发挥职能作用，取得明显成效。抓好现有公有住房的出售和部分产权住房过渡全产权工作。对符合条件出售公有住房而未出售的，对有条件过渡全产权而未过渡的住房，按照房改政策为职工办理出售公有住房和办理部分产权过渡全产权手续，解决职工住房产权问题。受理并办结出售公有住房和过渡全产权业务1729户，收回房价款3988.21万元；抓好住房分配货币化的审核工作，对具备条件而且要求实施住房（工龄）补贴的单位认真审核并及时签署意见报有关部门备案，审核九嶷股份公司、市零陵煤矿、市化工集团、零陵耐火材料厂、市燃料公司、市金秋公司、市轻化建总公司、市物资贸易公司、零陵潇湘纸业公司等21个单位的住房（工龄）补贴方案，审批符合政策的职工8011人，发放补贴现金1525.5675万元。同时，对中心城区1994年年底前参加工作的行政事业单位职工住房工龄补贴情况进行摸底。做好已购公有住房上市交易工作，按照房改政策，认真对照上市交易条件，严格把好政策关，审批上市交易的公有住房1445套。为配合企业改制工作，深入永州市木材总厂、零陵耐火材料厂、永州市粮油机械厂、永州湘江纸业公司、九嶷实业股份公司、九嶷山制药厂等企业，重点对房改房、公用房、危房等情况进行调查，并指导企业职工住房安置工作，向改制企业符合房改政策的职工出售住房1698套，收回资金1007.6万元。积极推进行政事业单位存量公有住房的出售，向职工出售120套，收回资金295.92万元。抓好公房清理，按照中央、省市关于推进“四风”突出问题整治要求，配合相关部门对市直、县区、管理区、开发区机关单位2300名副处级以上干部（含市级领导干部与同级别的离退休干部）违规占用住房问题进行清查；对市直93个单位1316名干部（含离退休干部）住房进行调查，摸清底数。积极协助做好经济适用住房建设工作。2007年12月，协调市房产局、市交通局、市规划建设局、市国土局等单位，为永州市汽运总公司下属7个特困企业职工解决经济适用房建设问题。协助财政管好用好住房资金，按照市政府规定，坚持单位使用资金程序化，采取房改部门审查，经房改财政双方现场确认后提出返回单位的预算额度，待维修完成验收后予以拨款的模式，确保维修资金不被挪用。审批需要维修资金单位23个，拨付维修资金503.21万元。

2015年永州湘纸小区一角

2009年8月24日，永州市政府印发《永州市房改房上市交易实施办法》，规定：1994年前以标准价购买、职工拥有60%产权的已购公有住房，没有衔接为全部产权的，须按房改政策补足房价款后方可上市交易。购买房改房不满5年的，不得上市交易或转让，购房人确需转让的，由政府进行回购，用于解决城市低收入家庭住房困难。购买房改房满5年的，可上市交易或转让，但须向政府缴纳土地收益等价款后方可转让。

第三节　住房货币补贴

从1998年12月31日起，永州市停止住房实物分配，实行住房货币分配。永州市的住房货币分配，经过测算，经济适用住房的平均价格水平没有超过家庭双职工年平均工资水平的4倍，所以，永州市属暂不发住房补贴的地区。永州市住房货币分配包括两个方面：由财政或单位给予职工公积金补贴；对未购房改房的职工发放工龄补贴。工龄补贴的时间，截止到省政府规定建立公积金制度之前的实际工龄。职工公积金制度的建立，操作办法如下：（1）行政事业单位（不合自收自支事业单位），首先应立足于原有住房资金的划转，不足部分，分别情况，按以下渠道解决：国有住房出售收入按原定比例上缴财政的单位由财政从城市住房基金中统筹安排；国有住房出售收入上缴市公积金管理中心的，经财政按准后，从公积金管理中心划转；国有住房出售收入没有按原规定上缴财政的单位，经财政核准后，由单位在自有资金中解决；没有国有住房出售收入及其他住房资金的单位，经财政核定后，从单位预算外收入中解决。（2）自收自支单位的住房公积金补贴，从单位住房资金中划转，单位没有住房资金或不足的，经财政部门核定后，在成本费用中列支。（3）对从城市住房基金中统筹安排的住房公积金补贴，从1998年1月起由财政根据单位的不同比例拨付。1997年12月30日以前已实行住房公积金制度的市直行政事业单位，其单位补贴部分经财政部门核定后允许在单位自有资金中列支，各级要加大领导力度和协调力度，解决好资金转划问题和一些单位由当地财政明确列支渠道或纳入预算的问题。缴交率和补贴率仍维持职工月工资各5%，有条件的地方和单位，经过审批，可适当提高比例。公积金管理继续坚持“房改领导小组决策、中心运作、银行专户、财政监督”的原则，统一启用全省统一的票据文本，逐步实现住房公积金管理规范化、电算化、科学化。工龄补贴发放的对象是行政机关、企事业单位未购房改房的职工（无房职工）和住房面积未达到标准的职工（含参加经济适用房价格集资的职工）。已购买住房（含有私房）且达到规定标准的职工不发放工龄补贴。职工工龄补贴办法，按永州市1999年度售房成本价的年工龄折扣额与职工工龄、职工购房控制面积计算。职工工龄补贴的方式采取一次性补贴。工龄补贴资金来源由单位承担；可从单位公有住房出售收入、现有建房资金或其他自有可开支的资金中解决；也可由财政部门根据不同情况确定列支渠道。补贴资金经财政核准后，从核准的渠道划入市住房公积金管理中心，纳入住房基金专户统一管理，用于职工解决住房问题或离退休时一次性支取。享受住房工龄补贴的职工，不能再按房改优惠政策购买和租用公有住房；再婚夫妇有一方已领取住房工龄补贴的，也照此办理。职工工龄补贴由房改部门统一审批和管理。

2009年开发皇家帝王广场住宅小区

2001年，全市全面推进住房分配货币化工作，全年对550名无房职工和缺房职工给予11.4万元的工龄补贴，占应发工龄补贴的1.8%。同时完善公积金制度，初步建立廉租房制度和鼓励筹建经济适用房。

2003年，永州市政府严格控制土地出让价格，规定市区土地最低出让价格为35万元/亩，对区位、地段较好的地块实行公开拍卖，同时规定行政事业单位不得以任何名义进行集资建房，加大对住宅小区和公务员小区的开发规模，杜绝无资质、小规模零星开发。

第四节 职工集资合作建房

1997 年 6 月，市房改办以多年房改自然形成的金融格局为基础，对各专业银行金融范围作出增减调整。1998 年 3 月前后，市工商银行、市农业银行、市建设银行 3 家银行都与市房改办签订承办房改金融业务的协议书，保证房改金融业务的有序运行，融洽与银行的关系，调动金融系统支持房改的积极性，每年全市银行系统用于住房方面的贷款都在 3000 万元以上。

1997 年，市本级和各县区都把解决教职工住房问题摆在重要位置，积极组织教职工集资合作建房。东安、道县、祁阳、宁远、蓝山都兴建教师新村，有近 500 户教职工搬进新居。全市 11 个县区有 88 个单位集资合作建房 2500 套，动工兴建安居住房和经济适用住房小区有 20 处，面积 450 亩，计划投资 1. 15 亿元，完成投资 7000 万元，竣工住房 1500 套，面积 15 万平方米，其中市直有 13 个单位集资 1744. 8 万元，集资合作建房 471 套，面积 48990 平方米。全市人均住房面积从上年的 12 平方米，增加到 14 平方米。职工住房条件普遍得到改善，64%的职工、居民住房面积达到小康水平。零陵卷烟厂住宅小区初具规模，市委、市政府住宅小区基本完成，填补全市没有标准住宅小区的空白。

1997—1998 年，大力组织有条件的单位组织职工集资建住房，全市有 454 个单位集资建房 149. 3 万平方米 17612 套，其中个人集资 4. 92 亿元。市直单位结合市委市政府从零陵搬迁到冷水滩的机遇，用足政策，发挥各搬迁单位建房积极性，1996—1998 年，72 个单位兴建 2721 套住房，面积 27. 4 万平方米，总投资 1. 16 亿元，其中个人投资 1. 08 亿元。零陵卷烟厂、市委机关、市政府机关、市财政局相继建立经济适用、美观大方的园林式住宅小区，搬迁单位人均面积超过小康水平。用足政策大力开发住宅小区。1996—1997 年，全市兴建经济适用（安居）住宅小区和组团 20 处，面积达 1100 亩，计划兴建 5000 套，面积 50 万平方米，计划投资 2. 25 亿元，动工在建 3000 套，面积 30 万平方米，完成投资 1. 5 亿元，竣工 1500 套，1500 名职工搬入新居。1998 年，又申报审批黄古山、云湖、芝城花园、景阳新村等一批经济适用住宅小区。

第五节 低收入家庭住房保障

2013—2015年，相继制定出台《永州市中心城区低收入家庭廉租住房租赁补贴发放办法》《永州市中心城区商品住房项目配建保障性住房实施细则》《永州市保障性住房分配和运营管理暂行办法》等一系列地方配套政策，为进一步规范永州保障性安居工程建设提供制度保障。《永州市中心城区商品住房项目配建保障性住房实施细则》对《永州市人民政府关于加强保障性安居工程建设的实施意见》关于“商品住房用地新建项目按照项目总建筑面积5%的比例配建保障性住房”的规定，在部门责任、操作程序、产权归属等方面作补充和完善，明确配建的保障性住房产权归政府所有。《永州市保障性住房分配和运营管理暂行办法》在规范全市行政区域内城市和乡镇保障性住房的配售配租、运营、使用、退出和管理方面，明晰保障房的申请条件、申请程序、审核程序、退出管理、权属管理、物业管理、监督管理、租金标准，与原有规定相比，可操作性更强。暂行办法主要从3个方面来确保保障房分配的公平、公正、公开。从申请程序上确保保障房阳光分配，从公租房申请审核、摇号配租、后期管理等方面，都建立一整套制度。在保障房申请过程中，实行“三审三公示”制度，摇号配租后再通过政府信息网和指定的媒体对外公示15日，接受社会监督。为了增强审核的准确性，提高工作效率，采取房产、公安、民政、社保、工商、公积金等多部门信息共享检索。为了让申请对象平等参与分配，杜绝暗箱操作，分配过程实行申请人全程参与，并邀请监察人员、人大代表、政协委员、社区街道代表等到现场监督，公证人员进行全程公证。

第三章　保障性住房

第一节　保障性住房政策

2001 年长丰新村廉租房一期建设

2004 年，省委、省政府开展为民办实事，把“实施城乡居民安居工程”列为每年度为民办八件实事项目，推进经济适用住房和廉租住房建设，解决中低收入家庭的住房问题。为加强全市经济适用住房和廉租住房建设工作，市政府明确市房产局为全市“两房”建设工作责任单位，市房产局成立以杨建平局长任组长的“两房”建设领导小组。2004 年 11 月 20 日，永州市人民政府办公室转发永州市房产局《永州市经济适用住房建设交易管理办法》和《永州市城镇最低收入家庭廉租住房管理办法》，加强全市经济适用住房和廉租住房建设工作。《永州市经济适用住房建设交易管理办法》对经济适用房的责任主体、计划及用地、开发建设、优惠政策和价格管理、交易和售后管理、监督管理给予明确的规定。《永州市城镇最低收入家庭廉租住房管理办法》对廉租房资金的筹集、住房的来源、廉租住房的申请条件及审批程序、廉租住房的租金标准、廉租租房的退出等事项做出明确规定。

2007 年，加强公房管理，抓好房屋租赁管理。加强直管公房和自管公房的管理。为确保公房使用安全，定期对直管公房进行安全巡查，发现问题及时处理。加大公房租金收缴力度，保证租金收缴及时到位。抓好城市房屋租赁管理，为加强出租房屋管理，房产与公安，工商、税务等部门联系，协调建立切实可行的房屋租赁管理协作机制，一起抓好出租房屋税费征管以及出租房屋的登记备案管理工作。2010年，加强对中心城市冷水滩区2.9万平方米的直管公房和廉租住房的管理、维修养护，确保国家财产不流失、不贬值缩水。加强对廉租住房和直管公房的水、电、路、卫等维护和管理工作，将它们变成宜居房，提升价值，改善和方便承租人的生活。

2007年12月，根据《永州市住房建设规划》，永州市人民政府制定出台《永州市廉租住房土地供应、建设规划及工作方案（2007—2009）》，规划2007—2009年全市新建或筹集廉租住房121156平方米，2424套；通过租赁补贴解决3855户；通过租金核减解决1508户；计划供应廉租住房土地5.0958万平方米；通过财政预算安排、土地出让金提取10%以及住房公积金收益，提供8811万元廉租住房建设资金。

2008年，为加快建立健全以廉租住房制度为重点、多渠道解决城市低收入家庭住房困难的政策体系，加快解决城市低收入家庭的住房困难，维护群众利益，根据永州市低收入家庭住房现状和需求，永州市政府制定《永州市解决城市低收入家庭住房困难发展规划和年度计划（2008—2010）》，目标是以城市低收入家庭为对象，进一步建立健全城市廉租住房制度，改进和规范经济适用住房制度，加大旧住宅区改造，逐步扩大廉租住房制度保障范围，力争2008年年底前，对符合住房困难条件规定、申请廉租住房租赁补贴的城市低保家庭基本做到应保尽保；2009年年底前，人均住房建筑面积8平方米以下的城市最低收入家庭基本做到应保尽保；“十一五”期末，由最低收入住房困难家庭扩大到低收入住房困难家庭，人均住房建筑面积10平方米以下的城市低收入家庭基本做到应保尽保；低收入家庭住房条件得到明显改善，农民工等其他城市住房困难群体的居住条件得到逐年改善。为保障规划实施，市政府成立住房保障工作领导小组，由市政府分管领导任组长，市房产局、规划建设局、发改委、国土资源局、财政局、民政局、物价局等部门负责人为成员，办公室设在市房产局。

根据《永州市解决城市低收入家庭住房困难发展规划和年度计划（2008—2010）》，永州城市低收入家庭有2.52万户，其中住房建筑面积10平方米以下的低收入家庭有9075户，到2010年需新建廉租住房12.89万平方米、2576套，租赁住房补贴4503户；建设经济适用住房21万平方米、2866套。按照“解决实际困难、满足基本需要，统筹规划、分步解决，政府主导、社会参与，统一政策、因地制宜，市政府负总责、县区抓落实”的原则，规划2008—2010年全市新建或筹集廉租住房128900平方米、2576套，建设经济适用住房21万平方米、2866套，通过租赁补贴解决4503户。全市计划供应廉租住房建设土地64450平方米，廉租住房建设需资金9729.78万元。

由于保障性住房建设所需土地供应和资金筹集困难，2004—2011年，永州市经济适用住房以单位利用自有土地组织职工集资合作建设方式为主；廉租住房以实物配租、租金核减、租赁补贴相结合的保障方式为主，采取新建、收购、改建、联建、发放租赁补贴等多种方式实现应保尽保。伴随着城市住房价格上涨，在2008年金融危机波及中国的背景下，国务院办公厅2008年12月发布《关于促进房地产市场健康发展的若干意见》，提出“加大保障性住房建设力度，进一步改善人民群众的居住条件，促进房地产市场健康发展”，着力强调住房保障工作。自2009年起，为确保完成省里下达永州市的廉租住房建设任务，永州市结合本地实际，积极改革创新建设模式，采取以息代租、产权共有、与企业、园区共建等方式来拓宽渠道，使廉租住房建设得以顺利进行。“以息代租”的主要方法是：通过宣传发动，组织报名，资格审查后确定“以息代租”住户。根据户型面积确定，住户通过各部门严格的资格审查后，根据户型面积缴纳“以息代租”的资金，并与市房产局签订廉租住房“以息代租”合同。廉租住房的产权归市政府所有，“以息代租”住户使用，免交租金，且不受租金调整影响。2009年，《冷水滩城区长丰新村廉租住房“以息代租”建设方案》经市政府第40次常务会议通过实施，之后又在煤勘三队等单位推广，有效地缓解廉租住房建设配套资金压力。永州市采取“以息代租”廉租住房建设新模式，既解决困难群众无钱买房的忧虑，也缓解新建廉租住房的配套资金压力，在全省得到推介。2010年7月，市政府第67次常务会指出，廉租房建设用地保障坚持多条腿走路，一是把廉租住房建设与园区、企业职工宿舍相结合找土地；二是把廉租住房建设、棚户区改造与旧城改造相结合找土地；三是把廉租住房建设与征地拆迁安置相结合找土地。通过采取廉租住房建设与商品住房、经济适用住房建设相结合，与城市和国有工矿棚户区改造相结合，与企业组织住房困难职工建房相结合，与公益设施进社区相结合，与园区建设相结合等方式，充分发挥政府优惠、企业让利、群众自筹、社会融资的组合作用，拓宽房源建设与筹集空间。有条件的县区，积极探索租售并举、共有产权、以息代租等建设和管理模式，让利于民，允许困难群众享有部分或完全产权，加快解决低收入家庭的住房困难。

2011年，国务院将保障性安居工程建设纳入地方政府的责任目标。2012年，永州市按照“保基本，促公平，可持续”的要求，出台一系列政策，调动各方面社会力量参与投资保障性住房建设的积极性，扎实推进保障性安居工程建设。3月9日印发《永州市人民政府关于加强保障性安居工程建设的实施意见》，7月19日印发《永州市廉租住房共有产权管理实施方案（试行）》《永州市中心城区企业参与公共租赁住房建设暂行办法》，9月2日印发《永州市中心城区商品住房项目配建保障性住房实施细则（试行）》。其中《关于加强保障性安居工程建设的实施意见》，就解决保障性住房建设的土地和资金两大瓶颈问题，作出明确规定：各县区住房用地供应计划中，保障性住房、棚户区改造和中小套型商品房建设用地，不得低于住房建设用地供应总量的70%；各县区土地出让收入中用于保障性安居工程建设的资金不得低于土地出让总价款的5%；凡挂牌出让的商品住房用地项目，按照项目总建筑面积的5%以上配建保障性住房。《永州市廉租住房共有产权管理实施方案（试行）》鼓励已入住或符合廉租住房入住条件的且具备一定经济能力的城市低收入家庭自愿申请购买所承租的廉租住房，依其缴纳的购房款核定为保障对象的产权份额，实行廉租住房共有产权管理。《永州市中心城区企业参与公共租赁住房建设暂行办法》鼓励冷水滩区、零陵区、凤凰园经济开发区内的企业在配套设施用地中建设公共租赁住房建设，以解决城市中等偏下收入家庭、新就业职工和进城务工人员的住房困难。

2012年部分廉租房、保障房

2013年，根据《国务院关于加快棚户区改造工作的意见》的指示精神，市委、市政府对棚户区改造作出具体的安排和部署，明确提出要加快推进永州城市和国有工矿、国有林区、国有垦区棚户区改造。2013年12月，永州市房产局、永州市规划设计院制定《永州市棚户区改造规划（2013—2017）》，以改善群众特别是棚户区住房困难群众的居住条件为根本目的，加快棚户区改造，提高城市土地节约集约利用水平，提升城市形象，努力把棚户区改造成房屋质量优良、功能完善、设施齐全、生活便利、环境优美的新型城市社区。

2002年长丰新村廉租房二期建设工地

2013年，永州市有各类棚户区79851户759.0万平方米，占地面积约629.1公顷。其中，城市棚户区66787户633.1万平方米，占地面积约561.2公顷；国有工矿棚户区13064户125.9万平方米，占地面积约67.9公顷。市本级（市管棚改区）有城市棚户区13片7642户135.0万平方米，占地面积约149.97公顷，主要分布于冷水滩老城区内。根据永州市各棚户区的现状情况，结合各区县的实际情况，合理确定市、区、县的棚户区改造目标和任务。规划期内，永州市规划改造城市棚户区66787户633.1万平方米，总占地面积约为561.2公顷，需资金146.1亿元。规划改造国有工矿棚户区13064户125.9万平方米，总占地面积约为67.9公顷，需资金24.5亿元。其中市本级规划改造城市棚户区7642户135.0万平方米，总占地面积约149.7公顷，需资金39.9亿元。永州市棚户区改造采用以拆迁改建和综合整治的方式为主，拆迁改建分为就地安置和异地安置两种方式，规划期内，永州市需供应棚户区改造土地约628.5公顷。其中，中心城市区域为重点规划区域，规划期内，改造城市棚户区28176户326.33万平方米，总用地面积334.69公顷，需资金投入95.03亿元。其中冷水滩城区（含市本级）改造项目56个，改造城市棚户区16543户238.36万平方米，总用地面积243.99公顷，需资金投入69.81亿元；凤凰园经济开发区城区改造项目9个，改造城市棚户区1241户31.53万平方米，总用地面积40.96公顷，需资金投入9.45亿元；零陵城区改造项目27个，改造城市棚户区9990户52.19万平方米，总用地面积35.29公顷，需资金投入14.72亿元；生态新城改造项目1个，改造城市棚户区456户4.25万平方米，总用地面积14.45公顷，需资金投入1.05亿元。

第二节 保障性住房建设

2004—2006 年，全市完成经济适用住房投资 3 亿元，竣工房屋面积 384445. 5 平方米，解决城镇低收入家庭 3411 户住房困难问题，分别完成计划的 167. 15%和 118. 64%；廉租住房建设投资 3543. 2 万元，建设与筹集廉租住房面积 77085. 7 平方米，安置城镇最低收入家庭 1371 户，分别完成计划的 112. 5%、129. 12% 和 142. 8%，永州市房产局 2004 年、2005 年连续两年被评为全省两房建设先进单位。

2006 年，省政府下达永州市经济适用住房计划（指令性）5 万平方米，投资 4800 万元，解决低收入家庭住房 625 户。实际完成投资 5886. 4 万元，竣工房屋面积 8. 7 万平方米，793 套，分别占全年计划的 122. 69%和 174%（此项计划下达给祁阳县 7000 平方米，560 万元；零陵区 1800 平方米，1840 万元）；省里下达给永州市廉租住房计划（指令性）1 万平方米（200 户），投资 700 万元。实际建设和筹集 13368. 16 万平方米，完成投资 836 万元，解决 232 户，分别占全年计划的 133. 68% 和 119. 4%，其中市直计划完成 3000 平方米，实际完成 3960 平方米，解决 60 户，占全年计划的 132%，城镇住房保障体系逐渐建立。

2007 年，省政府下达永州市经济适用住房建设任务是：竣工房屋面积 6 万平方米，解决 714 户城镇低收入家庭的住房困难。当年竣工房屋面积 79060 平方米，761 套，分别占年计划的 131. 77%和 101. 47%。廉租住房保障方面，省里下达的任务是：建设（筹集）廉租住房面积 1. 5 万平方米，解决 300 户城镇最低收入家庭住房困难。当年全市到位廉租住房保障资金 597. 52 万元，建设（筹集）廉租住房 11747. 64 平方米，229 套。分别占年计划的 78. 32%和 76. 33%。因建设土地和资金难以落实，廉租住房建设虽然行动早，但进展较慢。为此，各责任单位因地制宜，采取实物配租、租金核减、租赁补贴相结合的保障方式，确保全年任务的完成。

2008 年，省政府下达永州市的廉租住房和经济适用住房建设任务是：全市建设筹集廉租住房 5 万平方米，新建经济适用住房 6 万平方米，新增解决人均住房建筑面积 10 平方米以下的城市低收入家庭 1100 户（根据国家住房和城乡建设部及省厅的要求，后调整为 6000 户）。当年，全市廉租住房投入资金 3343. 26 万元，建设筹集廉租住房面积 228316. 37 平方米，新增解决人均住房建筑面积 10 平方米以下的城市低收入家庭 7180 户，分别占年任务的 413. 6%和 598%。其中实物配租 826 户，租赁补贴 6354 户，补助面积 187783 平方米。市直实物配租 214 户，租赁补贴 2719

户，补助面积 70480 平方米。全市经济适用住房投入 5524.3 万元，竣工房屋面积 67261 平方米，801 套，占年任务的 112%。2008 年，住房保障任务圆满、超额完成，住房保障制度进一步完善，保障覆盖面进一步提高。

2009 年，在“扩内需、保增长、惠民生”的大背景下，市县两级把保障性住房建设作为保民生的重要工作来抓，在财力十分有限的情况下，超额完成省政府下达的任务。省政府下达给永州市的住房保障任务是：新增廉租住房 5000 套，新增发放租赁补贴 3000 户，建设经济适用住房 7 万平方米。截止到 12 月底，全市完成保障性住房建设投资 2.09 亿元，完成保障户数 22180 户，新增廉租住房 5839 套，新增发放租赁补贴 8850 户，分别为年计划的 277.25%、116.78%和 295%；竣工经济适用住房 11.05 万平方米，占年计划的 157.8%。其中，市直累计完成廉租住房保障户数 4423 户，新增廉租住房 754 套，新增发放租赁补贴 668 户，分别占年计划的 417.26%、114.24%和 167%；竣工经济适用住房 8.87 万平方米，占年计划的 375.85%。为全面完成这一任务，永州创新工作思路，破解资金难题。如：当年需建设 25.7 万平方米（包括上年留转的 6.8 万平方米）廉租住房，按 900 元/平方米计算，需 2.3 亿元，而中央补助只有 8297 万元，地方财政配套资金需 1.47 亿元。市直需建设的廉租房 4.13 万平方米，需建设资金 4130 万元，而中央补助只有 1238 万元，市财政需配套 2892 万元，根据永州现有财力状况，难以承受配套资金的压力。为破解这一难题，永州采取以息代租、产权共有、与企业、园区共建等方式来拓宽资金渠道，长丰新村一期项目向市政府呈报《冷水滩城区长丰新村廉租住房“以息代租”建设方案》，经市政府第 40 次常务会议通过实施；长丰新村二期经市政府同意与长丰工业园共建，还与煤勘三队签订 3000 平方米的共建合同，这些措施有效地缓解了廉租住房建设配套资金压力。另外，还因地制宜，多渠道解决城镇低收入家庭的住房困难。结合本地实际，采取新建、收购、改建、联建、发放租赁补贴等多种方式实现应保尽保。市直租赁补贴打卡发放 3287 户，发放补贴资金 335 万元。同时，积极推进危旧房及国有农林场和厂矿企业棚户区改造，全市启动危旧房屋改造项目 3 个，总改造面积 6.65 万平方米，项目计划总投资 2.07 亿元，改造户数 1346 户。是年投资 1372 万元，新建房屋 146 套。

2010 年，永州市超额完成省政府下达的住房保障工作任务：新增廉租住房 8155 套，新增发放租赁补贴 3172 户，分别为年计划的 126%、176%；竣工经济适用住房 210 套，为年计划的 131.25%，完成棚户区改造 198 户，为年计划的 198%。其中市直新增廉租住房 693 套，新增发放租赁补贴 234 户，城市棚户区改造 198 户，分别占年计划的 138.6%、117%和 198%；竣工经济适用住房 210 套，占年计划的 131.25%。为应对廉租住房资金和土地供应紧张的问题，积极探索廉租住房建设新模式，在永州市形成由政府新建、小区配置、企业园区共建的多种建设模式和“以息代租”“产权共有”的资金筹集模式，保证廉租住房建设任务的完成。

2011年，永州市房产局按照“保基本，促公平，可持续”的要求组织实施保障性住房建设，抓住重点、节点，努力克服用地和配套资金困难，创新方法，扎实推进，保障性住房建设超额完成任务。全市新增廉租住房8260套，新增发放租赁补贴3000户，新增公共租赁住房1296套，新建经济适用住房386套，完成城市棚户区改造707户，分别为年计划的165.2%、300%、129.6%、257.3%和141.4%。

2012年11月9日，市委副书记、市长魏旋君（右一），副市长蒋善生（右二）参观永州城镇保障房建设成果展

2012年，省里下达永州市保障性住房建设任务16664套（户），其中保障性住房和各类棚户区改造住房15164套，新增廉租住房租赁补贴1500户。其中廉租住房建设项目17个，35.5万平方米，7174套；公共租赁住房建设项目11个，23.5万平方米，5096套；城市棚户区改造项目8个，2600户；国有工矿棚户区改造项目1个，294户。1—12月，全市保障性住房和各类棚户区改造开工建设16283套，为年度开工建设计划的107.38%；基本建成14045套（其中购改租2339套，续建基本建成4991套，新建基本建成6715套），完成投资7.73亿元。

2013年，进一步加大以廉租住房、公共租赁住房建设、城市棚户区改造为重点的保障性安居工程建设力度。全市2013年保障性住房建设综合开工率102.14%，超额完成省里下达的目标任务，在全省排第8位。其中新增廉租住房2662套，新增发放租赁住房6779套，完成城市棚户区改造3311户，完成国有工矿棚户区改造159户，分别为计划的108.6%、328.4%、100.58%、100.61%和100%。2013年，永州市房产局被省总工会、省住房与城乡建设厅评为全省保障性安居工程建设劳动竞赛先进集体。

2014年，省里下达全市保障性住房建设项目138个33203套（户）。当年，全市保障性住房建设和棚户区改造项目开工建设33203套，基本建成15747套，竣工14591套，完成投资21.72亿元。其中：公共租赁住房（含廉租住房）开工17421

套，基本建成9669套，竣工9516套，完成投资8.41亿元；城市棚户区改造开工8555户，基本建成4937户，竣工4795户，完成投资11.10亿元；国有工矿棚户区改造开工7227户，基本建成1141户，竣工280户，完成投资2.20亿元。经省、市绩效考核评估验收，永州新增公租房为年度任务的103.51%，城市棚改为年度任务的107.23%，工矿棚改为年度任务的115.22%，超额完成目标考核任务。

2013年7月30日，市房产局专题研究保障性住房建设

2015年，根据永州市现有保障房住宅小区建设情况，建立湖塘路廉租房小区和彭井塘保障房住宅小区两个政府购买保障性住房后续管理服务的试点项目，各项后续管理工作有序推进。2015年，永州市保障性安居工程开工建设46585套（户），开工率100%。其中：公共租赁住房开工26834套，基本建成12563套；城市棚户区改造开工17367户，基本建成9987套；国有棚户区改造开工2384户，基本建成835套，顺利完成省里下达的指标任务，分别为全市重点民生实事项目指标的125.39%、120.60%、132.44%。

（一）经济适用房建设

2004年11月20日，永州市房产局制定《永州市经济适用住房建设交易管理办法》，对经济适用房的责任主体、计划及用地、开发建设、优惠政策和价格管理、交易和售后管理、监督管理给予明确的规定。由于建设用地和资金难以落实，永州市经济适用住房建设主要是单位利用自有土地组织职工集资合作建房。即《湖南省人民政府关于进一步促进房地产市场持续健康发展的通知》规定的：“不能发放住房货币补贴的困难企业和独立工矿区，可鼓励组织无房职工，在符合城市总体规划和土地利用规划的前提下，利用自有土地，集资合作建设经济适用住房，其建设标准、参加对象和优惠政策，按照经济适用住房的有关规定执行。”2006年4月25日市政府第101次常务会议讨论确定，改制企业在符合城市总体规划和土地利用规划的前提下，可以利用自有土地集资合作建设经济适用住房，按程序报批后，由建房户自行组织，自筹资金，自请建设单位，自己管理。

2000年，市直经济适用住房建设项目2个，分别是湖南省跃进机械厂潇湘园住宅、湖南省地勘局四〇九队住宅。2004年，永州市完成建设的市直经济适用住房项目6个，分别是长丰广厦社区264套、湘器生活小区60套、跃进社区188套、梓塘小区120套、滨江小区130套；在建的市直经济适用住房项目4个，分别是富园小区、颐园小区、湘器生活小区、富民安置小区。2005年，全市经济适用住房建设30000平方米、672户，其中市直10000平方米、390户。2006年，永州市新建经济适用住房目标任务是625户，其中市直312户，分别为万利集团生活小区、铜山岭金属矿生活小区、泰格林纸集团生活小区、湖南基础工程公司三公司、市粮油机械厂。2007年，经济适用房项目增加市第一工程公司生活小区，当年完成经济适用住房建设计划竣工面积6万平方米。2009年，永州市直经济适用房建设项目为市轻机厂经济适用住房345套、湘南器材爆破公司32套、冷水滩耐火材料厂343套、零陵发电设备有限公司204套。2004—2009年，全市经济适用住房建设完成投资3.56万元，竣工房屋面积66.16万平方米，6377套，其中市直经济适用住房建设完成投资1.86亿元，竣工房屋面积33.53万平方米，3427套。2010年，新增经济适用住房160套。2011年，新增经济适用住房150套。

（二）廉租房建设

2004—2009年，全市累计完成新廉租住房建设资金2.32亿元，建设筹集房屋面积40.51万平方米，8651套，发放租赁补贴21638户，1703.29万元。其中，市直完成新增廉租住房建设资金6665.83万元，建设筹集房屋面积10.04万平方米，1545套，发放租赁补贴3287户，492.614万元。

2004年，全市建设廉租住房600套，其中市直建设180套、1.2万平方米、投资659.7万元。2004年，永州市房产局冷水滩房管所直管公房用作廉租房出租260套，其中拆除15套用于新建廉租房，245套作廉租房供冷水滩最低收入家庭承租使用。合计总面积1.24万平方米，合计月租金15205元，平均租金单价为1.22元/平方米。

2005年，全市廉租住房建设176套、9700平方米、投资650万元，其中，市直40套、2300平方米、投资175万元。

2006年，廉租住房建设完成投资836万元，建设房屋面积13168.16平方米，安置城镇最低收入家庭228户，分别占全年计划的167.2%，131.68%和114%。

2007年，全市建设（筹集）房屋面积25745.52平方米，安置城镇最低收入家庭615户，分别占全年计划的177.64%和205%。

2008年，全市廉租住房建设面积21万平方米，新增解决城市低收入家庭6847户，分别占年任务的436%和622%。

2008年4月16日，湖南省发展和改革委员会下发《关于永州市城区2008年度廉租住房初步设计的批复》，永州市长丰新村432套、湖塘路84套、花果山48套、茆江桥廉租房108套的初步设计，均列为永州市廉租住房建设规划2008年度的建设项目。

2000年长丰新村廉租房一期建设

2009年，全市累计完成保障户数21638户，新增廉租住房5839户，新增发放租赁补贴8388户，分别为年计划的270.48%、116.78%和279.6%。

2010年，新增廉租住房8155套，新增发放租赁补贴3172户，分别为年计划的126%、176%。其中市直新增廉租住房675套。新增发放租赁补贴234户。

2011年，全市新增廉租住房8260套，新增发放租赁补贴3000户，新增公共租赁住房1296套，新建经济适用住房386套，完成城市棚户改造707户，分别为年计划的165.2%、300%、129.6%、257.3%和141.4%。其中市直新增廉租住房380套，新增发放租赁补贴211户，新增公共租赁住房874套，新建经济适用住房386套，城市棚户区改造707户。

2012年，永州市完成廉租住房投资3.56亿元，基本建成7807套；超额完成保障性安居工程目标任务。其中市直廉租房项目一个即湖南省地矿局409队廉租房，48套，总投资320万元。

2013年，省里下达永州市新增廉租住房2626套，新增发放租赁补贴500户。是年，新增廉租住房2662套，新增发放租赁住房6779套。

（三）公共租赁住房建设

永州市公共租赁住房建设从2010年起实施。中心城区公租房建设施工较一般的房屋建筑工程施工建设除履行法定基本建设程序外，更加注重项目建设的质量安全，区住保部门安排专人对项目实行跟踪监管，确保工程质量安全。公租房以小区的标准建设，坡屋顶，外墙贴彩色面砖，6层，室内墙面、卫生间、厨房均做简单装修，确保入住对象能够“拿扫帚入住”。小区功能划分为休闲区、居住区，并配

2000年梓塘安置房建设

套部分商业设施，使住户简单的日常购物能够就近解决。

2011年，省政府下达永州的公共租赁住房建设任务1000套。冷水滩区高科技工业园（达福鑫公租房项目）项目占地面积28397.73平方米，总建筑面积49980平方米，项目总投资为5145万元，建设资金通过申请国家补助和自筹解决。

2012年，永州市公租房项目完成投资1.94亿元，基本建成3964套；超额完成保障性安居工程目标任务，取得良好的成效，实现群众、企业、政府的“三赢”。新田、江华、祁阳县人民政府被评为省政府表彰的优秀单位，零陵、江永、东安、回龙圩被评为2012年全市保障性安居工程工作先进单位。

2013年，省里下达永州市新增公共租赁住房6740套。是年，新增廉租住房2662套，新增发放租赁住房6779套，完成城市棚户区改造3311户，完成国有工矿棚户区改造159户，分别为计划的108.6%、328.4%、100.58%、100.61%。2013年，永州市房产局被省总工会、省住房与城乡建设厅评为全省保障性安居工程建设劳动竞赛先进集体。

2014年，省里下达永州市保障性住房建设项目138个33203套。其中公租房（廉租房）项目103个17421套；新增住房补贴684户。是年，全市公共租赁住房（含廉租住房）基本建成9669套，竣工9516套，完成投资8.41亿元；城市棚户区改造开工8555户，基本建成4937户，竣工4795户，完成投资11.10亿元；国有工矿棚户区改造开工7227户，基本建成1141户，竣工280户，完成投资2.20亿元。经省、市绩效考核评估验收，永州新增公租房为年度任务的103.51%，城市棚改为年度任务的107.23%，工矿棚改为年度任务的115.22%，超额完成目标考核任务。

2015年，省里下达永州市公租房建设任务26834套，计划投资20.61亿元。是年，建立湖塘路廉租房小区和彭井塘保障房住宅小区两个政府购买保障性住房后续管理服务的试点项目，公共租赁住房基本建成12563套；城市棚户区改造基本建成9987套；国有棚户区改造基本建成835套，顺利完成省里下达的指标任务，分别为全市重点民生实事项目指标的125.39%、120.60%、132.44%。

第三节 保障性住房管理

2010—2015年，永州计划申报公租房计划86412套，在建24029套，基本建成14378套，竣工50774套。2016年年底分配入住49647套，竣工公租房97.78%分配入住。对这些保障性住房，永州市采取一系列后续管理措施。

完善政策，规范分配入住程序。永州制定《永州市保障性住房分配和运营管理暂行办法》，对保障性住房的保障对象、方式和标准，申请与审核，轮候与分配，使用与退出，权属管理，监督管理等内容分别做出明确规定。为进一步规范保障性住房的配租配售、运营、使用、退出和管理，确保住房保障工作有章可循、有章可依。

积极探索通过政府购买保障住房后续管理服务的方式。根据《湖南省住房和城乡建设厅、湖南省财政厅关于印发〈2014—2015年湖南省政府购买保障性住房后续管理服务实施方案〉的通知》，永州市启动两个政府购买保障住房后续管理服务小区试点工作，通过公开招标，择优选择后续管理服务单位，并严格进行绩效评价，有力促进后续管理服务质量的提高。在购买服务合同中明确约定购买服务的范围、标的、数量、质量要求及服务期限、补贴或服务报酬支付方式、权利义务和违约责任等内容。采用抽查、上门听取意见等方式，从物业服务、租金收缴等方面加强履约管理，督促承接主体严格履行合同，根据保障的入住对象对管理服务的满意度、安保、环境卫生、租金收缴率、保障对象动态监测数据质量等多项指标考核，进行绩效评价，其考核评价结果与后续管理服务费用挂勾。并根据其后续管理服务质量决定是否续签合约，建立承接主体退出机制。通过以上举措，促进承接主体单位努力提高后续管理服务质量，使保障房小区呈现卫生整洁、安全宜居的局面，同时提高租金的收缴率，及时掌握被保障入住对象是否符合保障的动态数据，为落实不符合保障条件的对象退出提供有力证据，营造一个公平分配入住环境。通过购买后续管理服务有效减轻政府工作量，实现双方共赢。

采取"四自模式"完善保障房小区管理。一是自我管理。选举热心公益事业、群众威信高、办事能力强、公道正派的业主成立廉租房小区业主委员会，负责小区内的计划生育、治安管理、政策宣传等协管工作，争取做到"小事不出小区、大事不出社区"。二是自我服务。挑选身体健康、责任心强、属于零就业或低就业家庭的业主为小区物业专管员，负责小区内的卫生、水电及公用设施维修、安保工作、花木保养工作，每月给予一定的报酬。这项措施的实行，既低成本解决保障房小区的物业管理工作，又没有增加小区内低收入家庭的实际支出，同时还为小区内的零就业、低就业家庭解决就业困境、增加家庭收入。三是自我监督。建立以小区业主委员会为主导，社区居委会和房产局监督，三方共同对保障房及其住户进行管理、服务的“三级监管”机制。及时掌握承租户的家庭人口、经济收入及住户变动情况，堵塞管理漏洞；防止承租户擅自改变房屋用途，如用于经营、聚赌、组织传销等违法违纪活动。四是自我创业。积极引导帮助保障房住户依据自身特长开展自我创业。通过自我创业，增加低收入家庭的经济收入，提高小区住户就业率，减轻政府的负担，对廉租房住户由“输血”渐渐转变为“造血”。

第四节　棚户区改造

2013 年，开始对棚户区改造工作进行调查摸底，制定《永州市棚户区改造规划（2013 年—2017 年）》，完善棚户区改造的顶层设计。在项目的推动上，坚持政府主导原则。由政府作为棚改工作的投资主体、建设主体、责任主体，负责筹措资金、制定政策、编制规划、房屋征收、工程建设、回迁安置等任务。成立棚户区改造领导小组，成立安居投公司，健全棚改指挥部、街道、社区 3 级棚户区改造组织网络，并与各相关部门“一把手”层层签订目标管理责任状。先后出台《湘江西岸棚户区改造范围内国有和集体土地上房屋征收补偿方案》《永州市政府购买棚改服务实施办法》等多项制度，着力优化棚改制度环境。

2013 年，永州市组建城投公司、经投公司两大融资平台，实现融资方式多元化、融资主体层次多元化、融资渠道多元化。2015 年，积极抓住国家开发银行加大棚户区改造贷款纳入省统贷平台的有利时机，向国开行贷款棚改资金 33.8 亿元。2016 年，通过政府采购棚改服务模式，城投公司下设子公司安居投公司向国开行、农发行、华融湘江银行、交通银行永州分行贷款棚改资金 40.9 亿元。同时，市城投公司通过发行公司债券融资 15 亿元。为解决棚改资金难题，永州市坚持政府主导，充分发挥整体融资能力，逐步构建成多元化的融资格局。

2014 年以来，永州市相继启动湘江西岸棚户区改造项目、冷水滩区河东综合体棚改项目、零陵古城棚改安置小区、滨江新城棚户区改造项目，把棚改项目作为推动中心城区转型、提升中心城区竞争力、建设活力品质新永州的重要抓手，坚持规模建设，居民回迁坚持分批安置，按照“成熟一片，开发一片”的原则，有序推进。在征收中突出和谐征收，做到公开、公平、公正、依法、民主、阳光搬迁，严格执行政策，让搬迁户明白、放心搬迁。健全资料，一户一档，按照谁丈量、谁签字、谁负责的原则，一把尺子量到位，一个标准赔到位。严厉打击违章乱建行为，拆除各类违章建筑，全力维护棚改秩序。为化解商品房市场库存压力，释放市场需求，永州市出台一系列的奖励措施，鼓励棚改拆迁对象选择货币化的安置方式。如选择货币化安置按被征收住宅建筑面积给予20%的补助面积、按被征收住宅建筑面积给予500元/平方米的新房装修补助、给予30个月每户1200元/月的临时安置补助以及配合征收奖、征收工作连带奖、按期签约腾房奖，最大限度地满足群众要求。通过几年的努力，永州市有效破解钱怎么来，棚怎么拆、房怎么建，地怎么用的问题，基本实现城市棚户区改造“应改尽改”的目标。对棚户区改造后腾空土地，统一纳入政府储备，由土地储备机构管理、维护，科学确定土地使用性质，集约合理利用土地资源。腾空土地按照规划用途进行划拨或者出让，出让收入除按规定计提相关基金外，全部用于棚户区改造。居民安置用地优先划拨、无偿使用，让利于民。

2010年，永州市启动第一个城市棚改项目“黄泥井超级大市场”棚改，省里下达永州2010年的城市棚户改造目标任务是100户，截止到11月底，城市棚改开工188户。

2010年启动黄泥井大市场改造

2011年，省里下达永州的城市棚户区改造项目2个，零陵水泥厂一期，计划总投资1899万元，320户（实物安置）；永州湘江纸业有限责任公司，计划总投资2100万元，180户（实物安置）。

2012年，永州市完城市棚户区改造完成投资1.89亿元，基本建成1612套；国有工矿棚户区改造完成投资3500万元，基本建成662套；超额完成保障性安居工程目标任务。

2013年，省里下达永州市城市棚户区改造3291户。2013年12月4日，永州市房产局会同永州市规划设计院编制《永州市棚户区改造规划（2013—2017）》。

2014 年，省里下达永州市城市棚户区改造项目 29 个，8555 户；国有工矿棚户区改造项目 5 个，6619 户，11 月底全部开工建设。同年，启动冷水滩区河东综合体项目和湘江西岸棚户区改造项目。

2015 年，省里下达永州市城市棚户区改造任务 17367 户，计划投资 68.72 亿元；国有工矿棚户区改造任务 2384 户，计划投资 4.91 亿元，截止当年 11 月底全部开工建设。

2010—2015 年，全市累计开工建设城市棚户区 64550 户，竣工 41855 户，改造面积 626.67 万平方米，完成投资 189.75 亿元；累计开工建设国有工矿棚户区 11104 户，竣工 4092 户，改造面积 67.53 万平方米，完成投资 15.04 亿元。

2016 年，省里下达永州市年度城市棚户区改造任务 32209 户，计划完成投资 191.14 亿元，改造面积 308.93 万平方米；国有工矿棚户区改造任务 1040 户，计划完成投资 6.5 亿元，改造面积 9 万平方米；100%开工建设，其中城市棚户区改造完成投资 67.94 亿元，改造面积 162.81 万平方米；国有工矿棚户区完成投资 3.43 亿元，改造面积 9 万平方米。

重点棚改项目简介

（一）冷水滩区河东综合体棚户区改造项目：改造范围为滨江广场对面，475 户，房屋征收面积约 7.3 万平方米，总建筑面积约 47 万平方米，总投资约 20 亿元。项目分两期实施，2014 年实施 299 户，2015 年实施 158 户。该项目以打造永州地标性建筑物，提升城市品味，带动区域繁荣为目标，将规划建设成集商业、娱乐、居住为一体的综合性、高档次、以零售业为主体的城市商业圈，项目整体布局将充分考虑永州的经济和人文环境，与湘江风光带相互协调，打造成为永州的城市新亮点。

（二）湘江西岸棚户区改造项目：永州市把湘江西岸棚户区改造作为推动中心城区转型、提升中心城区竞争力、建设幸福永州的重要抓手。项目北起永州大桥、南至曲河大桥湘江西岸段零陵路以东城区范围，横跨四座大桥，全程 9.233 公里，整个项目计划投资 73 亿元（不含开发投资），总规划用地面积 6589.20 亩，道路及其他用地 802 亩，净用地 2719 亩。总征收房屋面积 106 万平方米，需征收 4950 户，拟建文昌阁片区、将军岭片区、生资公司片区、老鸭窝片区、伍家院片区 5 个回迁安置小区，占地 276 亩，安置户数 5250 户。

湘江西岸棚户区改造范围为中心城区湘江西岸棚户区，北起永州大桥、南至曲河大桥，包括曲河大桥至宋家洲大桥段、宋家洲大桥至潇湘大桥段、潇湘大桥至永州大桥段以及宋家洲规划改造 4 个棚改项目区。涉及 4 个节点沿线的单位、社区、城中村按规划纳入改造范围，结合沿线道路、防洪堤、管网建设的拆迁统筹规划，统一组织实施。根据4个成片改造项目的工作难易程度，分步骤、分年度实施。改造坚持政府主导、市场运作，连片改造、集中安置的改造模式。该项目由城投公司作为湘江西岸连片棚户区改造项目实施主体，启动于2014年，计划至2018年年底基本完成改造工作。永州市将湘江西岸棚户区改造与湘江风光带建设相结合、与旧城区改造相结合、与保障房建设相结合，采取“成熟一片，开发一片”的方式进行国有土地上房屋征收与补偿和开发建设。

湘江西岸棚改将军岭安置小区：项目位于零陵南路以东，南平路以南，东临将军岭公园，南靠舜皇大道，占地面积约130亩，分二期建设。一期规划用地面积约81.8亩，规划总建筑面积约34.5万平方米。计容总面积约28万平方米，不计容面积约6.5万平方米，容积率为5.16，建筑密度33.05%，绿地率为33.79%，最高楼层100米，可建安置房1596套，总投资约7亿元。一期工程于2015年年底开工建设，计划总工期30个月，分批完成。

2015年湘江西岸棚改将军岭安置小区开工建设

湘江西岸棚改文昌阁安置小区：项目位于零陵北路与耐火厂铁轨交汇处东北角（舜德小学东南方向），占地面积约112.6亩，地上计容面积约32.1万平方米，可安置约2250户。安置小区建设坚持“以人为本”理念，注重社区人性化设计，突出绿化景观与人文康体景观结合的自然生态环境，体现绿色健康社区的特点，创造舒适的人居环境。湘江西岸棚户区改造工作能最大限度改善弱势群体居住条件，同时也能为永州市提供更广阔的发展空间，为项目引进、产业结构优化升级创造良好条件。项目于2015年6月完成方案设计，市规委会于7月批准项目设计方案。规划总建筑面积约41万平方米，其中地上建筑面积约33万平方米。规划住宅面积配比86%，商业面积配比14%，容积率为4.29%，建筑密度24.4%，绿地率为35%，最高楼层100米，商业面积约4.9万平方米，住宅约28万平方米，总投资约8亿元。建设内容包括沿街商业建筑、商务综合楼、配套服务建筑及品质住宅小区等。项目总工期计划30个月，分批完成。

（三）滨江新城棚户区改造项目：包括曲河安置小区、巴洲安置小区、万商红安置小区、阳甸安置小区、岚角山安置小区，总建筑面积约130万平方米，总投资约20亿元。

万商红安置小区：位于永州市滨江新城规划片区之内，南临保方寺路，北临规划支路，西临明政路。项目为经济适用住房，分两标段招标施工。2015年9月入场施工，2015年11月完成地下室基础建筑，计划2017年6月竣工。

巴洲安置小区：位于冷水滩区岚角山镇长塘角村千世头路和规划城市支路交汇处西南角。项目分3个标段实施。一标段：建筑面积5万多平方米，无地下室。楼6栋，其中所有楼栋一二层为商业用，三层及以上为住宅及公寓，结构形式为框架或剪力墙结构。二标段：建筑面积为6万多平方米，其中地下室面积2万多平方米。均为纯住宅楼，结构均为剪力墙结构。三标段：建筑面积为4千多平方米，全为地下室。包括地下室最外面后浇带外围部分和西侧山体边坡支护工程。

曲河安置小区：位于冷水滩区河东曲河路以东、马路街路以西、白云路以南、润之路以北，用地面积263亩，总建筑面积70多万平方米，分A、B、C、D4块区域进行实施。主要用于安置“三路一桥”项目、永州大道城区段1.88公里提质扩容工程及曲河小区项目范围内的房屋拆迁户。

阳甸安置小区：项目位于鹤鸣大道以东、阳甸一路以南、阳甸二路以北。项目总占地面积约73亩，总建筑面积14万多平方米。由2栋高层小户型住宅、5栋高层住宅、3栋多层住宅及部分商铺组成，其中住宅600多套。

岚角山安置小区：项目位于诚信路以东，阳明大道以西，城建路以南，为解决岚角山片区“一宫两馆六中心”等项目建设拆迁安置户住房问题而规划建设的。项目总占地面积7万多平方米，总建筑面积15万多平方米，7~8层小高层住宅约1300多套。

（四）零陵古城棚改安置小区：项目有3个安置点。分别为茆江桥安置点、杨梓塘安置点和市政公司安置点。其中茆江桥安置小区位于潇水东路与规划建设的香零山路交汇处的北面，主要安置茆江桥、福寿亭的棚改拆迁安置户，项目占地面积约为73.5亩，总建筑面积约为15.7万平方米，新建棚改房约1580套。杨梓塘安置小区位于湖南科技学院东大门南侧，项目总用地面积121.35亩，总建筑面积28.93平方米。市政广场安置小区位于南津南路第一市政公司家属宿舍处，总占地面积约为30.1亩，规划建设总建筑面积为7.89平方米。

第四章 房地产市场

永州市房地产建设，经过公房向商品房，从单位配房到租售补贴及市场购买的过程。永州房地产业管理实现由单一的直管公房管理向多元的房地产的开发、经营转变，房地产业的发展进入全新的时期。从产品时代到品质时代，从满足居住到创造生活，房地产业成为永州经济生活和社会生活的重要支柱，也成为永州城市建设和发展的缩影。

第一节 商品房开发

一、房地产开发

2001 年，永州市人民政府为促进城市综合开发，搞活城市房地产市场，出台并实施《永州市城市规划区土地管理暂行规定》和《永州市地产市场管理暂行办法》，取消全市各类开发区、道路建设指挥部的征地权、卖地权，由市政府统一调控和驾驭土地市场。同时，进一步落实有关优惠政策，吸引外资和市内社会资金，加大城市房地产开发力度。是年，全市城镇房地产开发完成投资 14.35 亿元，其中，中心城市完成 2.1 亿元；竣工商贸、工业、旅游等设施面积 130.45 万平方米，其中，中心城市竣工面积 18.19 万平方米。中心城市先后完成九嶷精品步行街改造和零陵北路中心广场区的银龙大厦、永泰大厦、长隆大厦等建设，并于 11 月 16 日公开拍卖三多亭中心大市场 10.38 亩国有土地使用权，亩均 48.79 万元，启动三多亭小区开发。

2002 年，市委、市政府采取积极措施，大力推进城镇房地产开发。首先，保证房地产开发用地。围绕城镇提质扩容，按照中央、省市部署，全市完成 69 家国有企业土地资产处置，其中中心城市完成 21 家；按照相关政策法规，扩大城市土地出让，全市城镇出让土地 1360.9 亩，其中城市规划区出让 380.89 亩；全市 14 个重点镇单列 1900 亩用地计划指标。其次，大力招商引资。3 月 22—24 日，市政府在南华大酒店召开全市首次房地产招商会，境内外、省内外43家有资质的房地产开发企业到会，市政府副市长刘新普、市政协副主席曹小华等有关领导出席会议，市规划建设局、国土资源局、房产局等部门主要领导就房地产开发方面的优惠政策，详细具体回答开发商提出的问题。会上，市有关部门与境内外18家房地产开发商签订房地产开发意向合同，总投资金额10亿元，开发规模20万平方米。是年，全市城镇房地产开发完成投资17.68亿元，比上年（下同）增加3.33亿元，增长23.2%，其中，中心城市完成投资7.62亿元，增加5.61亿元增长279.1%；全市建成以商贸小区、工业园区、安置小区为主的小区35个，其中中心城市13个；建设各类房屋面积175.56万平方米，增加45.11万平方米，增长34.58%，其中，中心城市建设房屋面积27.1万平方米，增加8.81万平方米，增长48.16%。长丰汽车工业园区，总投资2000万美元，开发土地162亩，一期工程全面启动，为扩大对外开放打下坚实基础。道县濂溪山庄、祁阳县果园、新田县石马冲小区、东安县新世纪广场等小区开发建设进度快、质量好。

2003年永州商业城旧城改造项目启动

2003年，全市房地产开发出现投资形式多种、范围扩宽、额度大增，新区开发与旧城改造齐头并进，安置小区、商贸小区、文化体育休闲小区建设各具特色，安置房、商品房、商业门面、办公写字楼等项目齐全的可喜局面。是年，全市城镇房地产开发完成投资25.27亿元，增加7.59亿元，增长42.93%。中心城市按照综合开发、配套建设的原则，加快新区建设，狠抓旧城改造，全年完成总投资14.2亿元，增加6.58亿元，增长86.35%。其中新区开发完成投资10.9亿元，翠苑小区、滨江小区、永州大道安置小区、白竹路安置小区、芝城花园、香零山小区等13个小区建设全面铺开，其中6个安置小区400多户拆迁户全部得到妥善安置；旧城改造完成投资3.3亿元，永州文化城、永州商业城、阿波罗商业广场、永州城市商业广场、舜德花园、中亚花园、前进街综合市场等12个旧城改造项目，竣工房屋面积2.8万平方米，其中商业铺面1.41万平方米，占总竣工面积50%。9县城镇房地产开发完成总投资11.09亿元，增加1.01亿元，增长10.01%。江永县商业街、新田县先锋街、道县城中步行街广场、双牌县商业广场等旧城改造项目、道县道州大市场、宁远县九疑文化商业广场和新龙、生源等大型购物超市、蓝山县新工业园区、江华大市场、瑶都步行街和东安县芦洪市卫星镇新区开发、石期市工贸镇中心市场改造、大庙口旅游新区开发、横塘边贸镇大市场建设等项目精心设计、精心施工，做到开发一个项目，形成一处靓点、打造一件精品。到2004年，全市城镇房地产开发投入资金31.72亿元，增加6.45亿元，增长25.52%；其中，中心城市增加投资5.5亿元，增长38.73%。中心城市商品房竣工面积85万平方米，增长46.3%；商品房销售83万平方米，增长23.9%。东安县龙溪花园开发面积8.1万平方米，是年预售5.8万平方米，占总开发面积的71%。

2005年，全市房地产市场进一步放开，上海华创、福州永福等一批较高水平的开发企业进驻永州。为推动全市房地产市场健康发展，全市地产交易规则进一步完善，土地二级市场逐步规范，房地产开发用地一律实行招拍挂出让，实现经营土地100%进市场。到年底，全市出让土地618宗、面积220.9公顷，出让收入4.96亿元，其中市本级出让收入3.5亿元。为搭建开发企业与消费者交易平台，市政府于12月12—18日，在中心城市冷水滩区召开永州市首届房地产交易会，56家房地产开发商、48家家居、装饰材料企业参加房交会展览，先后有13万余人次参观展览。交易会期间，成交房地产3.99亿元；引进境内外、省内外房地产开发外资5612.5万美元、内资31.47亿元人民币。是年，全市城镇房地产开发完成投资39.45亿元，增加7.73亿元，增长24.36%，其中中心城市完成投资20.15亿元，增加0.45亿元，增长2.28%。全市商品房施工面积309万平方米，增长22.7%；商品房销售面积189万平方米，增长30.3%。期间，城市房地产开发结构日趋合理，普通商品房和经济适用房所占比例有较大幅度提升，开始注重满足中低收入家庭所需的中低价位、中小套型住房的供应。是年起，投资结构逐步优化，在全市房地产开发投资中，外资、民资所占比例达95%以上，成为房地产开发的主力军。

2005年永州市首届房地产交易会

2006年，全市房地产开发投资完成37.03亿元，减少2.42亿元，下降6.13%，其中中心城市投资完成23.19亿元，增加3.04亿元，增长15.1%。全市全年新开发项目23个，其投资1000万～5000万元的14个、5000万元以上的9个。中心城市的锦苑小区、银竹家园、湘江明珠、中胜家园、恒森花园、滨江豪园、颐园小区等住宅小区开发规模大、档次高，建设品位提高，建设风格各异。祁阳县开元小区、东安县龙溪花园、双牌县文化广场、道县爱莲商住小区、江华金龙华苑、新田县双碧商住小区、蓝山县江南财富等开发项目成为当地样板小区。中心城市在重点突出住宅商品房开发的同时，万喜登商业广场、金水湾购物中心、红太阳购物广场、徐家井农贸批发超市、永州建材城等一批规模较大、功能较全的商贸企业和专业市场陆续建成，引进肯德基、新一佳等一些著名零售连锁物流企业，促进中心城区商贸点的发展。宁远县九亿步行街服装市场、新田县中山大市场、江华大市场瑶都步行街的建成，有力地推动当地商贸流通业的蓬勃发展。是年，随着全市房地产开发横跨生产、流通、消费3个领域的步伐加快，带动作用和关联效应日益明显，有力地推动建筑业、建材业、轻工业共50多个行业的发展，对财政的贡献不断增大。按住宅带动系数1.5计算，全年全市增量商品房、存量商品房、工业厂房、商业用房的交易额完成11.3亿元，带动社会消费的零售额16.95亿元，占全市社会消费和零售总额的14.53%。全市征收房地产契税、销售不动产营业税、建筑业营业税等“三税”12846万元，其中市本级6952万元。是年初，根据国务院有关文件精神，对全市住房价格依法进行宏观调控，升幅较往年有所降低。到2006年年底，全市住房平均价1050元/平方米，比上年增长11.2%。

2007年，全市房地产综合开发完成投资40.66亿元，增长9.8%，其中中心城市完成投资25.07亿元，增长8.1%；县城完成投资14.59亿元，增长23.6%。全市商品房房屋施工面积324.5万平方米，增长38.3%，其中新开工项目28个，开工面积134.9万平方米，增长28.68%。中心城市的潇湘景城、远志·新外滩、印象巴厘、长丰国际广场、红太阳国际大酒店、圣世阳光商业步行街、万发世纪商贸城和祁阳县环兴购物广场、东安县雅德花园、如意山庄、紫苑名邸，道县爱莲商业广场、松林苑小区，宁远县艺苑小区、印山花园小区，蓝山县泰丰城、新田县明珠花园、江华盛世康城等一批上规模的开发项目拔地而起，成为城市新的靓丽风景线。房地产业的快速发展，既改善居住环境，改变城市面貌，又拉动城市经济的增长。是年，中心城区房地产开发企业为政府提供各类税收2.2亿元，增长34%，其中，房产交易税4386万元。到2008年，全市房地产开发投资增幅回落，商品房销售面积减少，成交量走低。全市城镇房地产开发投资完成34.43亿元，下降18.59%，其中中心城市完成25.1亿元，与上年基本持平。商品房销售面积183.76万平方米，下降19.25%；总交易金额15.68亿元，下降10.8%，其中中心城市商品房销售面积108.59万平方米，下降17.86%。

2009 年，全年城镇房地产开发投资 33.1 亿元，下降 3.98%；新开工项目 17 个，开工面积 97.82 万平方米。其中，中心城市完成投资 22.6 亿元，下降 10%。除续建珍珠商贸城、河东商贸街、白泥塘、桐木井、梓塘、富强、坦头、下李家等 15 个安置小区外，新开工项目 5 个、开工面积 59.97 万平方米。

二、商品房建设

1996 年 12 月 3 日，永州市房地产管理局成立，房地产业逐渐成为永州市新的经济增长点。1997 年，全市城镇住宅建设完成投入 9.49 亿元，竣工房屋面积 174.5 万平方米，农村完成投入 14.2 亿元，竣工面积 298.4 万平方米，分别比 1996 年增长 13.7%、15.6%、29.3%和 21.2%；其中安居工程完成投入 1.26 亿元，竣工房屋面积 21 万平方米；解决居住面积人均 6 平方米以下的住房困难户 3231 户。市本级 1997 年城镇住宅建设完成投入 3.8 亿元，竣工房屋面积 38.5 万平方米，分别比 1996 年增长 15.4%和 16.7%。

1998 年，全市完成城乡住宅建设投资 23.4 亿元，比 1997 年增长 31.6%，竣工面积 369.12 万平方米，比 1997 年增长 39 万平方米。1998 年，全市城乡人均居住面积 13.6 平方米。

2001 年，全市城镇住宅建设坚持全面规划、合理布局、配套建设、旧城改造与新区开发并举，加大旧城开发力度，逐步向小区化过渡，并在资金、建材物资等方面向小区住宅建设倾斜。全市住宅建设完成投资 19.31 亿元，比 2000 年增长 3.85%；竣工住宅面积 382.58 万平方米，比 2000 年增长 2.01%，分别高出全省平均水平 1.95 和 0.91 个百分点。其中城镇住宅建设完成投资 7.4 亿元，比 2000 年增长 3.62%；竣工住宅面积 89.53 万平方米，比 2000 年增长 1.75%，分别高出全省平均水平 2.62 和 1.87 个百分点。人均居住建筑面积 28.25 平方米，连续 9 年居全省第一。其中，中心城市住宅建设投资 1.9 亿元，竣工房屋面积 35 万平方米，解决 2.6 万人就业，带动相关产业投资 6.6 亿元。先后完成冷水滩区云湖小区、凤凰新村、芝山区解放南路住宅区、黄古山小区等建设。祁阳县旧城改造建房 450 户、规划用地总面积 61540.43 平方米、规划建筑总面积 231524.9 平方米；竣工 336 户、用地面积 41628.71 平方米、建筑面积 152177.78 平方米。江华城乡住宅建设投资 1.57 亿元，其中经济适用房 1800 万元；竣工房屋面积 30 万平方米，其中经济适用房 5.8 万平方米。期间，新技术、新材料、新设备、新工艺在住宅建设中得到广泛推广使用，房屋建设质量显著提高，全市住宅建设一次性合格率 93%以上，优良率 40%。

2002 年，全市城镇住宅建设开始以小区建设为重点，突出旧城改造，加快综合开发。中心城市优先规划河东路网安置小区、三多亭安置小区、金水源安置小区、新建街安置小区、长丰安置小区5个住宅小区。三多亭住宅小区建设突出解决群众反映强烈的拆迁安置问题，采取实物安置与货币安置有机结合和“以小换大、以旧换新、以少补多”的房屋置换办法，变过去的分散安置为集中安置，一次性解决5000人安置问题，成为全市安置小区的样板。新建街住宅小区以旧城改造为依托，突出改善黄泥井市场旧城区的人居环境。到年底，全市城乡住宅建设完成投资22.34亿元，竣工房屋面积432.69万平方米，比2001年分别增长15.69%和13.09%；其中城镇住宅建设完成投资12.96亿元，比2001年增长15.69%；竣工住宅面积172.7万平方米，比2001年增长11.9%；人均居住建筑面积29.9平方米，比2001年增加1.05平方米。

2003年，全市城乡住宅建设完成投资24.49亿元，竣工面积472.27万平方米，比2002年分别增长9.62%和9.14%。其中城镇完成投资15.2亿元，竣工面积194.46亿元，分别增长17.28%和12.6%。中心城市城乡住宅建设完成投资9.73亿元，竣工面积165.85万平方米，分别增长14.33%和11.65%，其中，城区完成投资6.8亿元，竣工面积75.99万平方米，分别增长15.6%和11.4%；中心城区农村完成投资5.63亿元，竣工面积119.88万平方米，分别增长7.6%和9.71%。是年，全市城镇住宅小区建设方兴未艾，成效显著。中心城市翠苑花园、滨江小区、河东路网安置小区、白竹路安置小区、梅湾新区、永达花园、中亚家园、方园小区、金阳小区、芝城花园和祁阳浯洲小区、柿花园小区，双牌县明珠新村小区、宁远县东升小区、江华商贸新城小区等47个住宅小区先后开工，总投资6.73亿元，建成房屋82万平方米，分别占投资计划的91%和87%。到年底，全市城乡住宅建筑面积总计达18060.87万平方米，其中城镇住宅4466.26万平方米，人均住宅建筑面积30.6平方米，增加1.1平方米；农村住宅13594.61万平方米，人均住宅面积31.8平方米，增加0.8平方米。中心城市城区人均住宅建筑面积30.85平方米，农村人均住宅建筑面积32.5平方米，分别增加0.85平方米和0.8平方米。

2004年，永州建成第一个城市综合体项目——舜德摩尔。房地产投资大幅升温，商品房供需两旺。全市房地产开发投资6.82亿元，增长168.37%；商品房竣工面积32.33万平方米，增长116.69%；销售面积21.82万平方米，增长81.53%；商品房预售面积4.32万平方米，增长7倍。

2005年，全市城乡住宅建设完成投资35.86亿元，比2004年的27.8亿元增长28.99%；竣工住房面积602.1万平方米，比2004年的16.8亿元增长22.08%；竣工住房面积327.6万平方米，比2004年的284.7万平方米增长15.06%。

2006年，房地产投资在宏观调控中稳步增长。全市完成房地产投资47.75亿

2004 年舜德摩尔城市综合体项目建成

元，占全年计划的 106.11%，比上年同期增长 17.3%。其中，城镇完成 29.38 亿元，占年计划的 107.61%，农村完成 18.37 亿元，占年计划的 103.78%。中心城市完成 22.2 亿元，占年计划的 108.34%。其中冷水滩区完成 13.36 亿元，占全年计划的 109.51%；零陵区完成 8.85 亿元，占全年计划的 106.63%，中心城市竣工住房面积 196 万平方米，其中冷水滩区竣工 107 万平方米，零陵区竣工 89 万平方米。住房价格在调控中平稳增长。房地产价格在调控之下达到稳定和合理。这既是优化经济结构、实现科学发展的要求，又是实施可持续增长战略、建设和谐社会的要求。为认真贯彻落实国务院办公厅《关于调整住房结构稳定住房价格的意见》精神，市房产局于 2006 年 9 月 6 日组织召开中心城市开发商座谈会，商榷永州市房地产发展思路。永州市住房价格稳中有升，但升幅有所降低，到 2006 年年底，全市住房平均价格为 1050 元/平方米，比 2005 年增长 11.2%。房地产业对财政的贡献日益增大。房地产契税，销售不动产营业税日益增大，全年征收契税 1862 万元，销售不动产营业税 5115 万元，合计 6977 万元，占全市财政收入的 19.30 亿元的 3.61%，其中，市本级完成契税 1056 万元，销售不动产营业税 3685 万元，“两税”合计 4741 万元，占 7.73%。

2007 年，永州坚持以住宅建设为重点，科学调控普通商品房、经济适用房和廉租房的供应结构，加大住房保障的工作力度，努力解决城镇低收入家庭的住房困难，市、县（区）出台《“十一五”住房建设规划》，对“十一五”期间的住房建设做出详细部署。人居环境不断改善，生态园林型小区逐渐增多。永州市大力发展住宅建设，城乡居民的住房条件明显改善。为满足人们不断增强的居住需求，永州市许多环境优良，配套齐全、功能多样的住宅小区大量涌现，除现建好的住宅小区翠苑小区、舜德花园、九疑小区、回龙塔小区外，还有永粮国际、恒森花园、湘江明珠、中胜家园、滨江豪园、银竹家园、新世纪花园等一批小区正在建设中。全市城镇人均居住面积达到 33.2 平方米，农村为 33.8 平方米。1—10 月，永州市房地产开发完成投资 50.78 亿元，其中城镇完成 30.45 亿元，占年计划的 88.51%；农村完成 20.33 亿元，占年计划的 86.14%。市本级完成契税 2000 余万元，同比增长 110%。

2008 年，房地产经济运行平稳，开发投资增幅趋缓，商品房市场成交下滑。全市房地产开发投资和住房消费等指标的增幅都有所回落。全市城镇房地产投资完成 36.43 亿元，同比增长 2.3%，增幅下降 24.2%。商品房销售面积减少，房地产成交量持续走低，出现供大销小现象。全市全年房屋交易面积 183.76 万平方米，同比下降 16.9%；总交易金额 15.68 亿元，同比下降 10.8%。其中，市本级房屋交易面积 108.59 万平方米，同比下降 17.67%；总交易金额 10.1 亿元，同比下降 10.2%。市直房地产契税收入为 2478 万元，与上年基本持平。人居环境不断改善，住房结构更加合理，住房价格适度上涨。2008 年，全市完成住房建设面积 797 万平方米，其中，城镇完成住房建设 436 万平方米，与上年基本持平。一批大的商品房建设项目陆续完工，集中上市，使永州市住房供应量迅速增加，住房供应状况有明显改善。全市人均居住面积达到 34.8 平方米，居全省前列。宏观调控的落实，70/90 政策（楼盘建设必须 70%以上户型在 90 平方米以下）的实施，使永州市住房结构逐步合理化。住房保障政策的进一步落实，廉租住房、经济适用住房和中低价位、中小套型普通商品住房的土地供应、投资、资金、项目开工及产品供应的增加，满足城市中低收入家庭的住房需求。中心城区住房平均价格为 1260 元/平方米，比上年增长 14.97%。

2009 年，房地产市场走势良好。为应对严重的国际经济危机给房地产市场带来的巨大冲击，促进房地产市场升温回暖，健康发展，认真落实《永州市人民政府关于规范和扶持市区房地产业健康发展的意见》和省委、省政府《关于促进房地产市场稳定健康发展的若干意见》，进一步优化投资环境，努力刺激住房投资，扩大住房消费，提振市场信心，房地产市场呈现稳步回升势头。房地产开发投资恢复增长。从 3 月份开始，由于房地产市场企稳回暖，投资者信心逐步恢复，房地产投资扭转一季度连续 3 个月负增长的局面，呈较快增长势头。本年全市城镇房地产投资完成 62.62 亿元，同比增长 38.2%，增幅居全省前列；市本级城镇完成投资 25.98

亿元，同比增长39.12%。随着房地产投资的逐步增加，房地产市场回暖的讯号传导至与建筑相关的企业，装饰装修、建材等行业的市场也明显开始回暖。房地产信贷快速增长。在适度宽松货币政策背景下，永州市房地产信贷迅速发展，2009年，冷水滩城区房地产抵押贷款金额达26.18亿元，同比增长130%。房屋抵押贷款的大批发放，对房地产市场的振兴起到重要作用，房地产业信贷“闸门”的松动，房地产开发商从金融机构更容易得到资金支持，缓解资金压力，加之永州市住房公积金对个人购房抵押贷款的大批发放，住房公积金抵押贷款从以前的现房抵押转变成可用期房抵押，有效刺激房地产消费市场，增强消费市场信心。商品房供应量充足，销售价格呈上涨趋势。全年全市城镇住房完成建筑面积575万平方米，房屋交易面积为417.52万平方米，交易金额达40.43亿元。随着住房消费贷款的大幅增长，使得2008年以来积压的刚性需求快速释放，二季度开始房地产交易市场日趋活跃，冷水滩城区二季度交易面积比一季度增长187%，交易金额增长173%，三季度交易面积和交易金额分别比二季度增长54.5%和63.1%。由于市场的回暖，全市一大批项目竣工，全市商品房供应充足，房屋交易量比2008年同期有所下降，但整个房地产市场趋势较好，房价总体呈上升趋势。房屋税收优惠政策全面落实，房产市场趋向活跃。根据《永州市人民政府关于规范和扶持市区房地产业健康发展的意见》有关规定，个人购买普通商品住房（含二手商品住房）144平方米以下契税税率均为1%；凡2008年8月31—2009年12月31日在冷水滩区域购买普通商品住房（含二手商品住房）144平方米以下已缴纳2%契税的均可申请契税补贴。由于优惠政策的落实，提振市场信心，打破前段时期的市场观望氛围，有效刺激消费，使得房屋交易更为活跃，全年全市房产契税收入达到2310万元。是年，永州市房地产市场稳步回升，住房供需趋旺，但基本平衡，市场量价齐升，房地产投资、消费信心均有所增强，市场走势良好，行业处在景气状态。

2010年，在宏观经济企稳回升的前提下，针对房地产市场过快上涨的房价、地价问题，中央政府出台一系列房地产市场调控政策，在严厉程度、执行力度上都大大超过此前。从永州市的相关数据来看，随着调控政策的落实，房地产投资稳步增长、商品房供应量充足，投机性需求被有效抑制，刚性需求进一步有效释放，整个房地产市场运行平稳健康，呈理性增长趋势。房地产投资虽增速趋缓，但由于2009年持续的刺激政策及宽松的货币政策的后续影响，为永州市营造一个良好的投资环境，房地产市场仍表现活跃，商品房持续旺销，企业资金回笼加速，开发企业具有较强的投资能力及意愿。从宏观经济角度来看，永州市经济向好的基本面没有改变，经济的快速发展，城市化进程的推进以及棚户区改造工程的实施，保持房地产的投入持续增加，但增速有所放缓。2010年，永州市完成房地产投资63.65亿元，

2010年11月19—21日永州第三届房交会在冷水滩区举办

2010年冷水滩创发城商品住宅小区建设

同比增长2.7%；冷水滩区完成投资16.18亿元，同比增长11.59%。商品房供应量充足，价格理性上涨。随着房产政策调整以及各地“限购令”的落实执行，市场观望气氛浓厚，市场热度急剧下降。但在三、四线城市，新政对房地产市场影响很小，楼市依然热闹。全市大批新建项目相继竣工，住房建筑面积增长迅速，商品房供应量充足。全年全市完成住房建筑面积530万平方米，同比增长4.38%；冷水滩城区完成住房建筑面积103.4万平方米，同比增长13.1%；批准预售面积1566162平方米，同比增长24%；冷水滩区批准预售面积551631平方米，同比增长48.29%。在上市的商品房中，中低价位和小户型所占比例达到40%，住房供应结构合理，适应不同层次购房需求。2010年，永州市房产交易23464宗，交易面积达428.53万平方米，交易金额419959.4万元，同比分别增长1.95%、2.64%和3.85%，呈理性增长趋势。房产信贷增速趋缓，住房刚性需求旺盛，市场潜力大。2010年，全市房地产抵押面积420万平方米，与上年同期相比增长24.6%，抵押金额357000万元，同比增长36.38%。根据国务院要求，金融机构要严格执行二套房贷款首付比例不得低于40%，利率不得低于基准利率的1.1倍的规定开始在永州市产生影响。但从全市的整体情况来看，房地产市场仍然处于稳步上升的阶段，信贷业务相比上年同期依然增多，说明永州市房地产市场相对是平稳健康的，房产泡沫较少，投资及投机性购房只是整个购房群体中的相当小的一部分，刚性需求才是永州市房产发展的主要力量，城市化的发展，产生强大的刚性住房需求；经济的发展，生活水平的提高，居民可支配收入的增多，使得改善性住房需求量增大；二套房贷政策的影响，投资投机性购房需求受到进一步的压制，使得更多急需住房及改善住房的消费者有更多机会及选择，加之永州市住房公积金对个人购房抵押贷款的大批发放，并从以前的现房抵押转为可用期房抵押，刺激房地产市场消费，市场潜力得到进一步的挖掘。

2010 年冷水滩育才路房地产开发一角

2011 年，房地产业保持持续平稳发展的态势。面对房地产调控政策带来的复杂的市场走势，一方面坚决贯彻落实国家宏观调控政策，另一方面采取积极措施防止永州市房地产市场出现大落。主要是认真分析把握永州市房地产市场特点，及时发布房地产各项数据和信息，为政府决策和百姓消费提供参考；坚持依法行政，严把行政审批和市场准入关；切实加强市场监管，开展房屋预售专项清查，及时处置因市场变化而引发的矛盾和问题，降低和防范风险；对房地产开发企业既强化规范和指导，又切实搞好服务；同时，采取措施促进住房消费。以引导促调控，确保房地产业的持续平稳发展。市本级完成投资 35.33 亿元，同比增长 17.25%；市本级完成住房建筑面积 245 万平方米，同比增长 16.67%；市本级完成房屋交易 12859 宗，面积 195.14 万平方米，同比增长 15.08% 和 15.97%。房价涨幅控制在政府年初公布的住房价格控制目标以内。2011 年，全市商品住宅房销售套数为 23117 套，商品房销售面积为 297.38 万平方米，同比增长 36%。销售金额为 56.84 亿元，增长 65.81%。商品房销售均价每平方米 2095 元，房价保持稳中有升，但与周边地市相比偏低。

2012 年，永州在贯彻落实国家房地产调控政策的同时，采取措施防止房地产市场出现大落。分析永州房地产市场特点，发布房地产各项数据和信息，为政府决策和百姓消费提供参考；结合永州市实际，按照稳增长，惠民生的要求，出台永州市《关于促进永州市房地产市场平稳健康发展的若干意见》，为助推永州市房地产市场，明确“强化市场监管、开展房屋预售专项清查、处置因市场变化而引发的矛盾和问题”等10条政策措施，保持永州市房地产业的持续健康平稳发展。房地产开发投资增速回落。永州市城镇房地产全年累计完成投资88.39亿元，与上年同期相比增长3.1%，增速较上年同期回落15个百分点；市本级完成投资35.79亿元，同比增长4%，其中冷水滩区1—12月累计完成投资22.85亿元，同比增长5%。房地产用地供应增长。冷水滩区全年供应房地产用地42.12公顷，同比增长6.8%。其中商业、服务业用地12.64公顷，同比增长6.7%；住宅用地29.48公顷，同比增长7%。冷水滩区房地产用地平均出让单价为876元/平方米（合58.3万元/亩），同比增长0.4%。其中商业、服务业用地868元/平方米（合57.8万元/亩），增长0.5%；住宅用地829元/平方米（合55.21万元/亩），同比增长0.2%。房地产信贷平稳增长。12月末，永州市金融机构房地产贷款余额为74.76亿元，比年初增加25.47亿元，增长51.5%。从贷款投向看，开发贷款余额为13.46亿元，占整个房地产贷款余额18%；个人住房贷款余额为61.3亿元，占整个房地产贷款余额的82%，其中住房公积金贷款余额34.92亿元，占个人住房贷款余额的56%。住房供应基本稳定。本年，全市城镇完成住房建筑面积652.17万平方米，同比增长3.2%，其中，市本级完成建筑面积255万平方米，同比增长4.1%。1—12月，全市新增批准预售面积561.02万平方米，同比增长3.25%。房屋交易有所增长。本年，全市累计房屋交易26808宗，同比增长3.6%，面积482.52万平方米，同比增长2.5%，成交金额62.19亿元，同比增长6.23%。其中市本级房屋交易12650宗，同比增长3.4%，交易面积192.73万平方米，同比增长4.1%，交易金额27.82亿元，同比增长11.78%。是年，永州中心城区电梯房价格达到3300~3800元/平方米。经过2012年的房价快速上涨之后，从2012—2015年，永州房价平稳，涨幅很小，总体控制在4000元/平方米以下。

2013年，房屋交易稳中有升。全市房屋交易25434宗，交易面积446.53万平方米，同比增长19.2%，成交金额61亿元。商品房销售额117.18亿元，增长23.8%，其中住宅销售额98.51亿元，增长21.9%。其中市本级房屋交易13991宗，交易面积208.47万平方米，成交金额31.41亿元。3—6月，二手房交易出现爆发式增长。房屋交易与上年相比稳中有升。

2014年，房地产市场运行健康平稳。本年全市房地产市场开发投资放缓，住房用地供应和住房供应量下降，房地产信贷增幅回落，房价平稳增长，市场进入新一轮调整期。主要特征：房地产开发投资下滑。全市城镇房地产累计完成投资87.6354亿元，与上年同期相比下降2.6%，市本级完成投资25.487亿元，同比下降2.2%，冷水滩区完成投资11.56亿元，同比下降2.2%。房地产用地供应下降，土地出让价格平稳增长。冷水滩区供应房地产用地120.7公顷，同比下降14.2%。

其中商业、服务业用地 36.21 公顷，同比下降 9.3%；住宅用地 84.49 公顷，同比下降 13.3%。全市房地产用地平均出让单价为 1295 元/平方米（合 86.2 万元/亩），同比增长 13.3%。其中商业、服务业用地 1365 元/平方米（合 90.09 万元/亩），同比上涨 12.6%；住宅用地 1260 元/平方米（合 83.9 万元/亩），同比上涨 23.8%。房地产信贷增速回落。全市金融机构房地产贷款余额为 119.12 亿元，比年初增长 30.8%。从贷款投向看，开发贷款余额为 18.23 亿元，占整个房地产贷款余额 15.31%；个人住房贷款余额为 100.89 亿元，占整个房地产贷款余额的 84.69%。住房供应量明显下降。全市城镇完成住房建筑面积 583.52 万平方米，同比下降 6.4%，其中，市本级完成建筑面积 162.03 万平方米，同比下降 5.24%。冷水滩城区商品房预售面积为 65.42 万平方米，同比下降 31%，全市商品房初始登记面积为 532.66 万平方米，同比下降 28.2%。房屋交易登记量平稳增长。全市累计办理房屋交易登记 26132 宗，同比下降 10.5%；面积 468.15 万平方米，同比下降 7.2%；成交金额 72.78 亿元，同比增长 5.7%。其中市本级办理房屋交易登记 14259 宗，同比下降 13.6%；面积 204.39 万平方米，同比下降 14.3%；交易金额 37.64 亿元，同比增长 3.9%。冷水滩城区办理房屋交易登记 11196 宗，同比下降 14.8%；交易面积 141.59 万平方米，同比下降 20.4%；成交金额 28.305 亿元，同比增长 5.1%。商品房价格平稳增长。12 月，冷水滩城区新建商品房均价为 3500 元/平方米，较年初增长 5.42%，冷水滩城区住宅均价为 3000 元/平方米，较年初增长 5.82%。由于永州市创国卫活动的开展，小区卫生条件及居住环境明显改善，房价区域性差异逐步缩小，特别是凤凰园二手房价格增幅较快。

是年，按照品质活力永州的战略部署，推进城市提质扩容。进一步加大“两房两棚”推进力度和住宅小区专项治理工作力度，推进“两证”办理遗留问题的处理。全面落实创国卫的各项任务，全方位促进中心城市房地产开发水平。进一步加强市场监管，规范房地产开发行为和销售行为。以推进新型城镇化为中心，以“稳市、促市”为重点，加强舆论宣传，增强市场信心。着力加强房地产市场投资和消费引导，着力加强房地产市场转型创新发展，强化规划监管，提高审批效率，加快综合验收。着力规范房地产市场经营行为，市房产局启动二手房资金监管系统，进一步拓宽购房者融资渠道。按照全省住房建设工作会议精神，积极探索和研究促进永州市房地产市场平稳健康发展措施，市政府出台《关于促进永州市房地产市场平稳健康发展的实施意见》，稳定房地产市场。

2015 年，推进落实《永州市人民政府关于促进房地产市场平稳健康发展的实施意见》，通过电视网络、报纸报刊等多方面对该意见大力宣传。另一方面严格落实购房补贴申报工作，设立专门窗口，安排专人负责，积极衔接市财政局落实购房补贴工作，为6176户购房群众登记申请3487万余元的购房契税补贴。积极筹备举办中国·永州第五届房交会（电视房交会）。借鉴原来开展房交会的成果经验，创新思路，举办为期3个月的中国·永州第五届房交会（电视房交会）。吸引中央新城等49家房地产开发企业及其楼盘积极参展，其中各县区有25家房地产开发企业及其项目楼盘参展，参展企业数量创历届房交会之最。房交会期间，永州市中心城区（含冷水滩城区、永州经济技术开发区、零陵区）房地产开发项目新建商品房销售网签2179套，销售面积25.5万平方米，达到激发房地产市场活力的预期效果。2015年，永州市城镇房地产累计完成投资89.48亿元，与2014年同期相比降低3.76%；市本级完成投资26.95亿元，同比降低2.6%；金融机构房地产贷款余额161.52亿元，比年初增长23.9%。其中，开发贷款余额为25.6亿元，占整个房地产贷款余额的15.86%；个人购房贷款余额为134.7亿元，占整个房地产贷款余额的83.4%；企业购房贷款余额为1.2亿元，占整个房地产贷款余额的0.74%；全市城镇完成住房建筑面积434.82万平方米，同比降低27.76%，其中，市本级完成建筑面积116.44万平方米，同比降低34.06%；全市累计房屋交易登记30527宗，同比增长16.81%，面积451.65万平方米，同比下滑3.5%，成交金额95.58亿元，同比增长31.3%。其中，市本级交易面积174.5万平方米，同比下滑12.43%，交易金额43.5亿元，同比增长16.43%。

永州市中心城区2015年部分房地产开发项目一览表

表4-1

项目名称	地址	开发商	总用地面积（平方米）	总建筑面积（平方米）
远志·新外滩	冷水滩区舜皇路	湖南远志房地产有限公司	24100	180000
滨江壹号	冷水滩区湘江东路	湖南永州市湘发房地产开发有限公司	18006.6	128528
滨江电力花园	冷水滩区湘江东路	永州市恒森置业有限责任公司	57733	270000
南华·富临锦江	冷水滩区湘江东路	永州长丰置业发展有限公司	58000	400000
金盘·世界城	冷水滩区湘江东路	湖南金盘子置业有限公司	66667	500000
湘永名邸	冷水滩区湘永路	永州市永祥房地产投资开发有限公司	24213.3	100420
皇家帝王广场	冷水滩区湘永路	湖南煌佳房地产开发有限公司	70487	416450
中邦国际广场	冷水滩区湘永路	永州市中邦房地产投资开发有限公司		181952.5

续表4-1

项目名称	地址	开发商	总用地面积（平方米）	总建筑面积（平方米）
印象巴厘	冷水滩区育才路	永州市海通置业有限公司		130000
颐园小区	冷水滩区育才路	永州华创置业发展有限公司	54180	150000
华天首府	冷水滩区育才路	永州华天城置业有限公司	93333	300000
永和家园	冷水滩区逸云路	永州市人和仙聚房地产开发有限公司	61466	130000
世纪滨江	冷水滩区翠竹路	青松房地产开发有限公司		130000
潇湘国际广场	冷水滩区中兴路	永州市名居房地产开发有限公司	21289	163682
富源尊玺	冷水滩区中兴路	永州富源置业有限公司	16689	100000
永州 1 号	冷水滩区中兴路	永州中兴房地产开发有限责任公司	55482. 2	300000
潇湘国际花城	冷水滩区零陵南路	永州名居房地产开发有限公司	80000	250000
中联国际广场	冷水滩区零陵南路	湖南中联国际招商投资有限公司	18000	100000
金水湾城市广场	冷水滩区零陵中路	湖南永州泰丰房地产开发有限公司	4200	120000
舜德城市摩尔	冷水滩区零陵北路	永州市渝洲房地产实业有限公司	130000	350000
舜德花园	冷水滩区零陵北路	永州市渝洲房地产实业有限公司	85000	290000
永粮国际	冷水滩区零陵北路	永州天鸿置业开发有限公司		146351. 25
香江名城	冷水滩区零陵北路	永州中正置业发展有限公司	66600	130000
永州大市场	冷水滩区零陵北路	永州市天慈阳明房地产开发有限责任公司	242456	630000
城市绿岛	冷水滩区凤凰路	永州市中大房地产开发有限公司	58000	250000
舜德湘江	冷水滩区春江路	永州大众朝阳房地产开发有限公司	54667	160000
博诚·春江壹号	冷水滩区春江路	永州市博诚房地产开发有限公司	40784	224696

续表4-1

项目名称	地址	开发商	总用地面积（平方米）	总建筑面积（平方米）
绿景美城	冷水滩区春江路	永州三联房地产开发有限公司		152373.8
春江·帝景湾	冷水滩区春江路	春江房地产开发有限责任公司	62486	156241
园丁山庄	冷水滩区西区路	永州兆泰房地产开发有限公司	79055.63	246127
书香名邸	冷水滩区传芳路	永州市金盛房地产开发有限公司	82617.3	350000
中央新城	冷水滩区珊瑚路	永州市人和仙聚房地产开发有限公司	300000	1198253
创发城	冷水滩区珊瑚路	湖南广聚源房地产开发有限公司	36666	134000
宏一·珊瑚海	冷水滩区珊瑚路	湖南宏一地产有限公司		142609.28
名门世家	冷水滩区珊瑚路	永州市深达置业有限公司	86666	260000
书香华庭	冷水滩区潇湘大道	永州市冷水滩区经济建设投资有限公司	60000	220000
新中国服装批发城	冷水滩区潇湘大道	永州广利来房地产有限公司	4000200	300000
华兴世纪城	冷水滩区潇湘大道	永州华兴房地产开发有限公司	33333	111531.66
银海花园	冷水滩区湘跃路	永州市银海房地产开发有限公司		177988.5
银竹家园	冷水滩区梧桐路	永州市吉发房地产开发有限公司		422940.11
愿景国际广场	冷水滩区梧桐路	永州名扬愿景房地产开发有限公司	92000	492196
麒麟公馆	冷水滩区永州大道	永州市新亿佳房地产开发有限责任公司	41700	218000
梦想家园	冷水滩区永州大道	永州超越房地产有限公司	20000	100000
湘南万商红商贸新城	冷水滩区永州大道	永州万商红商贸物流开发有限公司	406666	400000
宏一·加州小镇	冷水滩区永州大道	湖南宏一地产有限公司	190000	265000
香樟绿城	零陵区南津北路	永州富鑫房地产开发有限公司	100000	100000
耀江文景苑	零陵区南津北路	永州市耀江房地产开发有限公司	132000	110000

续表4-1

项目名称	地址	开发商	总用地面积（平方米）	总建筑面积（平方米）
汇金中央广场	零陵区南津北路	湖南盛德房地产开发有限公司	33300	150000
恒立首府	零陵区南津北路	永州市恒立投资置业有限公司	24500	127700
上海花园	零陵区南津北路	永州坤达房地产开发有限公司	48667	230000
水墨兰庭	零陵区芝山北路	永州市景星房地产开发有限公司	20000	106000
学苑名邸	零陵区芝山北路	永州市联众房地产开发有限公司	77333	200000
永州新商城	零陵区芝山北路	永州市新商城置业有限公司	70003.5	260000
苏通国际新城	零陵区芝山北路	永州国泰置业有限公司	767050	2301150
澳海云天	零陵区萍州东路	永州鸿瞰房地产开发有限公司	100000	100000
都市·心海岸	零陵区萍州西路	永州康隆房地产开发有限公司	60000	180000
垠地中山城	零陵区阳明大道	永州市垠地房地产开发有限公司	50000	150000
鑫龙·城上城	零陵区阳明大道	永州市鑫龙房地产开发有限责任公司	100000	600000
天誉华府	零陵区阳明大道	永州市天誉房地产开发有限公司	70949.5	216225
创发城·零陵郡	零陵区潇水中路	湖南创发置业集团股分有限公司	24666.7	160000
中央华府	零陵区潇水中路	永州名府置业有限公司	21978	150000
潇湘公馆	零陵区绿影路	湖南国源基础设施管理有限公司	76171	322873
公园大地	零陵区绿影路	永州市嘉信房地产开发有限公司	90852	450000

三、房地产开发企业

1997 年，永州市房产局成立，开始着手整顿房地产开发企业，改革国有房地产企业体制。经过 1997—1998 年的清理整顿，全市房地产开发企业由 1996 年的 100 多家，改组改建为 78 家。截至 1998 年年底，全市 10 家全民所有制事业性质的开发公司全部组建为股份制公司或合作公司。房地产管理部门内部的房管所初步重建为多种所有制形式的物业管理公司或房地产经营公司；各类房地产中介服务机构改制为合作、合伙、合股或私营个体公司。

1997年，市建设委员会（后机构改革为市住房和城乡规划建设局）成立，内设房地产管理科（房地产监管科），承担房地产开发企业资质审批以及房地产开发监管工作。截至2015年12月底，全市登记在册房地产开发企业414家，其中中心城区226家，9县及管理区188家；中心城区的226家企业中，冷水滩区（含凤凰园）182家，零陵区44家。全市414家房地产开发企业中，一级资质2家，二级资质12家，三级资质95家，四级资质103家，暂定资质202家。

永州市2015年房地产开发企业基本信息一览表

表4-2

序号	公司名称	地区	企业地址	法人代表	资质等级
1	欧利地产集团有限公司	冷水滩	清桥路86号	欧思建	一
2	永州市泰丰房地产开发有限公司	冷水滩	零陵中路823号	李杰	一
3	永州九鼎房地产开发有限公司	江华	沱江镇寿域路187-2号	朱江玉	二
4	永州市环球实业房地产开发有限公司	冷水滩	零陵路854号	申爱虎	二
5	湖南省渝洲房地产实业有限公司	冷水滩	零陵北路458号	姚芳明	二
6	东安华申建设投资有限公司	东安	东安县教师进修学校	陈建科	二
7	永州市人和仙聚房地产开发有限公司	冷水滩	梅湾路158号	王建国	二
8	永州市耀江房地产开发有限公司	零陵	南津北路	江文武	二
9	江华双龙置业有限公司	江华	沱江镇冯乘路570号	钱志军	二
10	东安东瓯置业有限公司	东安	白牙市镇同心路6号	林秀清	二
11	永州宏伟房地产开发有限公司	冷水滩	河东双舟路31号	谭伟	二
12	湖南省永州市新亿佳房地产开发有限责任公司	冷水滩	育才路99号	胡春燕	二
13	东安县旭炫房地产开发有限公司	东安	白牙市镇车站路26号	刘龙国	二
14	永州市金龙房地产开发有限公司	冷水滩	清桥路84号	唐海林	二
15	湖南新祥房地产开发有限公司	双牌	紫金中路30号	黄晒	二
16	永州中亚房地产开发有限公司	冷水滩	零陵北路918号	唐自波	二

续表4-2

序号	公司名称	地区	企业地址	法人代表	资质等级
17	永州国泰置业有限公司	零陵	黄古山路316号	蔡国新	三
18	蓝山县伟业房地产开发有限责任公司	蓝山	塔峰镇新建西路东方丽都	段产生	三
19	永州市日月地产投资有限公司	双牌	泷泊镇平阳路238号	曾永军	三
20	永州市嘉鸿房地产开发有限公司	双牌	泷泊镇紫金北路207号	任锡春	三
21	永州市中大房地产开发有限公司	冷水滩	珍珠路298号	胡忠林	三
22	永州环兴实业开发有限公司	祁阳	浯溪镇兴浯路（环兴购物广场）	饶启林	三
23	永州市九源房地产开发有限公司	冷水滩	凤凰园湖塘路（凤凰园钢铁厂内）	段成雄	三
24	永州市宏一房地产开发有限公司	冷水滩	潇湘东路与舜皇路交汇处远志新外滩1栋4C号房	周刚	三
25	道县华盈置业有限公司	道县	道县工业园东洲大道	申再新	三
26	东安鸿意房地产实业有限公司	东安	白牙市镇龙溪路332号	张济意	三
27	永州市方圆房地产开发有限责任公司	零陵	芝山路19号	黄京华	三
28	永州市军嘉房地产开发有限公司	冷水滩	凤凰园珊瑚路	宋朝光	三
29	湖南省煌佳房地产开发有限公司	冷水滩	湘永路	张君琳	三
30	永州市新泰房地产开发有限公司	东安	白牙市镇建设西路55号	王中平	三
31	湖南中联国际招商投资有限公司	冷水滩	零陵中路868号	袁春满	三
32	永州市铭基投资置业有限公司	江华	沱江镇春江路西侧3号楼29号商铺（印象瑶都）	朱策	三
33	永州龙华投资置业（集团）有限公司	江华	沱江镇阳华路	叶祥	三
34	永州广利来房地产有限公司	冷水滩	育才路朝阳小区	李良树	三
35	永州市三翔房地产开发有限公司	道	道州北路（疾控中心对面）	李卫东	三
36	永州市祁兴房地产开发有限公司	祁阳	浯溪镇莲花路与栖霞路转角	佘仁飞	三

续表4-2

序号	公司名称	地区	企业地址	法人代表	资质等级
37	宁远县潇湘实业有限责任公司	宁远	舜陵镇九疑南路208号	肖六清	三
38	宁远霖轩房地产开发有限公司	宁远	舜陵镇泠江东路	欧阳杰	三
39	永州东圣实业开发有限公司	祁阳	长虹街道办事处金盆西路与长虹转角处	杨中华	三
40	永州市宏远房地产开发有限公司	冷水滩	银龙电脑城602室	刘达目	三
41	永州市永福房地产开发有限公司	零陵	前进街食品广场401号	龚火生	三
42	永州市垠地房地产开发有限公司	零陵	黄古山东路与阳明大道西南角	周碎海	三
43	永州联盛房地产开发有限公司	道县	凤凰园紫霞路	李青海	三
44	永州湘鹏房地产开发有限公司	道县	道州北路（工业大道北侧）	周吉长	三
45	蓝山县天和房地产开发有限责任公司	蓝山	塔峰镇五里坪路31号	石荷高	三
46	永州市利群置业有限公司	东安	舜皇东路	蒋家聪	三
47	永州市美轮美奂置业有限公司	东安	白牙市镇如意山庄别墅一号	许志辉	三
48	永州市湘发房地产开发有限公司	冷水滩	翠竹路	杨光胜	三
49	永州市恒润房地产开发有限公司	冷水滩	翠竹路19号	陈海荣	三
50	永州市鑫龙房地产开发有限责任公司	零陵	南津中路124号	何礼国	三
51	永州市恒森置业有限责任公司	冷水滩	梅湾新区沿江北路1栋21	吴俊伟	三
52	永州市佳信房地产开发有限责任公司	冷水滩	解放路黄泥井2号	秦玉国	三
53	宁远县腾飞市场开发有限公司	宁远	舜陵镇泠江中路126号	李志新	三
54	祁阳县广源置业有限公司	祁阳	浯溪镇百花小区26栋4楼	唐永忠	三
55	湖南省永州市甬兴置业有限公司	冷水滩	百业街6号	李昌增	三
56	湖南吉星房地产开发有限公司	新田	龙泉镇五乡圩前进路（县妇幼保健站旁）	罗飞招	三

续表4-2

序号	公司名称	地区	企业地址	法人代表	资质等级
57	湖南省永州市宁远县嘉华房地产开发有限公司	宁远	舜陵镇冷江中路175号	黄成和	三
58	永州市嘉信房地产开发有限公司	冷水滩	零陵北路（原面粉厂内）	唐荣文	三
59	永州市九九房地产开发有限公司	冷水滩	零陵大道（同济医院）旁6-7号门面	刘向东	三
60	永州市永祥房地产投资开发有限公司	冷水滩	湘永路与双洲路交叉处东南角恒春花园A栋302号	屈国春	三
61	永州中兴房地产开发有限责任公司	冷水滩	河东中兴路永州1号花园1栋2楼	曾广建	三
62	宁远县新城房地产开发有限公司	宁远	舜陵镇九疑南路（印山花园内）	黄雪成	三
63	永州市海通置业有限公司	冷水滩	潇湘东路42号	唐文彬	三
64	永州招银地产有限公司	东安	东安县经济开发区	王敦好	三
65	永州市中邦房地产投资开发有限公司	冷水滩	湘永路198号	屈国春	三
66	永州市韦辰房地产开发有限公司	冷水滩	凤凰园湖塘路湘器旁	刘向东	三
67	东安县海湘房地产开发有限公司	东安	白牙市镇山子岭39栋二单元301室	蔡建喜	三
68	永州市兴湘房地产开发有限公司	江华	沱江镇冯乘路426号	欧阳志良	三
69	东安宇天房地产开发有限公司	东安	白牙市镇建设大道27号	郑义扬	三
70	永州帝豪房地产开发有限公司	冷水滩	河东梅湾路	刘新胜	三
71	永州金盛房地产开发有限公司	冷水滩	百业街建行宿舍第六栋	周文忠	三
72	湖南新华京师大房地产开发有限责任公司	祁阳	浯溪街道办事处新埠头村六组浯溪水电站营地	勇胜	三
73	湖南创发置业集团股份有限公司	冷水滩	珊瑚路创发城15栋17A	王迪	三
74	永州市超越房地产有限公司	冷水滩	河东育才路东面进贤路北面101号	郑亚飞	三
75	永州市深达置业有限公司	冷水滩	通化街265号	陈莹	三
76	永州宏德房地产开发有限公司	零陵	神仙岭路85号	艾先宏	三
77	永州中建置业发展有限公司	冷水滩	清桥路86号	欧思建	三

续表4-2

序号	公司名称	地区	企业地址	法人代表	资质等级
78	祁阳县民生置业有限公司	祁阳	浯溪镇果园路	王振文	三
79	永州坤达房地产开发有限公司	零陵	七里店日升村	张良柏	三
80	永州市云湖房地产开发有限责任公司	冷水滩	潇湘西路市劳动局对面	唐海燕	三
81	永州新商城置业有限公司	零陵	城北司马塘路4号	陈汝荣	三
82	祁阳华信房地产开发有限公司	祁阳	浯溪镇金果路108号	王荣华	三
83	道县通力房地产开发有限公司	道县	潇水中路（教育宾馆四楼）	何昌龙	三
84	永州市凤凰园富达房地产开发有限公司	冷水滩	湘江东路452号1101室	龙德富	三
85	永州市方达建设有限公司	冷水滩	梅湾路68号	周芳龙	三
86	湖南永州青松房地产开发有限公司	冷水滩	翠竹路81号	王青松	三
87	宁远县运发农贸市场开发有限公司	宁远县	舜陵镇重华南路76号	阙运林	三
88	永州市宏宇房地产开发有限责任公司	冷水滩	翠竹路翠苑花园	刘海斌	三
89	永州市源泰房地产开发有限公司	冷水滩	建设路101号	郑国荣	三
90	永州市鸿大房地产实业有限公司	冷水滩	城北下河线（幸福家园一栋）	刘厚平	三
91	永州市雨田房地产开发有限公司	东安	白牙市镇中心一街北面	雷荣涛	三
92	永州市洪铭置业有限公司	冷水滩	河东双洲路交汇处湘江明珠	石茂清	三
93	永州市苏杭置业发展有限公司	冷水滩	凤凰路29号	夏邦忠	三
94	永州市城市建设投资开发公司	冷水滩	梅湾路168号	尹小青	三
95	永州天宇和园房地产开发有限公司	祁阳	西区万寿路8号	张运风	三
96	永州市天时房地产开发有限公司	冷水滩	育才路潇湘明珠	王翠君	三
97	永州市零陵祥荣房地产开发有限公司	零陵	菱角塘路13号	曾祥元	三

续表4-2

序号	公司名称	地区	企业地址	法人代表	资质等级
98	湖南省冷水滩先达建设开发有限公司	冷水滩	珊瑚路上城国际新世纪财富广场	吴建先	三
99	永州市顺达置业有限公司	冷水滩	凤凰园凤凰路电影院边	周秋林	三
100	永州宏雁房地产开发有限责任公司	江华	沱江镇寿域路	王广诚	三
101	永州市恒隆房地产有限公司	冷水滩	育才路169号	徐旭霞	三
102	永州市华创置业发展有限公司	冷水滩	河东育才路颐园小区15栋一层	李贤良	三
103	永州兴盟房地产开发有限公司	冷水滩	泉陵路213号03栋	唐炳烛	三
104	江华瑶族自治县城西开发建设有限公司	江华	沱江镇华府一路（沱江镇人民政府院内）	杨迪江	三
105	东安县八角岭经济开发区房地产开发公司	东安	东安经济开发区舜皇路	唐建军	三
106	永州市银海房地产开发有限公司	冷水滩	凤凰园银海花园	谭显明	三
107	永州市森宇房地产开发有限公司	零陵	南津南路加油站旁	毛海华	三
108	永州市鸿瞰房地产开发有限公司	零陵	城北南津北路金阳新村	李敬民	三
109	江永县房地产开发有限责任公司	江永	潇铺镇商贸城	宋世权	三
110	江华瑶族自治县金牛开发建设有限公司	江华	沱江镇华府一路（沱江镇人民政府院内）	赵少华	三
111	永州市大地房地产开发有限公司	双牌	凤凰园紫霞路	周魁泮	三
112	湖南鑫利投资有限公司	祁阳	浯溪镇中兴路8号	唐元位	四
113	永州市汇湘置业有限公司	冷水滩	清桥路10号	唐文彬	四
114	永州发能房地产有限公司	新田	龙泉镇秀峰广场长湘丽景小区	张桂华	四
115	永州市明祥房地产开发有限公司	冷水滩	双洲路1号	李捷	四
116	永州市雅仕居置业有限公司	道县	道江镇红星西路（军干所）	张恩华	四
117	永州市新世纪房地产开发有限公司	江华	沱江镇阳华路112号	杨祖政	四
118	永州市浯城房地产开发有限责任公司	冷水滩	浯溪镇人民东路701号	邹三益	四

续表4-2

序号	公司名称	地区	企业地址	法人代表	资质等级
119	湖南省永州市裕悦有限责任公司	冷水滩	翠竹路012号二楼	占喜祝	四
120	永州市富鑫房地产开发有限公司	祁阳	浯溪镇浯溪中路127号	雷春生	四
121	永州市金鑫房地产开发有限公司	冷水滩	梅湾路中间村	周厚飞	四
122	永州阳光御江苑房地产开发有限公司	东安	白牙市镇车站路阳光大厦1楼	徐亮	四
123	蓝山国仕房地产开发有限公司	蓝山	塔峰镇滨河景观路县教师进修学校东侧50米	王文军	四
124	永州市德丰房地产开发有限公司	江华	沱江镇鲤鱼井大道A15A16	谭和平	四
125	永州市华银房地产开发有限公司	江华	沱江镇阳华路华银国际财富中心6号楼商铺	蒋福文	四
126	永州市中鑫置业发展有限公司	江华	鲤鱼井路2号	丁启荣	四
127	永州市恒嘉房地产开发有限公司	零陵	萍州西路86号（萍州小学西侧）	张波平	四
128	新田县鸿鑫房地产开发有限公司	新田	龙泉镇龙泉路与陶然街交汇处	郑土祥	四
129	新田县和润房地产开发有限公司	新田	龙泉镇滨河西路（世纪家园）403号	胡朝春	四
130	东安县大诚置业有限公司	东安	白牙市镇舜皇路786号	陈建荣	四
131	永州必达置业有限公司	蓝山	塔峰镇开发区工业大道旁	罗其辉	四
132	宁远金泰置业有限公司	宁远	舜陵镇九疑南路137号	张来	四
133	永州市顺达住房投资建设有限公司	冷水滩	湘江东路36号（市财政局内）	何维龙	四
134	江华瑶族自治县润佳置业有限公司	江华	码市镇湖南路	黄怀球	四
135	永州市永屹房地产开发有限公司	冷水滩	湘江西路长丰工业园	伍厂娣	四
136	永州市飞腾房地产开发有限公司	江华	沱江镇翠华路	陈立源	四
137	永州市山河房地产开发有限公司	江永	谢沐路69号	刘艳君	四
138	永州市香河房地产开发有限公司	冷水滩	翠竹路	刘夏明	四
139	永州市欣荣房地产开发有限公司	东安	大江口乡易家村5组	易向荣	四

续表4-2

序号	公司名称	地区	企业地址	法人代表	资质等级
140	永州市粤华置业发展有限公司	江华	沱江镇苍松路商贸新城6号	金玉江	四
141	永州市玉龙房地产开发有限公司	祁阳	浯溪镇浯溪中路	龙伦玉	四
142	道县福宁投资有限公司	道县	潇水南路国际大厦	李军	四
143	宁远县城市建设投资开发有限责任公司	宁远	舜陵镇九疑南路389号	杨友忠	四
144	湖南远志房地产开发有限公司	冷水滩	湘江东路与舜皇路交汇处远志新外滩营销中心	刘群	四
145	宁远县经济开发置业有限公司	宁远	舜陵镇九嶷南路（印山路八中旁）	谢胜民	四
146	永州市一方房地产开发有限公司	江华	沱江镇寿域路32号	伍玉萍	四
147	湖南金龙盘古房地产开发有限公司	双牌	泷泊红星路17号	李丹	四
148	永州市联众房地产开发有限公司	冷水滩	凤凰园梧桐东路	唐端生	四
149	永州隆福旺房地产开发有限公司	零陵	芝山北路东侧188号	王华军	四
150	永州市鸿丰房地产开发有限公司	新田	龙泉镇东溪街以西、银象路以北	周兵	四
151	湖南青云塔置业有限责任公司	新田	龙泉镇龙泉路88号	盘水平	四
152	永州汇丰房地产开发有限公司	蓝山	湘粤路282号	蒋日昔	四
153	湖南省道县新鑫房地产开发有限责任公司	道县	道江镇道州中路171号	唐必清	四
154	永州云恒置业发展有限公司	冷水滩	冷水滩区	杨光勇	四
155	永州市青城房地产开发有限公司	零陵	萍洲工业园	侯德明	四
156	永州市安大投资实业发展有限公司	冷水滩	育才路中胜家园1栋602	朱勇	四
157	永州名扬愿景房地产开发有限公司	冷水滩	凤凰园梧桐路（信息工程学院对面）	欧阳乐	四
158	永州市润联房地产开发有限公司	祁阳	浯溪镇沿湖路42号	段成发	四
159	永州市春江房地产开发有限责任公司	冷水滩	凤凰路918号	秦夏香	四
160	新田县城投房地产开发有限公司	新田	龙泉镇双碧广场101号	胡普锋	四

续表4-2

序号	公司名称	地区	企业地址	法人代表	资质等级
161	永州市滨江新城投资建设有限公司	冷水滩	冷水滩区公路局零陵大道公路站办公楼	张新建	四
162	永州市鸿泰祥房地产开发有限公司	冷水滩	珍珠路286号	谭伦彪	四
163	湖南盛德房地产开发有限公司	零陵	永州大道与萍洲东路交汇处东南角（汇金中央广场）	王美珍	四
164	蓝山县德晟房地产开发有限公司	蓝山	塔峰镇湘粤北路147号	谢先喜	四
165	永州市零陵永盛房地产开发有限公司	零陵	黄古山东路与阳明大道西南角A1-A3栋3楼	周碎海	四
166	永州市鼎昇房地产开发有限公司	冷水滩	凤凰园凤凰路	蒋晓玲	四
167	永州亿元投资实业有限公司	祁阳	浯溪街道办事处浯溪路75号	雷臻峰	四
168	江华瑶族自治县金龙时代投资有限公司	江华	沱江镇阳华路187-1号	叶玲	四
169	永州市金池房地产开发有限公司	冷水滩	河东湘永路与永州大道交汇处J-4号	李安国	四
170	双牌宇纳房地产开发有限公司	双牌	泷泊镇阳明路5号	王将	四
171	湖南金盘子置业有限公司	冷水滩	河东湘江东路金盘世界城	谢德仁	四
172	湖南省润驰房地产开发有限公司	新田	龙泉镇东溪街与云鹤路交汇处	宋桂芳	四
173	永州市锦祥房地产开发有限公司	冷水滩	凤凰园凤凰路59号	冯祥坤	四
174	永州市恒立投资置业有限公司	零陵	芝山路4号	李凝	四
175	江华瑶族自治县六月香置业有限公司	江华	沱江镇经开区金牛大道南侧	许小善	四
176	永州大众朝阳房地产开发有限公司	冷水滩	零陵北路458号	姚芳明	四
177	双牌县鸿宇房地产开发有限公司	双牌	泷泊镇兴隆街149号	刘晓鸿	四
178	永州市保障性安居工程投资建设开发有限公司	冷水滩	梅湾路347号中间村301、401、501	杨智荣	四
179	宁远县银盛房地产开发有限公司	宁远	舜陵镇桐山路（原物资局办公大楼）	郑鹏	四

续表4-2

序号	公司名称	地区	企业地址	法人代表	资质等级
180	新田县联合市场开发有限公司	新田	龙泉镇滨河东路34号	谢新明	四
181	新田县竣宸房地产开发有限公司	新田	龙泉镇新华南路中央新城	陈玉生	四
182	永州市万丰房地产开发有限公司	冷水滩	珊瑚路660号	顾伟	四
183	湖南致盛投资开发有限公司	祁阳	浯溪镇新兴路68号	邓亚平	四
184	湖南华诚置业开发有限公司	新田	龙泉镇建设路16号（原方达宾馆）	龙丽娟	四
185	江华瑶族自治县圣源房地产开发有限公司	江华	沱江豸山路	曾维锦	四
186	新田县方大房地产开发有限公司	新田	龙泉镇兴林路2号	何斌	四
187	永州市宝龙房地产开发有限公司	冷水滩	零陵中路858号	陈军江	四
188	永州市明华房地产开发有限公司	江华	沱江镇江华大道（土地交易中心大楼六楼）	廖诗建	四
189	江华瑶族自治县华宇房地产开发有限公司	江华	江华瑶族自治县工业园区	首江桃	四
190	永州市金桥市场开发有限公司	冷水滩	潇湘西路	杨伟华	四
191	永州长河房地产开发有限公司	冷水滩	河东双舟西路1号	王芳哲	四
192	永州市和信房地产开发有限公司	道县	道江镇潇水中路（原老资厂内）	何小勇	四
193	新田县润兴实业有限公司	新田	龙泉镇福海家园12栋二层	张小斌	四
194	湖南永州潇湘市政建设有限公司	冷水滩	湘江西路	冯满君	四
195	永州市华远置业有限公司	冷水滩	湘永路288号	唐美凤	四
196	永州海盟房地产开发有限公司	冷水滩	河东湘永路218号	蔡中立	四
197	永州市梓东房地产开发有限公司	冷水滩	舜皇大道1-1号	冯德喜	四
198	永州市鸿涵置业有限责任公司	冷水滩	凤凰珊瑚西路	李增增	四
199	永州市名居房地产开发有限公司	冷水滩	零陵南路558号	袁晨平	四
200	永州市开泰房地产开发有限公司	宁远	舜陵镇舜帝北路（县公路局斜对面）	刘起明	四
201	永州市嘉湘房地产开发有限公司	宁远	舜陵镇金穗街20号	陶亮	四

续表4-2

序号	公司名称	地区	企业地址	法人代表	资质等级
202	永州市银海房地产开发有限公司	冷水滩	零陵北路803-4号3楼	谭显明	四
203	永州华泰房地产开发有限公司	冷水滩	凤凰园银象路凤凰园锦苑小区270栋2号	田海军	四
204	江华瑶族自治县德昌房地产开发有限公司	江华	沱江镇长征路221号	何金昌	四
205	永州新天地投资发展有限公司	零陵	萍州中路	罗水华	四
206	宁远县顺意置业有限责任公司	宁远	舜陵镇内环路145号	刘远明	四
207	永州市忠利置业有限公司	零陵	城南百万庄街	韩绪战	四
208	永州市天誉房地产开发有限公司	零陵	徐家井路12号	文小兵	四
209	宁远县雄宇房地产开发有限责任公司	宁远	舜陵镇莲花新村9号	唐积树	四
210	永州市周氏置业发展有限公司	江华	沱江镇鲤鱼井大道B19号	周凌波	四
211	湖南湘中置业有限公司	东安	建设大道212号（原国税局）	谭锦霞	四
212	永州市盈佳房地产开发有限公司	零陵	芝城花园第一栋1单元2楼	蒋青芳	四
213	湖南赣宏置业有限公司	东安	白牙市镇舜皇大道	张永洪	四
214	永州市鸿祥房地产开发有限公司	冷水滩	潇湘大道	欧阳天想	四
215	永州市蓝海房地产开发有限责任公司	冷水滩	河东翠竹路168号	王青松	四
216	永州市万和人福房地产开发有限公司	零陵	南津南路5号	刘元芳	四
217	永州乔兴房地产开发有限公司	江华	沱江镇金牛大道与瑶都大道交汇处	石德超	四
218	永州市名府置业有限责任公司	零陵	潇水中路106号	易永辉	四
219	永州宇兴置业有限公司	祁阳	浯溪镇浯溪南路（祁阳县职业中专对面）	谭秋生	四
220	永州市颐鸿阁房地产开发有限公司	江永	回龙圩管理区回峰中路西侧（原区完小）第一栋	黄新城	四
221	永州市永和房地产开发有限公司	江永	消浦镇永明东路1~4层	魏成松	四

续表4-2

序号	公司名称	地区	企业地址	法人代表	资质等级
222	江永县伟恒置业发展有限公司	江永	潇浦镇永明中路（伟恒财富广场1号楼）	许翔	四
223	双牌县打鼓坪林场房地产开发有限公司	双牌	泷泊镇双电路（君临滨江）	许力	四
224	永州澜湾房地产开发有限公司	冷水	育才路与逸云路交汇处	王茗申	四
225	永州天祥房地产开发有限公司	江华	沱江镇苍松路	伍满平	四
226	永州市腾达房地产开发有限公司	冷水滩	凤凰园春江西春江花园	蒋斌	四
227	永州市福华房地产开发有限公司	零陵	河东个体街106号	杨福恩	四
228	永州市恒拥房地产开发有限公司	江华	沱江镇健康小区67号	韩勇军	四
229	江华瑶族自治县鼎盛房地产开发有限公司	江华	白芒营镇繁荣街37号	黎志	四
230	祁阳海盟房地产开发有限公司	祁阳	浯溪镇万寿路8号	郑海斌	四
231	祁阳县盛大房地产开发有限公司	祁阳	浯溪镇陶铸路318号	朱爱军	四
232	永州市东安荣一房地产开发有限公司	东安	白牙市大众路5~7号	荣毛林	四
233	永州市江城置业股份有限公司	冷水滩	长丰工业园八一路与金水路交汇处	阳诚玖	四
234	永州市宏旺房地产开发有限公司	冷水滩	河西沿江西路	伍从国	四
235	永州金帝房地产开发有限公司	江华	沱江镇萌渚路	方青松	四
236	永州市鑫宇房地产开发有限责任公司	江永	永新路61号	罗颖刚	四
237	永州华兴房地产开发有限公司	冷水滩	珊瑚路	谭秋生	四
238	永州市零陵怡港置业有限公司	零陵	南津中路2号	谢依尔	四
239	新田县诚信房地产开发有限公司	新田	云鹤路（瑞华学校对面）	王兴礼	四
240	永州市恒丰房地产有限公司	东安	白牙市镇建设大道105号	孙有才	四
241	湖南省竹城房地产开发有限公司	冷水滩	河西珍珠路1199号	谭建权	四

四、商品房小区集中整治

2008年《房屋登记办法》实施后，至2011年，市房产局为31217户业主办理了房产证。永州市商品房小区建设起步较晚，直到2004年才有第一个商品房住宅小区——翠苑小区投入使用。早期建设的一些商品房住宅小区，由于建设过程中开发商随意调整容积率、报建手续不完整、不规范、无竣工验收手续、土地出让金和房屋交易契税收缴不及时等原因，大量商品房建成交付业主使用后，长期无法办理土地使用证、房屋产权证，商品房业主和开发商、物管企业之间矛盾冲突频发。

2012年年初，市委、市政府决定，对矛盾较多的冷水滩颐园小区、零陵澳海云天小区进行清理整顿。3月14日，市委常委、副市长蒋善生主持召开中心城区居民小区清理整顿工作会议，要求3月底前将两个小区清理整治到位，随后再推开对永州市整个中心城区居民小区的整治工作。市房产局、市国土资源局启动两小区“两证”办理绿色通道，并于3月19—21日在颐园小区现场办公。截至4月初，市房产局集中办理房屋产权证613户（1089户），另有117户进入缴税环节。5月21日，在颐园小区和澳海云天小区规范整治的基础上，市政府出台《永州市集中整治规范中心城区房地产开发小区物业管理工作的实施方案》，按照“全面整治、属地管理、条块结合、标本兼治、集中整治与强化监管相结合”的原则，在10月底前，对冷水滩区、零陵区城区范围内的房地产开发小区实施“五个到位”集中整治：即费税公示、清退、收缴到位，房屋产权登记证、国有土地使用证办理到位，水、电、气、通信、有线电视维护管理到位，基础配套设施整改到位，物业服务管理规范到位。

全面开展中心城区住宅小区专项整治活动开展后，取得一定成效，但整体推进较为缓慢。截至2013年7月，永州市中心城区62个规模开发项目总计建设商品房44786套，已办房产证26558套，正在办证2935套，还有15293套约206万平方米商品房未办理房屋登记。20个拆迁安置小区1891户有1804户未办理房屋登记。2013年8月5日，市委书记陈文浩主持召开商品房小区产权登记发证工作专题会议，研究解决商品房住宅小区房产证、国土使用证办理的历史遗留问题。8月30日，市委常务会议研究冷水滩区商品房房产、土地“两证”办理有关问题，加强组织领导，依法追究责任，完善管理制度，积极推动“两证”办理工作。9月2日上午，市政府专题会议研究冷水滩区商品房房产、土地“两证”办理工作，落实市委常务会议决定，通过市小区清理整治办、市建设工程专治办提出的《关于冷水滩城区商品房房产国土“两证”办理工作的具体建议》，要求相关部门通力合作，形成合力，在9月底前完成冷水滩城区已经备案审查的103个住宅小区（项目）的房产、土地“两证”办理工作。当天下午，市房产局专题会议予以贯彻落实，进行分工部署安排。9月16日，市委书记陈文浩召集购房群众代表、开发商代表、冷水滩社区代表和市直相关部门召开小区办证座谈会，听取各方意见，推动该项工作。9

月 25 日、12 月 17 日，市委常委会议两次听取永州市中心城区商品房小区“两证”集中办理及专项整治情况汇报。经集中清理，103 个小区除 13 个未达到集中办证前置条件外，其余 90 个小区 49518 套住房，截至 9 月底，办理房屋总证 40820 套，为购房业主办理房产分证 32247 户。截至 12 月底，49518 套住房总证全部办理完毕，分证办理完成 43840 户。同时，征缴房屋交易契税 3200 万元，归集住房维修资金 2755 万元。

2013 年 12 月，市人大常委会专题研究小区工作，打响中心城区 103 个小区集中整治攻坚战，并开展中心城区住宅小区物业管理专项审议。2014 年市委经济工作会议上，将小区整治作为党的群众路线教育实践活动重要整改内容，并列入全市为民办六件实事之一。2014 年 6 月 11 日，市政府下发《永州市房地产开发小区集中整治工作实施方案》，成立永州市房地产开发小区集中整治领导小组，办公室设在市房产局，对房地产开发小区及安置小区开展为期 3 的年专项整治活动。整治范围从 103 个小区扩大到所有房地产开发小区和安置小区，从中心城区扩大到全市 9 县 3 区。根据整治工作实施方案的总体安排，在 2014 年年底，完成对全市小区调查摸底和分组清查小区问题的工作。通过分组调查、业主反映、相关部门汇报，对 103 个小区的问题基本调查完，并汇编成册，确定 5 个开发商和 2 个物管公司为小区集中整治重点查处单位，明确将恒森·滨江电力花园、名门世家、华源府第创建为标准小区。8 月 27 日，市人大组织人大代表、业主等对小区集中整治工作进行专题询问。通过广泛收集各个小区存在的问题，对有关问题进行分门别类，并向有关部门交办 477 份整改问题交办函，其中给开发商 404 份交办函，物管公司 73 份交办函。31 个开发商和 32 家物管公司上报整改计划和方案，上报的整改计划涉及 81 个小区的问题。

2015 年，省委巡视第七组进驻永州后，强力指导推进住宅小区整治工作，直接提升整治的进度和效果。6 月 16 日，全市中心城区 103 个小区集中整治工作推进会在冷水滩召开，要求各政府职能部门、开发商、业主要加强配合，协同推进，切实做好小区整治各项工作。市小区整治办坚持以人为本，敢于担当，创新思路，小区集中整治工作大步推进。市整治领导小组每月集中调度一次，市整治办每半个月调度一次，在安排部署好日常工作的同时，针对存在的主要问题定期研究。一方面对小区存在的各种问题分门别类进行整理，划分为违反规划问题、房屋质量问题、乱搭乱建问题、消防安全隐患、用电安全隐患、供水供气问题、物业服务管理问题、高层电梯问题等 13 类问题，按问题职责范围明确责任部门，分别制定整治方案。另一方面，依据整治难易情况、群众反映强烈程度对小区分为 ABCD4 类进行科学管理。同时通过组织开展整改交办，发放交办函，积极落实开发商和物管公司的整

2011年滨江电力花园住宅小区

改责任。在市“四大家”的带动指导下，市整治办严格督查考核要求，制定出台《小区整治督查方案》《永州市闲置土地清理处置和房地产开发小区集中整治工作责任追究暂行办法》《永州市闲置土地清理处置和房地产开发小区集中整治工作责任领导干部纪实评价量化办法（暂行）》等文件，印发通报简报30期。与此同时，深入开展公职人员违规参与房地产开发清查工作和对存在违法违规问题突出、群众反映比较强烈并拒不配合整改的小区开发商和物管公司进行重点查处，推行开发商和物管公司不良记录制度。市小区整治办清查参与房地产开发或集资购地的国家公职人员1731名；相关职能部门重点查处整治西南花园、北斗苑、滨江文化大厦等5个小区和2个物管公司；公安机关立案19件，抓获犯罪嫌疑人30人，其中刑拘28人、监视居住2人。收缴税费近5亿元。

截至2015年年底，中心城区103个小区存在的问题基本得到整治，中心城区小区整治取得阶段性成效。103个小区（项目）符合房产办证前置条件的涉及项目92个，住房51494套，办理房产证51112套，土地分户50979套，“两证”办理进入常态化。存在规划问题的小区63个，整改到位43个，占71.6%。新增停车位5541个、公厕42处、垃圾站22处，增加垃圾桶262个，新增物管用房8021平方米，新增幼儿园6所3530平方米，新增活动用房200平方米，新增绿化面积3.1万平方米。35个小区与环卫部门签订每日清理协议，没有清洁工的小区由当地社区安排人员进行日常环卫清扫。经加固补强、结构设计复核、结构安全鉴定等多种手段，房屋质量安全问题基本得到解决。103个小区中除在建未投入使用的8个小区外，95个小区有消防安全隐患问题。整改到位90个小区，正在整改的5个小区，37个小区消防安全评估完成实地检测工作，各小区根据消防评估报告进行整改。103个小区中存在乱搭乱建的小区29个128处4816平方米整改到位。存在用电安全隐患问题的小区44个，整改到位的小区40个，占91%，正在整改的小区4个。存在供水问题的小区41个，通过采取自来水管网改造、建设凤凰园片区加压泵、二次供水等措施，基本整改到位。存在供气问题的小区18个，整改到位16个，还有2个小区因主管网没有到达，正在整改。103个小区中存在电梯安全问题的小区21个，整改到位，纳入日常工作监管。追缴各类税费5.08亿元，其中税款3.99亿元、超容积率土地差价款4523万元、土地出让金5654万元、规费786万元。存在水、电、气等收取业主开户费的20个小区，整改到位的16个，占80%，4个小区通过司法途径依法处理。

第二节　市场建设

一、商品房销售管理

1997年，永州市房地产交易所办理房屋买卖800宗，成交面积7.5万平方米，成交金额560万元，收缴税费160万元；办理房地产抵押登记780宗，抵押面积40万平方米，抵押金额17000万元，收缴规费50万元；办理房屋租赁登记1800宗，收缴规费20万元。

1998年，随着福利分房政策的取消，商品住宅需求增加，市房产局出台培育房地产发展的政策，永州商品房的开发得到空前的高涨，在发展过程中，逐渐放开住房二、三级市场，促进已购公房上市交易，永州市房地产交易面积一路增长，至2006年10年间增幅达100万平方米，交易额增幅达10亿元。10年内永州市房地产累计交易金额70.5亿元，成交房屋面积1400万平方米。

1998年，市本级办理房屋买卖手续1150件，成交面积13.5万平方米，成交金额9100万元，收缴服务费110万元；办理房地产抵押手续880件，收缴服务费35万元；办理房屋租赁手续1500件，收缴服务费10万元；办理房改过户手续2500件，收缴服务费10万元。

1999年，市本级办理房屋买卖2017宗，成交面积20.02万平方米，成交金额9344万元；办理房地产抵押登记1425宗，抵押面积93.88万平方米，抵押金额23901万元。

2000年，市本级办理房屋转让手续1680宗，成交面积15.5万平方米，成交金额7000万元，收缴手续费105万元。办理房地产抵押登记870宗，抵押面积25万平方米，抵押金额1.1亿元，收缴手续费35万元。

2001年，市本级办理房屋转让手续1850宗，成交面积19.8万平方米，成交金额8500万元，收缴手续费118万元。办理房地产抵押登记930宗，抵押面积28万平方米，抵押金额1.3亿元，收缴手续费35万元。

2002年，市本级办理房屋转让手续1947宗，成交面积20.52万平方米，成交金额1.2亿元。办理房地产抵押登记853宗，抵押面积27万平方米，抵押金额1.13亿元。

2003年，市本级办理房屋转让手续2216宗，成交面积38万平方米，成交金额2.6亿元。办理房地产抵押登记1284宗，抵押面积50万平方米，抵押金额2.3亿元。

2004年，商品房建设和房改房交易全面放开，国企改革盘活国有企业房产，促使永州房地产交易市场全面复苏。10.6万平方米的冷水滩区翠苑小区开盘预售率达到95%以上，平均售价980元/平方米，15万平方米舜德花园开盘预售率50%以上，平均售价630元/平方米。电梯高层住宅城市商业广场平均售价1200元/平方米，中亚家园平均售价1320元/平方米。市本级房产转让面积150万平方米，转让金额9.8亿元；抵押房屋面积190万平方米，抵押金额5.6亿元。全年突击衔接非100%产权房改房1500多户，衔接面积10万平方米，使其能顺利进入交易市场。全年全市房改房上市面积7.8万平方米，成交额3000万元；市本级房改房上市3.2万平方米，成交额1398万元。办理国企改革房产过户手续86起，房屋转让面积50万平方米，转让金额3.8亿元。

2015年中亚家园一角

2001年，永州市人民政府先后出台和实施《永州市城市规划区土地管理暂行规定》《永州市地产市场管理暂行办法》等规范性文件，组织市国土、规划、城建等部门对中心城市规划区内闲置土地进行全面清查，保证全市房地产开发市场的健康发展。通过清查，查明中心城市规划区内有闲置土地3934.1亩，其中芝山区836亩、凤凰园经济开发区590亩、冷水滩区2508.1亩（新火车站建设区803.4亩、三多亭小区205亩、河东路网1120亩、河西开发区379.7亩）。同时，取消各开发区、道路建设指挥部的征地权、卖地权，所有房地产开发所需土地，统一由国土部门公开拍卖，实现政府对土地一级市场的高度垄断。

2002年，为优化全市房地产市场环境，根据国家七部委关于在全国整顿和规范房地产市场秩序的部署，市委、市政府组织市纪委、监察局、规划建设局、国土资源局、房产局、财政局、工商局、物价局、凤凰园管委会等部门，用半年时间，对全市2000年以来从事房地产开发经营活动的56家开发企业、20家中介机构、6家物业管理企业进行全面清理整顿。先后查出在划拨土地上违规用地的项目11个、面积3.76万平方米；未取得规划许可证擅自建设的项目6个，未取得施工许可证擅自开工的项目28个；未经验收合格即交付使用或进行房产交易的项目33个、面积15.1万平方米；无资质证书、以联合开发名义、实为个人投资开发的项目11个，投资规模3830万元、开发面积7.14万平方米；未取得房产预售许可证擅自预售的项目34个、预售面积18.65万平方米；未按规模提供商品房住宅质量保证书和住宅使用说明书而进行销售的项目48个、销售面积24.79万平方米；房地产广告不规范、不切实的项目64个；无中介服务资质证书而从事房地产中介活动的企业4个；无资质等级证书而从事物业管理活动的企业2个。对上述违法违规行为，市委、市政府分别责成规划建设局、房产局、国土资源局、城市执法管理局、工商局等职能部门，依法逐一作出处理。同时，加大经营性用地招标拍卖比例，建立健全挂牌交易制度，规范交易程序和规则。是年，全市有偿出让国有土地1360.9亩，收取土地出让金1.87亿元，其中经营性用地25%实行挂牌拍卖。新田县以小宗地的形式拍卖地486平方米，获得土地收益363.5万元，平均地价每平方米7479元，高出起拍价2366元。

2003年，中心城市和各县城全面实施《永州市房地产中介服务机构管理暂行办法》，普遍开展“放心房”和“放心中介”承诺活动，严格执行房地产经纪人和房地产估价师执业资格制度，严格遵照估价程序和估价规定办理各类评估业务。是年，全市有47人取得房地产估价师资格、19人取得房地产经纪人资格。全市房地产评估机构受理各类评估业务5365件、估价面积178万平方米、估价总金额13.8亿元，基本实现程序公开、估价公平。到2004年，全市注重对房地产开发企业用地情况进行执法监察，立案查处违法违规案件288件，收缴罚没款233万元，对与违法违规案件有关的人员行政处分8人。

2005年起，全市房地产开发用地全部实行招拍挂出让，实现经营性用地100%进市场。全市出让土地618宗、面积220.9公顷、成交额4.96亿元，其中中心城市出让312宗、成交额3.5亿元。同时，根据国务院《关于深化改革严格土地管理的决定》精神和省政府统一部署，对城市规划区内历年来闲置的经营用地，进行全面清查处置。全市收回闲置土地303公顷，其中中心城市195.7公顷。是年，为加强全市房地产市场建设，努力构建诚信社会，市人民政府组织开展2005年“永州市房地产开发企业综合实力20强”“永州市房地产开发企业诚信单位”认证挂牌活动。经有关部门严格进行综合性评审，评选出永州市房地产开发企业综合实力20强及房地产开发企业诚信单位34家。

2006年，根据国家建设部、国家发展和改革委员会、国家工商行政管理总局《关于进一步整顿规范房地产交易秩序的通知》精神，结合永州市实际，永州市房产局和市工商局、发改委、市物价局联合下文，从2006年9月开始到2007年6月对全市房地产交易市场进行全面整顿和规范，对“缺斤短两”、虚假广告、违规预售、违法交易、违规开发等违法违规行为进行整顿。查出违法违规案件13件，涉及违法违规开发企业8家。是年，针对住宅建设和房地产开发中企业自行卖地、中介机构违法拍地、村集体组织自行卖地、法院直接判地等现象，由市纪委、市政府法制办牵头，组织市国土资源局、规划建设局、房产局、法院等部门统一协调，全方位规范土地出让行为，保证全市房地产开发市场健康有序发展。当年，全市房屋交易面积127.6307万平方米，交易金额12.125亿元；房地产抵押7288宗，抵押面积244.9278万平方米。其中市本级办理房屋交易7215宗，面积829171万平方米，金额7.877亿元，较2005年分别增长12.21%、45.03%。办理房地产抵押登记手续4237宗，抵押房屋面积128.7652平方米，抵押贷款总额7.468亿元，较上年分别增长59.7%和82.47%。

2007年，根据国家建设部等部门《关于开展房地产市场秩序专项整治的通知》精神，由市房产局牵头，会同市规划建设局、国土资源局、财政局、审计局、监察局、国家税务局、地方税务局、发改委、物价局、工商局等部门，联合开展房地产市场秩序专项整治工作。4月23日，市政府召开由各县分管县长、房产局长、市直有关单位负责人、中心城区房地产开发企业负责人参加的全市房地产市场秩序专项整治工作动员会。副市长荣燕明在会上对全市房地产市场秩序整治工作进行安排部署。市房产局会同有关职能部门制定《永州市房地产市场秩序专项整治工作方案》，成立专项整治工作领导小组。为全面落实全市房地产市场秩序专项整治工作，从有关职能部门抽查17人组成调查工作组，组织力量对全市各县区开展房地产市场秩序专项整治工作的情况进行督查。市政府和各县区政府从规划建设局、房产局、国土资源局、财政局、审计局、监察局、国家税务局、地方税务局、发改委、物价局、工商局等部门抽调力量，统一组织、集中时间开展全市房地产市场秩序专项整治。全市处罚13家严重违规的房地产开发企业，追缴违规房地产企业所得税392.6万元，其中中心城市处罚违规房地产开发企业5家，追缴所得税271万元。

2008年，全市房地产开发市场严格执行以城建工程欠款抵扣土地出让金的新政策，并积极为代建项目提供匹配土地。是年，中心城市抵扣出让金2900万元，落实代建匹配土地 1245.4 亩。是年 8 月 31 日，永州市人民政府出台《关于规范和扶持市区房地产业健康发展的意见》，对房地产开发的土地出让、规划建设、商品房交易、物业管理和中介服务等方面作出明确规定。2008 年 9 月，中心城市及全市县城普遍实施购房财政补贴。到 2009 年，全市物业管理企业发展到 76 家，其中中心城市 43 家；物业管理小区 82 个，从业人员 3500 余人，其中中心城市 46 个，从业人员 2200 余人；物业管理小区面积 982 万平方米，其中中心城市 510 万平方米。全市房地产价格评估、经纪、信息、咨询、拍卖等中介服务机构 65 家，从业人员 3200 余人，其中中心城市机构 42 家，从业人员 2000 余人。

2008 年，落实房地产新政策，规范房地产市场秩序，活跃交易市场。针对房地产市场成交疲软，投资增幅有所放缓，新开工项目有所减少的状况，市政府在调查研究的基础上，于 2008 年 8 月 31 日出台《永州市人民政府关于规范和扶持市区房地产业健康发展的意见》。实施购房财政补贴，降低交易成本。限制淘汰散小开发，进一步规范房地产开发。建立房地产市场信息发布制度和商品房销售合同备案制度，维护购房安全。启动住房专项维修资金的收集与监管。对促进永州市房地产市场稳定发展，支持居民购房起到十分重要的作用。11 月 28—30 日召开的永州市 2008 年房交会，成交房屋 781 套，交易面积 10 万平方米，成交金额超过 1 亿元，取得明显成效。2008 年，受国家宏观政策的影响及国际金融风暴的冲击，永州市房地产市场交易量萎缩，投资增幅放缓，资金链条偏紧。但是随着国家宏观政策的转向，财政政策和货币政策的重大调整，房地产业面临新的转机。

2008 年房产销售中介服务

2010 年，加强房地产市场监管，进一步规范市场秩序。根据“国十条”的要求，永州市把加强市场监管和交易秩序监管与治理房地产开发领域突出问题专项行动相结合，加大整治和清理力度。各有关部门建立专项整治行动联席会议制度，统一领导，广泛宣传，联合行动，全面清查，清查房地产开发企业 56 家，拆迁项目业主 5 家，物业管理企业 13 家，中介公司 4 家。对其中违法违规情况较严重的 1 家房地产开发企业的 6 项违法违规行为依法进行查处；对 5 家物业管理企业违规私自收取房屋维修资金未存入指定专门帐户的300万元款项予以追缴；对未取得拆迁许可证即擅自实施拆迁的1个拆迁项目的拆迁人下发立即停止拆迁、限期整改的处罚通知书，并责令其在规定时间内补办拆迁许可手续；对12家未经许可擅自进行商品房预售的房地产开发公司下发整改通知，并责令及时补办预售许可手续；对1家未按合同要求，在承诺期限内给购房者办理产权登记手续的企业下发限期整改通知书。通过专项清理检查，永州市房地产市场秩序得到进一步的整顿和规范。是年，为实现市场管理的业务一体化、数据一体化、平台一体化、信息资源共享，中心城区建立“房产综合业务管理信息系统”，建立电子登记簿，大力推进信息化建设。为规范市场行为，在冷水滩区实现商品房网上签约和预售资金银行监管，并在政务网上建立市场信息实时发布平台，完善市场监管手段，逐步建立和完善房地产市场预警、预报机制。

2012年3月12日全市房地产监管座谈会召开

2012年，加强房地产市场监管。严格行政许可，严把准入关。全年受理物业管理资质审批36家，其中三级暂定16家，三级评定20家。办结物业管理资质审批34家，其中三级暂定14家，三级评定20家。受理商品房预售许可证55起，办结55起。多部门联合，齐抓共管房地产市场。联合工商部门，结合工商年检，加大监管力度，对注册后不按规定时间到市房产局进行登记备案、领取资质证书的机构一律不予年检注册，与工商部门联合执法，加强房地产广告监管，撤销21张违规户外广告，并对3个项目开发商进行查处；联合物价局加强房地产价格监管，联合物价局巡查全市房地产开发企业和中介服务机构商品房销售明码标价和收费公示执行情况。联合规划执法支队加强违规开发销售监管；联合规划支队对冷水滩区的房地产市场巡查3次，展开调查，走访企业和开发项目45个，检查房地产开发商依法开发依法销售情况，并按照有关法律法规进行调查取证，对3家房地产开发企业予以处罚。

2013年，贯彻落实国家宏观调控政策，规范房地产市场秩序。加强房地产市场监管，稳定房价，进一步完善房地产预警预报制度，为政府决策提供依据；按照市委市政府部署，积极化解遗留问题，促进住房消费。通过开展房屋预售专项清查行动、非法集资广告资讯信息排查清理、房地产中介市场专项治理活动，加强对市场秩序的整顿，加强房地产市场动态监管，加大对违法违规行为的查处力度，制定《商品房预售管理暂行办法》和规范的商品房买卖合同，及时公开商品房预售许可办理情况，规范商品房预售市场。

2014 年，加大房地产市场监管力度，规范房地产市场秩序。针对房地产市场存在的问题和各类投诉反映，对冷水滩城区及各县区的所有开发项目及营销、策划、经纪机构展开 6 次地毯式的普查，查处一批没有相关证照、群众投诉多的企业项目。全年受理 260 起，办结 260 起（其中，商品房预售许可受理 27 起，办结 27 起；物业管理资质审批受理 47 起，办结 47 起；划拨土地上房产转让行政许可审批受理 170 起，办结 170 起；房地产中介机构备案受理 16 起，办结 16 起）。

2014 年，受理电话投诉 60 件、网上投诉 11 件，信访投诉 3 件、来访 31 人次，满意率达 90%以上，在市场检查过程中，搜集证据 46 份，问话笔录 12 份，立案 4 起。规范合同，普及网签。抽查房地产开发项目商品房买卖合同 465 份，其中使用国家规定统一商品房买卖合同 381 份。责令不符合要求签订商品房买卖合同的开发商与购房客户按要求重新签订合同，并按要求完成网上签约。强化预警，预防风险。认真落实房地产交易信息日报制度和房地产预警预报制度要求，收集市县区数据 21840 条；为湖南省住建厅房地产市场统计提供数据达 3531 条；为永州市房地产市场统计提供房地产市场交易、初始登记、住房建设、房屋拆迁等数据数量 889 条；完成填报永州市房地产统计年报 253 项；发布《永州市房地产市场监管简报》3 期。同时，市房产局通过永州电视台电子飞播、《永州日报》刊登启事公告等方式向广大市民发出购房风险提示。

永州市 1997—2015 年城市房地产市场交易情况统计表

表 4-3

年度	房屋买卖			房地产抵押		
	宗数	面积（万平方米）	金额（万元）	宗数	面积（万平方米）	金额（万元）
1997 年	1989	18. 1	13563	1397	73. 17	30303
1998 年	3061	30. 44	16500	1149	67. 05	24389
1999 年	2017	20. 02	9344	1425	93. 88	23901
2000 年	3273	30. 05	13558	2018	37. 81	17277
2001 年	2959	29. 19	14388	1821	42. 14	21241
2002 年	4317	90. 5	61600	2882	130. 1	56000
2003 年	5102	106. 8	71000	3774	140. 7	59000

续表4-3

年度	房屋买卖			房地产抵押		
	宗数	面积（万平方米）	金额（万元）	宗数	面积（万平方米）	金额（万元）
2004 年	7181	180	117000	5151	228	67200
2005 年	8923	157.39	116800	3196	116.64	147473
2006 年	10569	127.63	121250	3506	244.93	320010
2007 年	16277	186.56	152700	3325	369.22	335620
2008 年	16525	183.76	156800	3122	238.45	297655
2009 年	21563	417.52	404300	3029	206.89	261800
2010 年	23464	428.53	419959	3261	387.5	357000
2011 年	26044	474.1	488200	4372	409.9	462438
2012 年	26808	482.52	621900	6836	275.43	333644
2013 年	29198	504.67	688400	7280	286.95	397615
2014 年	26132	468.15	727800	10635	527.1	741118
2015 年	30527	451.65	955800	8506	499.80	709091

二、中介服务管理

2013 年，根据湖南省治理工程建设领域突出问题工作领导小组办公室《关于报送工程建设领域守信激励和失信惩戒制度建设试点工作情况总结的通知》要求，结合永州市相关业务单位的信用信息资源，深化工程建设项目信息和信用信息运用，探索在加强市场准入、评优评奖等市场运行和监管环节中综合运用项目信息和信用信息的做法和经验，永州市房产局成立以局长刘湘军为组长的永州市房产局开展建设工程领域守信激励和失信惩戒制度建设领导小组。12 月 26 日，永州市房产局颁发《永州市房地产行业守信激励和失信惩戒实施细则》，永州市房产局、永州市住房和城乡规划建设局联合颁发《永州市房地产行业信用评级实施细则》，对永州市从事房地产开发、估价、经纪、物业管理等经营活动，具有相应资质等级的房地产企业进行规范。两个细则把房地产开发、房地产估价、房地产策划、营销、经纪、物业管理、住房保障信用信息评分标准都做出具体规定。如：每季度根据房地产开发、物业管理、交易等经营情况的记录对房地产开发、营销、策划、经纪等中介公司、经纪人在开发、估价、物业管理、营销、策划、经纪所办业务情况进行总结，没有违规记录的公司和个人可视为信用资质良好，可与行业评先评优晋级相结合并与相关单位做好衔接，将交易经营情况在房地产政务网上进行公示。办理商品房预售、房屋权属登记、房产查询、房产测绘等业务时，对于具有良好信用信息的企事业单位或个人，可为其提供绿色通道服务。在同等条件下予以优先办理各类业务，并在原有时限的基础上再次缩短办结时限，加快办理速度，采取优惠措施提前办理。对需预售的可降低形象进度标准。通过实施两个细则，加强对房地产开发企业、中介服务机构管理。永州市5家房地产评估机构的26位专职评估师，按照省里行业自律管理规定，自觉进行继续教育并及时换证；对中介机构督促其及时来市房产局备案，是年，25家房地产中介机构进行备案，对458位房地产营销、策划、经纪从业人员进行岗位培训，同时还建立房地产中介机构信用综合评估及网上公示系统。采用星级等级评定制，评定的星数作为年度年检年审备案合格的重要依据之一，对评为三星以上中介机构，在每年度年检备案和办理交易业务时予以优先扶持与支持，对评为四星以上的守信中介机构，可作为业务推荐、评先评优的重要依据之一。截至2015年年底，中介机构备案77起。

三、房产信息化建设管理

2007年，实行政务公开，收费标准、管理制度利用电子显示屏进行宣传，加强社会监督。加快局域网建设，为加强房地产行业管理的自动化、规范化，着手建设局域网，依托信息管理这一平台，实行无纸化办公和利用电子政务来完成各项行政审批程序，并对所有行政审批全过程进行监控，从源头上和机制上规范行政审批行为，达到降低办公成本和提高工作效率的目的。进一步推进规范化管理，坚持抓有关规定的落实，在原有管理制度的基础上不断总结、提高。结合各科室业务与日常工作情况，加大制度的落实与执行力度，取得明显成效，形成规范、有序的工作环境。

2008年10月，房产综合管理信息系统正式运行。初步建成集项目测绘、房产交易、权属登记、档案管理、物业管理、维修资金自缴、商品房网签、存量房网签、非税对接、身份证识别、抵押业务网上申请等一系列子系统为一体的房产管理信息系统，建立房产部门与各开发企业、金融机构、中介机构的网络体系，同时建立和完善房产政务网络和信息网络，及时采集和发布市场相关信息，把握市场动态，研判市场形势，功能日趋完善，效率显著提高，为政府加强房地产市场宏观调控提供决策依据，为老百姓业务办理情况查询和市场信息查询提供便利。

2009年，市房产局成立信息中心，负责局内的局域网系统的使用、培训、维护，业务办理中数据调取、修改、变更、核审、整理和房地产数据统计等管理职能。建立永州市房产局局域网、房产政务网、0746楼市网，安装房产综合管理系统、商品房网签系统、房屋维修资金管理系统、二手房交易资金监管等系统。该年

2009 年开通永州房产政务网

永州市全面推行电子政务，实现房产信息化管理。进一步完善房产信息化管理体系。房产综合管理系统的运用，实现房屋交易、抵押、产权登记等业务的信息化、流程化、规范化管理，大大提高办证的准确性和工作效率，提高房地产行政主管部门的管理水平。积极搭建开发企业、金融机构和房产局的业务网络，8 月永州市商品房网上签约备案系统和商品房预售资金监管系统启用，商品房网上签约与预售资金监管系统的建成，实现房产管理部门、金融机构及开发企业之间商品房销售、抵押、按揭业务的无缝对接和信息共享，将在建工程抵押、商品房按揭、预售资金监管等房地产抵押业务全部纳入统一、规范的管理平台，不仅可维护三方利益，提高工作效率，还提高银行涉房贷款的安全性。全市有 40 家房地产开发企业及 5 家银行加入该系统，永州市房地产交易进一步规范和完善。从 9 月 1 日起，全面开通永州市房产政务网，将所有政务信息、房产信息进行网上公开，将永州市城区范围内所有可预（销）售商品房房源进行网上展示，将全市可预（销）售商品房的“身份资料”在网上公布，包括开发建设单位、楼盘名称、楼盘座落、预售许可证、总建筑面积、总幢数、总套数、可预售套数、面积等，引导开发商理性投资、消费者理性消费，逐步实现“透明楼市”。政务网开通以来，日均点击量达到 200 多人次。

2010 年，市房产局建成永州市房产综合管理信息系统，全面启动网上签约备案及预售资金监管系统，积极建立房地产企业电子信息档案，是年，全市 67 家房地产开发商、6 大银行加入该系统，形成比较完善的房地产市场交易体制和信用奖惩机制，保障房屋预告登记、房产交易、房屋登记信息报送、房屋管理信息宣传的顺利运行。建立房地产市场信息实时发布和公示平台，完善市场监管手段。及时、准确、全面地采集、处理和分析房地产管理业务全过程中产生的大量动态数据，对产生的问题及时处理解决，对未来发展作出正确的预测，从而建立起房地产市场预警、预报机制。在永州房产政务网全面试行的基础上，逐步建成一个涵盖新房、二手房、政务网、装饰装修的全面、权威的房产综合信息网——0746 楼市网，不断强化网上受理、网上查询、网上公示、网上投诉功能，增强政府工作的透明度，为开发企业提供展示的平台，为购房者提供更为便捷的选房购房机会。强化政务网的查询和管理功能，对政务网站管理软件进行优化和对网站内容充实更新，永州房产政务网站上可自由查询到新增开发项目的预售许可证、商品房网上备案、房产证真伪查询以及房产证办理业务进度等情况，通过房产备案功能的查询，可以有效杜绝开发企业发布房地产交易虚假信息、炒卖房号、捂盘惜售、囤积房源等恶意炒作行为和违规销售、利用虚假合同套取银行贷款、偷逃税款等违法违规行为，受到各县的好评。自政务网开办以来，网站日访问量平均突破 1500 次，其中的便民查询、楼市楼盘、在线答疑等栏目深受广大老百姓的欢迎。是年，对 243 条“在线答疑”上的留言进行详尽的解答和提出确实可行的建议，更好地为群众提供服务。

2011 年，把房产信息化建设摆在效能建设的突出位置，扩大房地产信息系统覆盖面，提升市场监测水平和行业管理水平，并在市本级信息化建设基础上，着力启动全市住房信息系统网络和基础数据建设。同时，加大政务网建设力度、强化政务网的查询和管理功能。是年，在之前的改版基础上，开通网上“便民服务”栏目中的合同备案、预售许可证的查询、业务进度的办理情况以及产权验证的查询验证功能，使查询结果更详细精确，保证验证信息真实有效。开设“在线答疑”栏目，加强与市民的线上交流沟通，拓宽信息服务渠道。

2012 年，市房产局以“务实、稳妥、求新、发展”为主题，在有效保障全局信息化建设有序开展的前提下，大力推进全市房地产信息化建设进程，不断完善管理，提升服务，在系统建设、运行维护、网站建设、网络舆情监控、统计分析等方面取得出色成绩。在系统建设上，对房地产综合管理系统、商品房网上签约系统和银行预售资金监管系统办事流程和业务类型进行优化，既方便老百姓办事，又规范管理。在运行维护服务上，加强运维人员的技术培训，提高运维人员的学习能力和处理问题能力；对日常运维过程中出现的问题进行认真归纳、总结，整理成文，以便查阅和提高解决问题的效率；制定相关操作规定，规范操作流程，减少运维工作中的失误操作；建立运维日志，增强数据的可溯性。在网站建设和舆情监控上，加强网站的运行和访问安全，使之从外网服务器上分离出来，并对网站数据进行迁移和访问地址映射。建立健全网站信息发布审核制度，规范网站信息发布操作流程。对网站功能进行不断完善、升级，提供更为科学、准确的数据。政务网日访问量平均突破 1500 次，对 1200 多条“在线答疑”上的留言进行详细解答。及时回复“红网论坛”80 多条帖子，准时回复网上“市长信箱”18 封来信。在统计研究分析工作上，是年4月，召开全市房地产统计工作会议，交流分析永州市各县区房地产形势，对房地产各项经济指标进行讨论研究，落实国家和省、市有关房地产统计工作要求；及时、准确、全面地收集房地产市场信息，系统全面地分析永州市房地产市场发展状况，对房地产市场管理提出意见和建议，每季度撰写房地产形势分析报告，将分析报告及时报送到政府、统计等相关部门，有效引导消费者理性消费、开发商理性投资，为政府决策提供详实可靠的依据。

2012年9月3日，市编办下发《关于设立永州市物业管理办公室等机构编制事项的批复》，明确规定永州市房地产信息中心为归口市房产局管理的正科级全额拨款事业单位。主要职责是：负责全市房地产市场信息资源的开发、应用和公众服务工作；管理“永州市房产政务网”和“0746楼市网”；负责房地产信息采集、信息交易、信息分析、信息发布及信息数据库的建设、维护和管理，协助有关部门建立房产市场预警预报体系；承担全市商品房买卖合同联机备案管理系统开发、维护、管理、培训和延伸服务；负责市局管理信息系统和办公自动化信息系统及局电子政务技术支持等工作。2014年12月29日，市编办将市房地产信息中心明确为公益一类事业单位。

2013年，完善房产业务综合信息系统，全面建成项目测绘、房产交易、权属登记、档案管理、物业管理、维修资金自缴、商品房网签、非税对接、抵押业务网上申请等一系列子系统为一体的房产管理信息系统。对房产业务办理各个环节进一步规范，对房产信息实行网上公开，接受查询、监管。

2014年市房产局建成标准机房

2014年，加快房产信息库建设。进一步完善房地产项目测绘、房屋权属登记、房产交易、抵押、产权产籍档案管理、物业管理、维修资金自缴、商品房网上签约及资金监管、存量房网上签约、二代身份证识别、抵押业务网上申报、财政非税对接、地税征管对接等业务子系统。逐步建立房产部门与各开发企业、金融机构、中介机构、财政、税务的业务网络体系，建立和完善房产政务网络和信息网络。较好地实现了永州市房地产市场相关的财政非税征收管理和地税征管对接系统的无缝对接，初步建成总投资120万元的国家C级标准机房，为永州市房地产市场信息化建设打好基础。

2015年，永州市房地产信息中心主要完成全国个人住房信息系统的建立与完善工作，实现全国房产信息的互通共享；配合不动产登记改革工作的进行，完成与全市国土资源部门的信息对接工作，并签订信息对接协议，较好地实现信息共享；建立全市房地产信息统计系统，较好地完成住建部要求的日报月报工作。依据省住建厅下发的《全省个人住房信息系统建设工作方案》要求，永州市市本级按要求基本完成房屋登记和交易数据的标准化和系统改造工作；本年永州市完成省到市数据交换网络联通，基本完成省厅数据中心硬件建设，市本级房屋登记和交易数据的标准化和系统改造工作基本完成，搭建完成省厅数据中心房产基础数据库和平台软件系统建设，个人住房信息系统历史数据联网测试工作完成，初始化历史数据量达28万条。

第三节　房产交易

一、商品房交易市场

1997年年底，全市有各类存量房15.7万平方米，市场上住宅价格跌落至380~480元/平方米。为加快住房商品化、产业化和社会化进程，促使房地产业成为新的经济增长点，1998年7月22日，市委、市人民政府出台《关于加快住房建设、搞活房地产市场的暂行办法》，鼓励干部职工全额集资建房，鼓励市内外开发商投资开发商品房和住宅小区，简化建房审批程序，认真做好房改房部分产权衔接为全部产权的扫尾工作，积极建立新的住房供应体系，加快存量公有住房改革，放开住房交易市场，加强住宅小区建设。同时，积极发展房地产信贷，广泛开展以普通住宅为主的抵押贷款业务和按揭贷款业务，鼓励金融部门在信贷对象和规模上向房地产特别是住宅产业倾斜。抓好房地产旧城改造和新区开发工作，1998年，全市有零陵北路住宅小区、景阳新村、新建街旧城改造等31个新开发项目，总开发规模93.5万平方米，总投资10.8亿元。通过这些工作，全市房地产市场日益活跃。1998年，全市房地产交易成交总额8.13亿元，比1997年增加2.43亿元。成交面积248.45万平方米，比1997年增加58.45万平方米。全市住宅出售价格上升到平均564元/平方米，比1997年年底增长8%。其中，新建商品住宅平均价格610元/平方米，商业地产升幅显著，黄金地段最高价格涨到1.4万元/平方米。1998年，全市消化原有存量房 8.2 万平方米。1997 年，永州市城镇人均住宅面积 12.8 平方米，农村人均住宅面积 13.2 平方米。

1998 年，随着福利分房政策的取消商品住宅需求增加，市房产局出台一系列培育房地产发展的政策，永州商品房的开发得到空前的高涨，在逐渐发展的过程中，逐渐放开住房二、三级市场，促进已购公房上市交易，全市房地产交易面积一路增长，1998—2008 年增幅达 100 万平方米，交易额增幅达 10 亿元，全市房地产累计交易金额 70.5 亿元，成交房屋面积 1400 万平方米。

2008 年，颐园小区销售现场

2002 年，按照国务院及省政府文件要求，永州市房产局在全市范围内开展整顿房地产秩序，规范房地产市场的整顿无证开发，无证施工、虚假广告、面积缩水、地下交易、偷税漏税等工作。当时，永州市房产局把房地产开发的每一个项目清理建档，用时半年进行清理整顿，永州房地产市场逐步实现法规化。

2003 年，城镇住房制度改革深化，实物分房制度结束，广大城镇居民家庭彻底消除“等、靠、要”的依赖心理，一般家庭都加入购买商品房和住宅的行列。从 2003 年开始，永州市政府严格控制土地出让价格，规定市区土地最低出让价格为 35 万元/亩，对区位、地段较好的地块实行公开拍卖，同时规定行政事业单位不得以任何名义进行集资建房，加大对住宅小区和公务员小区的开发规模，杜绝无资质、小规模零星开发。永州房地产业由此步入一个新的发展时期，永州第一个商品房项目舜德花园面世，该小区 2003 年 5 月 28 日开工，项目总用地面积 104 亩，建筑面积 12.9 万平方米，可提供 862 套住宅。每套 110~300 平方米不等，绿化率 45%，当时的销售均价为 800 元/平方米。与此同时，县城房地产市场也出现大盘，如东安县亮安房地产公司开发的红岭小区用地规模 182 亩。江华县大通房地产公司开发的商贸新城用地规模 120 亩。此外，由于过去房价一直比较低，因此在 2003 年以前，经济适用房和廉租房建设力度不大。双牌县、江永县和蓝山县当时还没有房地产企业，道县和新田县房地产开发刚刚起步，其他县区房地产企业规模很小，抗风险能力差。

2005 年，召开以“新永州、新房产、新契机”为主题的永州市首届房交会，组织开展 2005 年“永州房地产开发企业综合实力 20 强”“永州房地产开发企业诚信单位”认证挂牌活动。2005 年，永州市房产交易面积 157.39 万平方米，交易金额 11.08 亿元，同比分别增长 9.9%和 13.06%，房屋抵押面积 188.84 万平方米，抵押贷款总额 7.8 亿元，同比增长 13.3%和 19.3%。从 2002 年上半年的 450 元每平方米，上涨到 2005 年的 850 元每平方米，最高的住宅达到 1680 元每平方米，商业门面最高的达到 2 万元每平方米。

2015 年，全市累计房屋交易登记 24815 宗，同比增长 8.72%，面积 399.62 万平方米，同比增长 2.76%，成交金额 74.18 亿元，同比增长 24.77%。其中，市本级交易面积 140.02 万平方米，同比增长 2.62%，交易金额 33.34 亿元，同比增长 2.66%。

二、商品房交易价格

2008 年 8 月 31 日，永州市人民政府出台《关于规范和扶持市区房地产业健康发展的意见》，要求市房产主管部门自 2008 年起，永州市房产局建立房地产市场信息发布制度，对冷水滩城区住宅、商业门面分区域、分地段归集价格信息，通过报纸、电视、政府网站发布中心城市房地产市场指导价格，引导消费者理性购买商品房。

2008 年 1—8 月冷水滩城区商品房交易平均价格一览表

表 4-4 **单位：元/平方米**

地段	普通住宅	单栋开发住宅	住宅小区		背街小巷住宅
			多层	高层	
湘永路两侧及以北区域	1150	1200	1400	1700	1050
育才路两侧区域	1100	1200	1350	1650	—
湘江东路至育才路区域	1050	1250	1400	1800	1000
零陵中路两侧区域	800	850	1100	1600	750
零陵南路两侧区域	750	850	1100	1550	700
零陵北路两侧区域	700	800	1100	1550	700

续表4-4

地段	普通住宅	单栋开发住宅	住宅小区		背街小巷住宅
			多层	高层	
长丰工业园区域	650	700	—	—	600
紫霞西路以南、凤凰路以西区域	700	750	1100	1550	600
紫霞东路以南、凤凰路以东区域	700	750	1000	1550	650
紫霞路以北区域	650	700	950	1550	600

2009 年 1—6 月冷水滩城区商品房交易平均价格一览表

表 4-5 **单位：元/平方米**

地段	普通二手住宅	单栋开发住宅	住宅小区		背街小巷二手住宅
			多层	高层	
湘永路两侧及以北区域	1050	1200	1400	1700	850
育才路两侧区域	1100	1200	1400	1600	800
湘江东路至育才路区域	1150	1250	1350	1750	850
零陵中路两侧区域	800	900	1150	1550	650
零陵南路两侧区域	750	900	1150	1550	700
零陵北路两侧区域	700	900	1150	1550	600
长丰工业园区域	700	850	—	—	600
紫霞西路以南、凤凰路以西区域	650	800	1150	1500	600
紫霞东路以南、凤凰路以东区域	650	800	1150	1500	600
紫霞路以北区域	650	800	1050	1500	600

2009 年 1—6 月冷水滩城区商业门面交易平均价格一览表

表 4-6　　　　　　　　　　　　　　　　　　　　单位：元/平方米

街道	区间	价格
凤凰路	铁路桥—梧桐路	8000～11000
	梧桐路—紫霞路	5000～9000
	紫霞路—湖塘路	4000～6000
	湖塘路以北	2000～4000
珊瑚路	凤凰路以东	3000～5000
	凤凰路—珍珠路	4000～9000
梧桐路	凤凰路以东	3000～5000
	凤凰里—珍珠路	4000～8000
	站前路—凤凰路	4000～6000
紫霞路	凤凰路以东	3000～4000
	凤凰路—珍珠路	4000～5000
珍珠路	通化街—零陵中路	4000～10000
	通化街—珊瑚路	3000～5000
	珊瑚路—紫霞路	2500～4000
	紫霞路以北	1500～3000
湖塘路	凤凰路以东	2000～3000
	凤凰路以西	1800～2800
湘永路	建设路以西	8000～20000
	建设路以东	5000～8000
	清桥路	15000～22000
育才路	冷溪路以南	3000～4500
	冷溪路以北	6000～8000
双洲路	湘永路以北	8000～13000
	湘永路—梅湾路	5000～13000
	梅湾路—湘江东路	4000～5000

街道	区间	价格
	建设路	4500～5500
百业街	兴旺路以西	3000～4000
	清桥路—兴旺路	4000～7000
	清桥路—双洲路	6000～7000
	双洲路以东	3000～5500
	繁荣路、昌盛路	3000～4000
	兴旺路	3000～4000
	梅湾路	7000～10000
湘江东路	逸云路以南	2000～4000
	逸云路—远志新外滩	4000～8000
	远志新外滩—大桥	2500～3500
	大桥以东	4000～6000
	翠竹路	6000～10000
	逸云路	5000～7000
	冷溪路	3000～3500
	铁塔路	2500～3500
	梅湾一巷、二巷、翠竹一巷、二巷、平湖巷、永发街、鹏程街、永福街等	2000～3000
零陵中路	铁路线—银龙大厦	20000～30000
零陵北路	舜德城—房产局	5000～25000
零陵南路	铁路线—加油站	6000～14000
	加油站—水厂	2000～4000
潇湘西路	零陵中路以西	5000～10000
	零陵中路以东	5000～20000
中山路	零陵北路—文昌路	3000～9000
觅湘路	零陵中路—沿江路	3000～9000

2010 年 1—3 月冷水滩城区商品房交易平均价格一览表

表 4-7 **单位：元/平方米**

地段	楼盘	最低报价	最高报价	均价	小户型公寓楼最高报价
河东育才路	皇家帝王广场电梯房	1780	2280	2030	3300
	和泰名居多层住宅楼	1380	1680	1530	—
湘江东路	世纪滨江电梯房	1780	2680	2230	3300
河西零陵南路	潇湘国际花城多层住宅	1140	1420	1280	—
零陵中路	金都大厦电梯房	1600	1800	1700	—
零陵北路	舜德花园二期电梯房	1380	1980	1680	—
凤凰园紫霞路	城市绿岛电梯房	1280	2100	1690	
潇湘大道	火车站商贸城电梯房	1480	1900	1690	
	火车站商贸城多层住宅	1080	1380	1230	

说明：2009 年商品房销售均价 1460 元/平方米，2010 年 3 月商品房销售均价 1580 元/平方米，环比上涨 8.7%

2010 年 1—3 月冷水滩城区住宅、商业门面交易平均价格一览表

表 4-8 **单位：元/平方米**

街道	区间	普通二手住宅	住宅小区		商业门面
			多层	高层	
湘永路	育才路—沿江西路	1200	1500	2000	8000~20000
清桥路	潇湘大桥—宋家洲大桥	1200	1500	2200	7000~18000
双洲路	沿江北路—梅湾路	1200	1500	1900	6000~13000
育才路	沿江北路—交警队	1200	1500	1800	4000~8000
翠竹路	育才路—沿江西路	1200	1500	1800	6000~10000
逸云路	育才路—沿江西路	1200	1500	1800	5000~8000
冷溪路	育才路—沿江西路	1100	1400	1700	4000~6000
铁塔路	交警队—沿江西路	900	1200	1600	3000~5000
沿江西路	啤酒厂—铁塔路	800	1100	1500	3000~4000
沿江西路	铁塔路—宋家洲大桥	1200	1500	2200	5000~12000
沿江西路	宋家洲大桥—南华大酒店	900	1200	1800	3000~4000
沿江北路	潇湘大桥—育才路	1200	1400	1800	5000~10000
百业街	浮桥—育才路	1100	1400	1800	4000~8000
零陵南路	水厂—曲河大桥	800	1200	1600	2500~4000

续表4-8

街道	区间	普通二手住宅	住宅小区		商业门面
			多层	高层	
零陵南路	水厂—珍珠路口	850	1250	1700	4000~10000
零陵中路	珍珠路口—长隆大厦	1000	1400	1700	20000~35000
零陵北路	长隆大厦—造纸厂	900	1300	1650	8000~25000
潇湘西路	老消防队—老汽车站	1000	1400	1700	8000~30000
下河线	中山路—造纸厂	800	1200	1650	3000~8000
觅湘路	五洲药店—浮桥渡口	900	1100	1650	4000~8000
凤凰路	舜德城—紫霞路	800	1100	1600	10000~12000
凤凰路	紫霞路—湖塘路以北	750	1000	1600	4000~6000
珍珠路	铁路桥—梧桐路	800	1100	1600	5000~10000
珍珠路	梧桐路—苗圃	750	1000	1600	3000~5000
珊瑚路	新火车站—春江路	800	1100	1600	4000~8000
梧桐路	潇湘大道—春江路	800	1200	1650	5000~10000
紫霞路	珍珠路—春江路	800	1200	1650	4000~9000
湖塘路	珍珠路—春江路	800	1100	1600	3000~6000
潇湘大道	梧桐路—零陵南路	850	1200	1650	5000~12000
春江路	湖塘路—下河线	750	1100	1600	2500~4000

2010 年 6—8 月中心城区住宅、商业门面交易平均价格一览表

表 4-9　　**单位：元/平方米**

街道	区间	非住宅小区	住宅小区		商业门面
			多层	高层	
湘永路	育才路—沿江西路	1300	1600	2300	8000~20000
清桥路	潇湘大桥—宋家洲大桥	1300	1700	2400	10000~20000
双洲路	沿江北路—梅湾路	1300	1600	2200	6000~13000
育才路	沿江北路—交警队	1300	1600	2200	4000~15000
翠竹路	育才路—沿江西路	1300	1600	2100	6000~10000
逸云路	育才路—沿江西路	1300	1600	2100	5000~8000
冷溪路	育才路—沿江西路	1200	1500	1900	4000~6000
铁塔路	交警队—沿江西路	1000	1300	1800	3000~5000

续表4-9

街道	区间	非住宅小区	住宅小区		商业门面
			多层	高层	
沿江西路	啤酒厂—铁塔路	900	1200	1700	3000~4000
沿江西路	铁塔路—宋家洲大桥	1300	1700	2500	5000~20000
沿江西路	宋家洲大桥—南华大酒店	1000	1600	2200	3000~4000
沿江北路	潇湘大桥—育才路	1300	1600	2200	5000~15000
百业街	浮桥—育才路	1200	1400	2000	4000~8000
零陵南路	水厂—曲河大桥	800	1200	1600	2500~4500
零陵南路	水厂—珍珠路口	850	1250	1700	4500~10000
零陵中路	珍珠路口—长隆大厦	1000	1400	1700	20000~42000
零陵北路	长隆大厦—造纸厂	1000	1400	1700	4000~25000
潇湘西路	老消防队—老汽车站	1000	1400	1700	8000~30000
下河线	中山路—造纸厂	850	1200	1650	3000~8000
觅湘路	五洲药店—浮桥渡口	900	1250	1650	3500~9000
凤凰路	舜德城—紫霞路	900	1100	1700	10000~25000
凤凰路	紫霞路—湖塘路以北	800	1100	1600	4000~10000
珍珠路	铁路桥—梧桐路	850	1200	1600	5000~10000
珍珠路	梧桐路—苗圃	750	1100	1600	3000~5000
珊瑚路	新火车站—春江路	900	1100	1700	4000~10000
梧桐路	潇湘大道—春江路	900	1200	1700	4000~10000
紫霞路	珍珠路—春江路	900	1200	1700	4000~15000
湖塘路	珍珠路—春江路	900	1100	1600	3000~6000
潇湘大道	梧桐路—零陵南路	900	1200	1650	5000~15000
春江路	湖塘路—下河线	850	1100	1600	2500~4000

说明：2010年下半年住宅均价1411元/平方米，其中小区住宅均价1600元/平方米，非小区住宅均价1025元/平方米，高层住宅均价1858元/平方米

2011 年 4 月中心城区住宅交易平均价格一览表

表 4-10 **单位：元/平方米**

街道	区间	非小区住宅	住宅小区	
			多层	高层
永州大道	汽车北站—翠竹路口	1100	1500	2000
湘永路	育才路—湘江东路	1400	1700	2400
清桥路	潇湘大桥—宋家洲大桥	1400	1800	2500
双洲路	湘江东路—湘江东路	1400	1700	2300
育才路	湘江东路—交警队	1400	1700	2300
翠竹路	永州大道—湘江东路	1400	1700	2200
逸云路	永州大道—湘江东路	1400	1700	2200
冷溪路	育才路—湘江东路	1300	1600	2000
铁塔路	育才路—湘江东路	1300	1500	1900
湘江东路	啤酒厂—铁塔路	1000	1400	1800
湘江东路	铁塔路—宋家洲大桥	1400	1800	2600
湘江东路	宋家洲大桥—南华大酒店	1100	1700	2300
湘江东路	潇湘大桥—育才路	1400	1700	2300
百业街	浮桥—育才路	1300	1500	2100
长丰大道	水厂—曲河大桥	900	1300	1700
零陵南路	水厂—珍珠路口	900	1450	1700
零陵中路	珍珠路口—银龙大厦	1000	1600	1900
零陵北路	长隆大厦—造纸厂	1000	1425	1900
潇湘西路	老消防队—老汽车站	1000	1475	1900
下河线	中山路—造纸厂	900	1350	1900
觅湘路	五洲药店—浮桥渡口	1000	1400	1800
凤凰路	舜德城—紫霞路	1000	1400	1900
凤凰路	紫霞路—湖塘路以北	1000	1400	1900
珍珠路	铁路桥—梧桐路	900	1475	1900
珍珠路	梧桐路—苗圃	900	1400	1700
珊瑚路	新火车站—春江路	1000	1400	1900
梧桐路	潇湘大道—春江路	900	1400	1900

续表4-10

街道	区间	非小区住宅	住宅小区	
			多层	高层
紫霞路	珍珠路—春江路	1000	1400	1900
湖塘路	珍珠路—春江路	1000	1225	1700
潇湘大道	梧桐路—零陵南路	1000	1425	1900
春江路	湖塘路—下河线	900	1300	1800

说明：2011 年 4 月住宅均价 1558 元/平方米，其中新建商品住房均价 1933 元/平方米

2011 年 8 月中心城区住宅交易平均价格一览表

表 4-11 **单位：元/平方米**

街道	区间	非小区住宅	住宅小区	
			多层	高层
永州大道	汽车北站—翠竹路口	1200	1600	2400
湘永路	育才路—湘江东路	1500	1800	2700
清桥路	潇湘大桥—宋家洲大桥	1500	1800	2700
双洲路	湘江东路—湘江东路	1500	1800	2500
育才路	湘江东路—交警队	1500	1800	2700
翠竹路	永州大道—湘江东路	1500	1800	2700
逸云路	永州大道—湘江东路	1500	1800	2500
中兴路	育才路—湘江东路	1400	1700	2500
进贤路	育才路—湘江东路	1200	1600	2500
湘江东路	啤酒厂—铁塔路	1100	1500	2500
湘江东路	进贤路—宋家洲大桥	1500	2000	3000
湘江东路	宋家洲大桥—南华大酒店	1200	1800	2700
湘江东路	潇湘大桥—育才路	1500	1800	2700
百业街	浮桥—育才路	1400	1800	2500
长丰大道	水厂—曲河大桥	1000	1500	2000
零陵南路	水厂—珍珠路口	1000	1500	2000
零陵中路	珍珠路口—银龙大厦	1100	1700	2500
零陵北路	长隆大厦—造纸厂	1100	1500	2200
潇湘西路	老消防队—老汽车站	1100	1500	2000
下河线、中山路	中山路—造纸厂	1000	1500	2000

续表4-11

街道	区间	非小区住宅	住宅小区	
			多层	高层
觅湘路	五洲药店—浮桥渡口	1100	1500	2000
凤凰路	舜德城—紫霞路	1100	1600	2200
凤凰路	紫霞路—湖塘路以北	1100	1500	2000
珍珠路	铁路桥—梧桐路	1000	1500	2000
珍珠路	梧桐路—苗圃	1000	1500	2000
珊瑚路	新火车站—春江路	1100	1800	2200
梧桐路	潇湘大道—春江路	1000	1600	2200
紫霞路	珍珠路—春江路	1100	1500	2000
湖塘路	珍珠路—春江路	1100	1400	2000
潇湘大道	梧桐路—西区路	1100	1500	2100
传芳路	梧桐路—西区路	1100	1500	2100
西区路	潇湘大道—零陵中路	1100	1500	2100
春江路	湖塘路—下河线	1000	1400	2100

说明：2011 年 8 月住宅均价 1563 元/平方米，其中新建商品住房均价 1968 元/平方米

中心城区 2011 年 12 月住宅交易平均价格一览表

表 4-12 **单位：元/平方米**

街道	区间	非小区住宅	住宅小区	
			多层	高层
永州大道	汽车北站—翠竹路口	1200	1700	2500
湘永路	育才路—湘江东路	1500	1850	2750
清桥路	潇湘大桥—宋家洲大桥	1500	1850	2750
双洲路	湘江东路—湘江东路	1500	1850	2550
育才路	湘江东路—交警队	1500	1850	2750
翠竹路	永州大道—湘江东路	1500	1850	2750
逸云路	永州大道—湘江东路	1500	1850	2550
中兴路	育才路—湘江东路	1400	1700	2500
进贤路	育才路—湘江东路	1200	1600	2500
湘江东路	啤酒厂—铁塔路	1100	1500	2500
湘江东路	进贤路—宋家洲大桥	1500	2200	3200

续表4-12

街道	区间	非小区住宅	住宅小区	
			多层	高层
湘江东路	宋家洲大桥—南华大酒店	1200	1800	2700
湘江东路	潇湘大桥—育才路	1500	1900	2800
百业街	浮桥—育才路	1400	1800	2500
长丰大道	水厂—曲河大桥	1000	1500	2000
零陵南路	水厂—珍珠路口	1000	1500	2000
零陵中路	珍珠路口—银龙大厦	1100	1700	2500
零陵北路	长隆大厦—造纸厂	1100	1600	2300
潇湘西路	老消防队—老汽车站	1100	1500	2000
下河线、中山路	中山路—造纸厂	1000	1500	2000
觅湘路	五洲药店—浮桥渡口	1100	1500	2000
凤凰路	舜德城—紫霞路	1100	1600	2300
凤凰路	紫霞路—湖塘路以北	1100	1500	2200
珍珠路	铁路桥—梧桐路	1000	1500	2200
珍珠路	梧桐路—苗圃	1000	1500	2100
珊瑚路	新火车站—春江路	1100	1800	2200
梧桐路	潇湘大道—春江路	1000	1600	2200
紫霞路	珍珠路—春江路	1100	1500	2200
湖塘路	珍珠路—春江路	1100	1400	2100
潇湘大道	梧桐路—西区路	1100	1500	2200
传芳路	梧桐路—西区路	1100	1500	2200
西区路	潇湘大道—零陵中路	1100	1500	2200
春江路	湖塘路—下河线	1000	1400	2200

说明：2011年12月住宅均价1578元/平方米，其中新建商品住房均价2012元/平方米

中心城区2012年6月住宅交易平均价格一览表

表4-13 **单位：元/平方米**

街道	区间	非小区住宅	住宅小区	
			多层	高层
永州大道	汽车北站—翠竹路口	1300	1900	2600
湘永大道	育才路—湘江东路	1550	2000	2900

续表4-13

街道	区间	非小区住宅	住宅小区	
			多层	高层
清桥路	潇湘大桥—宋家洲大桥	1550	2000	2900
双洲路	湘江东路—湘江东路	1550	2000	2700
育才路	湘江东路—交警队	1550	2000	2900
翠竹路	永州大道—湘江东路	1550	2000	2900
逸云路	永州大道—湘江东路	1550	2000	2700
中兴路	育才路—湘江东路	1500	1900	2650
进贤路	育才路—湘江东路	1300	1800	2650
湘江东路	啤酒厂—铁塔路	1200	1600	2650
湘江东路	进贤路—宋家洲大桥	1550	2300	3300
梅湾路	清桥路口—逸云路	1550	2000	2800
湘江东路	宋家洲大桥—南华大酒店	1250	1900	2800
湘江东路	潇湘大桥—育才路	1550	2000	2900
百业街	浮桥—育才路	1500	1900	2600
长丰大道	水厂—曲河大桥	1100	1700	2100
零陵南路	水厂—珍珠路口	1100	1700	2100
零陵中路	珍珠路口—银龙大厦	1150	1800	2600
零陵北路	长隆大厦—造纸厂	1150	1700	2600
潇湘西路	老消防队—老汽车站	1150	1600	2100
下河线、中山路	中山路—造纸厂	1100	1600	2100
觅湘路	五洲药店—浮桥渡口	1150	1600	2100
凤凰路	舜德城—紫霞路	1150	1800	2600
凤凰路	紫霞路—湖塘路以北	1150	1600	2300
珍珠路	铁路桥—梧桐路	1150	1600	2300
珍珠路	梧桐路—苗圃	1100	1600	2200
珊瑚路	新火车站—春江路	1150	1900	2300
梧桐路	潇湘大道—春江路	1100	1700	2300
紫霞路	珍珠路—春江路	1150	1600	2300
湖塘路	珍珠路—春江路	1150	1500	2200
潇湘大道	梧桐路—西区路	1150	1600	2300
传芳路	梧桐路—西区路	1150	1600	2300

续表4-13

街道	区间	非小区住宅	住宅小区	
			多层	高层
西区路	潇湘大道—零陵中路	1150	1600	2300
春江路	湖塘路—下河线	1100	1500	2300

说明：2012 年 6 月住宅均价 1578 元/平方米，其中新建商品住房均价 2012 元/平方米

中心城区 2012 年 12 月住宅交易平均价格一览表

表 4-14 **单位：元/平方米**

街道	区间	非小区住宅	住宅小区	
			多层	高层
永州大道	汽车北站—翠竹路口	1400	2000	2650
湘永大道	育才路—湘江东路	1700	2200	3000
清桥路	潇湘大桥—宋家洲大桥	1700	2200	3000
双洲路	湘江东路—湘江东路	1700	2100	2950
育才路	湘江东路—交警队	1700	2100	3000
翠竹路	永州大道—湘江东路	1700	2100	3000
逸云路	永州大道—湘江东路	1700	2100	2850
中兴路	育才路—湘江东路	1600	2000	2750
进贤路	育才路—湘江东路	1500	1900	2750
湘江东路	啤酒厂—铁塔路	1400	1700	2750
湘江东路	进贤路—宋家洲大桥	1800	2400	3500
梅湾路	清桥路口—逸云路	1700	2100	2900
湘江东路	宋家洲大桥—南华大酒店	1500	2000	2900
湘江东路	潇湘大桥—育才路	1700	2100	3000
百业街	浮桥—育才路	1600	2000	2700
长丰大道	水厂—曲河大桥	1300	1800	2200
零陵南路	水厂—珍珠路口	1200	1800	2200
零陵中路	珍珠路口—银龙大厦	1300	1900	2700
零陵北路	长隆大厦—造纸厂	1300	1800	2700
潇湘西路	老消防队—老汽车站	1300	1700	2200
下河线、中山路	中山路—造纸厂	1200	1700	2200
觅湘路	五洲药店—浮桥渡口	1200	1700	2200

续表4-14

街道	区间	非小区住宅	住宅小区	
			多层	高层
凤凰路	舜德城—紫霞路	1500	1900	2700
凤凰路	紫霞路—湖塘路以北	1300	1700	2400
珍珠路	铁路桥—梧桐路	1200	1700	2400
珍珠路	梧桐路—苗圃	1200	1700	2300
珊瑚路	新火车站—春江路	1300	2000	2400
梧桐路	潇湘大道—春江路	1300	1800	2400
紫霞路	珍珠路—春江路	1200	1700	2400
湖塘路	珍珠路—春江路	1200	1600	2300
潇湘大道	梧桐路—西区路	1200	1700	2400
传芳路	梧桐路—西区路	1300	1700	2400
西区路	潇湘大道—零陵中路	1300	1700	2400
春江路	湖塘路—下河线	1200	1600	2400

说明：2012 年 12 月住宅均价 1763 元/平方米，其中新建商品住房均价 2253 元/平方米

中心城区 2013 年 6 月住宅交易平均价格一览表

表 4-15　　**单位：元/平方米**

街道	区间	非小区住宅	住宅小区	
			多层	高层
永州大道	汽车北站—翠竹路口	1900	2400	3200
湘永大道	育才路—湘江东路	2000	2600	3800
清桥路	潇湘大桥—宋家洲大桥	2000	2600	3900
双洲路	湘江东路—湘江东路	1900	2500	3500
育才路	湘江东路—交警队	1900	2500	3600
翠竹路	永州大道—湘江东路	1900	2600	3600
逸云路	永州大道—湘江东路	1900	2600	3600
中兴路	育才路—湘江东路	1800	2600	3300
进贤路	育才路—湘江东路	1800	2600	3300
湘江东路	啤酒厂—铁塔路	1800	2600	3500
湘江东路	进贤路—宋家洲大桥	2300	2800	4500
梅湾路	清桥路口—逸云路	2000	2600	3500

续表4-15

街道	区间	非小区住宅	住宅小区	
			多层	高层
湘江东路	宋家洲大桥—南华大酒店	2000	2800	3900
湘江东路	潇湘大桥—育才路	2000	2700	3400
百业街	浮桥—育才路	1800	2500	3300
长丰大道	水厂—曲河大桥	1500	2200	3000
零陵南路	水厂—珍珠路口	1500	2100	2900
零陵中路	珍珠路口—银龙大厦	1600	2400	3000
零陵北路	长隆大厦—造纸厂	1600	2400	3400
潇湘西路	老消防队—老汽车站	1500	2200	3000
下河线、中山路	中山路—造纸厂	1500	2200	3000
觅湘路	五洲药店—浮桥渡口	1500	2100	3000
凤凰路	舜德城—紫霞路	1600	2400	3400
凤凰路	紫霞路—湖塘路以北	1500	2200	3100
珍珠路	铁路桥—梧桐路	1400	2400	3000
珍珠路	梧桐路—苗圃	1300	2100	2900
珊瑚路	新火车站—春江路	1600	2400	3000
梧桐路	潇湘大道—春江路	1600	2400	3100
紫霞路	珍珠路—春江路	1400	2300	3100
湖塘路	珍珠路—春江路	1300	2100	3000
潇湘大道	梧桐路—西区路	1600	2200	3100
传芳路	梧桐路—西区路	1600	2200	3100
西区路	潇湘大道—零陵中路	1600	2200	3100
春江路	湖塘路—下河线	1600	2200	3100

说明：2013年6月住宅均价2700元/平方米，其中新建商品住房均价3150元/平方米

中心城区2013年12月住宅交易平均价格一览表

表4-16 **单位：元/平方米**

街道	区间	非小区住宅	住宅小区	
			多层	高层
永州大道	汽车北站—翠竹路口	1900	2400	3200
湘永大道	育才路—湘江东路	2000	2600	3800

续表4-16

街道	区间	非小区住宅	住宅小区	
			多层	高层
清桥路	潇湘大桥—宋家洲大桥	2000	2600	3900
双洲路	湘江东路—湘江东路	1900	2500	3500
育才路	湘江东路—交警队	1900	2500	3600
翠竹路	永州大道—湘江东路	1900	2600	3600
逸云路	永州大道—湘江东路	1900	2600	3600
中兴路	育才路—湘江东路	1800	2600	3300
进贤路	育才路—湘江东路	1800	2600	3300
湘江东路	啤酒厂—铁塔路	1800	2600	3500
湘江东路	进贤路—宋家洲大桥	2300	2800	4500
梅湾路	清桥路口—逸云路	2000	2600	3500
湘江东路	宋家洲大桥—南华大酒店	2000	2800	3900
湘江东路	潇湘大桥—育才路	2000	2700	3400
百业街	浮桥—育才路	1800	2500	3300
长丰大道	水厂—曲河大桥	1500	2200	3000
零陵南路	水厂—珍珠路口	1500	2100	2900
零陵中路	珍珠路口—银龙大厦	1600	2400	3000
零陵北路	长隆大厦—造纸厂	1600	2400	3400
潇湘西路	老消防队—老汽车站	1500	2200	3000
下河线、中山路	中山路—造纸厂	1500	2200	3000
觅湘路	五洲药店—浮桥渡口	1500	2100	3000
凤凰路	舜德城—紫霞路	1600	2400	3400
凤凰路	紫霞路—湖塘路以北	1500	2200	3100
珍珠路	铁路桥—梧桐路	1400	2400	3000
珍珠路	梧桐路—苗圃	1300	2100	2900
珊瑚路	新火车站—春江路	1600	2400	3000
梧桐路	潇湘大道—春江路	1600	2400	3100
紫霞路	珍珠路—春江路	1400	2300	3100
湖塘路	珍珠路—春江路	1300	2100	3000
潇湘大道	梧桐路—西区路	1600	2200	3100
传芳路	梧桐路—西区路	1600	2200	3100

续表4-16

街道	区间	非小区住宅	住宅小区	
			多层	高层
西区路	潇湘大道—零陵中路	1600	2200	3100
春江路	湖塘路—下河线	1600	2200	3100

说明：2013 年 12 月住宅均价 2835 元/平方米，其中新建商品住房均价 3320 元/平方米

中心城区 2014 年 6 月住宅交易平均价格一览表

表 4-17 **单位：元/平方米**

街道	区间	非小区住宅	住宅小区	
			多层	高层
永州大道	汽车北站—翠竹路口	2000	2450	3300
湘永大道	育才路—湘江东路	2100	2650	3300
清桥路	潇湘大桥—宋家洲大桥	2200	2650	4000
双洲路	湘江东路—湘江东路	2000	2550	3600
育才路	湘江东路—交警队	2000	2550	3600
翠竹路	永州大道—湘江东路	2000	2650	3650
逸云路	永州大道—湘江东路	2000	2650	3650
中兴路	育才路—湘江东路	1900	2650	3400
进贤路	育才路—湘江东路	1900	2650	3400
湘江东路	啤酒厂—铁塔路	1900	2650	3600
湘江东路	进贤路—宋家洲大桥	2400	2850	4550
梅湾路	清桥路口—逸云路	2100	2650	3600
湘江东路	宋家洲大桥—南华大酒店	2100	2850	3900
湘江东路	潇湘大桥—育才路	2100	2750	3400
百业街	浮桥—育才路	1900	2500	3300
长丰大道	水厂—曲河大桥	1800	2250	3000
零陵南路	水厂—珍珠路口	1700	2300	3000
零陵中路	珍珠路口—银龙大厦	1800	2500	3100
零陵北路	长隆大厦—造纸厂	1800	2500	3500
潇湘西路	老消防队—老汽车站	1600	2300	3100
下河线、中山路	中山路—造纸厂	1600	2200	3100
觅湘路	五洲药店—浮桥渡口	1700	2200	3100

续表4-17

街道	区间	非小区住宅	住宅小区	
			多层	高层
凤凰路	舜德城—紫霞路	1800	2500	3500
凤凰路	紫霞路—湖塘路以北	1700	2300	3200
珍珠路	铁路桥—梧桐路	1600	2500	3100
珍珠路	梧桐路—苗圃	1500	2200	3000
珊瑚路	新火车站—春江路	1800	2500	3100
梧桐路	潇湘大道—春江路	1800	2500	3200
紫霞路	珍珠路—春江路	1600	2400	3200
湖塘路	珍珠路—春江路	1500	2200	3100
潇湘大道	梧桐路—西区路	1800	2300	3200
传芳路	梧桐路—西区路	1800	2300	3200
西区路	潇湘大道—零陵中路	1800	2300	3200
春江路	湖塘路—下河线	1800	2300	3200

说明：2014年6月住宅均价2900元/平方米，其中新建商品住房均价3380元/平方米

中心城区2014年12月住宅交易平均价格一览表

表4-18　　**单位：元/平方米**

街道	区间	非小区住宅	住宅小区	
			多层	高层
永州大道	汽车北站—翠竹路口	2100	2500	3400
湘永大道	育才路—湘江东路	2200	2800	4000
清桥路	潇湘大桥—宋家洲大桥	2300	2800	4100
双洲路	湘江东路—湘江东路	2100	2700	3700
育才路	湘江东路—交警队	2100	2700	3700
翠竹路	永州大道—湘江东路	2100	2800	3800
逸云路	永州大道—湘江东路	2100	2800	3800
中兴路	育才路—湘江东路	2000	2800	4900
进贤路	育才路—湘江东路	2000	2800	4500
湘江东路	啤酒厂—铁塔路	2000	3000	5000
湘江东路	进贤路—宋家洲大桥	2500	3000	5200
梅湾路	清桥路口—逸云路	2200	3000	4000

续表4-18

街道	区间	非小区住宅	住宅小区	
			多层	高层
湘江东路	宋家洲大桥—南华大酒店	2200	3000	4200
湘江东路	潇湘大桥—育才路	2200	3000	3600
百业街	浮桥—育才路	2000	2600	3400
长丰大道	水厂—曲河大桥	1900	2600	3100
零陵南路	水厂—珍珠路口	1800	2400	3100
零陵中路	珍珠路口—银龙大厦	1900	2600	3200
零陵北路	长隆大厦—造纸厂	1900	2600	3600
潇湘西路	老消防队—老汽车站	1700	2400	3200
下河线、中山路	中山路—造纸厂	1700	2500	3200
觅湘路	五洲药店—浮桥渡口	1800	2300	3200
凤凰路	舜德城—紫霞路	1900	2700	3600
凤凰路	紫霞路—湖塘路以北	1800	2400	3300
珍珠路	铁路桥—梧桐路	1700	2600	3200
珍珠路	梧桐路—苗圃	1600	2300	3100
珊瑚路	新火车站—春江路	1900	2600	3200
梧桐路	潇湘大道—春江路	1900	2600	3300
紫霞路	珍珠路—春江路	1700	2500	3300
湖塘路	珍珠路—春江路	1600	2300	3200
潇湘大道	梧桐路—西区路	1900	2400	3300
传芳路	梧桐路—西区路	1900	2400	3300
西区路	潇湘大道—零陵中路	1900	2400	3300
春江路	湖塘路—下河线	1900	2400	3300

说明：2014 年 12 月住宅均价 3000 元/平方米，其中新建商品住房均价 3500 元/平方米

中心城区 2015 年 6 月住宅交易平均价格

表 4-19 **单位：元/平方米**

街道	区间	非小区住宅	住宅小区	
			多层	高层
永州大道	汽车北站—翠竹路口	2200	2600	3500
湘永大道	育才路—湘江东路	2300	2900	4100

续表4-19

街道	区间	非小区住宅	住宅小区	
			多层	高层
清桥路	潇湘大桥—宋家洲大桥	2400	2900	4200
双洲路	湘江东路—湘江东路	2200	2800	3800
育才路	湘江东路—交警队	2200	2800	3800
翠竹路	永州大道—湘江东路	2200	2900	3900
逸云路	永州大道—湘江东路	2200	2900	3900
中兴路	育才路—湘江东路	2100	2900	5000
进贤路	育才路—湘江东路	2100	2900	4600
湘江东路	啤酒厂—铁塔路	2100	3100	5100
湘江东路	进贤路—宋家洲大桥	2600	3100	5300
梅湾路	清桥路口—逸云路	2300	3100	4100
湘江东路	宋家洲大桥—南华大酒店	2300	3100	4300
湘江东路	潇湘大桥—育才路	2300	3100	3700
百业街	浮桥—育才路	2100	2700	3500
长丰大道	水厂—曲河大桥	2000	2700	3200
零陵南路	水厂—珍珠路口	1900	2500	3200
零陵中路	珍珠路口—银龙大厦	2000	2700	3300
零陵北路	长隆大厦—造纸厂	2000	2700	3700
潇湘西路	老消防队—老汽车站	1800	2500	3300
下河线、中山路	中山路—造纸厂	1800	2600	3300
觅湘路	五洲药店—浮桥渡口	1900	2400	3300
凤凰路	舜德城—紫霞路	2000	2800	3700
凤凰路	紫霞路—湖塘路以北	1900	2500	3400
珍珠路	铁路桥—梧桐路	1800	2700	3300
珍珠路	梧桐路—苗圃	1700	2400	3200
珊瑚路	新火车站—春江路	2000	2700	3300
梧桐路	潇湘大道—春江路	2000	2700	3400
紫霞路	珍珠路—春江路	1800	2600	3400
湖塘路	珍珠路—春江路	1700	2400	3300
潇湘大道	梧桐路—西区路	2000	2500	3400
传芳路	梧桐路—西区路	2000	2500	3400

续表4-19

街道	区间	非小区住宅	住宅小区	
			多层	高层
西区路	潇湘大道—零陵中路	2000	2500	3400
春江路	湖塘路—下河线	2000	2500	3400

注：2015 年 6 月住宅均价 3100 元/平方米，其中新建商品住房均价 3600 元/平方米

三、房地产交易会

2005 年永州市房地产市场初具规模，是年 12 月，市委、市政府举办永州市首届房地产交易暨城建、商贸投资洽谈会，促进交易和投资。2008、2010、2012 年以本地媒体承办，运用市场运作的方式，市政府相继举办第 2~4 届房交会（房地产交易展示会），参展楼盘以中心城区为主，各县有少量楼盘参展。2015 年，当地媒体承办的第 5 届房交会未设现场展厅，采取电视房交会的形式举办，历时 3 个月，达到促进消费、激活市场的预期效果。

（一）永州市第一届房地产交易会

2005 年永州市首届房交会召开

2005 年 12 月 12—16 日，永州市首届房地产交易暨城建、商贸投资洽谈会在中心城市冷水滩区三多亭大市场举办。市委书记曾庆炎率在家的市委、市人大、市政府、市政协全体领导出席开幕式。本次展会采取“政府搭台、部门承办、企业唱戏、市场运作”的机制，40 家房产开发商，48 家家居、装饰材料、家电灯具单位，8 家名车销售单位参展，吸引 13 万多人次参观展馆。展会期间，成交房地产 3.99 亿元，成交家居、装饰材料和名车 5600 万元，为国家创造税收 3524 万元。永州政府以房交会为平台，大力开展招商引资工作，签约项目 49 个，引进外资 5612.5 万美元，内资 31.47 亿美元。

（二）永州市第二届房地产交易会

2008 年 11 月 28—30 日，永州市第二届房交会在冷水滩区舜德摩尔举办，市政

协主席陈金荣、市人大常委会副主任杨怀康、副市长荣燕明参加 11 月 20 日的开幕式。房交会由永州市人民政府举办、市房产局和《永州新报》承办，以“诚信房产 · 安居永州”为主题，以“服务市场，服务百姓，让利于民，回报社会，提振信心，促进发展”为目的，展厅面积 7600 平方米，设 32 个展位，64 家房地产开发企业参展，参展楼盘以冷水滩中心城区的在建楼盘为主，也有宁远、江华、新田、祁阳等县城的部分楼盘集体参展。进场看房市民 2.5 万人次，成交房屋 781 套，交易面积 10 万平方米，成交金额超过 1 亿元。

2008 年永州市第二届房交会召开

（三）永州市第三届房地产交易会

2010 年 11 月 19—21 日，中国 · 永州第三届房地产交易展示会在冷水滩区远志新外滩举办。市领导唐松成、陈金荣、蒋政平、彭爱华等参加 11 月 19 日的开幕式。本届房交会由永州市人民政府主办，永州市房产局承办，《潇湘晨报》、永州电视台协办，以“绿色家园 · 文化永州”为主题，参展企业 70 家，其中房地产开发企业 28 家，参展楼盘 33 个，参展商品房面积 332 万平方米，成交住房和门面用房 1020 套，成交总面积 10.8 万平方米，成交金额 1.53 亿元；达成意向 1520 套，面积 18.8 万平方米。本届房交会策划开展十大主题活动：新闻发布会、房交会开幕式暨廉租房钥匙发放仪式、2010 中国（永州）楼市高峰论坛、永州城市建设成果摄影展、看房购房直通车、2010 永州“楼市宝贝”大评选、购

2010 年永州市第 3 届房交会召开

房幸运大抽奖、我爱我家开心就唱、“2010永州楼市白皮书”楼盘排行榜、闭幕式及各项评比颁奖典礼，并编印《永州楼市》房交会会刊。经济学家易宪容应邀在高峰论坛上作《三四线城市房地产发展对策》专题演讲。

（四）永州市第四届房地产交易会

2012年永州市第4届房交会召开

2012年11月9—12日，中国·永州第四届房地产交易展示会在冷水滩区华源府第举办，为广大市民搭建购房服务平台。市领导魏璇君、唐定、蒋善生、袁火林、张建亮等参加11月9日的开幕式。永州房交会由市政府主办，市房产局承办，潇湘晨报、永州电视台协办，以“锦绣潇湘·宜居永州”为主题，集中推介永州市近年来涌现出的宜居住宅小区，倡导生态环保型宜居理念，引导房地产企业向规模化、产业化、品质化、人本化发展。展会推出开幕式、2012永州楼市高峰论坛、永州城市建设成果摄影展、“佳”装设计大赛、文艺表演、广场健身舞大赛、楼市宝贝风采大赛、楼市总评榜等八大主题活动，多角度、深层次展示永州近年的城市建设发展成果和楼盘建设情况。会展期间，房交会参展企业30家，参展楼盘36个，提供房源3万余套300多万平方米，达成意向房屋5000套，当场成交116套，成交房屋面积近1.5万平方米。

（五）永州市第五届房地产交易会

2015年，为激发房地产市场活力，促进永州市房地产业可持续健康发展，引导购房者理性消费，增强百姓生活的幸福指数，举办为期3个月的中国·永州第五届房交会（电视房交会），2015年1月20日召开新闻发布会，房交会由永州市人民政府主办，永州市房产局、永州广播电视台承办，来自全市49家（含各县区25家）房地产开发企业及其楼盘参加。本届房交会打破传统方式，举办永州市首届电视房交会，以“天天房产交易会，品质活力新永州”为主题，联合报刊、网络、电台等媒体集中进行宣传推介。展会以“政府搭台、企业参与、媒体联动、消费者受益”为原则，集中推介永州市近年来涌现出的宜居住宅小区，充分展示永州市棚户区改造、保障性住房建设成果，倡导生态环保型宜居理念，引导理性购房，为市民搭建购房置业的良好平台。6月5日，中国·永州第五届房交会（电视房交会）颁奖典礼暨专家讲座在永州市广播电视台演播大厅举行。房交会期间，永州市中心城区（含冷水滩城区、永州经济技术开发区、零陵区）房地产开发项目新建商品房销售网签2179套，销售面积25.5万平方米。

2015年，永州市第五届房交会召开

第五章　房屋征收补偿

第一节　房屋征收法规政策

1997年，市委、市人民政府机关搬迁到冷水滩后，城市人口激增，机关办公、商业服务、文化体育等各类房屋建设发展加快。1997年，经市政府常务会议讨论通过，颁布《永州市城市房屋拆迁管理实施办法》，使拆迁安置工作有规可依。

2003年，永州市人民政府发布实施新的《永州市城市房屋拆迁管理实施办法》。在房屋拆迁补偿安置过程中，严格加强拆迁资金、拆迁评估、拆除施工队伍和拆迁安全的监管，严格执行拆迁许可证制度，严格责任追究制。市房产局对各县（区）及中心城市各建设项目业主下发《关于加强房屋拆迁监管的规定》。

2009年7月24日，市政府颁发《永州市集体土地上房屋拆迁补偿安置办法》，规定本市行政区域内征收集体土地，涉及房屋拆迁补偿安置的，由国土资源部门负责具体实施，征地拆迁机构受国土资源部门委托负责具体事务性工作。

2012年，为做好房屋征收工作，维护好被征收人合法权益和社会大局稳定，确保中心城区重点建设项目的顺利推进，根据《国有土地上房屋征收与补偿条例》规定，5月21日，市人民政府第5次常务会会议研究同意《永州市国有土地上房屋征收与补偿实施办法（试行）》和《永州市中心城区国有土地上房屋征收补助奖励项目及标准》，于6月1日实施。

2013年，受市政府委托，市征收办制定出台《永州市中心城区基本建设项目房屋征收补偿安置工作流程》并正式执行。流程中明确规定房屋征收项目从开始启动、调查登记到房屋拆除、项目竣工审计的全过程，进一步规范中心城区的房屋征收补偿工作。加强房屋征收补偿资金的管理。为加强对房屋征收与补偿资金的管理，永州市人民政府出台《永州市国有土地上房屋征收与补偿资金管理暂行规定》，确保征收补偿资金专户储存、专款专用，确保房屋征收补偿资金使用安全和使用

2005 年冷水滩河东拆迁前后对比

效率。

2014 年 1 月 24 日，市政府颁发新的《永州市国有土地上房屋征收与补偿实施办法》，在本市行政区域内，为了公共利益的需要，征收国有土地上单位、个人的房屋，适用本办法。市人民政府为市中心城区冷水滩区、永州经济技术开发区和跨县区项目国有土地上房屋征收与补偿的主体，统一领导本市行政区域内国有土地上房屋征收与补偿工作。市房产行政主管部门（永州市人民政府国有土地上房屋征收与补偿管理办公室）为中心城区国有土地上房屋征收部门，组织中心城区国有土地上房屋征收与补偿工作，负责市中心城区的国有土地上房屋征收与补偿的日常管理和协调监管工作，指导各县、零陵区国有土地上房屋征收与补偿工作。文件对征收决定、补偿、搬迁拆除、法律责任作了明确规定，2003 年公布的《永州市城市房屋拆迁管理实施办法》和《永州市人民政府关于印发〈永州市国有土地上房屋征收与补偿实施办法（试行）〉的通知》同时废止。

2014 年 5 月 29 日，市政府对中心城区国有和集体土地上的房屋征收工作流程做出进一步的规范，将除跨县区项目或市政府认为应由市政府直接征收的重大项目外，其他市属建设项目的房屋征收工作职责下移，并授权冷水滩区政府，永州经济开发区管委会为所辖区域房屋征收与补偿主体。市征收办主要负责房屋征收预算审核及征收补偿协议备案登记。

第二节 房屋征收补偿安置

1984 年，冷水滩城区房屋建设进入新的发展时期。河西旧城区的房屋大部分改造扩建，河东新区和凤凰园经济技术开发区出现高标准、现代化的建筑物，新建物资大厦、春陵大厦、供销大厦、轻机大厦、九嶷大厦、河东电讯大厦等 8~11 层的商业服务大楼。

1986—1989 年，城区新建各类房屋 70. 92 万平方米，相当于 1984 年城区房屋面积总和的 42. 7%。至 1989 年年底，城区有各类房屋建筑面积 236. 86 万平方米，比 1984 年房屋总面积增加 0. 43 倍。其中住宅面积 101. 76 万平方米，比 1984 年增加 0. 28 倍。

冷水滩区的所在地曾经是零陵县的一个镇，城市规模先天不足，规划布局欠科学，功能定位不明晰，城市建筑品位低，基础设施不配套，加快旧城改造成为重要而迫切的任务。从 20 世纪 90 年代起，中共冷水滩市委、冷水滩市人民政府将旧城改造作为城市扩容提质的重要手段，到 2000 年，旧城改造完成投资近 20 个亿，改造用地面积 9 万余平方米，先后完成觅湘路、步步高商业广场（原联运公司）、靓达百货、红太阳购物广场、银龙电脑城、长隆手机城、永泰商贸城、零陵中路步行街（原生资公司仓库片）等重点旧城改造项目。

2015 年银龙电脑城、永泰商贸城

1997 年《永州市城市房屋拆迁管理实施办法》颁布后，1998 年，全市无论是新区开发还是旧城改造需要拆迁的，都依法进行拆迁，统一补偿，妥善安置，是年，全市拆迁房屋面积 43. 89 万平方米，补偿总额8360万元，既保证旧城改造、新区开发的顺利进行，又对拆迁户进行妥善安置，保证社会的稳定。

1990—2003年，新建的10层以上办公营业用建筑物20余栋，主要有南华大酒店、银鑫大厦、电业大厦、煤炭大楼、工商银行冷水滩区支行、市财政局、市委、市人民政府、市地税局、市国税局、市石油公司等。

2015年潇湘步行街一角

1986—1990年，市政府有计划地改造老城区。对老城区的改造，坚持“加强维护、合理利用、适当调整、逐步改造”的原则，采取“一控、二退、三改造”的措施。“一控”指严格控制各单位在老城区大拆大建，投资较多的建筑一律规划到新城区。“二退”指有计划、有步骤地调整主要街道的临街建筑，退出行人道，退出房屋间距。“三改造”指有步骤地改造危房，改造旧的下水道，改造棚户较多和环境污染严重的小街小巷。1993—2000年，政府先后投入3400万元，改造正大街、解放路、新码头、前进街芝山路的门面，拆除旧房2.85万平方米，新建房屋面积约8.7万平方米。2001年后，旧城改造通过“招商引资、以城建城”的办法，引进资金约3.5亿元投入旧城改造建设。其中投资4000余万元的柳子大酒店、投资1980万元的美伦大市场、投资约1.7亿的前进街二期改造工程、投资约8000万元的永州建筑材料装饰城、投资5000万元的时代旺角步行街、唐人步行街、潇湘步行街、徐家井国际商贸城等重点旧城改造项目均是这一时期施工建设。

2001年，全市城市拆迁按照新的《城市房屋拆迁管理条例》的要求，全市实施拆迁项目25个，涉及11个重点建设项目，拆除各类房屋51.7万平方米，到位补偿安置资金1.31亿元，落实建房用地9.8万平方米。建立健全房屋拆迁许可证制度，对已发放房屋拆迁许可证的项目，开展跟综管理，基本上杜绝自拆自建，乱拆乱建现象，保证房屋拆迁工作的有序进行。

2002年，市房产局配合中心城市建设，承担12个重点项目51万平方米的房屋拆迁任务，对三多亭小区、滨江广场、河东路网、长丰配套招商工业村、河东防洪堤、白竹大道等项目723栋房屋105099平方米进行拆除，落实补偿资金5392.2万元。在房屋拆迁过程中狠抓安全管理，市房产局制定房屋拆除安全生产的规定、房屋拆除工程安全技术规程、房屋拆除安全操作规程等有关制度，并在全市组织对24个拆迁项目的拆除方案、施工企业资质、安全作业、保护措施等开展“拉网式”排查，对15个存在安全隐患的拆迁项目进行停工整改，有效防范拆迁安全事故的发生。

2003年，全市完成拆迁房屋面积32.8万平方米，落实补偿资金1.13亿元，安置拆迁户1670户。完成白竹大道、河东路网、河西沿江路、滨江广场、永州大道、火车新站、翠苑小区、长丰工业园、堤防工程等重点项目的拆除任务。累计完成拆迁房屋面积15.5万平方米，落实补偿安置资金7220亿元。全年受理梅湾新区、白竹大道等拆迁户的上访约1000余人次，消除因拆迁导致的不稳定因素。

2004年，全市实施房屋拆迁项目34个，拆迁1009户（单位），拆迁房屋建筑面积24万平方米，完成补偿安置资金1.9亿元。在工作中，坚持以人为本，坚决执行市委、市政府关于拆迁工作的有关要求，坚决按照国家有关法律政策办事，实现拆迁补偿资金到位率和监控率两个100%和到省上访率下降50%的工作责任目标。市里成立城镇房屋拆迁问题工作小组，市房产局设立城镇房屋拆迁信访处理小组，对遗留的久拖未决的38件拆迁信访问题（省联席办督办的3个，交办的5个，市信访局交办的8个；私改问题9个，其他13个）重新进行调查，写出每个案件中的专题调查报告，并在规定时限内处理完毕。

2005年，全市城市房屋拆迁工程项目23个，拆迁房屋建筑面积6.15万平方米，拆迁安置265户，监控拆迁补偿安置资金4000万元。依法抓好信访工作。处理信访事件的过程中，热忱接待群众的来信来访，深入到群众所反映问题的各项目和各县区进行认真调查，摸清真实情况，对“归口管理”的信访问题，均调查清楚并依法进行处理。

2006年，严格拆迁计划的管理，严格实行拆迁许可证制度，加强对拆迁补偿安置资金、房屋拆除、房屋拆迁评估的监管。是年，全市启动拆迁项目37个，拆迁房屋12.6394万平方米，安置635户，监控补偿安置资金9768.3万元。其中市本级全年拆迁项目16个，拆迁房屋面积7.513万平方米，主要完成长丰工业园、潇湘西路、白竹大道、河东路网、滨江广场、长丰国际广场、中心医院、零陵北路、永州大道、背街小巷道路改造等建设项目的拆迁工作。配合全国信访联席会议制度的建立，市县（区）成立房屋拆迁信访小组，配备专职的信访工作人员，建立信访责任制。按照“属地管理”“谁主管谁负责”的原则，加强城市房屋拆迁信访工作，全市接待拆迁信访490起约1460人次，其中省交办14起43人次，市办169起577

人次，县办 307 起 840 人次。2006 年，全市未发生一起房屋拆除安全责任事故。

2007 年，全市拆迁房屋 58062 平方米，其中市本级累计拆迁面积 32045 平方米，各县区拆迁房屋建筑面积 26017 万平方米，补偿安置资金 0.42 亿元。主要完成九嶷股份公司、湘江纸业公司 15 万吨项目、长丰大道、湖南科技学院、永州大道、背街小巷道路道路改造等建设项目和 5 个安置小区的拆迁工作，确保市重点建设工程的顺利进行。严格拆迁程序，严把拆迁准入关、拆迁评估关、拆迁补偿资金监管关、拆迁行政裁决关，严格拆迁计划管理，市本级各重点项目都严格按照年初省下达的拆迁计划实施拆迁，做到无计划项目不发拆迁许可证，无计划不安排拆迁补偿资金，有效地控制拆迁规模。突出抓拆迁安置，解决被拆迁户安置问题。把拆迁安置工作作为城建工作重点，每个安置小区明确一名市级领导挂帅，规划、国土、房产、城管等职能部门牵头联系一个安置小区，并在资金安排人力摆布方面优先。加强房屋拆除安全监管。积极处理拆迁信访，维护社会稳定。

2008 年，依法依规搞好城镇房屋拆迁，确保重点项目建设顺利进行。严格控制拆迁规模。本年市本级拆迁房屋 8500 平方米。主要完成长丰工业园、白竹路公司、河东路网公司等重点建设项目的拆迁工作。突出抓被拆迁户安置问题，狠抓市本级各重点建设项目的拆迁安置工作矛盾协调处理。全年妥善安置 200 余户，维护被拆迁人的合法权益。积极排查处理拆迁信访，妥善解决一批历史遗留的重点拆迁信访问题，维护社会大局的稳定。坚持依法行政，严格控制行政裁决，除春江南路道路建设裁决一户，其他项目都未作裁决。大力推进拆迁工作专业化、市场化运作，积极推进拆迁代建制，培育 4 家房屋拆迁公司，试行重点项目采取招标和协议方式委托具有资质的专业拆迁公司承担，逐步向拆管分离过渡。

2009 年，围绕中心、突出重点、突破难点、抓出亮点。围绕中心：就是以科学发展观为指导，围绕促进经济又好又快发展这个中心，保障和促进全市房地产业健康稳定发展。突出重点：就是扩大房地产开发投资，启动住房消费；服务重点项目建设，承接产业转移；加快保障性安居工程建设，解决城镇低收入家庭住房困难问题；不断加强房地产市场监管力度，规范房地产市场秩序。突破难点：就是从构建和谐社会的要求出发，切实解决好房地产市场管理中暴露出来的问题，各项难点工作取得突破。抓出亮点：就是认真抓好房产系统政风行风建设，不断提升服务质量，树立良好服务形象。加强城市房屋拆迁管理工作和房屋安全管理工作。认真研究解决房屋拆迁中的新情况，把“依法拆迁、以情拆迁、和谐拆迁、文明拆迁”贯穿始终，确保拆迁工作平稳运行。严格控制拆迁规模，2010 年全市拆迁总面积控制在 35 万平方米以内。规范拆迁管理。严格把好拆迁审批关口，确保补偿安置资金到位，依法加强拆迁行为监管。规范房屋拆迁评估。完善房屋拆迁补偿标准，使评估结果与房屋实际价值对接，房屋拆迁补偿与市场交易价格对接。提高评估结果的客观性和公正性。继续稳妥做好拆迁信访工作。加快政府职能转变，改变政府部门既是“裁判员”又当“运动员”的状况，全面实行“代建制”，培育和组建专业拆迁公司，运用市场机制推进拆迁工作，进一步完善和推广“阳光拆迁”工作机制，完善政策口径和操作程序，切实做到政策制定合理公开，操作程序透明规范，监督管理严格高效，并健全拆迁公示和听证制度，严格拆迁行政裁决程序，确保阳光拆迁机制落到实处。

2010年，永州市把加强市场管理和交易秩序监管与治理房地产开发领域突出问题专项行动相结合，加大整治和清理力度。各有关部门建立专项整治行动联席会议制度，统一领导，广泛宣传，联合行动，清查拆迁项目业主5家。

2011年，市房产局认真抓好老项目的拆迁工作。严格控制拆迁规模，进一步加强对城市房屋拆迁过程的全程监管。市中心城区22个拆迁项目都按照国家相关拆迁政策法规严格进行许可、公示、听证、裁决和安全拆除，对中心城区22个拆迁项目的拆迁补偿资金，均做到拆迁前报审预算，拆迁后报审决算，确保补偿安置落到实处。着重抓好被拆迁户的安置工作，认真贯彻市委、市政府的指示，积极排查处理拆迁信访案件。

2012年，完成中心城区湘江东路、湘江西路沿江风光带、永州大道城区1.88公里改扩建工程、万商红物流中心、河东城市综合体、市妇幼保健院、李达二道、富民安置小区、竹塘安置小区、市委党校改扩建工程、永州市“三路一桥”（湘江东路、湘江西路、城南大道、城南大桥）、河西防洪堤、A-9号地、银象北路等一批重点建设项目房屋面积的丈量、调查摸底、基本情况公示等前期工作。并将永州大道城区1.88公里改扩建工程、河东城市综合体、市妇幼保健院、永州市“三路一桥”、潇湘技师学院、翠竹园小学等市中心城区重点建设项目的房屋征收补偿方案进行公示。永州市中心城区启动房屋征收程序的项目45个，制定房屋征收补偿方案的项目10个，作出房屋征收决定的项目8个，顺利完成房屋征收补偿安置工作的项目2个。中心城区合理控制征收（拆迁）规模，继续严格合理控制征收（拆迁）规模，截至11月底，中心城区征收（拆迁）17户3255平方米，补偿金额260.4万元，有效控制征收（拆迁）规模。积极协助冷水滩区政府、凤凰园管委会、排查处理拆迁信访问题。使一批老上访户的历史遗留拆迁问题得到妥善解决。

2013年4月，完成湖南潇湘技师学院房屋征收补偿方案制定、征求意见、房屋通告工作；完成城市综合体房屋征收实施单位工作人员业务培训、被征收单位公产房屋丈量、评估机构的选定工作；完成湘江风光带房屋征收补偿方案公告、珊瑚公园被征收房屋初步调查摸底工作，并参与冷水滩区政府制定冷水滩中心城区城建项目土地和房屋征收补偿工作机构设置及运行方案。

是年5月，制定并出台永州市中心城区建设项目房屋征收补偿安置工作流程，进一步规范中心城区的房屋征收工作。加大与市城建投资公司的衔接力度，使中心城区的建设项目的征收补偿资金尽快拨付征收专户。签订河东富民安置小区五户征收补偿协议，面积2600平方米。完成“三路一桥”征收决定，网上公示工作。完成珍珠路改造工程的房屋调查登记工作。

是年6月，完成西冲塘、珊瑚公园、车站路、银竹路、月岩路、A-9等项目的房屋调查登记工作。完成西区工业园、下河线污水处理厂拆迁户安置六堂会审初审工作。完成湘永路、K-1项目的房屋征收补偿方案，并报市政府批准。冷水滩区法院驳回梅湾新区拆迁户的起诉，维持市房产局行政裁决。下河线污水处理厂和烟草物流中心各签订1户补偿安置协议。完成湘江东路和城南大道的房屋征收决定和公告工作。

是年7月，完成零陵南路、百花路、月岩路、竹塘安置小区、银象路。车站路、银竹路、珊瑚公园、紫霞西路、潇湘大道延伸段、中央新城二期的待征收房屋的调查、摸底、面积测量并公示等工作。完成污水处理厂两户1200平方米的房屋拆除工作和珍珠路道路改造工程、河东K-1号地面积复核及征收补偿实施方案网上和现场告示工作。妥善调处梅湾新区老信访户的拆迁遗留问题。完成河东D-7-1项目房屋征收补偿协议签订工作。

是年，完成白泥塘安置小区、银象安置小区、才子西路、站前南路、A-9号地、珍珠路道路改造、银象北路、西冲塘路、月岩路等一批重点建设项目房屋面积的丈量、调查摸底、基本情况公示等前期工作。并将珊瑚公园、珍珠路道路改造工程、河东路网安置小区、湘江风光带等市中心城区重点建设项目的房屋征收补偿方案进行公示。永州市中心城区启动房屋征收程序的项目45个，制定房屋征收补偿方案的项目10个，作出房屋征收决定的项目8个，顺利完成征收补偿安置工作的项目2个。积极协助冷水滩区政府、凤凰园管委会、排查处理征收（拆迁）信访问题，使一批老上访户的拆迁历史遗留问题得到妥善解决。

2014年1—2月，顺利地完成舜皇大道九嶷股份公司两栋宿舍楼征收和拆除工作。舜皇大道九股公司两栋宿舍楼是舜皇大道建设“肠梗阻”的重要节点，对贯通舜皇大道的影响达10年之久。市委、市政府对此高度重视，广大市民十分关注。2013年10月，市委市政府决定由市房产局牵头组织，市国资委、市城投公司、市九股公司等单位配合，组成工作班子，进驻九股公司集中办公，专门负责下余34户房屋征收（拆迁）工作。市房产局本着贯通断头路，实现安居梦的工作目标，经过精心组织，周密安排，千方百计攻坚克难，在春节前完成征收补偿安置方案制定、安置房选址和户型设计等基础工作，春节上班就立即开展协议签订和搬迁实际工作。2014年2月16日全部签订协议，2月28日，动员被征收（拆迁）户冒雨搬家腾空房屋，并将两栋房屋水、电、门、窗全部拆除。3月4日，市房产局牵头组织市国资委、市城投公司、市九股公司、永州经济技术开发区、市公安局凤凰园经济开发区中心派出所、永州经济技术开发区城管分局等单位，精心组织施工单位通过连续长达16小时的紧张作业，安全顺利地对两栋宿舍楼实施拆除。

2014年舜皇大道九股公司宿舍楼征收拆除工作

2014年5月16日，《永州市冷水滩区河东城市综合体建设项目建设范围内国有土地上房屋征收与补偿方案调整补充意见》正式出台，市征收办全体工作人员进驻该项目开展工作。截至10月1日，签订房屋征收协议424户，补偿金额3.11亿元，占总户数437户的97%，市人社局、市审计局、区审计局、区地税局等单位的所有被征收户均签订协议，2014年7月1日，市政府对未签协议的市商务局8户和市环保局1户被征收房屋下达补偿决定书，促成7户签订协议。另对新增地块尚未签协议的，在加大工作力度的同时，由冷水滩区政府依法启动强制征收程序。

是年，市征收办主要负责房屋征收预算审核及征收补偿协议备案登记。截至10月30日，将珍珠南路、月岩路、百花路、桐木井路、万寿路、湘永路、盘王路、曲河安置小区、杨家园安置小区、白泥潭安置小区、银象安置小区等中心城区重点项目的预算全部审核完毕。

是年，完成湘江西岸棚改项目的房屋征收前期准备工作。湘江西岸棚改项目是一个完善城市功能，提高城市品位，切实改善群众居住环境的德政工程和民心工程。市委、市政府的主要领导对该项目高度重视，市征收办按照市委、市政府的要求积极配合冷水滩区，永州经济技术开发区做好调查登记的同时，拟定该项目国有和集体土地上房屋征收补偿方案（征求意见稿），房屋征收前期准备工作基本到位。

2015年1月，完成综合体项目区法院、粮食局、个体街等8户的房屋拆除工作。修改湘江西岸棚改项目的征收补偿方案，报市政府审定后予以公示。签订桐木井路、珊瑚路A-9、河东A-70项目5户征收补偿协议。零陵南路、百花路拆除房屋3750平方米。

是年 2—3 月，征收办合理制定全年工作计划和任务，完成湘江西岸棚户区改造项目入户调查、登记、宣传发动等工作；与河东城市综合体新增地块电影公司宿舍 30 户的征收补偿协议签订及腾房工作。在此基础上完成河东长丰东路、J-5 号地、申湘公司、金拓公司的房屋征收补偿预算审核工作和永州大道城区段 1.88 公里项目集体土地上被征收房屋面积的测量工作，报请市人民政府对永州大道城区段 1.88 公里项目国有土地上两户被征收房屋作出征收补偿决定，并及时送达被征收人。完成珍珠安置小区、白泥塘安置小区、杨家园安置小区、银象安置小区、坦头安置小区、春江安置小区的房屋周转全预算审核工作与河东城市综合体房屋征收扫尾工作以及湘江西岸棚户区改造项目房屋征收补偿方案征求意见工作。

是年 8 月，做好棚户区改造房屋征收工作政策把关和补偿资金拨付工作。召开木材总厂、老干所、自来水公司被征收人座谈会。签订征收补偿协议 78 户，其中腾空房屋 54 户，另拆除房屋约 90 平方米。完成桐木井路 10 户 1744.79 平方米，237.04 万元。完成白泥塘安置小区 4 户 2863.59 平方米，235.98 万元。完成百花路 1 户 288.94 平方米。完成杨家园安置小区 11 户 5900.54 平方米，482.7 万元。4 个断头路和安置小区完成 26 户 10797.86 平方米，115.07 万元房屋征收补偿安置协议书的备案登记工作。

是年 10 月，公布以息代租户房屋补偿意见：改制企业安排给职工居民以息代租房屋一律按公产征收，以息代租的保证金由企业无息退还，职工搬家费，被征收房屋的装饰、装修费，由房屋产权单位参照方案第八条第（一）项规定的标准给予补偿。以息代租户的房屋按公产征收后，若夫妻双方均未享受房改政策且在中心城区又无私产的，可按划拨地安置房成本价在安置小区购买一套不超过 100 平方米的安置房，在中心城区有私产房的，可以在安置小区购买一套不超过 100 平方米的限价安置房。若是设计或测绘误差原因导致选择的房屋实际面积超过 100 平方米的，超过部分仍按相应的成本价限价购买。企业以息代租的承租户已过世的，配偶及直系亲属经查实一直在该房屋内居住的可享受同等安置政策。企业无房户住房问题补充意见按补偿方案第八条第（四）项规定的标准给予补偿。

是年 1—10 月，强力推进湘江西岸棚户区改造的房屋征收工作。湘江西岸棚户区改造是永州市最大的一项建设工程，是提高中心城区城市品位，切实改善群众居住环境的德政工程和民心工程。该项目需征收 5000 多户，100 多万平方米的房屋，牵涉的人多、面广、时间跨度大，市房产局派出专门的征收、测绘和相关协调骨干 15 人，全脱产进驻该项目配合冷水滩区政府、永州经开区做好房屋调查登记和房屋测绘工作。根据该项目实际拟定全面系统，操作性强的《湘江西岸国有和集体土地上房屋征收补偿方案》，为该项目的顺利实施提供强有力的政策依据。该项目截至10月底，签约790户6.71万平方米，其中选择产权调换662户，选择货币补偿128户，补偿金额1.12亿元，腾空房屋353户。

是年，积极配合冷水滩区政府做好断头路和安置小区的房屋征收扫尾工作。中心城区断头路和安置小区的建设是市委、市政府部署的重点工作任务之一。市房产局对此高度重视，对中心城区所有断头路、安置小区建设项目都明确专人负责，并在规定的时间内完成项目预算审核。完成134大户4.86万平方米房屋征收补偿安置协议的登记备案，并及时将断头路和安置小区建设项目5115.5万元的房屋征收补偿资金及时拨付到冷水滩区房屋征收补偿专户。

第六章　房产管理

第一节　住房规划

一、城市规划区调整

2000年1月18日，市政府印发《永州市土地利用总体规划（1997—2010年）》，规划新增建设用地规模，按照保证重点，适度供应城镇发展，逐步缩减村庄用地，并以内涵挖潜为主，尽可能利用非耕地和劣地的原则加强控制。全市1997—2010年规划新增建设用地控制总量27143公顷，其中，占用耕地4867公顷。新增建设用地指标分配是：城镇（含独立工矿）建设占用土地11389公顷，其中，占用耕地2020公顷；交通建设占用土地6079公顷，其中，占用耕地1362公顷；水利设施占用土地6877公顷，其中，占用耕地1402公顷；农村居民点占用土地2738公顷，其中，占用耕地83公顷。

城市建设用地规模控制。1996年，永州市城区总面积3007公顷，总人口26.3万人，人均用地114.3平方米。其中，冷水滩区1996年城区面积1537公顷，人口14.3万人，人均用地107.5平方米；芝山区城区面积1470公顷，人口12.0万人，人均用地122.5平方米。为加快永州中心城市建设，城市人口2000年要达到35万人，用地控制面积3702公顷，人均用地105.8平方米；其中，冷水滩区用地控制面积2047公顷，人口20.0万人，人均用地102.4平方米；芝山区用地控制面积1655公顷，人口15.0万人，人均用地110.3平方米。2010年，城市人口达到55万人，用地控制面积4700公顷，人均用地85.5平方米。其中，冷水滩区控制面积2720公顷，人口32.0万人，人均用地85.0平方米；芝山区控制面积1980公顷，人口23.0万人，人均用地86.1平方米。规划期间新增用地控制面积1693公顷。其中，冷水滩区新增1183公顷，芝山区新增510公顷。

建制镇用地规模控制。1996年，全市建制镇用地总面积8031.5公顷，总人口79.6万人，人均用地100.9平方米。随着区域经济的发展和乡镇企业的崛起，小城镇建设进一步加快，2000年，建制镇人口达到105.1万人，规划用地总规模控制在10198.5公顷，人均用地97.0平方米；2010年，建制镇人口达到162.1万人，用地总规模控制在15450.5公顷，人均用地95.3平方米。规划期间新增用地控制面积7419公顷。市级直接掌握28个建制镇，加强对县城所在镇和较大的重点建制镇建设用地规模的控制。这28个镇1996年城镇人口525612人，用地面积6153.4公顷，人均用地117.1平方米。规划2000年城镇人口735441人，用地控制面积7570.2公顷，人均用地102.9平方米；规划2010年城镇人口1154834人，用地控制面积10440.1平方米，人均用地90.4平方米。规划期间新增用地控制面积4286.7公顷。

2009年，《永州市土地利用总体规划（2006—2020年）》《永州市中心城区一体化规划》《永州市城镇体系规划修改方案（2009—2030）》相继出台，确定城区总体发展方向由冷水滩区和零陵区沿湘江相向发展，在零陵至冷水滩区间，建成一座集生态建设、生态旅游、现代服务于一体的复合型山水生态新城。

《永州市土地利用总体规划（2006—2020年）》将永州市中心城区功能定位为湖南省三级中心城市，湘南地区的次中心城市；湘、粤、桂三省边区交通枢纽和物资流集散地；区域性旅游服务基地，“南岳—桂林”旅游线上的重要节点；湖南省联系“两广”的重要门户，接受沿海地区经济辐射和产业转移的前沿地区；湘江生态环境重点建设地区。土地规划从空间布局上规划“两片四轴”城镇空间结构，并明确：中心城区总体发展方向是由冷水滩区和零陵区沿湘江相向发展。冷水滩城区以现状城区为中心，实行北拓南融；零陵城区以向北和向东发展为主。2005年，永州中心城区建成区人口为49万人，用地规模为5520公顷；规划2020年中心城区总人口100万人，用地总规模10000公顷，永州中心城区用地总规模将扩大81%。

《永州市中心城区一体化规划》即“联城规划”，以永州大道（湘江）为中心，冷水滩区汽车总站以南、零陵区日升大道以北为规划生态新城区域，规划总用地117平方公里。其中，现有建设用地5平方公里，居住人口5万人；规划建设用地65平方公里，居住人口30万人。借鉴长株潭一体化、郑汴一体化、成都城乡一体化经验，规划对永州零陵、冷水滩两区一体化确立空间同构、设施同享、产业对接、生态一体、景观共融、城乡统筹、制度创新7个方面的战略取向。同时提出城市生长、经济驱动、设施带动、政府调控和民间意愿5个方面的联城动力机制，产业促联城、水陆双联城、生态共联城、城乡同联城、文化创联城五大联城策略，实现产业、功能、空间、生态、交通、设施、服务、管理8个对接关键措施。生态新城突出生态、绿色、低碳、节能、环保等特色，努力建设成为国家生态城的样板。

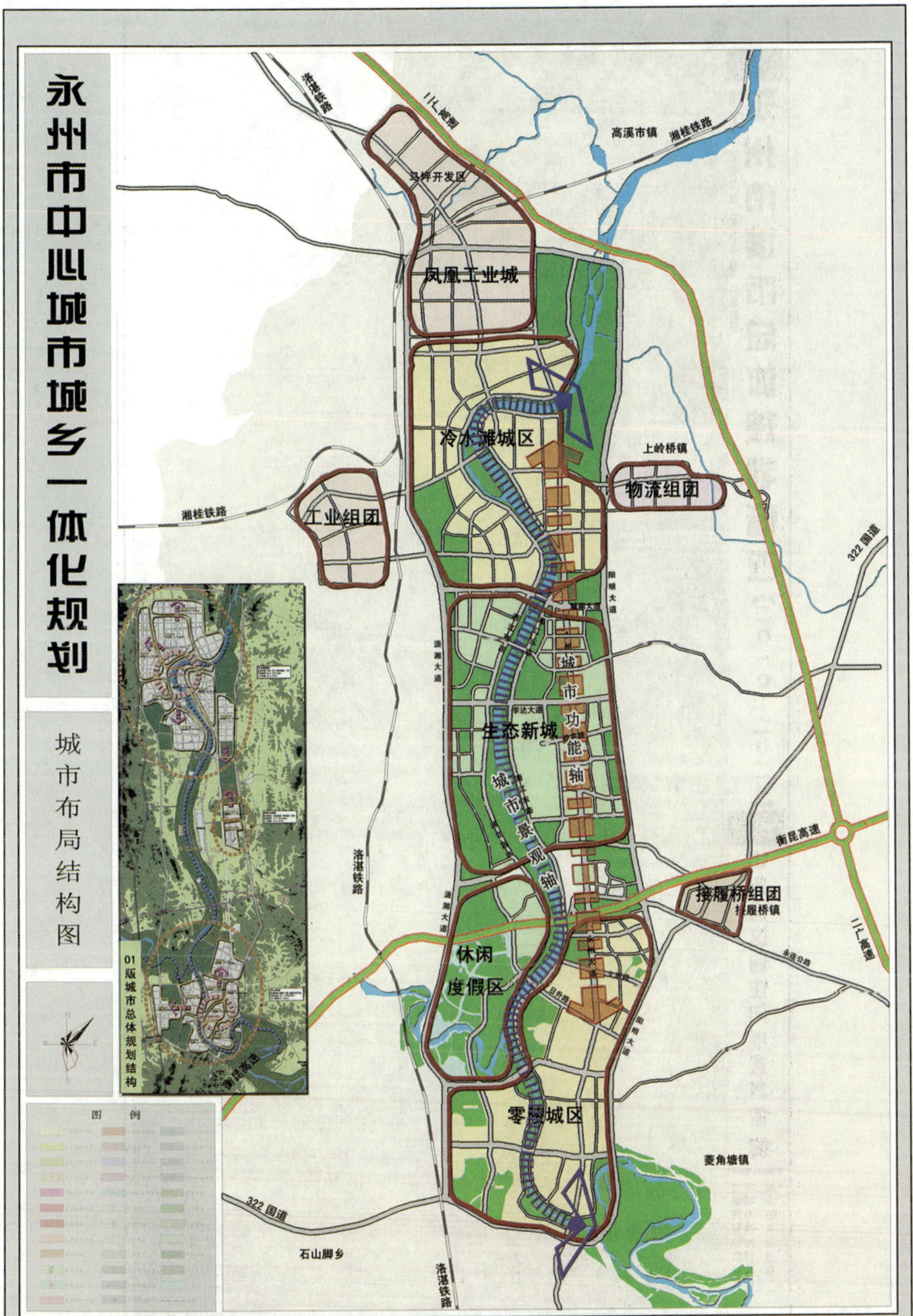

2009年《永州市中心城区一体化规划》编制完成

2011年中心城区居住用地规划

城市建设目标是：以基础设施建设为基础，以生态环境保护为根本，以产业发展为主线，以景观塑造为抓手，建设成为集生态建设、生态旅游、现代服务于一体的复合型山水生态新城。冷水滩城区和零陵城区分别向中部延伸形成各自配套组团，岚角山仍作为主次中心联线的独立组团，增加蔡市组团和巴洲组团，沿湘江风光带和连城道路合理布置城市用地和生态用地，将冷水滩、零陵延伸组团和岚角山、蔡市、巴洲组团组织为一个有机整体，严格控制零陵机场周边和高速公路两侧的发展，保护生态空间。整个规划区域形成五大中心：在城南大道与永州大道交叉位置建行政中心；结合衡昆高速公路在永连公路南侧、永州大道东西两侧布局永州市现代（公路）物流中心；在零陵区北部，结合永州职业技术学院等高校建设文化教育中心，在湘江景观带与衡昆高速交叉的位置建休闲旅游中心，依托岚角山、蔡市两个镇建生态建设中心。各功能区之间以自然生态元素隔离，打造生态新城。

2009 年年底，永州市规划设计院编制完成《永州市城镇体系规划修改方案（2009—2030）》，确立"中心聚集，南北伸展；点轴发展，分片均衡；深入改革，优化布局"的总体战略，和"中心城市为核心、县域城市为纽带、中心镇为基础、一般镇为后续动力"的空间连动发展体系。进一步明确城市布局结构与功能结构：组团递进，相向发展；预留核心，统揽全局；三带并置，和谐共生。可概述为"加快旧城改造、加速新城建设、推进两区一体化进程"，围绕生态新城建设，着力实施"一轴一带一圈"战略。加强中心城市的中心聚集度，加快中心城市建设，提高其对周边区域的辐射带动作用，市域北部以中心城市为核心构建半小时经济圈，市域南部以副中心城市为中心构建一小时经济圈，通过发展轴互联、互动，实现南北全面发展。以中心城市、副中心城市与卫星城为核心，县城中心城镇为依托，一般城镇为终端，依托中心城市—中心城镇——般城镇的纵向联系轴，以点带动区、区促进点、片区互动的双向均衡发展模式。对原有城镇分布格局进行创新，突出重点镇的建设，超越城镇量多质差、重点不突出、南北发展失衡的瓶颈，对部分一般建制镇，进行合理重组，以优化城镇布局。在城镇的空间布局结构上，以中心城市、中心城市卫星城、副中心城市为点，城镇发展轴为线，经济片区为面的"连点成线，连线成网，连网成面"产业裙带，概述为"一主两副三卫、二廊三片四轴"的城镇空间组织结构。城镇发展职能结构根据永州市域城镇发展特点，将全市城镇分为五种职能类型：综合型城镇、商贸型城镇、边贸型城镇、工矿型城镇、旅游型城镇。

2014 年 11 月，市政府制定《永州市中心城市三年扩容战略及行动计划》，按照"一江两岸、东跨西扩、南北联城、中部崛起"的发展思路，构建"一主三副"城市结构，推进中心城市产业带的形成与壮大。通过"一区三园"建设，推进中心城市—祁阳—东安—双牌“大T字型”城市群建设，全面提升中心城市的综合承载力、带动力和辐射力。“一主”即永州中心城市新中心，范围包括滨江新城和冷水滩河东片区，建设用地面积65平方公里，重点西跨拓展蔡市镇，打造滨江新城西部新区，实现一江两岸协调发展；推进滨江新城建设，实现南北联城，中部崛起，形成大永州中心。“三副”：一是零陵古城，建设用地面积21平方公里，重点推进零陵古城建设和历史文化名城申报，打造永州文化旅游龙头，形成永州文化副中心；二是东部新城，建设用地面积28平方公里，重点向东扩展上岭桥镇，发展建设成永州活力副中心；三是凤凰产业城，建设用地面积52平方公里，包括冷水滩河西片区、长丰工业园区和冷水滩高科技工业园区，推动产业集聚，产城融合，形成永州产业副中心。围绕永州无水港建设和永州机场迁建新址，构建永州保税物流和临空产业园。以潇湘大道为纽带，形成临空产业园—冷水滩高科技工业园—长丰工业园—零陵河西工业园的西部产业发展带。

二、住房建设规划

2014年12月，永州市房产局、永州市规划设计院编制《永州市住房建设规划（2014—2020）》，以贯彻城市总体规划确定的城市发展目标，落实国家和地方关于房地产开发的调控政策，加强城市住房建设的指导和统筹，促进永州市住房建设市场健康有序的发展，解决和改善中低收入家庭住房问题。通过本次规划的实施，一是完善多层次住房供应体系，引导住房消费模式的转变；二是加大保障性住房建设力度，提高保障性住房保障水平，实现应保尽保；三是规范房地产市场制度，引导房地产市场理性发展；四是构建提升城市发展质量的居住布局模式；五是建立提升社区环境与住宅质量的工作机制；六是推进住宅产业化和绿色低碳住宅开发。

本次规划范围为：市本级100平方公里、双牌12.6平方公里、道县28平方公里、祁阳34平方公里、江永11.75平方公里、新田12.3平方公里、江华49.65平方公里、东安15.4平方公里、蓝山18.55平方公里、宁远114.21平方公里。规划期内，永州市各县区中心城区住房建设总量约4334.09万平方米43.27万套，用地面积2159公顷。住房供应结构目标是：规划期内商品住房建设总建筑面积约3389.38万平方米28.94万套，用地面积约1662.8公顷；保障性住房建设总建筑面积约476.65万平方米9.23万套，用地面积约282.23公顷；棚户区改造安置约7.3万户，棚户区安置房总建筑面积468.06万平方米5.10万套，用地面积约213.97公顷。规划期末保障对象覆盖面达到23%以上，公租房套型建筑面积控制在60平方米以内，棚户区改造安置房套型建筑面积原则上控制在90平方米以内。规划期内永州市政府性投资保障性安居工程项目住宅产业化占比2018年不应低于50%，

2020 年不应低于 60%；规划期末永州市城区商品房住宅产业化占比达 25%以上。

据《永州市住房建设规划（2014—2020）》，预测到 2020 年年底，永州市中心城区常住人口约达到 95 万人，城市居民人均住房建筑面积达到 40. 68 平方米，住房需求总量为 2098. 27 万平方米，其中商品住房需求总量为 1917. 95 万平方米，保障性住房需求总量为 126. 75 万平方米，城市棚户区拆迁改造安置需求总量为 53. 57 万平方米。住房用地需求总量为 900 公顷，其中商品住房用地需求为 809. 84 公顷，保障性住房用地需求为 63. 37 公顷，城市棚户区拆迁改造用地需求为 26. 79 公顷。

根据永州市城市总体规划，至 2020 年年底，永州市中心城区规划居住用地总面积约 27. 37 平方公里（含中小学用地 228. 45 公顷），根据《城市用地分类与规划建设用地标准》（GBJ137—2011）要求，实际规划居住用地面积为 25. 09 平方公里，至 2013 年现状居住用地为 14. 60 平方公里，规划至 2020 年增加居住用地 10. 49 平方公里。中心城区居住用地划分为 15 个居住片区，完善各居住片区的商业、文化、娱乐、体育、医疗等配套设施，各片区划分为若干居住区。本次住房建设规划居住用地空间分布基本上与总体规划上述居住用地空间布局保持一致。

第二节 房屋产权产籍管理

一、产权管理

1996 年，永州市房地产管理局成立，就抓住房屋产权产籍管理这个基础工作，贯彻《中华人民共和国城市房地产管理法》，对房屋产权依法管理，维护房屋所有权人的合法权益。通过电视、报刊等宣传媒体向社会广泛宣传城市房地产管理法和湖南省九届人大常委会第三次会议通过的《湖南省城镇房屋产权产籍管理条例》等法律、法规和政策，使广大产权人深刻认识到自己的房屋只有申领政府房地产行政管理部门核发的房屋所有权证，才能依法维护自己的房屋产权，才能合法进入市场。按建设部的统一要求，1998 年市局和 9 个县房地产管理部门全部在国家建设部注册产权登记发证机关和搞好产权证书国家统一编号工作，1998 年 7 月 1 日，全市范围内统一启用全国统一制作、编号的新房产证，并对旧证开始进行换发工作。全市产权产籍工作开始迈入现代化、数字化、规范化发展轨道。1998 年，市局先后投入资金 10 多万元用于添置电脑，使房地产产权产籍管理步入现代化管理轨道。1998 年，全市发放房屋产权证书 5. 17 万本，发证房屋面积 277 万平方米。

2006 年，坚持依法行政，房屋产权产籍管理规范化、现代化进程加快。依法加强房地产市场管理，搞好房屋产权发证工作。全年办理房屋产权发证登记 18.67 万套，发证面积 1970.93 万平方米，其中市本级产权发证 4.52 万套，面积 499.72 万平方米。坚持以事实为依据，以法律为准绳，积极稳妥地调处房地产权属纠纷。2006 年，市本级接手房地产权属纠纷 15 起，接待因房地产纠纷上访 20 人次。规范房屋权属证书管理，开展房屋产权换证工作。由于市本级过去发证主体不统一，产权证书式样、要素不一致，影响房屋产权交易市场的规范化管理，在纠正原来存在的多头多级发证的混乱局面基础上，加大宣传、投入力量在市本级开展房屋所有权证换证工作，统一换取建设部统一印制的房屋权属证书。对房产档案进行数字管理，实现房地产档案信息采集、整理、查询、利用和管理的信息化。

2007 年，市房产局从便民、为民、利民的角度，创新工作方式，改进工作方法，改善服务态度。进一步完善“一站式、一体化”办公服务体系，实行一个窗口收件、一套资料归档、一次性收费、一次性办结、一个窗口发证，为服务对象提供高效、快捷的服务。全年办理房屋产权登记 17 万户。进一步规范办证程序，坚持依法行政，严格审批。在产权科成立规划手续审批小组和国土手续审批小组，对办证业务实行“档案统管，公章分管，集体审批，领导签发”的管理程序，有效加强内部监督，杜绝因审批不严错发房产证的现象。坚持以事实为依据，以法律为准绳，积极稳妥地调处房地产权属纠纷。抓紧办证遗留问题的处理，与规划建设局进行衔接，对房屋初始登记过程中遇到的一些历史遗留问题的处理进行研究。

2008 年，打造信息化平台，规范产权发证行为。抓紧局域网的建设，整合现有资源，建成房地产综合业务信息化管理系统，窗口前移，将权属登记、交易、抵押、测绘等相关业务全部集中到大厅统一办理，实行一站式办结，从机制和程序上简化办事程序，提高办事效率，堵住违规办证的漏洞。同时，加强队伍培训，抓好新的房屋登记办法施行的衔接工作，规范农村房屋产权证发放。以房屋登记和交易为重点，加强产权产籍管理。建立健全一系列监督防范措施，严把发证关，防止错办、乱办预售、登记、交易、抵押手续。全年市本级发放房屋权证约 1.4 万本，其中初始登记 240 宗，转移登记 1.24 万宗，换证、变更 1260 宗，其他 100 宗，初始登记面积 70 万平方米，转移登记 150 万平方米。加大房屋产权纠纷调处力度。全年调处产权纠纷 18 起，化解奥运期间维稳隐患。整理档案 1.5 万宗，调阅档案 1.6 万人次，导入档案 4.8 万宗，整理上架 1.4 万宗。

2009 年，严格房地产权属登记工作，建立和完善信息化平台，规范新形势下的产权发证行为。以创新管理模式、提高行政效能为目标，进一步抓紧局域网的建设，建成和完善房地产综合业务信息化管理系统，将权属登记、交易、抵押、测绘、物业管理等相关业务全部进入系统，集中到窗口统一办理，细化责任分工，严

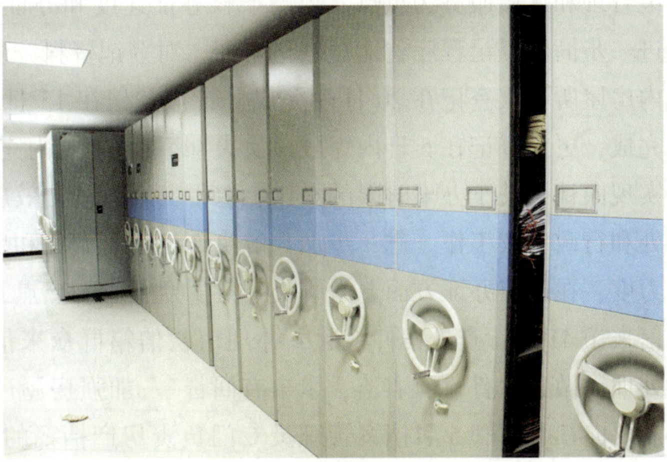

2012 年成立永州市房产档案馆

格内部运作流程，全面推行一站式办结，从机制和程序上简化办事程序，提高办事效率，堵住违规办证的漏洞。以房屋登记和交易为重点，加强产权产籍管理。加强队伍培训，抓好房屋登记办法和湖南省实施该办法的实施细则全面实施的衔接工作。建立健全一系列监督防范措施，严把发证关，防止错办、乱办预售、登记、交易、抵押手续。全年完成 966 件房屋初始登记，变更、遗失补证登记 979 起，转移登记 1.31 万起，缮证、颁证 12378 份，交易房屋 1.1 万宗，办理房屋抵押 5327 件。加大解决产权纠纷调处和房屋产权历史遗留问题化解的力度，在产权办证方面着力解决一批群众关心的难点问题。本着尊重历史、实事求是、简化程序的原则，协调有关职能部门妥善处理，尽快拿出解决遗留问题的意见，做好历史遗留未登记房屋产权的补登工作。全年调处产权纠纷 17 件，化解历史遗留房产问题，化解一批维稳隐患。加强房屋档案管理和利用，实现房产档案信息采集、整理、查询、利用和管理的全面信息化。2009 年电脑录入房产档案 1.36 万份，纸质档案上架 1.17 万份，均做到真实齐全，准确无误。开展房屋权属档案电子版扫描工作，为全部实现档案电子版管理创造条件。深入研究房地产市场发展规律，做好房地产市场预警预报体系，整顿和规范房地产市场秩序，全面参与全市房地产容积率清查、中小学危房普查、企业服务年、促进银企对接等活动，促进房地产市场健康有序发展。

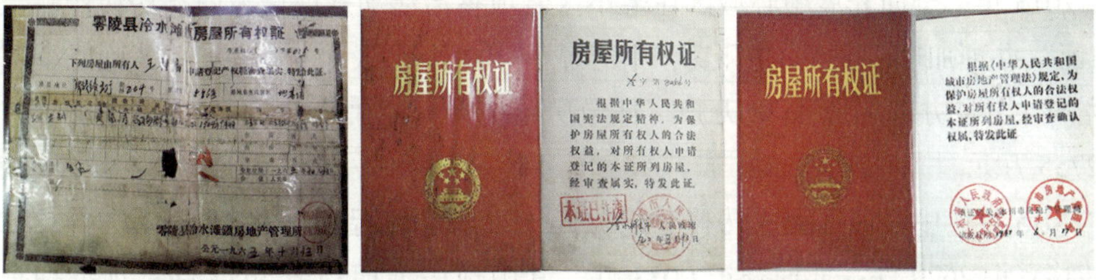

1965—2015 年不同时期的房产证

2010 年，严格房地产权属登记和产权产籍管理。是年，按照管理制度化、工作高效化的要求，市房产局房屋登记工作服务质量和办证速度不断改进和提高。以规范管理和优质服务为重点，提高产权办证速度和办证质量。为加快办理房屋登记，进一步简化登记程序，缩短登记时间，对登记资料齐全的，严格做到国有土地范围内房屋所有权登记在20日内完成，转移登记在15日内完成，变更登记在10日内完成，更正登记在5日内完成，遗失补证在30天内完成，异议登记在1日内完成，实现向社会关于办事时限的承诺，取得良好的社会效应。认真做好房屋权属纠纷调处和行政复议工作。进一步加大解决产权纠纷调处和房屋产权历史遗留问题化解的力度，在产权办证方面着力解决一批群众关心的热点及难点问题。全年处理群众来信来访41件，查处案件6起，办理市长信箱群众来信2件。对群众来信来访及时处理，做到“件件有着落，事事有回音”。加强房屋产籍档案的管理和利用。根据需要向社会招聘5名档案管理员专门负责房产档案的信息采集、整理、查询工作，加强房屋产籍档案管理力量。同时，全面实现房产档案的信息整理、录入、查询、利用和管理的信息化，全年录入电子房产档案7700份，纸质档案上架1.44万份，均做到齐全、准确。随着房屋产权登记的规范化、制度化和信息化建设的不断加强。全年市房产局进行341宗房屋初始登记，转移登记1.32万起，变更登记247起，遗失补证登记58起，更正登记49起，异议登记10起，没有发生一起错办事件。

2011年，办理房屋初始登记5023宗，房屋转移登记1.02万宗，房屋抵押登记9810宗，其他登记1051宗，扫描产权产籍档案12980卷宗，各项业务失误率为0.4%，错误率为0。

2012年，严格房地产权属登记和产权产籍管理工作。随着房屋产权登记的规范化、制度化和信息化建设的不断加强，市房产局房屋登记工作服务质量和办证速度进一步提高。全年办理房屋初始登记438宗，产权面积116.56万平方米；房屋变更登记185宗，总面积31.84万平方米；遗失补证、权证补结527宗，面积达13.17万平方米。完成档案扫描2.6万份，档案查询2.56万份，档案记录入户2.3万户，各项业务均实现零错误率的目标。

2013年，全面开展中心城区住宅小区专项整治活动开展后，商品房房产、土地“两证”办理加速。截至12月底，中心城区103个小区4.95万套住房总证全部办理完毕，分证办理完成4.38万户。征缴房屋交易契税3200万元，归集住房维修资金2755万元。

2015年，中心城区完成转移登记7274件，其中商品房转移登记4745件，二手房转移登记2679件；抵押登记9033件，其中现房抵押登记5687件，预抵押登记3308件，在建工程抵押登记38件。

二、房产测绘

2003—2006 年，房屋测绘逐步进入法制化、规范化阶段。市局依法进行房产测绘，做好房屋产权发证基础工作。全市所有房产管理部门都成立专门的房产测绘机构，使用先进的测绘仪器进行房产测量和绘图，完成珍珠花苑、银竹家园、中亚家园、舜德花园等数十个大型建筑项目 657 万平方米房产测绘工作，为房屋产权发证工作提供第一手资料。会同国土等有关部门对全市及各县区的几十家测绘机构进行资质审查，特别是加强对各县区的房产测绘指导工作，清理整顿不符合资质的测绘机构。使永州市房产测绘市场逐步走向法制化、规范化轨道。

2005 年房产测绘工作人员现场测绘中

2007—2010 年，进一步规范房产测绘管理，配合新的房屋登记办法，实现测绘业务由原有的案件管理模式向楼盘表管理模式转变。依法进行房产测绘，完成中胜家园、颐园小区、时代花园等数十个大型建筑项目 580 万平方米房产测绘。按照《湖南省房产面积测算及共有建筑面积分摊规则》做好冷水滩区房产测量及房屋面积计算管理工作，并在媒体上对分摊范围进行公示。认真协调处理各类房产测绘及面积纠纷，在对市行政效能办公室交办的颐园小区开发商与部分业主房屋分摊面积纠纷一案的处理中，测绘部门认真勘测核查，依法处理，及时回复，得到信访人和有关部门的较好反映。2008 年，市本级完成测绘面积 300.8 万平方米。2010 年，市本级完成测绘面积 759.3 万平方米。

2011—2015 年，进一步完善测绘质量管理制度，加强测绘队伍学习，定期组织全体职工进行业务和理论学习，提高测绘工作人员素质，保证测绘服务质量和工作效率。通过紧抓房屋产权办证测绘，商品房面积测算，房屋翻建测绘和二手房交易测绘等业务，强化测绘成果质量管理，提高测绘专业水平，维护业主权益。2011 年，完成星城花园、理想城、江南数码广场等 180 个建筑项目 150 万平方米房产测绘；2012 年，完成香河地产、宏旺地产、永恒汽贸等 200 个建筑项目测绘面积 181.92 万平方米；2013 年，完成西南花园、渝州地产、志恒地产等 148 个项目 190

万平方米房产测绘；2014年，完成锦华地产、中建置业、煌佳地产、恒伟药业等88个建筑项目99万平方米房产测绘；2015年，完成华源府第、海盟地产、人和地产、中联国际等85个建筑项目81万平方米房产测绘。

2015年，房产测绘工作人员现场测绘中

三、房产档案管理

1996年12月，永州市房地产管理局成立时，产籍档案室是局里的内设科室，当时两区交来档案1.1万册。1997—2002年，每年归集的房产档案4000册左右，2002年芝山房产局分离后，每年归集的房产档案逐年大大增加，由2013年的年归集量6000册增加到2015年归集量2.5万册。

2010年5月，市房产局开始对归集的房产档案进行扫描，将以前的老档案录入电子登记薄，实行电脑查询，改变过去手工查询的状况，提高档案管理的科学化、系统化和档案查询速度。建立一系列档案管理制度，档案管理水平迈上新台阶。

2015年房产档案录入电子管理

2015年，档案馆工作人员由原来9名增加到15名，其中8名负责档案扫描，2名负责装订，1名负责档案上架，3名负责查询，副馆长负责上级部门交办的住房信息查询和上报工作，馆长负责协调和全盘管理，任务到人，责任到岗，每天完成扫描200份，接待查询和开具首套房证明 250 人次。

2012 年 9 月，产籍档案室更名为永州市房产档案馆，归口为市房产局管理的正科级差额拨款事业单位。2015 年年底，档案馆藏有房产档案 18.46 万册，其中已扫描的 9.03 万册，未扫描的老档案 9.43 万册，库房面积 165.42 平方米，办公室面积 57 平方米。

第三节　房屋安全管理

一、安全生产

2007 年，针对住宅室内装饰装修活动擅自拆改房屋主体结构，造成安全隐患的现象较为普遍的情况，市政府颁布《永州市住宅室内装饰装修管理办法》并予实施。全年市房产局排查房屋拆除工程安全隐患 15 起，住宅室内装饰装修工程安全隐患 20 余起，下发整改通知书 30 余份，当场整改 20 起，消除安全隐患。房屋拆除安全监管方面，2007 年全市拆除项目 28 个，拆除面积 3 万平方米。市房产局通过实施市场准入制度、拆除方案报批制度、拆除房屋现场安全监管员制度，对中心城区所有的房屋拆除工程进行拉网式的排查，排查房屋拆除隐患 5 起，总面积 1.2 万平方米，全部整改到位。永州市湘南罐头厂厂区内房屋拆除工程因中途中止拆除而存在的安全隐患，市房产局进行排查后，要求业主单位必须按施工操作规程进行拆除，排除因小孩在未拆完的房屋内玩耍及拾破烂的人员进入未拆完的房屋内而引发的安全事故。对一车辆碰撞房屋而造成承重柱断裂的行为，下发紧急通知书，进行督促整改。

2008 年，对中心城区所有的房屋拆除工程进行拉网式排查，排查房屋拆除隐患 5 起，总面积 1.2 万平方米，全部整改到位。住宅室内装饰装修中心城区排查安全隐患 30 余起，当场整改 20 起。限期整改 10 余起。

2009 年，全市属拆迁范围内的房屋拆除项目 36 个，拆除面积 18 万平方米，其中，市本级拆除项目 22 个，拆除面积 8 万平方米。2009 年，市房产局组织房屋拆除工程隐患排查，排查隐患 2 起，建筑面积 7000 平方米，下达整改通知书 2 份，有效消除安全隐患，如永州市冷水滩区黄泥井房屋拆除工程存在的安全隐患，市房产局进行排查后，要求业主单位必须先进行安全条件审查，考虑周围过路人员多，提出施工单位必须四周封闭后方可施工，以确保过路人员安全，该房屋安全拆除。市房产局对经济适用房及廉租房的安全生产高度重视，按规定办理质监、安监手续，针对长丰新村廉租房基础为人工挖孔桩的特点，要求井下施工人员必须戴安全帽、绑安全带，开挖3米深后必须用鼓风机吹风，保证供氧充足，确保廉租房建设过程中的施工安全。

2010年，对中心城区所有的房屋拆除工程进行拉网式排查，排查房屋拆除隐患3起，总面积6000平方米，全部整改到位。住宅室内装饰装修中心城区排查安全隐患4起，全部整改到位。

2011年6月3—13日对6县区房产局安全生产工作进行排查。并组织对全市范围内的廉租房建设、房屋拆除、房屋室内装饰装修及房屋使用安全等过程中存在的安全隐患进行大排查，对安全生产责任的落实情况进行一次全面的检查。组织专门人员对中心城区的房屋安全进行拉网式的排查，对各县区进行督促检查，重点对廉租房建设、房屋拆除、房屋室内装饰装修及使用过程中存在安全隐患的房屋进行排查。通过排查，全市发现安全隐患9处，均采取有效措施，全部排除隐患。10月市房产局根据实际情况，开展安全生产宣传月活动，宣传房屋拆除、房屋室内装饰装修的相关安全生产知识和法律法规，组织物业公司学习《住宅室内装饰装修管理办法》，要求物业公司按照该办法的规定加强日常监督管理，要求装饰装修前必须向物业管理公司申报登记，对无施工资质的队伍及无操作证的人员，物业公司要禁止其进入小区内进行装修。是年，全面加强房屋拆除、房屋室内装饰装修安全生产工作，消除房屋安全隐患，有效杜绝安全生产事故的发生。冷水滩区梅湾路两栋居民楼，因地质较差，长期雨水浸泡，引起西侧挡土墙与房屋外墙之间地面下沉0.9米，并造成挡土墙滑坡，导致两栋住宅楼存在重大安全隐患。市、区两级政府组织24户住户48人搬出该楼，并对危房进行安全封堵，张贴标志，停止使用。同时组织专家进行危房等级鉴定，国土部门进行地质检测，拿出处理方案，避免事故发生。零陵区廉租房建设工地在暴雨期间，因土质松动发生挡土墙塌方，由于排查及时，采取警戒措施，未引起人员伤亡。

2012年，针对房屋拆除时间短，范围广的特点，狠抓日常安全隐患的排查，并落实整改措施。市房产局排查房屋拆除工程安全隐患18起，下发整改通知书18份，有效地消除安全隐患。如九嶷山学院旧房拆除中，没有办理房屋拆除许可证，没有申报施工方案，拆除现场没有明显的安全标志，市房产局巡查发现后，立即责令停工整改，在市房产局的严格监管下，该房屋安全拆除，消除安全隐患。安全保障方面，如长丰新村廉租房距10千伏高压线较近，为防止施工过程中及投入使用后发生安全事故，市房产局花费30多万元，将裸露的高压电线全部改为绝缘电线，确保不发生安全事故。

2013年，组织对全市范围内的廉租房建设、房屋拆除、房屋室内装饰装修及房屋使用安全等过程中存在的安全隐患进行了大排查，排查房屋拆除工程安全隐患16起，发整改通知，并督促整改。如原市人民医院旧房拆除，没有办理房屋拆除许可证，没有申报施工方案，拆除现场没有明显的安全标志，市房产局巡查发现后，立即责令停工整改，在严格监管下，该房屋安全拆除，安全隐患消除。

2014年，永州市城区老楼危楼安全排查危房建筑面积93.57万平方米，占全市城镇房屋总量的1.08%，其中需加固除险房屋1765栋，建筑面积29.17万平方米，需拆除危险房屋3816栋，建筑面积64.41万平方米。是年，着力抓好安全生产各项工作的落实，有效避免房屋拆除、保障性住房建设等安全事故的发生，全年没有发生一起安全事故，做到了零事故、零死亡，安全生产目标实现。

2015年，市房产局危房台账登记23则，并对存有危险的房屋提供处理意见，并实行跟踪监督，有效地消除房屋的安全隐患。

二、白蚁防治

2006年，全市白蚁防治机构遵循“服务群众，奉献社会”的服务宗旨，“以服务求生存，以服务求发展”，搞好双向服务工作，全年白蚁预防施工率达90%以上，回访复查率达80%以上。

2006年白蚁防治所工作人员在施药防治白蚁，右图为采集的白蚁标本

2007年，加大白蚁危害性的宣传，提高业主对白蚁防治的认识。全市各白蚁防治所充分利用媒体宣传白蚁危害性和白蚁防治工作的重要性，引起老百姓的重视，取得政府的支持。遵循“服务群众，奉献社会”的服务宗旨，健全白蚁防治质量保证体系，严格按照关于城市房屋白蚁防治的施工技术规范和操作程序进行防治。2007年，全市完成白蚁预防面积700万平方米，比上年增长50%，签订白蚁预防合同8400份。其中市白蚁防治所完成白蚁预防面积240万平方米，比上年增长46%，签订防治合同2366份。

2008年，全市白蚁防治机构认真学习先进经验，不断提高服务质量和服务水平，克服“重效益轻服务”的倾向，努力做到“以服务求生存，以服务求发展”，强化双向服务工作，全年白蚁预防施工率达90%以上，回访复查率达80%以上。

2009年，白蚁防治机构突出服务和环保两个重心。采取先服务后收费、送服务上门、定期回访复查、派发服务便民卡等方法，改进服务，提高服务水平和质量，提升行业形象，改善行业发展环境。严格践行绿色承诺，收缴、封存氯丹和灭蚁灵，提高本单位的IPM新型环保技术，在全市全面推广使用地上、地下型饵剂系统，保证灭蚁质量，减少药剂对环境的损害。全年永州市进行防、治、灭蚁面积达381.3万平方米。白蚁防治所被评为全省先进单位。

2010年，白蚁防治工作继续深入开展“践行绿色承诺，共筑和谐家园”活动。年初与各县区签订淘汰氯丹、灭蚁灵的责任书，明确和落实责任。提高本单位的IPM新型环保技术，在全市全面推广使用地上、地下型饵剂系统，配备项目施工的专用施工装备及办公设备，包括专用车辆、电脑、档案柜、饵剂安装的专用设备、建立存放饵剂系统的专用仓库。对市委大楼、中胜家园等地方进行IPM白蚁防治，认真组织安装饵站、并派专业技术人员及时进行检查维护更新。现这些地方的白蚁诱杀效果良好，受到社会各界的一致好评，保证灭蚁质量，减少药剂对环境的损害。是年，进行防、治、灭蚁面积达437.5万平方米。全省白蚁防治协会年会在永州召开，市白蚁防治所被评为全省先进单位。

2011年，通过科技创新开展白蚁防治，履行公约，推广IPM示范项目，提升服务水平和工程质量，完成250万平方米的施工面积。

2012年，创新科技，加强白蚁防治服务工作。自2010年5月永州市被确定为示范项目承担单位以来，在宣传白蚁危害的同时，大力宣传IPM技术，具体采取发放宣传手册，电视媒体报道和定期进社区现场办公等方式，有针对性地进行引导。为将工作落实到实处，从怀化地区调剂地上型、地下型饵剂各1000套，并按实际情况分发到各县区，市本级开发舜德花园、中胜家园、中国银行永州分行、市建材局、湘君面粉厂等5个IPM技术示范小区，并取得很好的实效和良好的社会效益。2012年，市白蚁防治所完成白蚁预防施工面积近250万平方米，白蚁预防收入达到380万元。

2013—2015年，不断提升白蚁防治水平和服务质量，规范房屋测绘，启动房产基础测绘数据库建设，践行灭治药品的绿色承诺，提高服务水平和质量，狠抓防治的基础工作，推动白蚁防治工作上台阶。

第四节　房地产物业管理

一、物业市场培育与监督管理

1996年，永州市房地产管理局成立时下辖事业单位永州市物业服务中心，2003年机构编制调整时撤销，其职能并入市房产局冷水滩房产管理所。2005年，随着房地产业的逐步兴起，有一定规模的住宅小区开始出现，对小区物业管理的需求开始产生，永州市第一家物业管理公司——永州市劲松物业公司成立。至2008年，有物业管理企业38家，中心城区房屋维修资金没有归集，小区业主委员会均未成立。

为适应永州市房地产市场发展，改变物业管理缺位的状况，2009年4月，市房产局设立内设机构物业管理办公室，加挂永州市房产局房屋维修资金管理中心的牌子，具体负责指导全市物业管理和住宅维修资金管理工作，对冷水滩城区内的住宅维修资金进行收缴归集和管理，加大力度指导小区成立业主委员会；2011年，组织成立自律性的行业组织永州市物业管理协会，推进行业管理。2012年9月，为适应全市物业管理的发展需要，市编办下发《关于设立永州市物业管理办公室等机构编制事项的批复》，同意市房产局设立物业管理办公室（加挂永州市房屋维修资金管理中心牌子），为归口市房产局管理的正科级全额拨款事业单位，负责全市物业管理工作及市中心城区住宅专项维修资金的归集与使用的监督、指导工作。2014年12月，市编委《关于市房产局事业单位分类有关事项的通知》明确：市物业管理办公室（加挂市房屋维修资金管理中心牌子）为公益一类事业单位。

2009—2014年，永州市先后出台实施《永州市中心城区物业管理用房暂行规定》《永州市房屋维修资金实施细则》《永州市物业管理暂行办法》《关于促进永州市物业管理健康发展的若干意见》《永州市前期物业管理招投标专家库管理暂行办法》《永州市前期物业管理招投标管理暂行办法》《永州市房屋维修资金管理暂行办法》7个规范性文件，这些文件进一步规范物业管理标准，明确各级政府、物业主管部门、房地产开发商以及物业服务企业各自应承担的物业管理职能与职责。物业管理介入时间关口前置，物业管理重心下移。永州市103个小区集中整治工作，特别是示范小区创建工作探索总结出来小区党支部、小区网格化、业主委员会、物业服务公司“四驾马车”共同参与的“党建引领、四位一体”住宅小区物业管理和服务模式，在全市范围进行推广。

2011年5月9日，永州市组建成立物业服务企业协会，主要开展物业管理政策法规宣传、调研，组织行业协调、交流评比，组织培训，提供政策咨询及信息服务。同时制定出台永州市第一个物业行业公约，为永州市物业管理行业形象的提升、服务水平的提高，以及整个行业的发展做出贡献。2014 年，进一步规范物业企业资质审批，同时结合资质核查，加大对物业服务企业的动态监管，强化物业企业诚信意识，建立守信企业奖励机制，失信企业惩罚、淘汰机制。在 2014 年度的资质核审中，有 1 家物管企业被注销资质。加强项目招投标的备案管理制度，要求物业服务企业认真落实承接查验制度。随着制度的不断完善，行政监管也日趋规范。

截至 2011 年年底，全市物业服务企业 109 家，实施物业管理项目 207 个（中心城区 91 个），其中住宅 116 个（中心城区 70 个），管理面积 570 多万平方米，从业人员 6000 余人。有 5 个住宅小区获得“湖南省物业优秀住宅小区”称号，3 个大厦获得“湖南省物业优秀大厦”称号，3 家公司获得“湖南省优秀物业管理企业”称号。经过近四年的发展，截止 2013 年 10 月底，物管企业发展到 163 家，其中二级资质企业 2 家，外地二级资质企业 1 家，三级资质企业 97 家，暂定三级资质企业 63 家。实施物业管理的项目 216 个，管理房屋面积 1100 多万平方米。中心城区 22 个住宅小区成立业主委员会，前期物业管理覆盖率达 90%以上。

2013 年，市人大常委会对中心城区物业管理工作进行专项审议、专题询问后，市委、市政府于 2014 年开始在全市开展房地产开发小区集中整治工作。从 2014 年开始，市政府连续 3 年把小区集中整治工作作为六件惠民实事之一，市住建、国土、城管、房产、公安、质监、消防、税务、财政、发改等多部门齐心协力，齐抓共管。同时，各物业服务企业强化与业主的服务沟通，服务效率和服务水平得到提升。2013—2016 年，永州市中心城区先后启动国家卫生城市、国家园林城市、国家文明城市等城市创建工作。永州市物业服务企业把城市创建工作作为一项中心工作来抓，创办宣传板报 300 余块，在城区悬挂横幅上千条，书写张贴标语 3000 余条，复印发放创卫、创园、创文宣传等资料 20000 余份。市房产局开展创“优秀物业服务项目”“优秀物业服务企业”“创和谐小区，建优美家园”“三、四、五星物业服务企业”评比活动，将小区创建达标活动作为考核和评价物业企业的刚性指标予以落实。

2015 年，全市物业服务企业发展到近 330 家，从事物业服务的对象由住宅、办公楼覆盖到商铺、学校、医院等领域，600 多个项目实施物业管理。从业人员 1.3 万余人，其中物管师、工程师、会计师、水电技师和各类管理专业人员 1000 多人。物业服务面积突破 3000 万平方米；服务范围从住宅小区，扩展至办公楼、酒店、写字楼等各种类别的物业，服务内容也从仅提供保洁服务、治安服务和公共设施设备及部位管理服务的一般物业服务，向提供专门服务、特约服务甚至多种经营服务延伸。

二、维修资金归集管理

为贯彻落实《中华人民共和国物权法》《物业管理条例》，维护房屋产权人和使用人的合法权益，根据《住宅专项维修资金管理办法》，2009 年市房产局出台《永州市房屋维修资金实施细则（试行）》，规定永州市行政区域内的县、区各行政区、工矿范围内的商品住宅、保障性住房、房改房、非住宅（与商品住宅相连的非住宅和产权式商品房）等，缴存房屋维修资金。房屋维修资金缴存标准确定为：出售商品住宅首期维修资金缴存数额为当地住宅建筑安装工程每平方米造价的5%。折算多层住宅为 20 元/平方米，高层（电梯房）为 30 元/平方米。出售公有住房的，缴存首期房屋维修资金的数额，多层住宅为 20 元/平方米，高层住宅为 30 元/平方米。售房单位从售房款中一次性提取房屋维修资金，标准为多层住宅不低于售房款的 20%，高层住宅不低于售房款的 30%。

房屋维修资金的征收采取委托由开发建设单位、集资建房单位、公有住房出售单位或小区业主委员会代收的方式。由永州市房产管理局房屋维修资金管理中心负责市区房屋维修资金的管理工作，各县（区）房产管理部门房屋维修资金管理专门机构负责本区域内房屋维修资金的归集、管理和使用，并接受同级财政部门监督。实施物业管理的小区，需对物业进行维修和更新、改造的，由物业服务企业提出房屋维修资金使用方案，业主委员会应及时召开业主大会或采取按户走访等形式对维修和更新、改造方案进行书面确认，经相关专有部分占建筑总面积 2/3 且占总人数 2/3 以上的业主书面同意后实施。未实施物业管理的小区，由该物业具有共有关系的业主提出房屋维修资金使用方案，经专有部位占建筑总面积 2/3 且占总人数 2/3 以上的业主书面同意后实施。

2009—2012 年，永州市中心城区（冷水滩区）累计归集房屋维修资金 6100 多万元。从 2012 年 6 月开始，中心城区各住宅小区陆续申请使用房屋维修资金对房屋公用部位和公用设施设备进行维修，维修资金使用正式启动。截至 2013 年 4 月底，使用房屋维修资金 16.18 万元。

2013 年，按照市人大专项审议的要求和部署，开展中心城区住宅小区物业管理专项整治。从基础入手，强化措施，强化管理，强化宣传，强化整改，促进物业管理工作的发展和规范。制定政策法规，代拟《永州市房屋维修资金管理暂行办法》和《关于进一步加强中心城区物业管理工作的通知》。强化培训学习，提升行业素质，加强自治组织建设。截至 2013 年年底，中心城区累计归集维修资金 1.1 亿元，配合小区专项整治，积极调处矛盾纠纷，加强物业服务市场整顿；配合市人大对物业管理的专项审议，强化物管行业自律，力促行业管理提升水平。

2014 年 2 月 7 日，永州市人民政府办公室印发《永州市房屋维修资金管理暂行办法》，规定购房者购买预售商品房的应当在办理房屋入住手续前将首期物业专项维修资金缴存至房屋专项维修资金专户。房地产开发企业不得代收房屋专项维修资金。商品住宅房屋维修资金的缴存标准调整为：市级房屋建筑安装工程每平方米造价的 7%（折合多层 60 元/平方米，高层 90 元/平方米）。出售公有住房的，售房单位按照售房款的 20%，从售房款中一次性提取房屋维修资金。房改房的业主缴存首期物业维修资金的，按照所拥有物业的建筑面积当地房改成本的 2%缴存。业主分户维修资金账面、公有住房售房单位缴清应缴比例维修资金的分账账面，不足原缴存 30%的，应当由业主及时续缴。成立业主委员会的，续缴方案由业主大会决定；未成立业主委员会的，续缴方案由市房屋维修资金管理中心决定，业主续缴后的分户账面余额不得低于首期缴存的额度。截至 12 月底，冷水滩中心城区住房维修资金归集额 1. 44 亿元。

2015 年 5 月 28 日，市房产局下发《关于加强房屋维修资金监管，推行维修资金业主自缴的通知》，改进房屋维修资金缴存方式，从 2015 年 7 月 1 日起，全面实行业主自存自缴模式，取消原建设单位代收代缴方式。房屋维修资金缴存标准调整为：非电梯房为 50 元/平方米，电梯房为 70 元/平方米。截至 2015 年，全市累计归集住宅专项维修资金 3. 95 亿元。

第七章　县区房地产概况

第一节　零陵区

一、概况

零陵是中国最古老的郡县地名之一，处潇湘二水交汇之处。其地名变革有零陵、永州、芝山、泉陵等称谓，皆以现零陵为中心辐射而成。就零陵现代历史地名而言：1984年以前称零陵县，1984年撤销零陵县设永州市（县级市），1996年撤市设区称芝山区。2005年经国务院批准，更名为零陵区。

新中国成立以来，零陵房产事业发展较快，随着人民当家作主的政治氛围形成，人民政府改变一穷二白的面貌。随着学校、医院、机关、工业和工商业者的兴旺发达，房地产有崭新的发展，特别是公有住房的发展有较快的速度。根据中央、省相关政策的落实，没收旧官僚、敌特反革命分子及不法商人的房产数百间为公租房，在20世纪80年代落实相关政策时，退回数十间。时段中，公有住房占整个房产的90%以上。机关、学校、医院等国家工作人员及国有企业职工都有福利分房，但人均住房面积不足7平方米。私建房极少。

1988年，《国务院关于印发在全国城镇分期分批推行住房制度改革实施方案的通知》和中央、省、市对房改系列指导性文件下发后，零陵区住房制度改革开始起步，经历提租试点、全面起步、重点突破和建立住房新体制几个阶段，实现城镇所有权的“从无到有”，住房面积的“从小到大”，打破传统的福利分房制度。全区完成存量公有住房的出售面积达51万平方米，职工集资建房2922套，面积近29万平方米，7000多人建立住房公积金制度，发放个人住房贷款300多万元。全区城镇人均居住面积达到18平方米，住房质量水平不断提高。市场房产交易价格从100~200元/平方米上升到200~500元/平方米，房产小区建设初现端倪，有大中型企业的房改房建设，以零陵卷烟厂、南津渡水电站和建华机械厂为代表的房改促房建，提高普通职工的住房质量；以竹园新村小区、百万庄小区、芝城花园小区为代表的市场运作模式，吸纳来零陵安居乐业的乡土人士、能工巧匠和先富起来的部分农民进城安居乐业。

1991年12月13日，县级永州市（现零陵区）出台并组织实施《永州市（县级）住房制度改革实施方案》及其相关配套政策，随后根据当时的实际对房改的范围对象、出售价格、优惠政策、售房付款、价格评定和程序、公有住房售后服务和管理、纪律和违章处罚相关事项作出详细的规范和界定，房改领导小组和房改办从宣传发动、到组织落实、房屋丈量测绘和房改房款解集、缴交做大量的解释和基础性工作，圆满地完成整个房改工作。在房改房出售的同时，对个人集资、合作统建住宅做出相应的规定，鼓励个人集资、合作统建住宅，政府提供相应的土地，逐步解决住房难的问题，因而加快住宅建设。

1991—1995年，通过房改，化解当时干部、职工的住房矛盾，使房产市场由福利分房逐渐过渡到货币化住房，运用“市场+保障”模型与市场经济挂钩适应。对待特殊情况，采取先售后租，对待住房困难户给予优惠措施照顾，由以息代租、部分产权逐步过渡到全部产权。

由于县级永州市于1996年撤市设芝山区，房产管理职能上划到地级永州市管理，区里只设房管处。因历史原因，当时产权证有几种：房管处代表地级永州市房产管理部门颁发的中华人民共和国建设部印制的房屋产权证，区房改办代表区政府颁发的房产证（主要是房改房证），区建设部门代理颁发的产权证。直到2002年，房产管理职能重新下放到芝山区，使整个房产权属证合三为一，统一使用中华人民共和国建设部的权证。

1990—1996年，随着土地市场的开放和房改政策的稳步推进，房产市场明显发展，南津渡城南旧城改造、七层坡市场、黄古山市场的改造和芝城花园小区一期的建设，使得房产市场有新发展，房价由每平方米100多元上升到300多元。但因1996年撤市设区后，城市建设功能转移至永州市，当时的芝山区城市建设功能萎缩，道路损毁无钱维修，基础建设停滞不前，开发商转向其他发达地区。到2002年城建功能恢复前，房地产市场徘徊停顿，只有房改房和少许集资建房的建设和交易，市场只有零星的建设和交易。据调查，当时芝山区的房价低于临近的全州县、隆回县、道县等县城的房价30%。全州县在2000年后，房价达每平方米500多元，而芝山区还处于300元左右。故此，这时段的房地产市场处于“发展—徘徊—停顿—再发展”的过程。

随着国家对房地产市场的稳步调控和促进发展等政策在零陵的逐步实施，市场经济的作用，人居生活水平的提高，加之市委、市政府对零陵区的定位和功能的调整，房产市场进入快速发展期。全区城区范围内拆迁旧、危、窄、破房屋 60 万平方米，新建新、宽、适用的住房 300 万平方米，年均增长 15%；年平均投资 8 亿元，投资 110 亿元。相继涌现出中、高档小区 20 多个。房价从 500 元/平方米接连突破 1000 元/平方米、2000 元/平方米、3000 元/平方米、4000 元/平方米。吸引境外大地产集团来零陵落户投资。如天誉华府、苏通国际、伟光实业这些全国知名企业开发投资，先后建设中高档小区十几个，如御景豪园、垠地·中山城、天誉华府、苏通国际、鑫龙·城上城、宏德·仙域华庭、上海花园等，最高楼达 31 层，最大小区占地面积 1700 亩，住房面积 200 万平方米。小区的环境治理、绿化景观和售后管理也随着上台阶，物业管理既引进沿海发达地区的经验，也在实践中不断完善，使开发商与住户的关系渐趋和谐。这时期房地产市场表现出的几个显著特点：一是根据城区建设的总体规划和市委、市政府给零陵区定位的旅游、生态城市的要求，积极引进全国大型房地产企业，如东山景区系列、西山景区系列和零冷两区连城的生态系列。二是市场规模向中、高档迈进，商品房开发市场日趋成熟。全区开发建设 5 万平方米以上楼盘 25 个，10 万平方米以上楼盘 10 个，永州苏通·国际新城数百万平方米的住宅面积超大楼盘 1 个。投资 1 亿元以上的小区楼盘 35 个，5 亿元以上的小区楼盘 15 个，10 亿元以上的小区楼盘 3 个，20 层以上高楼有 20 多栋。小区的配套设施渐趋完善、绿化率节节攀高。尤以宏德·仙域华庭的游泳池、私家公园、娱乐会所、文体中心、德文化墙幕引人注目。三是市场竞争理性化。通过互相借鉴、互相学习，零陵区自发成立房地产协会，对全区房地产企业进行指导、协调，在行业自律等方面形成章程。使企业之间在质量上要效益、在服务上要信誉、在市场上要口碑、在社会上树形象。四是保障性安居工程发展迅速。2002 年以来，改造旧有的破、烂、窄、危公用住房 1238 间、3658 平方米。2008 年国家实施保障性安居工程以来，到 2016 年年底，全区建设廉租住房 1860 套，建筑面积约 9.3 万平方米，公共租赁住房 4379 套，建筑面积 18 万平方米，城区棚户区改造 239 套，建筑面积 21890 平方米，安置各种类型拆迁的住户 9000 多套，建筑面积 80 多万平方米。五是小区物业管理从无到有，从不完善到逐步完善，服务质量显著提高。六是房地产管理事业又快又好地发展。房地产市场调控监管有效，产权户籍管理日趋规范，操作程序逐步电脑化，按程序办证，按规章办事，贯穿整个操作流程。2002 年以来，办理房屋登记 6 万宗，总建筑面积 600 万平方米，受理测绘业务 1.5 万宗，实测面积 600 万平方米；房地产市场监管、房地产开发企业资质及商品房预售监管有力有效，发商品房预售许可证 145 个；受理各类房地产评估 4 万宗，办理市场房屋交易 4 万宗，评估面积 480 万平方米；白蚁预防签订合同书 1 万余份，施药面积 600 多万平方米，灭治白蚁 458 处 500 次，灭治面积 500 万平方米。

归集住宅维修资金4600万元。内部管理规范有序，全面推行部门岗位目标管理责任制，工作人员操作程序公开、轮岗、换岗、竞岗机制日趋常态化，追错制、问责制管理全面实施，人员职责明确清晰、内部机构设置科学合理。2015年，全局先后调派70名职工参与河西大拆迁，坚守半年，拆迁房屋804户14万平方米，拆迁补偿金额7.1亿元，印发政策性宣传资料8万份，梳理处理矛盾纠纷135起。

2012年9月28日，零陵区第二届房交会开幕

2000—2015年，全区农村房地产变化活跃，以改善性住房和宜居性住房为特色的房地产发展迅速。砖石改钢混、平房改楼房，无厕房改有厕套房、白墙房改室内装修房等在农村悄然兴起。其间，农村改善性住房达300万平方米，新建高质量住房100万平方米，其中“别墅型”农家四合院住房10万平方米。随着区政府下发的《永州市零陵区人民政府办公室关于印发零陵区新购商品房契税财政补贴工作实施方案的通知》和《永州市化解商品房库存促进房地产市场平稳健康发展的实施办法》等文件的实施，一部分农民进城买房得到实惠和补贴，推进城乡一体化的进程。房管工作面对农村服务也有新变化，从在水口山、珠山、黄田铺、富家桥、菱角塘、邮亭圩6处设立房管所，积极为小城镇办理产权。15年间，为小城镇办理住房登记1500宗，颁发权证6000多本，特别为当时延伸到农村集镇的供销社、食品站、卫生院、学校、邮电所等单位确权。

二、房地产建设

（一）商品房开发建设

1993年，永州市房地产开发公司成立，为永州市房地产管理局的下属单位，独立核算。公司成立时没有专业施工队伍，所有建设项目都通过招投标的方式聘用建筑队进行施工，主要任务是进行旧城改造，安置居民，开发商品房销售。1993—1996年，主要开发建设解放路和正大街，收到较好的社会经济效益。1996年9月地改市后，此项职能归并新成立的永州市房产局。1996—2002年，因撤市设区后整个城建功能变更的影响，房地产市场建设和开发受到不同程度的制约，单位集资建房，职工个人集资合作统建经济适用房建设比较活跃，且解决中低收入家庭的住房需求。1998 年，建成的南津南路、竹园新村、百万庄 3 个安居小区，总建筑面积 15 万平方米，总投资 1.8 亿余元。其中以百万庄个体商业街为最大规模的小区市场建设，拉通道路 8 条，建成 5 条小街，占地 30 公顷，完成投资 1.3 亿元，土地出让收入 2000 多万元，修建房屋 130 余栋，5000 多套。建成商街门面 1200 多间，面积 30 万平方米。其模式是以土地换资金、以地生财、滚动开发、统一规划、设计、自主建设、群众个体集资，基本建筑体现现代气息，以 4 层、5 层楼房为主，古朴色调。3 年建成竣工，是全区成熟开发小区的典范。其他竹园新村小区、萍洲小区也相继开发成功。与此同时，解放路改造、美伦大市街、徐家井市场改造和原零陵地区组织的商业城改造开发。最为成功的为正大街旧城改造和商业城旧城区改造。正大街旧城改造是最早的旧城改造，投入资金 1100 多万元，改造街道 250 米，拆旧房 73 处，计 8761.2 平方米，新建房屋 9 栋，2.3 万平方米，使三多坊、水晶巷、钟鼓楼、总督巷等历史名巷更加古香古色，对历史名城的古建筑进行保护修复。商业城改造后，成为南六县进零陵购物的集散地和商贸总汇。

1997—2002 年间，全区城乡住宅建设完成总投入 67.30 亿元，竣工住宅面积 1277.4 万平方米。其中，城镇住宅完成投入 24.28 亿元，竣工住宅面积 348.88 万平方米；农村住宅完成投入 43.02 亿元，竣工住宅面积 878.52 万平方米。到 2002 年年底，城乡住宅总计达 1.68 亿平方米，其中城镇总计达 4086.6 万平方米，农村住宅总计达 1.26 亿平方米。城镇人均住宅面积达 28.25 平方米，农村人均住宅面积达 29.95 平方米。城镇住宅成套率达到 80%以上。全区完成投资 14.5 亿元，其中商品房住宅完成投资 11.44 亿元，住宅贷款余额 10.02 亿元。2003—2007 年，全区城乡住宅建设完成投资 74.02 亿元，住宅建设竣工面积 1350.14 万平方米。其中，城镇住宅竣工面积 383.76 万平方米，完成投资 26.7 亿元；农村住宅建设竣工面积 966.38 万平方米，完成投资 47.32 亿元。全区经济适用住房竣工面积 180 万平方米，完成投资 10.2 亿元，全区房地产综合开发竣工面积 220 万平方米，完成投资 17.4 亿元，其中商品住宅竣工面积 180 万平方米，完成投资 15.2 亿元，全区房地产市场成交额实现 14.12 亿元。全区城镇人均住宅建筑面积达到 35 平方米，农村人均住宅建筑面积达到 36 平方米。涌现出一批较集中成片的住居小区：如御景豪园、廻龙塔小区、芝城花园（二、三期）、万发世纪商贸城住宅区、零陵文化村、萍阳小区、芝麻坪步行街住宅区、徐家井世纪中心住宅区。2008—2012 年全区开发总投资达到 180 亿元，城乡住宅建设竣工面积 327 万平方米。其中城镇住宅建设竣工面积 205 万平方米，完成投资 21 亿元；农村住宅建设竣工面积 122 万平方米，完成投资 9.8 亿元。全区保障性住房竣工面积 3 万平方米，完成投资 1 亿元。全区综合房地产开发竣工面积 225 万平方米，完成投资 28 亿元。其中商品房住宅竣工面积 205 万平方米，完成投资 21 亿元。全区房地产市场成交额实现 50 亿元。全区城镇人均住宅建筑面积达到 40 平方米，农村人均住宅建筑面积达到 42 平方米。其间，建设规模大、质量高、配套设施较好的小区有耀江·文景苑、天誉华府、中山城、苏通国际、上海花园等新一批引进的开发企业。

2013—2015 年，全区房地产开发总投资达到 34.08 亿元，累计完成商品房施工总面积 158.31 万平方米，实现商品房销售总面积 115.58 万平方米，商品房销售总金额 34.84 亿元，2015 年，全区商品房开发投资达 15.54 亿元，同比增长 22.7%，投资开工新楼盘 32 个，新开工商品房面积 65.6 万平方米，完成商品房预售合同备案 5206 套，全年住宅销售均价达每平方米 2883 元，商业房均价达每平方米 9378 元。2014 年，全区商品房开发投资 12.01 亿元，同比增长 27.4%，商品房住宅成交均价为每平方米 2825 元。2015 年，全区 32 家房地产开发企业开发在建在售项目 27 个 55.32 万平方米，在建未售项目 5 个 10.27 万平方米。至 2015 年，全区有房地产开发企业 43 家，其中二级资质 3 家、三级资质 25 家，暂定资质 15 家。5 家房地产开发企业被省市有关部门评为优秀开发企业，有 4 个小区被评为优秀开发小区。

2015 年零陵仙域华庭商品房小区开发

全区通过规划控制、功能定位、政策扶持和调控、招商引资等多项措施的综合运作，商品房开发建设规模由小到大、质量由低、中档住房建设到中、高档住房迈进。城南区以旅游开发为主的住房建筑风格体现出低层别致、古香古色、历史韵味的风格特色，尤以东山景区控制区为代表。城北区以现代风格的楼房高层叠起，中式、欧式风格各异，极大地刺激消费者改善性住房的需求。河西以湖南科技学院和中烟集团零陵卷烟厂为载体的环境和住房改造焕燃一新。按照时间顺序来说，2002 年前，新建的百万庄小区、竹园新村小区、文化村小区、芝城花园小区、御景豪园小区以四五层楼房为主，仍为楼梯房，房价在每平方米 1200 元以下。2002 年后，以引进境外资金为主开发的翰林苑、耀江·文景苑、垠地中山城、天誉华府、鑫龙·城上城、苏通国际、北欧春天、上海花园、廻龙小区、香樟绿城、都市心海岸、宏德·仙域华庭等中、高档小区相继面世，走向市场，高楼电梯房应运而生，10层以上甚至20多层的楼房就有15个。翰林院是第一个31层的楼房，具有地标划时代的意义。与此同时，农贸市场的建设改造也相继完成，七层坡、黄古山、徐家井、商业城市场建设和改造升级提位，吸附力远超从前。

（二）房地产市场建设

区房产局重视对房地产市场的建设和管理，2005年配合区政府拟定零陵区的《房屋租赁管理办法》，启动对出租房屋新的管理方式，当年组织全区房地产开发企业参加“全市房地产诚信企业认证”和“全市房地产企业综合实力20强”挂牌活动。2009年，查处房地产隐性交易活动，使全区房地产契税征收达540万元。2010年以来，零陵区房产局大力加强房地产市场开发管理，重点是加强商品房预售管理、现售管理和销售价格管理。对开发企业资质严格审查，对违规开发认真查处，对商品房预售严格把关。

同期，小城镇建设和乡村住宅建设热潮兴起。永州市（县级）43个乡镇配合“大郊区”战略，开发城镇区域面积30万平方米。1997年，珠山镇被列为湖南省小城镇综合改革重点镇。1999年，芝山区政府依靠招商引资激励小城镇建设，各类投资1.21亿元，土地出让19.48万平方米，回收资金1300万元。2001年，全区小城镇完成大型基础设施建设35项，完成投资2.18亿元，施工建筑面积20万平方米，吸引外商到位资金8000多万元。小城镇规模较大的有珠山镇、水口山镇、邮亭圩镇、富家桥镇、黄田铺镇。2003年，小城镇建设投入资金1.2亿元。同期，乡村住宅建设逢勃发展，1982—1987年，全区乡村住宅建设新增面积371万平方米。1992年后，乡村房屋质量逐步提高，土坯茅舍为砖瓦屋所取代，结构由木结构向砖混结构过渡，由平房向二三层楼房发展。1992年年底，小城镇人均居住面积达27.8平方米，村庄人均居住面积约27.5平方米。新建住宅多为二层至三层楼房。2003年，黄田铺镇鹧鸪岭村进行小康房建设，制定《鹧鸪岭村小康住房建设工程实施方案》，在新硬化的长2.4公里，宽4.5米的黄邓公路两旁相对集中的地方新建一个有6栋房屋的居民点。小康房建设实行“四统一”，即“统一提供设计图纸、统一协调建设用地、统一遵循建设标准、统一享受优惠政策”。小康房的建设使该村居民住宅面积每人平均达30余平方米。

1996年以来，随着房地产业的发展和小区成熟的开发，住宅建设的加快，房地产交易越来越活跃。1996年，全区房地产交易面积为1.87万平方米，交易金额为1209万元，到2006年，房屋交易面积达8.36万平方米，交易金额达1.8亿元。到2010年，房屋交易面积达20.29万平方米，交易金额达4.95亿元；2015年年底，房屋交易面积达66.40万平方米，交易金额达22.98亿元。在房地产行业的快速发展中，银行抵押贷款业务不断增加，2002年，全区办理抵押贷款业务280余宗，抵押房屋面积3万平方米，抵押贷款金额880万元。2006年，全区办理抵押贷款业务600余宗，抵押房屋面积4.29万平方米，抵押贷款金额8710万元；2010年，全区办理抵押贷款业务2640宗，抵押房屋面积20.29万平方米，抵押贷款金额2.28亿元，到2015年年底，全区办理抵押贷款业务4581宗，抵押房屋面积55.83万平方米，抵押贷款金额16.98亿元。通过房地产市场的发展，民间资金和外来资金的投入，促进住宅建设的快速发展，激活住房消费者的购房欲望，使住宅建设和购房消费迈上良性发展轨道。

2003年以来，房地产市场建设得到房管部门和区相关部门的重视，并加强管理，重点是加强项目规划管理，商品房预售管理，现售管理和销售价格管理。针对九中池塘开发商出现“一房多卖”“短斤少两”等欺诈行为，展开调查并及时处理。其主要做法：狠抓房地产开发前期介入，对开发企业进行前期审批，房管及相关部门进行前期介入，对开发企业资质不合格、信誉不好的企业实行否决，设定门槛，杜绝混水摸鱼。加强预售资金监管，零陵区房产局与金融监管部门联合下发相关文件，并制定操作细则，加强商品房预售款的监管和使用。完善商品房预售监管制度，规范商品房销售程序，区房产局会同区物价局召开加强房地产市场监管暨商品房明码标价工作会议，强力推进商品房销售明码标价，并实行一房一价。规范住宅专项维修资金管理，保障购房业主购房后的长远利益。

2003—2007年，零陵区住宅建设与房地产业的发展速度均超过10%。城乡住宅建设竣工面积达1350.14万平方米，完成投资74.02亿元，其中城镇住宅建设竣工面积达383.76万平方米，完成投资26.7亿元；农村住宅建设竣工面积达966.38万平方米，完成投资47.32亿元。经济适用住房竣工面积达180万平方米，完成投资10.2亿元。房地产综合开发竣工面积220万平方米，完成投资17.4亿元，其中商品住宅竣工面积180万平方米，完成投资15.2亿元。全区房地产市场成交额14.12亿元。

2008年，认真贯彻落实中央、省、市关于加强房地产宏观调控的政策文件精神，严格执行“国八条”和“国六条”以及零陵区政府《关于加强房地产税收管理的通告》规定，率先实行房地产交易“先税后证”，从2007年10月起，对超普通住宅（建筑面积144平方米以上或套内面积120平方米以上）的契税征收按有关规定由2%恢复至4%，有效遏制投机性住房需求，促进房地产市场健康发展。全年加大房地产市场秩序“整规”力度，突出查处商品房销售环节的潜在问题，对物权法解读、购房须知、房地产市场主要违法违规行为以及处罚标准等印发宣传资料3

万余份，在城区各站点进行宣传和散发，收到良好社会效应，并为后段时间一系列规范性操作奠定基础。

2009年，房地产市场平稳发展，房屋成交面积27.69万平方米，成交金额2.73亿元，契税突破550万元；房地产抵押贷款金额46073万元，设定房屋抵押建筑面积61.33万平方米。

2010年，集中开展房地产市场专项“整规”活动，对全区所有房地产开发行为进行地毯式调查和摸底，为63家房地产开发企业和开发项目实行台账管理，对排查出的无资质开发和无商品房预售许可等房地产违法违规行为依法进行查处，对未缴足土地出让金或房地产税费、未取得土地、规划建设等相关部门验收证明的开发商或建房户，责令其进行整改和补救，整改不到位的一律不予颁发商品房预售证或房屋所有权证。

2011年，房地产市场受国家“新国八条”政策的影响，市场交易稳中有降。一方面，零陵区对居民购买第二套以上住房，提高房地产的税收征缴比率及银行按揭首付购房款比例，另一方面对房地产开发企业报建环节实行“手续应报必报，税费足额”收取。受此影响，全区成交房屋面积19.03万平方米，成交金额2.12亿元，较上年大幅减少。交易市场趋于清淡，全区房地产抵押贷款总额为7.58亿元，设定房屋抵押面积为97.58万平方米。

2012年，房地产市场虽继续受国家调控政策的影响，但因全区房地产市场的自身因素影响，房地产投资稳中有升，房地产市场相对活跃。全区房地产投资完成10.7亿元，增长15%；全区商品房销售面积27.16万平方米，二手房成交面积23.03万平方米，同比增长97%。全区房地产抵押贷款总额达11.74亿余元，设定房屋抵押面积87.27万平方米。居民贷款购房的消费观念日益深入。2013年，全区房地产市场相对活跃，全年商品房销售面积达22.7万平方米，同比增8%；二手房成交面积21万平方米，同比下降11%，主要受国家实行征收20%二手房交易所得税等政策的影响而导致回落。全区房地产抵押贷款总额达9.35亿元，设定房屋抵押面积70万平方米。2014年，全区有上规模的房地产开发企业30个，开发企业31家，其中开发面积在5万平方米以上的项目有23个，新办理预售的房地产企业11家，办理预售许可的商品房面积38.38万平方米，同比减少53.4%，商品房住宅均价达2472元/平方米，商品房均价7278元/平方米，同比上涨10%。全区商品房销售面积21.89万平方米，同比下降36%。商品房交易市场趋于冷清，购房群众观望心态较浓，金额机构贷款政策紧缩，开发项目贷款难的问题较为突出。新开发的房地产开发项目明显减少，在建项目建设进度明显放缓。

2015年以来，国家“供给侧”政策逐步落实，市区对房地产市场的保护和激励政策渐趋见效，全年为22个项目47栋楼宇颁发商品房预售证47本、预售商品房面积46.25万平方米，比上年增长7.14%。全区新建商品房销售面积50.35万平方米，相比上年同期增加19.8%，二手住房成交1687套，22.34万平方米，相对上年同期分别增加24.23%、38.5%。

2014年9月，零陵区房产局将全区商品房销售纳入商品房网上签约备案系统，同时所有商品房银行按揭申请审批手续由银行通过此系统实行网上申请和办理，进一步维护全区房地产市场秩序，规范商品房销售行为，也使商品房明码标价、一房一价措施得到落实。2015年共查处公房私转私让3户，房地产非法开发案件9起，地下交易6宗，审核商品房买卖合同1.8万份，房屋租赁备案2479宗，2014年1月起严格执行新建商品房必须封顶后才能预售的规定，全年为22个项目47栋楼房颁发商品房预售许可证47本，查处4起无资质开发商品房，违规预售的行为，实行行政处罚15万元，2015年全区新建商品房销售面积为50.35万平方米，二手房成交1687套，22.34万平方米，相比上年同期分别增加24.23%、38.5%，全年对30个楼盘进行例行检查，对违规开发的房地产企业立案调查4起，结案4起，有力地维护房地产市场秩序。

（三）住房保障建设

零陵区房产局负责组织经济适用房、廉租房、公租房的建设。从2004年起，区房产局按照省、市、区关于为民办八件实事的文件精神，开始着手制定全区经济适用房和廉租房的实施方案，把保障性安居工程建设作为改善民生、造福千家万户的民心工程来抓，使广大中低收入家庭的居住条件得到改善，产生巨大的社会效益。历年来，区房产局加强廉租房建设工作，通过多种形式建设经济适用房。每年都解决一批低收入家庭的住房问题。2004年以来，利用公房转廉租房面积20580平方米，安置低收入家庭570户，通过招商引资改建公房新建廉租房面积7112平方米，通过组织工矿企业集资建房、招商引资建设、拆迁安置等形式，完成经济适用房面积8.8万平方米。

2008年，区政府下发《零陵城区最低收入家庭廉租住房租赁管理办法》《零陵区廉租住房共有产权管理实施方案》《零陵区廉租住房“以息代租”管理实施方案》《零陵区住房保障工作考核办法》，区房产局印发《零陵区廉租住房申请、分配及退出管理办法》《零陵区廉租住房实物分配规范操作流程》，通过对廉租房的规范性建设和分配管理，收到良好的社会效益与民众的高度评价。2008年以来，全区总投资约4.83亿元新建廉租住房、公租房项目43个6533套27.3万平方米，其中廉租住房9个1860套9.3万平方米；公租房34个4479套18万平方米。

2009年，区房产局按照区里关于廉租房建设“统一规划、统一设计、统一建设、统一配套、统一分配、统一管理”的要求，通过招投标方式，利用开发企业，在政府划拨土地上开始保障住房的建设，全区住房保障工作进一步加强。一是新建廉租住房规模较大，呈几何级增长，全区新建的廉租住房项目4个832套4.13万平方米，其中花果山廉租住房小区8套，茆江桥廉租住房小区（一期）224套，茆江桥廉租住房小区（二期）216套，南津渡南门口廉租住房小区384套。同时，对城南、城北多处50平方米以下的直管公房采取核减其租金的方式转为廉租住房，筹集廉租住房8200平方米，安置最低收入家庭168户。二是廉租住房租赁补贴保障面进一步拓宽，全年新增保障对象504户，1523人，全年对1227户最低收入住房困难家庭发放租赁补贴资金91.50万元，实施保障人数3.64万人，保障面积3.64万平方米。

2010年，住房保障工作扎实推进，新建日升、潇水西路及萍洲工业园三处廉租住房项目，新建廉租住房536套，面积2.67万平方米，其中日升项目新建廉租住房3栋，240套，面积1.20万平方米；萍洲工业园新建廉租住房1栋，72套，面积3583平方米；潇水西路项目新建廉租住房3栋，224套，面积7684.6平方米。新增租赁补贴保障对象224户，发放租赁资金17.53万元，为1396户最低收入住房困难家庭发放租赁补贴资金104.54万元，保障人数达4151人。

2011年，无廉租房建设计划，全年全区发放租赁补贴资金124.22万元，实施租赁补贴保障1358户，3731余人，保障面积3.36万平方米。

2012年，新增廉租房826套，其中日升二期新增228套，茆江桥三期完成458套，收购黄古山中路140套廉租房。通过对沿江大道、柳子街的棚户区改造，完成248套，其中沿江大道78套，柳子街170套。全年实施住房保障338户，为新增保障对象发放租赁资金29.9万元。

2013年，公租房建设开始成为住房保障的推力器。全年全区通过开发建设虎子岭（一期）公租房144套，零陵工业园一期公租房168套、二期186套，使公租房成为无房户和低收入家庭的住房保障。廉租房新增日升廉租房二期和茆江桥廉租住房三期两处300套。棚户区改造争取800万资金到位。新增廉租住房租赁补贴48户。

2014年，住房保障工作在原有的基础上推进，虽力度不如从前，但新建开工率达100%。其中新建的4个公租房项目全部开发建设；6个棚户区改造项目基本完成3个，正在实施的3个；续建公租房项目3个。廉租住房租赁补贴全部如期发放。

2015年，在新建公租房方面，德福隆公租房、异蛇山庄公租房、福田茶场公租房、湖南科技学院公租房、永州工商职业中专公租房、河东公租房、石山脚公租房、永州监狱公租房以及9个乡镇学校公租房、6个乡镇卫生院公租房、4个乡镇干部周转房基本完成，合计 839 套。棚户区改造有桃江棚改、茆江桥及福寿亭棚改、刘家老院子棚改、古城河西片区棚改、古城河东片区棚改拆迁，3 个安置小区开工。全年新增廉租住房租赁补贴发放对象 191 户，发放补贴资金 120.5 万元。

2015 年新建零陵潇水西路公租房

三、房地产管理

（一）产权产籍管理

1984 年开始，进行第一次房屋普查。普查工作从 1984 年 12 月 10 日正式开始，至 1986 年 3 月 16 日结束，对城区房地产管理中的产权、产籍、产业等 20 个项目按栋、户进行列表登记。测绘产籍图 216 幅、测绘面积 936 万平方米，普查房屋 8817 栋，户数 14685 户，房屋总建筑面积为 222.25 万平方米，其中住宅面积占 205.6 万平方米，其他房屋建筑面积 16.65 万平方米。住宅面积中，直管公房住宅面积为 5.3 万平方米，自管公房住宅面积为 179.3 万平方米，私产住宅面积为 21 万平方米。1982 年，落实处理私房改造遗留问题 97 户，面积 4860.7 平方米，其中退缓改 52 户，面积 2475.8 平方米；私改中代管的 4 户，245 平方米；退改造的非出租户（包括部分未出租的）14 户，面积 1082.9 平方米，退起点以下的 23 户，955.6 平方米；补留房的4户，面积101.4平方米；安排住户38户，面积1980余平方米。落实统战政策退房的4户，面积575平方米。至1986年，按政策落实处理房产133户，面积8001.6平方米，安置退还房屋中的住户75户，住房面积达3995平方米。至1989年，遗留问题全部处理完毕。1988年5月，对房屋进行产权产籍管理，产权所负责房屋产权的确认、登记变更和发证，私人建房审查和房屋析产，城区房屋地籍图幅的修测、补测，房地产测量及房屋面积计算，组织城区房产调查和房屋变更测量有辖区内房地产产权纠纷仲裁。到2003年年底，为新建、变更、转让等各类房屋确权面积112.2万平方米，颁发房屋所有权证1.21万本。

2004年，全区各类房屋登记发证6500余户，建筑面积51.4万平方米，其中农村房屋登记发证110户，建筑面积3万平方米。2005年，全区城乡各类初始登记、转移登记、换证等房屋登记面积达56.63万平方米。农村房屋产权产籍管理力度加强，为农村城镇户口拓宽融资渠道。2006年，房屋发证面积不断扩大，全年为全区城乡2992户各类初始登记、转移登记、换证等房屋登记面积794242平方米。2007年，为城乡办理初始、转移、变更、换证等各类房屋产权登记4989起，建筑面积94.40万平方米。2009年，为城乡4499户办理各类房屋登记面积107.82万平方米。2010年，为城乡办理初始、转移、变更等各类房屋登记发证业务1.24万起，发证面积262.58万平方米，相比2009年增长95.36%，发展势头强势。2011年，全面实现电脑测绘，严格执行《房产测量规范》，受理城乡初始、交易、增值等各类房屋登记2219户，发证面积56.76万平方米。2012年，受理城乡初始、交易、增值等各类房屋登记4451户，发证面积175.12万平方米。2013年，受理城乡初始、交易、增值等各类房屋登记5566户，发证面积99.1万平方米。2014年，引入网上签约系统，完成与房产综合管理信息系统的对照，零陵区成为第一个实施网上签约的县区房产局，全年办理初始登记390起，登记面积31.7万平方米。2015年，实施商品房预售网上合同备案制度，房产基础信息档案电子化管理，办理各类房产初始登记631起，登记面积37.37万平方米；房产转移登记3781起，登记面积48.62万平方米；房产预告登记4221起，登记面积50.35万平方米。

1988年，永州市房地产业管理处始设档案室。2002年7月，正式设立区房产档案管理室，区房产局为档案室购买11组档案存放密集架，配备灭火器、通风设施，为加速区房产局产权产籍现代化管理打下基础。配有专职人员对房屋产籍、城市规划区及所辖乡镇房屋产籍档案资料进行管理利用。房屋产籍档案资料与颁发的房屋产权证书记载的房屋状况、宅基地、土地使用情况等内容一致，一户一档，永久保存。当房屋产权发生转移、变更、终止和他项权利变化，及时对房屋产籍档案进行调整和补充，使产籍资料和房屋状况更完整，为房屋产权管理、交易买卖、纠纷仲裁等提供依据和服务。2003 年年底，收集整理房屋产籍档案 930 卷，2.46 万册。2005 年，档案室开始配备电脑，逐步实现产权产籍管理现代化。

2010 年，因档案发展，区房产局把档案室从四楼搬到一楼大厅，经过装修，加厚、加固墙体，全密闭结构，面积达到 137.6 平方米，2012 年配备两台空调机，新的灭火器，打印机、计算机、扫描仪、复印件、摄像头、除湿机、消毒柜等设备，新增加 6 组密集架，当年达到湖南省档案工作规范化管理省一级标准。至 2015 年，归档的档案数量 108 柜，9 万余卷，密集架增至 17 组，把历年来的文书和会计档案也归类管理。2014 年，为使纸质档案转为电子形式，将所有房地产档案进行整理、录入、扫描等数字化处理。

（二）房产交易管理

1989 年 7 月，永州市房地产交易所成立，2002 年，改设芝山区房地产交易管理所，对城区内房地产买卖、转让、抵押、典当、房屋租赁、置换以及已购公有住房和经济适用房上市出售进行管理，并办理房产交易手续、房地产咨询、经纪拍卖等中介服务机构资质审查，同时协助查处房地产交易管理中的违法违规行为。

1. 房地产买卖。由当事人双方订立契约（合同），持房屋所有权证、土地使用证和身份证明办理房屋产权登记过户手续。私人之间房产价格以市场调节价为主，私人购买公房实行政府定价。商品住宅价格由成本、利润和税金 3 部分组成，还要考虑楼层、朝向、环境、地段等因素，按质分等定价。至 2003 年年底，城镇房地产交易 4760 户，成交房屋面积 90.82 万平方米，交易总额 3.33 亿元。2004 年，全区房地产交易总额 6200 多万元，成交房屋建筑面积 12 万平方米。2005 年，全区房地产交易总额 115.27 万元，成交房屋面积 10.99 万平方米；2006 年，全区房地产交易总额 1224 万元，成交房屋建筑面积 17.5 万平方米；2007 年，全区房地产交易总额 2.02 亿元，交易面积 23.32 万平方米，办理房地产交易业务 2310 余宗；2009 年，全区房地产交易总额 2.73 亿元，交易面积 27.69 万平方米，分别比上年增加 35.42%、8.29%；2010 年，全区房地产交易总额 9.71 亿元，交易面积 79.58 万平方米，同比较上年增加 215.26%、169.95%，基数越来越大。2011 年，全区房地产成交总额 2.12 元，成交面积 19.03 万平方米，比上年大幅减少。2012 年，全区商品房销售面积 27.16 万平方米，比上年增 17%，二手房成交面积 23.03 平方米，交易市场活跃。2013 年，全区商品房销售面积 22.7 万平方米，二手房成交面积 21 万平方米，交易市场较活跃。2014 年，全区商品房销售面积 21.89 万平方米，二手房交易趋冷，改善型住房较受欢迎。至 2015 年年底，城镇房地产办理转移登记 3781 起，登记面积 48.62 万平方米，房产预告登记 4221 起，登记面积 50.35 万平方米。

2. 房地产抵押。依据《城市房地产抵押管理办法》，芝山区开始对区域内的房地产抵押、典当实行房地产抵押登记制度。抵押当事人签订抵押合同，办理房地产抵押登记手续，由房产管理部门向抵押权人颁发房屋他项权证。抵押合同发生变更或抵押关系终止时，由房产登记机关办理变更或注销登记。至2003年年底，房地产抵押登记2705宗，抵押房屋面积48.5万平方米，抵押价值7.09亿元，房地产抵押贷款总额达到4.25亿元。2004年，抵押贷款总额为7926万元，设定房屋抵押建筑面积为10.86万平方米。2005年，抵押贷款总额为4.50亿元，设定房屋抵押面积为18.87万平方米。2006年，抵押贷款总额为1.67亿元，设定房屋抵押建筑面积为20.31万平方米。2009年，房地产抵押贷款总额达4.61亿元，设定房屋抵押建筑面积61.33万平方米，是2006年的2~3倍。2011年，全区房地产抵押贷款总额达7.58亿元，设定房屋抵押面积97.58万平方米，呈平稳增长态势。2012年，全区房地产抵押贷款总额达11.74亿元，设定房屋抵押面积87.27万平方米。2013年，全区房地产抵押贷款总额达9.35亿元，设定房屋抵押面积70万平方米，略有下滑。2015年，全区房地产抵押办理2806宗，抵押面积73.59万平方米，抵押贷款总额为74.57亿元，抵押贷款大幅度增长。

3. 房屋租赁。实行登记备案制度。1989年，此项工作归口当年成立的市房地产交易所管理，1996年撤地建市后，芝山区房屋租赁管理工作中断。2002年市区职能调整后，芝山区房产局重新对此项工作进行管理，归口芝山区交易管理所管理，当年11月将此项职能调整至芝山区房产局执法监察大队。2005年，区政府下发《关于进一步加强和改进出租房屋管理有关问题的通知》，区房产局对全区的出租房屋进行一次全面的摸底调查，建立台账，配合区政府拟订《零陵区房屋租赁管理办法》，至2003年年底，为3100户房屋租赁户发放房屋租赁许可证3100本，对全区16万平方米房屋实行规范化管理，2015年实行登记备案2479份。

4. 房产评估。零陵区的房屋评估管理工作自1989年开始，归口原市房地产交易管理所，1996年，归口市房地局评估管理所管理。2002年7月，芝山区设立房地产评估管理所，主要职责是负责全区房产价格评估管理工作，定期制定和公布各种类别房屋的重置价格，负责房产课税评估和政府职能性、公益性的房产价格评估，负责房产中介机构管理并接受区域内公、私房屋等级价格的委托评估。至2003年年底，办理房地产委托评估业务2000宗，估价房屋面积达2.7万平方米，估价总额达4亿元。2015年办理房地产委托评估业务3395宗，估价房屋面积达92.39万平方米，评估总额27.5亿元。

5. 白蚁防治。1989年，永州市开始实施白蚁防治管理工作，归口市房地产交易管理所。1982—1994年，建筑白蚁防治大部分由业主及民间自发防治。1995年，成立永州市白蚁防治管理所，1999年10月15日，建设部颁布《城市房屋白蚁防治管理规定》，白蚁防治工作全面规范。2002 年 7 月，芝山区设立白蚁防治管理所，负责全区防治管理工作。至 2003 年年底，全区白蚁预防施工 9610 处，预防施药面积达 60 万平方米。2005 年，全区累计完成新建、改建、扩建房屋白蚁预防施药面积 23. 45 万平方米，蚁害灭治 30 个单位，灭治面积 6000 多平方米，挽回经济损失 60 多万元。2007 年，施药面积 23. 73 万平方米，蚁害灭治施药 45 个单位，面积 3 万平方米。2009 年，施药面积 21. 98 万平方米，实施现场灭治 45 处 80 余次，灭治面积 1. 2 万平方米。2010 年，与全区新建、改建、扩建房屋 433 户签订预防合同书，施药面积 18. 21 万平方米。2011 年，签订白蚁预防工程合同书 287 份，施药面积 6. 49 万平方米。2012 年，签订白蚁预防工程合同书 125 份，施药面积 14. 89 万平方米。2013 年，签订白蚁防治工程合同书 310 份，施药面积 25. 5 万平方米。2014 年，签订白蚁预防工程合同书 119 份，施药面积 47. 8 万平方米。2015 年，签订白蚁预防工程合同书 150 份，施药面积 37. 81 万平方米。

（三）住房制度改革

1988 年 6 月，县级永州市成立住房制度改革领导小组，下设住房制度改革办公室。1996 年 6 月，成立住房资金管理委员会，1994 年 6 月，更名为住房资金管理中心。房改领导小组及办公室主要负责推行和管理全区（当时是县级市）住房制度改革，主要职责是搞好公有住房出售工作。其房改办公室下设的资金管理中心的职责管理公有住房改革资金，归集和放贷住房公积金。

住房制度改革是整个经济体制改革的重要组成部分。全区房改工作于 1992 年全面铺开，实行先公房租金改革，再公房出售，建立起国家、集体、个人相结合筹资建设住宅机制。逐步改革由国家、单位包下来的计划建房方法，由国家、单位、个人合理负担筹资建房。改革低租金福利性的住房制度，革除在改革前住房分配中的弊端，实现多住房、住好房需多付钱的住房分配货币制度，从而达到政府对房地产行业的全面管理。

1. 公房租金改革。1992 年，县级永州市（现零陵区）出台《永州市住房制度改革实施方案》。先是小步提租，不给补贴，缴纳房租和租赁保证金，再以息代租，公有住房租金随市场经济发展不断提升。1997 年，未出售的公有旧房租金标准平均达 1. 3 元/平方米，新房达到 1. 8 元/平方米，年底住房资金管理中心归集租赁保证金，租金 125 万元。2015 年，房产局管理经营公租房 346 套，总面积达 1. 45 万平方米；廉租房 816 套，总面积 4. 11 万平方米；直管公房 676 套，总面积 3. 64 万平方米，租金总收入 299. 46 万元。并实行超标加租、新房新租，租金率达到与购买公有住房相近水平，买房比租房合算，增强货币购房理念意识。

1991 年、1992 年、1995 年永州市（县级）公有住房租金、保证金标准一览表

表 7-1　　**单位：元/平方米**

结构	房屋等级	应交租金、保证金标准											
		1991 年				1992 年				1995 年			
		旧房		新房		旧房		新房		旧房		新房	
		租金	保证金	租金	保证金	租金	保证金	租金	保证金	租金	保证金	租金	保证金
砖混结构	一等	0.28	42	0.50	70	0.42	63	0.75	105	1.30	165	1.50	190
	二等	0.26	38	0.46	60	0.39	57	0.69	90	1.10	140	1.30	165
	三等	0.24	34	0.42	55	0.36	51	0.63	83	0.90	115	1.10	140
	四等	0.22	30	0.38	50	0.33	45	0.57	75	0.7	90	0.90	115
	五等	0.20	26	0.34	45	0.30	39	0.51	68	0.50	65	0.70	90
	六等	0.18	22	0.30	35	0.27	33	0.45	53	0.30	40	0.50	65
砖木结构	一等	0.24	35	0.42	55	0.36	53	0.63	83	0.90	115	1.10	104
	二等	0.20	25	0.30	35	0.30	38	0.5	53	0.50	65	0.70	90
	三等	0.16	20	0.28	30	0.24	30	0.42	45	0.38	50		
	四等	0.14	15	0.25		0.21	23	0.38		0.30	40		
简易结构		0.10	10	0.20		0.15	15						

说明：1995 年不论租住新、旧住房必须交足 1993 年度提高租金后的保证金金额，其保证金利息不够抵消新租金时，以租金形式补足

2. 公有住房改革。1993 年，县级永州市（含驻市中央、省、地属单位）参加房改的产权单位 216 个，住房建筑面积 61.4 万多平方米，使用面积 46.77 万平方米，房改房数 11025 户。随着《永州市住房制度改革实施方案》《关于认真组织实施〈永州市住房制度改革实施方案〉及其配套政策的通知》《永州市关于提高住房租金或缴纳租赁保证金若干办法的规定》《永州市公有住房出售的办法》《永州市关于个人集资、合作统建住宅的规定》《永州市住房基金筹集和管理办法》《永州市住房制度改革金融配套办法》等一系列政策文件的实施，公有住房改革如火如荼进行。其路径是：公有住房出售由房屋产权单位提出售房申请，经房改办审查批准，售房单位与购房人签订统一印制的公有住宅买卖合同，报房改办审查签证。售房单位凭房改办的售房批复，持售房审批表、售房合同、分户售房平面图及购房人身份证明等到房地产交易所办理房屋交易和所有权登记手续，发给购房人房屋所有权证，并加盖“房改售房”印章。职工按成本价购买公有住房建筑面积控制标准为

地厅级不超过110平方米，县处级不超过85平方米，科局级不超过75平方米，一般职工不超过65平方米。有技术职称的职工，可享受相应级别的购房面积（高级职称相当于县处级、中级职称相当于科局级）。

1993年以前职工以标准价每平方米100~220元购买的公房，职工个人占60%部分产权，单位占40%产权。1995年，单位集资新建住房6.6万平方米，一律以成本价向职工出售。集资建房成为住房的主体和解决职工住房问题的主要形成。房改后，全区组织建设经济适用住房60万平方米，总投资3.6亿元，人均住房面积达到18平方米。以标准价向职工出售公有住房，标准价由市统一制定，不同房屋不同地段、结构、等级计价，随物价变动不断调整。单位自管公房每平方米最高价为200元，最低价为100元。1993—2003年组织产权单位向职工出售公有住房和腾空旧房1.1万套，建筑面积78万平方米。

房改实行一系列优惠政策，明确3项优惠。工龄优惠：购房职工全部可以享受工龄补贴，按参加工作时间阶段实行不同比例优惠，1949年10月以前参加工作的每年优惠1%~2%，1949年10月1日以后参加工作的每年优惠0.5%。售房前段时间按购房职工双方建立住房公积金前的工龄给予工龄优惠，优惠折扣额逐年公布。1994年，每平方米的年工龄折扣额为2.75元。购房优惠：职工按成本价购买公有住房按售价基数减去工龄优惠后给20%的住房补贴优惠。一次性付款优惠：职工购房可以一次付清也可分期付清房款。分期付款旧房不超过3年，新房不超过5年，对一次性付清房款的给予一次性优惠。1994年年度一次性付款的给予应付款的20%的优惠。另在旧房成新折扣、免征一次性契税和房产税等政策优惠也在实施。但成本价购房每户只能享受一次和一套，且超面积的不享受优惠。

3. 住房资金管理。住房资金主要包括城市住房资金、单位住房资金和个人住房公积金3部分。1995年，永州市全面推行住房公积金制度。住房资金筹集、使用、管理按照国家、单位、个人三方共同负担的原则，集中管理、专项使用、多存多贷、低息有偿、解困优先、适度倾斜、加速周转、滚动增值，确保住房资金用于加快住房建设。1988—2001年，先后累计归集住房资金1.6亿元，除历年拨付的住房建设和维修资金外，到2001年，归集余额2100万元。住房公积金归集快速发展，1996年年底归集2万元，1999年公积金余额为587万元，2000年余额为1186万元，2003年达3700万元，2015年归集余额为2.1亿元。1999年10月为职工发放公积金贷款300万元，2003年发放公积金贷款800万元。1999年，政府对住房资金纳入财政专户管理。2002年年底，永州市政府将芝山区住房资金管理中心管理的住房公积金划归市住房公积金管理中心管理。

4. 物业管理。2002年，芝山区房产局组建时全区实施物业管理的面积约10万平方米，实行物业管理的主要是零陵卷烟厂、建华机械厂等大型国企成规模的住宅小区，也只是初步建立起物管机制。

2010 年，是物业管理工作走向轨道，规范化管理的开始。当年 5 月，零陵区房产局成立物业管理办公室、房屋维修管理中心两个股室，负责监督管理全区物业行为，指导成立业主委员会；负责全区房屋维修资金的归集、管理、使用工作。

2010 年，在零陵区开展物业活动备案的物业企业只有 2 家。至 2015 年，在物管办备案的物业服务企业 57 家，管理小区 53 个，物业管理面积 473.21 万平方米。其中，引进国家一级企业 3 家，鑫联物业从三级暂定资质升为二级资质，培养省优企业 6 个，市优企业 8 个，市优项目 8 个。全区物业从业人员 1265 人，有规模小区 84 个，其中符合条件的 52 个小区成立业主委员会，并成功引导 16 个小区选择合适的物业管理方式。2011 年，区政府出台《永州市零陵区物业管理实施办法》和《永州市零陵区房屋维修资金实施细则》，全区逐步建立“质价相符”的物业收费和服务管理体制，设立“零陵区房屋维修专户”，到 2015 年，全区归集资金 4600 万元。

5. 政策法规建设。零陵区房产局经常性地开展房地产法律法规和政策宣传。特别是 2010、2012 年利用两次房交会编制大量宣传资料向群众宣传，收到良好的社会效益。认真做好群众来信来访、行政执法监督、行政应诉等工作，不断加强行政执法培训，使执法人员取得执法资格才能上岗，亮证执法。2011 年，区房产局大力开展对全区房地产市场的整规行动，建立开发商和开发项目的基础台账，查处 12 家存在违法违规行为的房地产开发项目，同时配合区政府历史遗留问题办公室解决一批历史遗留的办证问题。修订完善《党风廉政

建设制度》《财务管理制度》《学习制度》《公务接待管理制度》等 15 项制度，确保各项工作有章可循。

依法推行房屋征收拆迁。历年来区房产局坚持依法拆迁，严格把好拆迁准入关，确保拆迁主体合法，以国务院、建设部、省、市、区有关文件规定的权限和程序履行职责，依法解决拆迁纠纷，维护社会稳定。2011 年，区政府组建零陵区房屋拆迁管理办公室，组建一支业务精、素质高的拆迁队伍，全年对 322 国道改线、东山景区、沿江大道暨城市防洪项目顺利实施拆迁，征收房屋 107 户 1.7 万平方米，落实补偿资金 1980 万元。严格落实信访综治维稳工作。2015 年共接访处理 120 人次，书面答复 59 件信访事项，稳妥处理 9 起行政司法案件，2012—2015 年书面答复人大代表及政协委员建议（提案）14 件。

6. 队伍建设。零陵区房产局以开展“创先争优”，创建“满意房管”活动为载体，不断强化队伍建设与人员管理，区房产局每年组织干部职工政治业务学习，连续 3 年进行业务知识考试，以《永州市零陵区房产局工作规则》为内容进行知识竞赛活动，每年组织普法学习及考试，完善房产信息网站，利用电视、报刊、宣传栏等媒体宣传房管政策和行政执法职能，不断完善行政审批程序，行政审批项目全部进入窗口办理。坚持持证上岗，亮证执法，重大案件交由局会审会议决定，杜绝“暗箱操作”，杜绝“人情案”“关系案”。对违反规定乱收、超收的，严格按有关规定追究当事人的责任。

配套完善政务窗口软、硬件建设，严格按照“一门受理，内部流转，限时办结，集中审批，统一收费，一站式办结”的要求，对窗口进行全面规范。实行政务公开，提高项目审批的公开性和透明度，不断更新政务公开栏和各项业务办事程序，加强业务信息系统全面跟踪和完善，积极落实政务公开工作，制定最新政府信息公开目录和指南，并及时在零陵政务网或零陵房产网上进行公开，制定《股室内部操作流程》，以优质高效的做好服务工作。通过阳光操作尽量给办事群众满意的服务，尽量把差错、投诉减少到最低程度。

为使审批程序公开透明，区房产局对申购廉租房的家庭严格实行“三审两公示”制度，即对申请对象—社区初审—首次公示—办事处民政办复审—住保办审批—第二次公示。廉租住房配租、配售均实行公开摇号制度，由区公证处现场公证。所有符合廉租住房配租、配售条件的对象都参加统一摸号，不符合条件的，一律不予准入。廉租住房配租、配售做到公开、公正、公平。

狠抓内部整章建制，职责分解规范，廉政风险防控，工作作风整顿，服务优质高效等自身队伍建设活动，促进机关制度建设、干部职工作风建设，中心工作推进和工作形象提升。2009 年，区房产局制定绩效考核机制，层层分解工作责任和经济指标，以实现奖勤罚懒。修定充实《请销假制度》等15个管理制度，实施“一天一检查、一周一汇总、一月一通报”机制。以开展“千名干部下基层”活动为载体，开展矛盾纠纷大调处、扶贫帮困活动，下发援助资金3.8万元，

2013年，区房产局进一步贯彻落实中央和省市县有关改进工作作风、密切联系群众纪律要求，坚持每季度开展一次作风建设专项监督检查。就进一步完善首问责任制、服务承诺制、限时办结制、责任追究制工作问题讲评整改，就规范行政许可、优化办事流程，提高工作时效和透明度、推行权力阳光运行，就严格财经纪律、控制“三公”经费、降低行政成本、提高廉政风险防控、接受社会监督制度措施，进行对照审查。

第二节 祁阳县

1949年，祁阳县城拥有房屋建筑面积为16万平方米，其中机关事业单位4.5万平方米；祠、庵、庙、殿等宗教场所2.4万平方米；私人房屋9.1万平方米。大部分系砖木结构和土木结构，还有少部分简易房。

中华人民共和国成立后，祁阳县人民政府有计划地投资房屋建设，县城房屋建筑面积逐年递增。至1986年，县城房屋建筑面积总计106万平方米，其中，房产局直管公房面积4.1万平方米，全民单位自管公房56.6万平方米，集体单位自管公房13.4万平方米，私人房产15.9万平方米。按用途划分：住宅49万平方米，生产用房26.14万平方米，商业服务用房13.85万平方米，教育、医疗用房9万平方米，文体娱乐用房1.6万平方米，办公用房5.3万平方米，其他用房1.1万平方米。

1986年后，县城建房面积剧增。1987—2004年，县直单位和省市驻祁单位投资3.18亿元，建学校、商店、办公楼96.1万平方米；投资1.5亿元，建生产性用房44.8万平方米；9727户居民在县城投资8亿元，在各生活小区建住宅178万平方米（不包括小区外临街铺面房）。

2005年以来，祁阳县商品房开发市场日趋成熟，至2015年，完成商品房投资9.5亿元，完成商品房施工面积81.39万平方米，其中，全县开发建设10万平方米以上大型楼盘5个，5万平方米以上大楼盘6个。保障房建设也全面开展，全县建经济适用住房596套，总建筑面积7.22万平方米，廉租住房4760套，建筑面积23.58万平方米；公共租赁住房4137套，建筑面积337.89万平方米；城市棚户区改造1600套，建筑面积13.66万平方米。

一、房地产建设

（一）房地产规划

祁阳县房地产工作坚持规划先行原则，遵循城市发展规律，统筹县城建成区、西部新区及工业园区建设，充分发挥城市规划对资源配置、产业发展、环境保护和基础建设的引导调控作用，用规划指导建设，引领房地产业不断发展，县委、县政府将县城总体发展定位为建设“四个城市”：永州市次中心城市、湘江中游中心城市、湘粤边区域中心城市、永州市生态旅游宜居城市。在房地产业发展进程中，祁阳县严格坚持“规划一张图、建设一盘棋、审批一支笔”，始终做到领导决策服从规划，强化规划权威性和严肃性。

2013 年汀兰华府商品房小区开发

2005 年起，县委、县政府相继出台《祁阳县城市房地产开发和公用设施建设管理暂行办法》《关于促进县城规划区房地产市场发展意见》《关于加快城市发展的决定》等一系列文件，提出“统一规划，合理开发；实行优惠，促进开发；强化服务，挂牌保护；鼓励支持，重点奖励；加强领导，搞好协调”等具体措施，提升房地产开发企业信心和投资热情。2011—2015 年，祁阳县房地产开发投资每年以 10.5%以上速度递增。通过推行整体式综合开发模式，实行商住开发与基础设施配套打包综合供地，由投资商在总体规划框架内实行整体式、综合化开发，政府实施监控指导和服务协调，严格控制小规模开发和分散开发，有效保证城市建设高标准成片开发和基础设施综合配套，有力促进一批环境设施好的、配套功能全的、高品质的、有特色的大楼盘建成。

（二）商品房开发建设

祁阳县房地产开发起步于 20 世纪 90 年代初。1991 年，为搞好祁阳县房地产开发和行业服务，县委、政府批准县房管局成立祁阳县房地产开发公司，属全民所有制事业单位，独立核算，资质等级三级，现为祁阳县房产局下属股室单位。当时公司成立时没有专业施工队伍，所有建设项目均聘用祁阳县建筑公司的建筑工程师和施工员队伍进行施工，主要任务是实施旧城改造，开发住宅商品房和部分商业房，通过自身的努力，带动全县房地产开发市场的发展。

1995 年，县房地产开发公司在综合开发区购地，对果园小区进行房地产开发，果园小区是祁阳第一个引进物业公司进行物业管理的小区，也是祁阳县安全文明示范金牌小区。在果园小区投资 921.78 万元建商品楼房 11 栋 267 套 2.78 万平方米，销售均价 390.00 元/平方米，销售总额 1100 万元。

1996 年，县房地产开发公司在老城区黄道街、昭陵街进行商品房开发，总投资 244.48 万元建商品楼房 3 栋 50 套 6185.5 平方米，销售均价 465.00 元/平方米，销售总额 287.62 万元。

1998 年，祁阳县房地产开发公司在盘龙东路与大井路交汇处购地，投资 401.08 万元，对盘龙小区进行房地产开发，建商品楼房 6 栋 90 套 1.18 万平方米，均价 397.00 元/平方米，销售总额 471.86 万元。

同一时期，祁阳县委、县政府解放思想，在永州市率先出台一系列关于城市建设的政策与措施，鼓励农民进城购地建房、买房，允许私人开发、出售商品房，允许单位集资建房。1998 年 7 月，国务院下发《关于进一步深化城镇住房制度改革加快住房建设的通知》，1998 年下半年开始停止住房实物分配，逐步实行住房分配货币化。县委、县政府进一步深化住房制度改革，相继出台《祁阳县深化城镇住房制度改革实施方案》《祁阳县住房公积金暂行办法》《祁阳县公有住房租金改革实施办法》《祁阳县向职工出售公有住房办法》，全面推行住房公积金制度，积极推进租金改革，稳步出售公有住房，鼓励集资合作建房，加快经济适用住房建设，建立与市场经济相适应的新型城镇住房制度，县内住房商品化、社会化，全县房地产建设迈进一个新的阶段。

1992—2002 年，在县城投资 8 亿元，在各生活小区建住宅 178 万平方米（不包括小区外临街铺面房），主要有：光明住宅区 716 户 35 栋，建筑面积 9.55 万平方米；龙泉住宅区 179 户 9 栋，建筑面积 2.45 万平方米；盘龙小区 522 户 20 栋，建筑面积 9.96 万平方米；百花小区 836 户 41 栋，建筑面积 12.67 万平方米；芦家甸小区 894 户 68 栋，建筑面积 10.59 万平方米；白沙小区 735 户 42 栋，建筑面积 14.42 万平方米；泰平住宅区 740 户 42 栋，建筑面积 12.2 万平方米；浯洲住宅区 680 户 36 栋，建筑面积 12.4 万平方米；金龙住宅区 785 户 56 栋，建筑面积 15.38 万平方米；果园住宅区 732 户 46 栋，建筑面积 14.33 万平方米；望浯园小区 1106 户 72 栋，建筑面积 25.86 万平方米；西北商业城 402 户 40 栋，建筑面积 12 万平方米。

（三）房地产市场建设

21世纪初，随着县政府招商引资力度加大，结合县城旧区改造和县城新区开发，一批有实力的房地产开发公司到祁阳从事房地产开发，祁阳县房地产业得到迅速发展。

2002年以来，祁阳县房产局大力加强房地产市场开发管理，重点是加强项目规划管理、商品房预售管理和销售价格管理。对开发企业资质严格审定，对违法建筑认真查处，对商品房预售严格把关，对预售资金严格监管。2006年9月，祁阳县房产局与县人民银行联合下发《关于使用〈祁阳县商品房预售合同〉及加强商品房预售款监管的通知》《商品房预售合同》《商品房买卖合同》《祁阳县商品房预售款专用账户监管协议书》等文件。县发改委在立项审批前，必须由县房产局先对房地产开发企业资质合法性进行审查，并加强预售资金监管。祁阳县房产局下发《祁阳县房产局进一步加强房地产市场监管完善商品住房预售制度的通知》，会同县物价局召开加强房地产市场监管暨商品房销售明码标价工作会议，推进商品房销售明码标价，实行一房一价，祁阳县房地产建设进入有序发展、大规模开发、高品质建设阶段。

2002—2015年，祁阳县有房地产开发企业21家，其中三级资质9家、四级企业资质6家、暂定级资质6家，其中较大的房地产开发公司有：永州天宇和园房地产开发有限公司、湖南鑫利投资有限公司、湖南省鑫赋房地产开发公司、永州市玉龙房地产开发有限公司、湖南京师大开发有限公司、祁阳县广源置业有限公司、永州市宇兴置业有限公司、湖南中联东圣投资有限公司、永州市兴龙置业有限公司、祁阳县民生置业有限公司、湖南海盟房地产开发有限公司、永州浯城房地产开发有限公司等13家房地产开发企业落户祁阳，先后建成（含在建）天宇第一城、政中央、金鼎名府、祁府大院、汀兰华府、西湖·水印嘉苑、祁阳时代名城、金沙湾、兴龙·浯溪城、鑫利8号、滨江豪庭、富贵世家等大型楼盘。同时，祁阳县委、县政府为充分合理利用土地、建设高品质住宅，通过规划控制，出台优惠政策鼓励发展高层建筑。2015年年底，建成浯溪御园、滨江豪庭、鑫利大酒店、鑫利八号楼、汀兰华府、鼎城名都1、2号楼等高层建筑20多栋，最高层达到35层。祁阳县有永州东圣实业开发有限公司、祁阳海盟房地产开发有限公司、湖南鑫利投资有限公司、湖南新华京师大房地产开发有限公司、永州广利来房地产有限公司祁阳县浯溪御园项目部等5家房地产开发企业被省市有关部门评为优秀开发项目。其间，主要开工建设的大型楼盘如下：

天宇第一城 由永州天宇和园房地产开发有限公司开发，占地面积为18.33万平方米，建筑面积为40万平方米，2008年开工建设，建筑类型：板楼、多层、小高层、高层，并规划设计8.6万平方米的新加坡风情园林，15万平方米的商业街，2200平方米的高级会所。项目主要以中高档住宅为主体，集购物、旅游、娱乐、休闲、文化、游乐、美食等八大功能为一体，是一个典型的综合项目，也是祁阳县规模较大的楼盘项目。

政中央　由湖南鑫利投资有限公司开发，楼盘总建筑面积为15万余平方米，建楼房8栋，其中规划并动工7栋，有商品房535套，一期于2008年开工建设。二期为鑫利8号，占地面积为20万平方米，建筑面积为15万平方米。于2014年10月1日开工建设房屋总套数达300户，建筑类别：塔楼、多层，属高档封闭式纯住宅小区。

金鼎名府　由湖南省鑫赋房地产开发公司开发，地处浯溪南路与灯塔路交会处（凯盛鞋厂对面），项目占地60亩，总建筑面积15万平方米，建筑类别：板塔结合，多层，高层；于2015年1月8日开盘，分别由6栋6层高花园洋房和4栋高层电梯房洋房组成。

祁府大院　由永州市玉龙房地产开发有限公司开发，位于县城新区（陶铸图书馆对面），项目占地面积为1.23万平方米，总建筑面积为3.18万平方米。于2014年11月12日开盘，总户数有252户；停车位为183个，建筑类别：板塔结合、高层，项目特色：经济住宅。

汀兰华府　由湖南京师大开发有限公司开发，地处湘江河畔，占地面积为8万平方米，建筑面积为30万平方米。于2014年11月12日开盘，总户数1600户，拥有停车位1600个，为1户1车位，建筑类别：板楼、高层。

西湖·水印嘉苑　由祁阳县广源置业有限公司开发，位于平安路与长虹路交会处（杨梅湖旁），占地面积为3.33万平方米，建筑面积为11.99万平方米。于2014年10月11日开盘；总户数有566户，建筑类别：塔楼、多层、高层。

祁阳时代名城　由永州市宇兴置业有限公司开发，楼盘位于浯溪南路县职业中专斜对面，占地面积为2万平方米，建筑面积为8万平方米。于2013年10月1日开盘，总户数有475户，在售户型为三居一室，建筑类别：板楼、多层、高层。

金沙湾　由湖南中联东圣投资有限公司开发，地处浯溪中路商会会所路旁，占地面积21.07万平方米，建筑面积为70万平方米。于2013年8月开盘，在售户型：三居一室，建筑类别：板楼、塔楼。

兴龙·浯溪城　由永州市兴龙置业有限公司开发，位于县城金盆西路苗圃地段，占地面积为10万平方米，建筑面积为16万平方米。于2011年9月1日开盘，拥有总户数588户，建筑类别：板楼、多层。

新城名都 由祁阳县民生置业有限公司开发，位于陶铸广场东侧，开发面积为12万平方米，建筑面积为48.9万平方米，分二期开发。第一期于2014年11月26日开盘，有商品房800套，楼房6幢（5幢商品房、1幢商城），拥有停车位1000多个，建筑类别：板楼、高层。

2012年金沙湾商品房小区开发

滨江豪庭 由湖南海盟房地产开发有限公司开发，楼盘处于陶铸广场南，一期工程占地面积为1.5万平方米，建筑面积为7.51万平方米。于2012年8月20日开盘，房屋有608套，拥有停车位304个（地下270；地上34），建筑类别：板塔结合、多层、小高层、高层。

富贵世家 由永州浯城房地产开发有限公司开发，楼盘位于县城浯溪中路腾龙学校（威泰加油站）斜对面，占地面积为2.5万平方米，建筑面积为5万平方米。于2015年3月6日开盘，建筑类别：板楼、塔楼、板塔结合、小高层、高层。

（四）住房保障建设

随着住房制度改革的发展，祁阳人民政府采取多种优惠政策和措施，建立健全住房公积金、住房货币补贴、安居工程开发、建经济适用房、廉租住房和公租房等保障体系。

从2005年开始，祁阳县委、县政府和县房产局把保障性安居工程建设作为改善民生、解决就业、扩大内需、促进增长、造福千家万户的民心工程来抓，按照“五加强”（即加强棚户区改造、加强廉租房、加强公租房、加强安置房和加强经济适应房建设）、“六统一”（统一规划、统一设计、统一建设、统一配套、统一分配、统一管理）原则和要求，全面实施保障性住房开发建设。

2012—2015年，国家、省、市出台一系列关于保障房建设、分配、管理等方面政策和要求，2014年开始，各地公共租赁住房和廉租住房并轨运行，并轨后统称为公共租赁住房。2015年4月，祁阳县人民政府出台《祁阳县保障性住房分配和运营管理办法》，对祁阳县保障性住房的配租、配售、运营、使用、退出和管理作出具体要求，明确和规范住房保障工作目标任务和操作流程。

1. 经济适用住房建设。2005年，祁阳启动经济适用住房建设，由县房地产开发公司负责开发建设。至2015年，完成省、市、县对县房产局房地产开发公司下达经济适用住房建设任务计25栋，总建筑面积7.22万平方米，房屋596套，总销售额为3062.59万元，为县财政创税收367.22万元，按物价核定利润3%计算，为房产局创收133.55万元。其中在2005—2009年期间，县房产局房地产开发公司在县城人民西路、丝泥塘小区、祁山小区、新桥街、东长街、县前街、西横街建经济适用住房22栋，建筑面积为6.05万平方米，经济适用房为482套，总销售额为2095.48万元，为县财政创税收298.94万元，按物价核定利润3%计算，为房产局创收104.54万元，然后又在2011—2013年，在县城彭井塘小区、新祁山小区建经济适用住房3栋，建筑面积为1.17万平方米，经济适用房为114套，总销售额为967.11万元，为县财政创税收68.28万元，按物价核定利润3%计算，为房产局创收29.01万元。

2008年5月，建设部、国家发改委、国土资源部、中国人民银行、财政部、国家税务总局《关于廉租住房、经济适用住房和住房租赁有关税收政策的通知》，对个人购买经济适用住房在法定税率基础上实行减半征收契税政策。同时，祁阳县人民政府颁布《关于城镇建设有关工作协调会议纪要》，对经济适用住房每套办证和开户实行优惠政策，即每套交费2800元（其中：电力1200元，自来水800元，房产400元，国土和规划各200元）的相关经济适用住房的政策，切实减轻住户负担。

2. 廉租房建设。2006年8月，建设部下发《关于印发〈城镇廉租住房工作规范化管理实施办法〉的通知》，对廉租住房工作的制度建设、管理服务、实施程序、动态管理等作出具体要求。2007年，省政府办公厅下发《关于加快城镇廉租住房建设的通知》，明确城镇廉租住房建设的基本原则，即统筹规划、分步实施，分级负责、突出重点，坚持标准、控制成本，政府主导、政策扶持，同时对廉租住房的保障方式、资金保障等提出具体要求，2008年，祁阳县在城区内启动廉租住房建设工作。2011年，祁阳县制定《祁阳县廉租住房实物配减售方案》，重点保障旧城棚户区改造和廉租房建设项目中的拆迁户，分配对象是与县房产局拆迁办或相关部门已签订拆迁协议的拆迁户和廉租房的原承租对象，以及条件特殊的无房、伤残和荣退军人。其间，县房产局向国家申请廉租房建设资金，先后在祁山小区新建廉租房2栋63套，建筑面积3601.74平方米，新桥街廉租房1栋70套建筑面积4216.18平方米，人字街廉租房2栋43套建筑面积2464.25平方米，玉家塘廉租房1栋30套建筑面积1382.94平方米，工业园廉租房8栋，第1栋96套建筑面积5273.04平方米；第2栋48套建筑面积2746.17平方米（工业园制衣厂）；5栋96套建筑面积5491.69平方米，6栋96套建筑面积5494.81平方米，7栋8栋属工业园凯盛鞋业336套建筑面积1.92万平方米；职业中专建廉租房1栋96套建筑面积6894.72平方米；彭井塘1小区共租公租房346户，总面积1.90万平方米。

至2015年年底，全县建成廉租住房4760套，23.58万平方米、总投资2.59万元，全部分配入住。

2008—2014年祁阳县廉租房建设情况统计表

表7-2

建设年份	项目名称	保障房类别	建设地点	建筑面积（平方米）	套数（套）	总投资（万元）
2008年	盘龙东路廉租房	廉租房	盘龙东路	7300	148	730
2009年	新桥街廉租房	廉租房	新桥街	3442	70	344
2009年	人字街廉租房（陈老虎园）	廉租房	人字街	2390	48	239
2009年	玉家塘廉租房（西横街）	廉租房	玉家塘	1336	30	133.5
2009年	真卿小区廉租房	廉租房	真卿小区	23808	480	2380
2010年	彭井塘廉租房	廉租房	彭井塘小区	95648.4	1920	9869
2011年	六合廉租房	廉租房	水亦香路、六合岭	40466	1056	4047
2012年	和谐家园廉租房	廉租房	六合岭、长流村	40466	576	5260
2013年	万和保障小区廉租房	廉租房	黄土岭	9600	192	1100
2014年	嘉园廉租房	廉租房	白竹村	11310	240	1750
合计	—	—	—	235766.4	4760	25852.5

3. 公租房、棚区改造住房建设。县内国有直管公房大多建于20世纪60年代末至70年代初。至80年代末，国有直管公房大多是砖混、砖木结构，因年久失修而破败不堪，有些濒临倒塌。90年代初期，经县政府批准拆除部分危房并进行零星处置，2004年，祁阳县在城区内启动保障性住房（公租房、棚改房）建设工作，其中2012—2015年，申报中央财政廉租房、棚改房资金，建项目11个35.15万平方米、住房5977套、总投资6.40亿元。其中，完成建设并分配入住的公租房1452套7.48万平方米，扫尾建设公租房2685套14.02万平方米，棚户区改造约1600户13.66万平方米，缓解祁阳县城镇中低收入住房困难家庭的住房问题。

2012—2015 年祁阳县公租房、棚户区改造建设情况统计表

表 7-3

建设年份	项目名称	保障房类别	建设地点	建筑面积（平方米）	套数（套）	总投资（万元）
2012 年	真卿小区公租房	公租房	真卿小区	21598	432	2800
2013 年	灯塔公租房	公租房	白竹村	20137.68	432	2600
2014 年	2014 年公租房	公租房	祁阳四中	13204	258	2018
2014 年	灯塔公租房二期	公租房	祁阳县经开区	19880	330	3040
2015 年	嘉园公租房	公租房	白露甸	16720	756	6330
2015 年	教师系统公租房	公租房	乡镇学校	75394	1119	6551
2015 年	卫生系统公租房	公租房	乡镇卫生院	16220	286	3217
2015 年	长流公租房	公租房	祁阳县经开区	23678.9	382	3600
2015 年	祁阳一中公租房	公租房	祁阳一中校内	8166	142	1552
2015 年	棚户区改造	棚改	原种场、唐茹冲、六合岭	136550	1600	30579
合计	—	—	—	351548.58	5737	64037

保障性住房建设由于工程量大，所需资金投入多，而祁阳县财政却并不宽裕，制约着祁阳县保障性住房建设大阔步的发展。除争取国家专项资金外，用活用足政策，住房保障办积极创新筹资方式方法，千方百计破解资金瓶颈。实行以息代租的方法，即根据廉租房户型面积大小，确定由承租人缴纳一定数量金额的押金到指定的资金专户，以押金的存款利息抵扣房屋租金，在承租人退出时，退还其本金；实行产权共有，对有一定购买能力的廉租房住户共享一部分产权，回收建设资金，实现资金滚动建设。通过这种方法，破解廉租住房建设资金难题。实现城镇低收入家庭住有所居，在全县建成廉租房、公租房 6212 套，发放租赁补贴 2061 户，使祁阳县 8273 户低收入住房困难家庭得到保障。实现租（实物配租）、售（产权共有）、补（租赁补贴）多方式保障，保障范围由原来的城镇低收入住房困难家庭扩展至城镇低收入、中等偏下收入住房困难家庭、新就业无房职工和在城镇稳定就业的外来务工人员。做到应保尽保，充分体现政府的住房保障职能，让低收入家庭共享改革开放的成果，并解决群众信访 52 件，协调解决保障房住户与小区物业公司、建设单位各类矛盾纠纷 45 次，促进社会和谐稳定。

二、房地产管理

（一）公房管理

1. 公房变迁。直管公房（以下简称“公房”），是房产主管部门直接管理的房产，其产权属国家所有。其房产包括：1950 年，县人民政府没收、接管旧政府机关用房、其他公房和地主、逃亡人员房产 8 万平方米（其中祠、庵、庙、殿等 2.4 万平方米）；20 世纪 60 年代到 70 年代中期私房改造期间，折价收购私人房产约 1.2 万平方米；1950—1987 年，人民政府投资新建公有住房约 4.1 万平方米。至 1987 年，全县直管公房面积约 13.3 万平方米。1989 年，在县纪委下达关于制止党政干部建房歪风的通知，县成立核查小组，对党政领导干部所建的房屋进行折价付款归公，按实际面积核算，交房地部门管理，重新发租，在住房制度改革时，全部清退给原建房户。20 世纪 80 年代，祁阳县人民政府依据 1978 年湖南省人民政府 151 号文件精神，实事求是，尊重历史，落实房产政策，处理房产遗留问题，将解放后没收充作公房的大部分私房退还给原房主，加之城镇建设需要，部分公房被拆迁或安置给拆迁户，至 2003 年，有公用公房 7 处，计租面积 5573.72 平方米；住宅公房，有承租户 373 户，计租面积 1.7 万平方米，合计公房面积为 2.2 万平方米。

2. 公房租金管理。1990 年以前，祁阳县公房租金非常低，公房租金价格，代租金居民房为每月 0.15 元每平方米，公用公房为每月 0.50 元每平方米。

1990 年，成立祁阳县房地产租金监督管理站（简称“租监站”），主要负责城镇公房（包括单位自管公房）的租金管理和收缴，公房租金标准由政府物价部门调控。

1995 年，成立祁阳县房地产管理局，经营公司改成祁阳县公房管理所。由于当时的租金价格偏低，为以房租养房，对公房和公有公房租金价格进行调整，单位公有公房调整为每月每平方米 1.2 元，门面为每月每平方米 3 元，居民用房为每月每平方米 0.5 元；1996 年，县物价局印发《关于调整房屋租金价格的通知》，对 1988 年以前砖混结构的旧房调为每月每平方米 1.00 元，砖木结构调为每月每平方米 0.8 元；1988 年以后建成的新房，调为每月每平方米 1.5 元，生产用房调整为每月每平方米 2.2 元；铺面营业用房随行就市。1999 年，为做好直管公房的维修养护，减轻修缮成本增加所带来的收支逆差过大的现状，做到“以房养房”，根据《关于县人民政府调整直管公房租金的通知》精神，提高直管公房租金标准。公用公房、营业铺面房，按市场价格，双方协商定价。住宅用房，一等月租标准为 2.00 元/平方米，二等月租标准为 1.5 元/平方米，三等月租标准为 1.00 元/平方米，一般简易结构的房屋月租最低标准为 0.8 元/平方米。2015 年租赁价格，按折旧费、维修费、管理费、税金和投资利息5项因素计算。按街道繁华程度划分等级：人民路、人字街、浯溪路区域为一等，营业用房15元/平方米·月；住宅用房2元/平方米·月；民生路、祁羊路、大井路、昭陵街、黎阳路、椒山路、湖滨路、芦家甸区域为二等，营业用房统一实行10元/平方米·月，住宅用房1.5元/平方米·月；中仓街、寿井路、县前街、潇湘路、东长街、东正街、黄道街、宝塔街区域为三等，营业用房6元/平方米·月，住宅用房1元/平方米·月；其余地段为四等，营业用房5元/平方米·月，住宅用房1元/平方米·月。

3. 公房维修管理。1978年前，公房维修由城关镇、财政局负责，累计支出公房维修费77.4万元。1979年成立县房产公司，负责公房的经营和修缮管理。1990年成立祁阳县房地产管理处，原房产公司更名祁阳县经营公司，负责全县公房、公有公房租金收缴、房屋修缮工作，根据公房损害程度，拟定年度公房修缮、危房加固、治漏和改、扩建计划。并将损坏严重的公房，改建成5~6层单元式住宅。1991—1997年，将县城寿井路、新桥街、荷花园、东正街、昭陵街、黄道街等地段的旧公房拆除，改建成4~5层单元式住宅10栋，计212套，建筑面积13764平方米，累计投资499.1万元。1998—2004年，投资215万元，将黄道街原东风旅社、中仓街原日杂仓库两处旧房，改建为3栋5层单元式住宅，计38套，建筑面积5700平方米。并先后将沙井陡、解放园、东长街、岳皇巷、县前街、水府庙、蒋家园、徐家园、玉家塘、幸福路等处旧房，进行加固、修缮。

（二）产权产籍管理

中华人民共和国成立后，人民政府非常重视房产管理，境内房产初由县政府直接管理，后又组建并逐步健全房产管理专业机构，1978年，成立县房地产公司，代表政府管理城镇房屋产权产籍，承担产权登记，收集管理城镇房屋所有权和产权档案，地籍图纸以及簿册、表卡等其他反映房屋产权现状的历史情况资料，为各种有关房地产的民事经济活动服务，保护房屋所有权人的合法权益。城市房屋产权的取得、转移、变更、灭失等，统一到产权产籍管理机构进行产权登记发证，建立产权产籍档案资料。

1985年，县房产局履行城镇房屋产权登记发证职能，当年接受私房产权登记发证1006宗，建筑面积5.9万平方米，公房产权登记89宗，建筑面积1.6万平方米。1991年和1992年，县人民政府先后出台《祁阳县城镇公有房地产管理办法》和《关于房产登记管理中加强公证的规定》，对产权登记作出具体规定。

1994年，为加强产权产籍管理，县房产局制定产权申报制度、实地勘丈调查制度、房屋产权审核制度、资料归档制度4项制度，并组织人员对县城关镇、羊角塘、黎家坪、文明铺、观音滩、白水、黄泥塘、潘市、大村甸、下马渡、金洞、肖家村、大忠桥、八宝14个镇的房屋产权开展清查和登记验证工作，登记发证14048宗。其中：私房10488宗，公房3560宗，房屋登记发证收件率达96%；发证率达86%，差错率0.5%，图卡、册、表、证的各项技术数据一致，房屋座落平面图，四至墙界标引清楚，产权产籍资料集中归档。

1997年，根据建设部《关于整顿全国房屋所有权登记发证秩序的通知》精神，对全县房屋产权登记发证秩序进行清理整顿，收回黎家坪、文明铺、白水、观音滩、大忠桥、大村甸、下马渡、羊角塘、潘市、黄泥塘、肖家村、八宝、金洞等13个建制镇的房屋产权登记、颁证权。制止非房产管理部门颁发房屋所有权证和房屋抵押登记的行为，强化城镇房屋产权管理。

2001年，县房产局制定《祁阳县房屋权属证书登记管理若干规定》，进一步完善城镇房屋产权登记管理制度，房屋权属登记实行先审批后颁证。房产交易所负责产权登记收件审理，实地调查，测绘等前期工作；产权产籍管理部门校核填写证书、签章、资料归档。房屋产权证遗失、灭失的，房屋权利人持相关资料向房产管理部门申报、核实，进行遗失、灭失登记，注销原房屋所有权证书，登报声明原房屋所有权证作废，30日内无异议，则按房屋产权登记程序办领新证。房产局档案室登记、保管全县城镇单位和私人房屋所有权证书30006宗（户），建筑面积549.86万平方米。其中公产2497宗，建筑面积105.4万平方米。

1996—2002年，县房产局评估所与中国银行祁阳支行、工商银行祁阳支行、建设银行祁阳支行、农业银行祁阳支行为全县群众办理房屋抵押权登记4126件。2003—2014年，在全县办理各类房屋抵押权登记17776件。

2005—2014年，在全县完成个人、集体、国有房屋所有权登记27414件，完成初始登记12303件，房屋建筑面积为482万平方米，完成商品房期房预售预告登记57391件，房屋建筑面积为43.63万平方米。完成全县交易商品房买卖6911件，买卖房屋建筑面积为101.87万平方米，其中一手交易商品房买卖3895件，买卖房屋建筑面积65.47万平方米，二手交易房买卖3016件，房屋建筑面积36.40万平方米。2003—2015年，完成县、局经济指标3834.65万元，为全县协税护税1.03亿元。在2007—2015年，为全县解决个人、集体、国有房屋房屋产权登记、商品房买卖、房屋产权变更、房屋抵押登记等信访件102次，为祁阳维稳工作贡献一份力量。至2015年，办理浯溪镇产权存档58476卷，抵押存档15926卷，开发商总栋存证643本，2009—2015年，抵押注销档案7831卷。2012—2015年，档案资料齐全，接待查档（咨询）人员20500人次，调阅档案15700卷次，为全县群众出具证明384份数，开具无房证明及唯一住房证明28844份数，协助司法办理扣押、解除扣押450卷次，入库文书档案942卷，各类收费为县房产局创收100多万元。

1997 年，祁阳县房地产管理局在全县 13 个乡镇建立房产管理所。2005 年，投资兴建局域网，启动“数字房产”工程，加速祁阳县产权产籍现代化管理。2012 年 6 月，城乡房屋产权登记纳入房产综合管理信息系统，进行电脑缮证，脱离手工缮证原始操作模式，2012 年 8 月，县直房屋登记业务进驻县政务中心大楼办理全县房屋产权、房屋交易和房屋抵押等业务。

（三）房产交易管理

1991 年初，祁阳县人民政府根据国家有关房地产管理法律、法规，制定规范城镇房地产市场经营行为，加强城镇房地产市场经营活动监督管理办法，建立完善房地产市场运行机制。1992 年，县政府颁发《祁阳县搞活房地产业暂行办法》，推行房屋出租、买卖、转让、抵押等市场运行体系，杜绝场外交易、私下交易。对已进行的场外交易、租赁，责令在规定的时间内补办手续，一个月不办的，按契税和租赁费标准加倍收取，超过一个月不办的，房产管理部门有权终止其交易、租赁活动。1996 年，县人民政府成立祁阳县房地产市场管理委员会，负责本县房地产市场的监督管理。3 月成立县房地产管理局下属基层机构——祁阳县房产交易所，为正股级事业单位，对全县城镇房产买卖、租赁、交换、抵押进行中介服务，保证房产在法律、法规制约下正常有序地流通，并在房产局二楼大厅设立房地产交易市场，办理房产经营业务，提供咨询服务。

1990—1995 年，房产交易严格规范程序：私人房屋出售、转让，要出具房屋所有权证、本人身份证。单位出售房屋，除有单位房屋所有权证外，还必须有上级主管部门批准售房文件。出售已租住的房屋时，应提前 3 个月通知承租人，在同等条件下承租人有优先购买权。其间，每年房屋交易经营 200 起，建筑面积 1.3 万平方米，成交金额 100 多万元，收取契税 6 万多元、交易管理服务费 3 万多元。

1995 年，房产主管部门将房屋价格纳入房产市场管理体系。在城区基准地价基础上，制定年度各类房屋的重置价格。依据房屋重置价格，按城区地段、房屋结构进行分类：一类为钢筋混凝土结构 2 个等级：一级为 650~530 元/平方米；二级 570~470 元/平方米。二类为砖混结构 3 个等级：一级为 460~340 元/平方米；二级 430~300 元/平方米；三级 270 元/平方米。三类为砖木结构分 6 个等级。2002 年，又重审县城各类房屋重置价格，上调下浮年度价格幅度以 20%为基准。在房产市场实际流通中，允许交易双方协商定价，房产交易中，双方商定成交价格，向县房产交易所申报、核实、登记。城镇房屋交易中，房屋出售价格大都执行协商成交价。

1996—2004 年，房屋流通成为房地产市场经营主体，每年转让登记 500 起，建筑面积 6 万平方米，金额达 1700 万元，收取契税 70 多万元、交易转让管理服务费 50 万元。2005—2015 年，在全县办理个人、集体、国有房屋房产交易转移登记

2014年1月1日祁阳首届房交会开幕

10186户，办理二手房交易912起、房屋交易抵押登记6554余起、商品房在建工程抵押221件，针对房屋租赁发证11029多户，收集租赁信息150条，房屋信息3780条。2005—2015年完成全县房屋交易经济指标2926.61万元，收取测绘、中介服务、登记等费用160余万元；白蚁防治收费138余万元。

（四）房屋租赁市场管理

1991年以前，单位、个人出租房屋，没有纳入市场管理。1992年，根据《城市私有房屋管理条例》的有关规定，县房产局建立规范城镇出租房屋登记备案制。在县城区对人民路、浯溪路、人字街、昭陵街等地段的出租房屋，逐户进行登记，签订书面租赁合约，至1992年年底，签订书面租赁合同400多份（有效期一年），租赁面积1.2万平方米，租赁金额200多万元，收取租赁服务费4万多元。1993年起，设立房屋租赁管理组。负责管理房屋租赁市场。1995年，房产主管部门同物价部门签发《关于加强城镇房屋租赁管理》的通知，允许协商拟定租价，最高限价不得超出价限50%，超过价限50%以上的部分，管理部门从出租方全额收缴。租赁期间，不允许单方面终止合同，租赁期满，重新办理租赁手续。1998年，在全县各建制镇成立房产管理办公室，负责各建制镇房屋租赁市场管理，但不完善。至2004年，对县城主要街道667户铺面房出租，每年进行一次登记，备案，签订租赁合同，领取租赁许可证667份，租赁面积3万平方米，租赁金额300多万元，每年收取租赁服务费10多万元。

（五）房屋测绘

2000年2月22日，国家质量技术监督局发布《房产测量规范》（GB/T17986.1—2000）；2000年12月28日，建设部与国家测绘局联合发布《房产测绘管理办法》。这些规范与办法，对测绘申请人的权利与测绘单位的责任作出明确规定，如有下列情形之一的，房屋权利申请人、房屋权利人或者其他利害关系人可以委托房产测绘单位进行房产测绘：（1）申请产权初始登记的房屋；（2）自然状况发生变化的房屋；（3）房屋权利人或者其他利害关系人要求测绘的房屋。关于测绘单位的责任，《房产测量规范》与《房产测绘管理办法》明确规定，测绘单位在房地产测绘中要执行国家的房产测量规范与相关的技术标准和规定，并对其完成的测绘成果质量负责。2000—2015 年，房产局测绘所与颁证股、中介服务所为局财政收取测绘、登记费 160 余万元。

（六）房屋白蚁防治

白蚁是世界五大害虫之一，对房屋的危害十分巨大。祁阳是白蚁多发地区之一，1996 年，成立祁阳县房产局白蚁防治所，开展白蚁防治工作。1998 年 5 月，白蚁防治所获得湖南省建设委员会颁发的叁级资质证书。2005 年，祁阳县人民政府办公室颁布《祁阳县城镇房屋白蚁防治管理办法》，在全县城乡新建、改建、扩建房屋及室内装修装饰工程等大力展开白蚂蚁防治工作，对出现蚁害严重的县人民政府办公室（龙山公园）、八宝镇镇政府、文明铺镇镇政府、肖家村镇镇政府、进宝塘镇镇政府、羊角塘镇镇政府、下马渡镇镇政府、三口塘镇镇政府、黄泥塘镇镇政府、人事局、交通局、公路局、畜牧水产局、民政局、劳动和社会保障局、军干所、供电公司、烟草公司、零陵煤矿、观音滩煤矿、祁阳一中、白水七中、八宝镇中学、大村甸镇中学、龚家坪中学、三口塘镇中学、农业银行、建设银行中仓街支行、下马渡镇信用社、人民医院、进宝塘镇卫生院、梅溪镇中心卫生院、龙山公园、浯溪公园、陶铸故居、波罗山水库堤坝等各单位以及个人住户进行白蚁灭治施工，灭治面积达 127 万平方米，挽回经济损失 5000 多万元。其中 1997 年，与房屋建设单位及个人签订白蚁防治合同 55 份，防治面积 10 万平方米，房屋建筑面积 2.2 万平方米，收取白蚁防治费 10.63 万元，1998—2004 年，对浯溪文物管理处、中南药机厂、祁阳县卫校、大村甸镇二中和县委、政府大院内的房屋、树木，通过现场观察确定白蚁种类，采取诱杀、挖巢、粉药直杀等方法，效果显著。新建、改扩建房屋及室内装修的单位和个人主动签订房屋白蚁预防合同，建卡立档，同单位、个人签订房屋白蚁预防合同书 3163 份；建筑面积 455.5 万平方米，收取白蚁防治费 164.64 万元，累计投放白蚁预防药水 66466 公斤、白蚁灭治药粉 212 公斤。

2005—2015 年祁阳县白蚁防治统计表

表 7-4

年度	收白蚁费（万元）	防治面积（万平方米）	年度	收白蚁费（万元）	防治面积（万平方米）
2005 年	48.11	24	2011 年	180.38	72
2006 年	76.36	38	2012 年	250.78	101
2007 年	109.29	60	2013 年	253.11	101
2008 年	96.53	48	2014 年	307.8	123
2009 年	126.28	51	2015 年	173.59	69
2010 年	250.57	100	—	—	—

（七）房产中介服务

1994年10月，成立祁阳县房地产评估管理所，开展以房产抵押的评估业务，向银行办理借款。第一宗受理房屋抵押是黎家坪镇南正街第04551号私房，建筑面积142平方米，评估现值4.8万元。1995—1996年，受理申请房屋抵押评估借贷350起，书写评估报告，确认权属书350分，评估房屋建筑面积6.5万平方米，评估现值总金额2469.7万元。1997年，祁阳县房地产评估事务所取得湖南省建设委员会颁发的叁级评估资质证书。当年，接纳申请房屋评估抵押280户，办理他项权利登记280宗，建筑面积6.8万平方米，评估现值4302.4万元。2003年，受理县城沿江路建设工程房屋拆迁评估。评估拆迁房屋406户，其中单位23个，房屋建筑面积1.5万平方米，评估现值300余万元。私房户383户，房屋建筑面积3.6万平方米，评估现值785.8万元。评估确认房屋单价216元/平方米。1999年，房地产中介服务所、房地产测量事务所相继建立，开展房地产咨询、房地产经纪，房地产评估等房地产中介业务活动。是年，县房地产中介服务所、县房地产测量事务所同时取得省建设厅颁发的三级资质证书。2000—2004年，完成测绘1∶500房产地形图2.5平方公里；房屋分户、分层平面图38栋；房屋道路测量6.5平方公里。完成中介服务面积26.5万平方米，房产咨询服务350起。

2004年，祁阳县房产局成立房地产中介服务所，负责县房产局房地产中介服务一切事项，由其所统一受理并与委托人签订书面中介服务合同。根据2001年7月建设部《城市房地产中介服务管理规定》精神，由服务单位按照公平合法和诚实信用原则，自主制定收费标准，2004—2013年，收取房地产中介服务费477.2万元，缴纳房地产税金28.7万元。

2004—2013年祁阳县房地产中介服务费、房地产税金统计表

表7-5 **单位：万元**

年份	收取房地产中介服务费	上缴房地产税金	年份	收取房地产中介服务费	上缴房地产税金
2004年	20.1	1.2	2009年	64.8	3.9
2005年	27.6	1.7	2010年	172	10.3
2006年	32.4	1.9	2011年	40.9	2.5
2007年	39.5	2.4	2012年	35.1	2.1
2008年	42.5	2.6	2013年	2.3	0.1

（八）房屋安全鉴定

1. 危房勘测鉴定。1992年以前，境内危房勘测鉴定，由县公安局兼管。1992

年，根据国家建设部 1989 年《城市危险房屋管理规定》，县政府批准成立祁阳县房屋安全鉴定办公室，负责全县危险房屋鉴定管理工作。先后对县百纺公司仓库房 8765 平方米、县福利院住宅房 460 平方米、县线带厂车间房 8456 平方米、县湘运公司住宅房 2230 平方米、县供销售社办公房 986 平方米，进行现场勘测鉴定，确认为一级危房，停止使用，签发限期拆除重建通知书。全年受理勘测鉴定 11 处，受监面积 2.9 万平方米。1993—1999 年，定期对县城旧城区单位用房、私人住宅进行现场勘测，部分房屋建于 20 世纪二三十年代，房屋墙体倾斜、砂浆粉化、屋盖腐蚀，存在安全隐患，并对这类房屋分别实施加固、拆除、维修、重建。截至 1999 年年底，累计受理单位、私人危房鉴定 144 处，受监建筑面积 16.5 万平方米。

2000 年起，对全县中小学危房进行勘测、鉴定。对超期使用、基础较差、墙体风化、木结构腐蚀、空鼓、虫蛀等存在严重安全隐患的房屋逐一进行整改。依照 2004 年国家建设部颁发的《城市危险房屋管理规定》，截至 2016 年，对各镇、金洞林场、大江林场 76 所中小学校旧危房屋，书面签发整改通知书，并按整改意见进行改造，计建筑面积 5.7 万平方米。对全县 20 世纪七八十年代的土木结构、砖木结构现有办公用以及居住用的房屋进行鉴定，出具各类房屋安全鉴定报告 913 份，鉴定各类危房 1229 户，鉴定总建筑面积 71.03 万平方米；出具培训班鉴定报告 62 份，鉴定培训班总建筑面积 4.30 万平方米；出具学校鉴定报告 31 份，鉴定学校建筑面积 3.30 万平方米。其中出具幼儿园鉴定报告 232 份，鉴定幼儿园总建筑面积 19.74 万平方米。

2005—2012 年祁阳县房屋安全排查统计表

表 7-6

年份	排查房屋数量（栋）	排查房屋建筑面积（平方米）	需加固排险房屋统计		需拆除危险房屋统计	
			数量（栋）	建筑面积（平方米）	数量（栋）	建筑面积（平方米）
2005	2749	312907.31	997	113974.39	1752	198932.92
2006	2637	307531.66	1143	129413.58	1494	178118.08
2007	2916	335763.71	1327	154361.83	1589	181401.88
2008	3151	360493.86	1386	157169.99	1765	203323.87
2009	3477	396053.37	1217	149908.39	2260	246144.98
2010	3394	385947.61	1179	141827.38	2215	24120.23
2011	3563	409763.43	1243	15794.85	2320	257968.58
2012	3783	421081.97	1531	174685.56	2252	246396.41

2003—2015 年祁阳县校舍安全排查统计表

表 7-7

年 份	排查房屋数量（栋）	排查房屋建筑面积（平方米）	需加固排险校舍统计		需拆除危险校舍统计	
			数量（栋）	建筑面积（平方米）	数量（栋）	建筑面积（平方米）
2003	157	724665	169	710698	3	13967
2004	153	717491	140	687078	5	30413
2005	148	690964	120	671097	4	19867
2006	158	713079	153	690330	4	22749
2007	162	714608	160	706249	2	8359
2008	159	723127	161	706474	3	16653
2009	160	738463	147	695324	6	43089
2010	167	750189	172	728842	3	21347
2011	158	730794	170	720055	2	10739
2012	149	716275	145	686017	5	30258
2013	155	729447	146	689784	7	39663
2014	163	743965	171	724020	4	19945
2015	160	737487	159	705468	6	32019

2013—2015 年祁阳县老楼危楼安全排查一览表

表 7-8

年份	排查房屋数量（栋）	排查房屋建筑面积（平方米）	需加固排险房屋统计		需拆除危险房屋统计	
			数量（栋）	建筑面积（平方米）	数量（栋）	建筑面积（平方米）
2013	3369	398471.65	1198	154731.43	2171	243740.22
2014	3789	430191.33	1299	162168.24	2580	268023.09
2015	3586	449937.15	1049	177999.44	2497	271937.71

2. 房屋装饰装修监管。2006 年，祁阳县房产局内设房屋安全管理办公室，将房屋装饰装修和房屋拆除行业纳入安全监管范畴。同年 8 月，县房屋安全管理办首次在县城各街道和各小区开展对各房屋装饰装修，以及拆除行业脏、乱、差不规范行为进行依法整治，查处未申报备案有 120 起，责令限期整改 80 起，立案 15 起，处罚 5 起。历年来，对房屋装饰装修拆除但未申报备案 330 起，下发整改通知书 268 份，责令停工 70 起，立案 15 起，处罚 9 起；查处无资质拆除 47 起，下发整改通知书 40 份，责令停工 40 起，立案 4 起，处罚 4 起。

（九）房屋契税、营业税征收

1. 房屋契税。1950 年，政务院颁布《契税暂行条例》，对土改后发生的土地房产买卖、典当、赠与、交换、分家析产、继承等契税作出具体规定。其后经历多次调整。1997—2004 年，县内的房屋契税由县房产局代征，2005—2010 年由县财政局自征，2011 年后由县地方税务局征收。

2. 房产税、营业税。新中国建立初期，房产、地产税合一按年计征，税率为 1%。1973 年工商税制改革，将企业缴纳的房地产税并入工商税，而对不缴纳工商税的个人、私营企业和非企业单位所有的房地产，一律按标准租价的 12%征收城市房地产税。1988 年 9 月，国务院发布《房产税暂行条例》，对个人所有非经营用房、宗教寺庙、公园、名胜古迹、自用房屋、人民团体等自用房给予免税照顾。2006 年 5 月 31 日，国家税务总局下发《关于加强住房营业税征收管理有关问题的通知》，要求二手房交易营业税 5 年免征。2008 年 10 月，省委办公厅、省政府办公厅颁布《关于促进房地产市场健康稳定发展的若干意见》。2008 年 12 月 29 日，财政部、国家税务总局联合下发《关于个人住房转让营业税政策的通知》，将营业税征免年限从原政策中的 5 年改为 2 年。2015 年 3 月 30 日，财政部、国家税务总局发布《关于调整个人住房转让营业税政策的通知》，规定个人将购买不足 2 年的住房对外销售的，全额征收营业税；个人将购买 2 年以上（含 2 年）的非普通住房对外销售的，按照其销售收入减去购买房屋的价款后的差额征收营业税；个人将购买 2 年以上（含 2 年）的普通住房对外销售的，免征营业税。

1996—2015 年祁阳县祁阳县房产局年营业收入、年缴税一览表

表 7-9　　**单位：万元**

年度	收入	上缴税额	年度	收入	上缴税额
1996	603. 45	58. 26	2006	603. 74	55. 00
1997	575. 63	34. 25	2007	772. 93	75. 67
1998	409. 37	33. 33	2008	1144. 94	109. 79
1999	145. 46	8. 37	2009	1584. 36	147. 20
2000	224. 59	24. 78	2010	2746. 20	255. 62
2001	462. 77	60. 52	2011	1669. 99	149. 04
2002	749. 46	105. 45	2012	2019. 20	183. 16
2003	600. 11	67. 69	2013	2059. 17	179. 48
2004	439. 53	39. 99	2014	1831. 64	161. 95
2005	482. 33	45. 99	2015	2134. 26	171. 33

（十）住房制度改革

1988年，祁阳列为湖南省城镇住房制度改革试点县。同年5月，成立祁阳县城镇住房制度改革领导小组办公室。按照“调查摸底、测算数据，拟定方案、试点运行，修改完善、出台《方案》”3个步骤推进住房制度改革。

1991年，县政府印发《祁阳县城镇住房制度改革实施方案》，鼓励个人买房，先卖后租，租卖结合，建立住房公积金，积极鼓励干部职工集资联建住房，分步提租，不发住房补贴。实行“租、卖、建、管”四字并举的方针。

1. 租：对确需公房居住，而又无资金购买公有住房的住户，允许继续租住公房，但要提高房屋租金标准，不发住房补贴。1989年，县房改办下发《关于进一步加强对公有住房租金收取和管理的通知》，租金按住房折旧费、维修费、管理费、投资利息和房产税5项因素计算，县城住房每平方米使用面积标准成本租金为1.10元。根据居民实际生活水平，分5步到位：第一步，提高月租标准为0.30元/平方米；第二步，提高月租标准为0.50元/平方米；第三步，提高月租标准为0.70元/平方米；第四步，提高月租标准0.90元/平方米；第五步，月租标准为1.10元/平方米。2000年后，住房租金按市场商品房租金计算。

2. 卖：公有住房全部出售给个人。方案中规定，除政策规定的六类不能出售外，其余各单位所有公有住房，包括房产部门直管公有住房，都要全部出售给私人居住。为激励个人积极购买公有住房，制定售房优惠政策：购买公有住房原住户优先；凡一次性付清购房款的，给予房价款百分之二十的优惠；在城镇没有私房的住户，第一次购买公有住房的，可免缴一次性契税。20世纪80年代中期成立私房改革改造办公室，按照房改政策，经县委、县政府决定原职工以标准价购买的公房，只拥有占有权、使用权、有限的收益权和处分权，可以继承，但必须按售房当年标准价占成本价的比重对个人所拥有的产权比例进行明确；凡未按规定办理重新明确产权比例的，视为不完整的产权证，即使5年以后也不得进入市场流通，房管部门也不予办理产权变更手续，依照有关政策，旧住宅公房拍卖出售给私人。1980—1981年，出售旧公房121栋，计313间，建筑面积6077.95平方米，回收金额13.6万元。1982年又出售广场新院住房43套，计172间，建筑面积2380.41平方米，回收金额22.1万元。1980—1986年利用售房资金，在县城窑背岭、县前街、王府平、徐家园、蒋家园、寿井路等地段新建房14栋，计275套，建筑面积1.65万平方米。截至1997年，县直35个单位出售公有住房8.6万平方米，回收资金1098.59万元。为1467户居民解决住房困难。为落实新老房改造政策的衔接，出售公房面积为7000多平方米，作为解决落实政策经费及属年建房使用。

3. 建：积极鼓励个人集资联建住房。1990年，县人民政府出台个人集资建房十条优惠政策，对集资建房户给予手续从简，费税减免的政策扶持。同时还规定，有条件的单位可以给予建房户适当补贴，每户800元，最多不超过1600元。同年6月，县政府在《祁阳县城镇集资联建住房的若干规定》中明确：凡个人在县城全额集资建房不限建筑面积，不限资金来源，不限户口籍贯。1992年，县政府印发《祁阳县搞活房地产业暂行办法》，鼓励有条件的单位和个人组建房地产开发公司，并给予开发单位和个人免征3年所得税和个人收入调节税的优惠。开发的房屋允许出租、抵押、转让，进入房产市场正常流通。对引进资金50万元以上的单位和个人，除按银行贷款的利率付给利息外，另奖一套60平方米的商品房；引进资金100万元以上的奖100平方米的商品房。

4. 管：建立住房公积金管理中心，管理住房公积金。1994—2004年，收集住房公积金3500万元。并利用单位售房资金，新建住房406套，出售406套；县房地产开发公司，新建安居房993套。形成“卖房—建房—再卖房—再建房”的良性循环。

（十一）房屋拆迁管理

1994年前，由祁阳县建设委员会负责全县房屋拆迁监督管理。1984—1985年，改扩建浯溪路，发拆迁许可证2份，安置拆迁户53户，拆迁房屋面积1.1万平方米；1986年，扩建、改造民生路、人字街、大井路，发拆迁许可证3份，拆迁安置338户；拆迁房屋面积2.9万平方米，补偿安置费345万元。1991年，扩建改造人民西路，拆迁安置311户，拆迁房屋面积3万平方米；补偿安置费389万元。

1994年6月，成立祁阳县房地产拆迁管理办公室，负责全县城镇房屋及附属物的拆迁监督管理。城镇房屋拆迁单位或个人，必须持有建设项目批准文件、建设用地规划许可证、国有土地使用权批准文件、拆迁计划和方案、拆迁补偿安置资金证明，向县房屋拆迁管理办公室申请领取房屋拆迁许可证，方可实施拆迁。县房屋拆迁管理办公室拟定《祁阳县房屋拆除安全管理工作的规定》《房屋拆除工程安全技术规程》《房屋拆除安全操作规程》。房屋拆除工程施工前，必须依法订立书面合同，明确双方的权利和义务，订立保证毗邻安全的措施，有详细保护电力、供水、排水、通讯等管线安全方案，方可施工。1994—2003年，县城综合指挥部、开发建设椒山村等地段拆迁房屋450户，拆迁房屋面积6.5万平方米。安置拆迁户471户，安置土地使用面积5.9万平方米，累计补偿安置费1625万元。县城西北开发区开发建设白沙村地段，安置拆迁户364户、拆迁房屋面积5.3万平方米，安置土地使用面积5万平方米，累计补偿安置费338万元。1996年，陶铸路改造工程，拆迁安置78户，拆迁面积1.93万平方米，补偿安置费88万元。1997年，黎家坪过境路建设指挥部，实施黎家坪镇火车站、东正街改造工程，拆迁安置303户，拆迁面积

9.72万平方米，中心广场拆迁53户，拆迁面积2737平方米。2001年，县城西区开发建设指挥部，拆迁安置48户，拆除房屋面积7357平方米，占地面积6318平方米，补偿安置费716万元。2002年，沿江路建设工程，拆迁安置406户，拆除房屋及附属物5.54万平方米，土地使用面积4.71平方米，补偿安置费1926万元。是年，永州市房产局颁给祁阳县房屋拆迁建设事务所叁级资质证书。2015年，房屋拆迁办划归祁阳县住建和城乡建设规划局。

（十二）房地产物业管理

20世纪末以前，县内无专业的物业管理，物业均由单位自管。随着房地产开发蓬勃兴起，物业管理成为一个新兴产业并逐渐发展。1990年，县房产局成立物业管理维修队，对县城房屋及其配套设施和相关场地进行维修、养护、管理、维护相关区域内的环境卫生和秩序。并投资50万元，在百花小区、果园小区各建办公楼一栋，建筑面积300多平方米，对生活住宅区进行社会化物业管理。1996年，成立祁阳县房地产物业管理所，对新建住宅小区逐步推行物业管理。1999年，县政府制定《祁阳县城镇住宅区物业管理暂行办法》，在百花、果园住宅区开展物业管理工作试点。物业公司组织业主民主选举小区物业管理委员会。制定物业服务合约、房屋产权人公约。每栋选举产生栋号长，由栋号长接收物业管理所提供的服务项目及其有关事项。2000年，果园小区被评为永州市安全文明生活小区和样板示范生活小区。

2001年，在望浯园生活小区、金龙生活小区启动物业管理，完善《物业管委会章程》《房屋产权人公约》。房地产物业公司按照合同约定项目，将住宅区房屋建筑维修、区内卫生绿化保护，分片包干责任到人。2001年7月，县房产行政主管部门制定《祁阳县城镇住宅共用部位共用设施设备维修基金筹集管理与使用的暂行规定》（简称“维修基金”），专项用于住宅共用部位、共用设施设备保修期满后的上下水管道、落水管、消防设施、绿地、道路、路灯、沟池、公益性文化设施的大修、更新、改造。维修基金的筹集，私人按购房款2%的比例提缴，单位出售公有住房，低层住宅按售房款20%比例提缴，高层住宅按售房款30%比例提缴

为加强对小区物业管理，2001年，祁阳县人民政府办公室先后下发《关于加强城镇住宅区物业管理工作的通知》《永州商品房预售管理暂行办法》《祁阳县住宅专项维修资金管理办法》《祁阳县新建商品房交付使用管理办法》《祁阳县城镇住宅区物业管理暂行办法》。不断强化住宅小区物业管理工作组织领导和工作机制建设，建立“行业主管、属地管理、部门配合”的工作运行体制。先后制定实施《祁阳县前期物业管理招投标工作流程》《祁阳县业主大会成立制度》《祁阳县物业管理办法》《祁阳县商品房住宅专项维修资金管理办法》等规范性文件。重点加强

对物业服务企业资质管理，加强县本级住宅专项维修资金归集管理，严肃查处违反物业管理法律、法规行为。

2016 年 1 月 6 日，成立物业管理办公室，并加挂祁阳县房屋维修资金管理中心牌子，单位定性为股级全额预算事业单位。其主要职责是依照有关法律、法规，负责全县物业管理活动的监督、履行行政职能，规范全县物业管理市场，全县物业和房屋维修资金管理工作全面启动，对正在成片开发住宅的企业，督促其推行物业管理，房屋出售时，建设单位选聘物业管理企业，签订书面前期物业服务合同，推进住宅物业管理专业化、社会化为居民创造一个良好的居住环境。

与此同时，县政府不定期召开全县物业管理工作会议和物业公司培训暨物业服务经验交流会，并组织有关乡镇、社区居委会和物业服务企业代表赴深圳、长沙等地参观考察住宅小区物业管理工作，组织开展"优质服务企业""物业服务示范岗""物业服务明星"等评选活动，示范带动住宅小区物业管理走向规范化。全县有 3 个项目获得市级物业管理优秀项目，1 个企业获得市级优秀企业。浯溪御园住宅小区被评为省优住宅小区。2002 年以来，经有关部门和专家考评，祁阳县物业服务企业有市优企业 3 家、市优项目 5 个、创市园林小区 1 个，华信珀金时代、汀兰华府、西湖水印嘉苑、华信珀金时代等一批亮点单位。

1996 年以来，全县累计归集物业专项维修资金 1163 万元。协调解决户主与开发商、户主与小区物业公司各类矛盾 111 次，对 21 个住宅小区新建项目物业管理用房进行规范配置。严格规范开发企业及物业服务公司考核标准，实施网上信息公布及企业年审年检制度，不断加强物业管理市场整顿，有效促进全县物业管理市场化、社会化、专业化。

（十三）房产法制管理

进入 21 世纪后，祁阳县房产局根据《中华人民共和国城市房地产管理法》《城市房屋拆迁信访案件结案暂行办法》《建设部关于修改〈城市房屋白蚁防治管理规定〉的决定》《湖南省城市房屋产权产籍管理条例》《湖南省建设工程质量和安全生产管理条例》《湖南省城市房地产开发经营管理办法》等法律法规和文件精神，开展各类宣传教育活动，提高居民房政法律意识，房政管理步入法制化轨道。

2007 年 7 月以来，县房产局自行举办或参加市局组织的房地产法律法规和业务知识培训 5 次，每年举办一次大规模的房地产法律法规宣传月活动，出动宣传车到城关和其他乡镇码头流动宣传，为群众咨询解答房地产交易、评估、颁证、开发、白蚁防治等疑难问题。2007—2014 年，县房产局对新的法律法规，组织工作人员学习和考试，考试成绩记入个人档案，全局有 70 人参加县行政执法资格证考前培训、学习和 20 人赴省参加房屋登记官资格考前培训、学习，其中有 70 人通过考试取得行政执法资格证和17人以优异的成绩取得房屋登记官资格证，局将此作为年终考评的一项重要内容，在执法过程中，严格按照法定程序，坚持说服教育与行政处罚相结合的原则，做到事实清楚，证据确凿，手续完备，程序合法，处理适当。

祁阳县房产局经常性地开展房地产法律法规政策宣传。认真做好群众来信来访、行政执法监督、行政复议、行政应诉、行政赔偿等项工作，不断加强对全县房地产系统行政执法培训及房地产咨询、经济、评估、测绘等中介市场管理。2014年通过开展“公正执法年”活动，坚持“定期研究，实事求是，集体决定，阳光操作”的原则，组织局执法队等相关股室，对全县小商品房开发、无资质开发、拼凑开发、违规预售商品房等行为进行专项整治，严厉打击违法违规开发行为，同时下发监察通知书，并要求在规定的期限内予以改正。下半年又集中力量对乡镇房地产开发进行专项检查，检查出违规开发企业、开发商9人次，涉及楼盘8栋，275套，商铺30余间，建筑面积5.5万余平方米，要求限期整改，通过检查各开发企业、开发商对存在的违规现象不同程度地进行整改，为各购房户不同程度地减少损失，受到老百姓的好评。

2010—2015年祁阳县房产局获奖统计表

表7-10

获奖时间	获奖项目
2010年	祁阳县跑项争资工作目标二等奖、全县就业和社会保障工作先进单位、全县计划生育综合治理工作先进单位、全县安全生产目标管理先进单位、全县为民办实事先进单位
2011年	永州市房地产管理工作红旗单位、县项目建设先进单位、县城市建设与管理先进单位、县安全生产目标管理先进单位
2012年	荣获祁阳县先进党支部、为民办实事工作先进单位、湖南省保障性安居工程工作先进单位、全县保密工作先进单位
2013年	全县综治民调工作二等奖、县城乡建设工作先进单位
2014年	全市住房保障工作先进集体、全县宣传思想工作先进单位、无偿献血工作先进单位、综治工作（平安建设）先进单位、全县人口计划生育综合治理工作先进单位、城乡建设工作先进单位、安全生产目标管理考核先进单位
2015年	祁阳县文明先进单位、安全生产目标管理考核先进单位、跑项争资工作目标管理二等奖、全县无偿献血工作先进单位

第三节　东安县

一、房产管理

（一）产权、产籍管理

1996年年底，全县应登记收件1.96万处，面积366.23万平方米；实际登记发证1.76万处，发证面积312.3万平方米，发证率90%。其中乡镇所在地应发证1137件，实登记发证1071件，发证率94.2%。同时建立房屋产权、产籍档案5001卷，1999年增加536卷，初步建立产权、产籍管理网络。

2013年潇湘第一城房地产小区开发

1996年后，县房产部门按照国家房地产法律、法规和政策，拟定房地产管理的规范性文件、发展规划并组织实施。同时，加强房地产行政执法、查处房地产违法违规行为，实施房屋产权产籍管理、房屋权属登记、核发权证。1996—2015年，全县核发权证5.347万处（本），面积8536.9507万平方米。同时，县房产部门按照国务院《城市房屋拆迁管理办法》，在县城旧城改造中，从1996年起，强化和规范拆迁管理，先后搬迁1258户，拆迁房屋面积20.45万平方米，98%以上拆迁户得到合理安置，确保县城建设有序进行。2000年后，拆迁划归县政府直接管理。1996—2001年，县城房产市场处于低谷。从2002年起，房地产开发迅速发展，先后引进渝州和湘鸿等30余家房地产开发公司，从开发新世纪、生智广场，县“四大家”搬迁工程对县城主要道路网点建设项目以及居民住宅建设项目，每年投资增幅在15%以上。

（二）交易、抵押管理

1996年，成立县房地产交易委员会，设立县房地产交易中心。根据《中华人民共和国城市房地产管理法》《商品房销售管理办法》《城市房地产转让管理规定》等法律、法规，全县房地产交易都必须经过房地产交易所进行。1996年，县内买卖房屋103起，面积2.09万平方米，交易金额774.66万元，规费收取10.24万元。房地产抵押业务当年贷款办理15起，抵押金额77.5万元，收取规费0.72万元。交易中心代县财政收缴交易契税，仅1996年就完成上缴财政交易契税16万余元。随着改革的不断深入发展，房产税由县财政征收，房屋买卖契税、营业税等由地方税务征收，逐年递增，占全县财政总收入40%。

2000年，县房产局成立房地产执法大队，着重加强对房地产“黑市交易”“地下交易”不法行为的查处，规范房地产市场。2003年前，县内商品房有很少囤积，几乎是二手私房交易。到2004年，随着县城商品房的陆续开发建设，开始呈现稳中有升态势。同年，县内存量房地产转让成交320起，面积2.6万平方米，成交金额2870万元，比2003年同期增长24%；房屋抵押488起，抵押金额4427.32万元，比2003年同期相比增长43%。商品房价格由1996年430元/平方米（一等砖混），继后近14年县内商品房价格略有上升，基本保持在600—800元/平方米内。进入2010年后，随着县内房地产市场加大投入，房价迅猛增长，到2015年，商品房楼梯房平均价2000—2800元/平方米之间，电梯房达3000元/平方米以上。

（三）乡镇房产管理

20世纪90年代前，县内对乡镇房产没有专门的机构和人员管理。90年代中期，县内颁发《关于委托乡镇城建办代办房地产市场管理业务及房屋产权、产籍工作的通知》，规定由县房地产管理部门聘任乡镇规划员兼任乡镇房管员，每年签订责任状，严格按标准收取有关规费，设立专款专户，及时上交县房产局，财务上实行收支两条线管理，报酬按完成额提取；房屋发证、交易、抵押做到实地勘查丈量，评估资料保证齐全，建卡装订，及时归档，要求手续完善、制度规范。

（四）白蚁防治

由于县内气候温和、雨多潮润，是白蚁危害灾区。紫溪镇渌埠头卫生院所有旧房，均被白蚁蛀空；新房装修才几年，也遭白蚁严重危害，造成巨大损失。1994年，县内按照省《关于转发建设部〈关于认真做好新建房屋白蚁预防工作的通知〉的通知》，成立县白蚁防治所，为县房产局内设机构，陆续赴省长沙、邵阳等地培训专业人员，开展新建房屋的白蚁预防工作。先由单位（或业主）提出申请，与房产部门签订预防15年的合同，白蚁防治所负责派员施药，并规定

3~5 年进行一次回访，建立专门档案。1999 年，建设部颁布《城市房屋白蚁防治管理规定》，县白蚁防治所通过县新闻媒体（电视台）连续播放如何防治白蚁宣传片，传授防治知识。1994—2015 年，灭治被白蚁损害的房屋面积 6.4568 万平方米，消灭蚁巢 29800 多个。

2011 年紫瑞华庭住宅小区开发

二、保障性住房建设

2004 年，省委、省政府将廉租房和经济适用房列入为民办实事范围。东安县认真开展保障性住房建设工作，通过建立和完善以廉租住房为重点的住房保障制度，逐步解决县内城镇低收入家庭住房困难。是年完成廉租房实物配租 54 套，面积 1620 平方米；经济实用房 40 套，面积 3520 平方米。2005 年，完成廉租房实物配租 12 套，面积 600 平方米。2006 年，完成廉租房实物配租 14 套，面积 700 平方米；经济实用房 25 套，面积 2250 平方米。2007 年，采取货币补贴办法，解决城镇低收入家庭 27 户，发放补贴资金 15072 元。康馨苑廉租房小区投入使用。2008 年，采取政府收购形式购买白牙市镇原龙溪办事处房地产用于廉租房建设用地，面积 5.67 亩，建成 54 套，建筑面积 3360 平方米；发放租赁补贴 642 户，资金 60 余万元。投资 107 万元在县城龙溪西路（原茶源乡政府）新建廉租住房 40 套，建筑面积 2000 平方米。

2008 年年底，国务院办公厅下发《关于促进房地产市场健康发展的若干意见》，提出要加大保障性住房建设力度，进一步改善人民群众的居住条件，促进房地产市场健康发展。2009 年，东安县健全工作机构，成立由分管副县长任组长，县房产局、发改委、国土资源局、财政局、民政局等为成员的住房保障工作领导小组。县房产局成立专门的住房保障办公室。按照上级统一安排部署，5 月对县城城区、建制镇居民低收入家庭住房困难户进行调查，将低收入住房困难家庭的数量、基本情况、困难程度等信息登记造册。9 月，县长办公会议研究确定租赁补贴发放的条件、范围、标准和工作程序。是年，投资 583.6 万元在县城龙溪西路（原茶源乡政府）开工新建廉租住房 185 套 9250 平方米，向符合住房保障条件的对象家庭

1200 户发放租赁住房补贴 137.5 万元。

2010 年 7 月 13 日，县人民政府办公室下发《东安县 2011—2015 年保障性住房建设发展规划和年度计划》，明确 2011—2015 年保障性住房建设的指导思想、原则、目标和工作措施以及各年度工作计划。因征地工作没有及时落实，县政府研究决定将新建改为收购，因此收购白牙市镇二水泥厂职工宿舍和县氮肥厂职工宿舍 628 套、面积 19508 平方米出租给低收入家庭。是年，茶源廉租房小区建成投入使用。按照白牙市镇 100 元/月・户，其他建制镇 70 元/月・户的标准对 1361 户低收入家庭发放租赁补贴 140.34 万元。

2011 年，县委、县政府把全力推进保障性住房建设作为构建幸福东安的全局性重点工作来抓，纳入全县经济社会发展规划，并列入当年十项为民办实事之一，保障性住房建设进入“加速跑”阶段。县人民政府与湖南省人民政府签订 2011 年度住房保障工作责任书，多次召开县委常委会、书记办公会、县政府常务会议听取保障性住房建设工作情况汇报，安排部署保障性住房建设工作。县委、县政府主要领导多次深入项目施工工地，视察保障性住房建设，帮助解决实际困难。相继出台《东安县廉租住房保障办法》、《东安县人民政府关于加强保障性安居工程建设的意见》、《东安县 2011 年廉租住房货币补贴发放实施办法》《东安县 2011 年为民办实事实施办法》《东安县住宅小区物业管理办法》。是年，投资 908.24 万元在官田北路（光伏产业园旁）新建廉租房 192 套，面积 9504 平方米。在加州首府收购房屋 12 套、租赁东安彩印厂住房 320 套、面积 11744 平方米，整修后租给下岗职工以解决其住房难的问题。按照白牙市镇 100 元/月・户、其他建制镇 80 元/月・户的标准对 1493 户低收入家庭发放租赁补贴 181.39 万元。采取“以息代租”的方式将已竣工验收合格的廉租房分配给符合条件的对象户，由县财政局每户收取“以息代租”押金 2.5 万～3.5 万元，所产生的利息用于管理和维修开支。小区居民采取“自我管理、自我服务、自我监督、自我发展”的“四自”措施，得到省市的高度赞扬，省住房保障工作简报 2011 年第 7 期向全省推广。

2012 年，在舜皇路（天成实验学校背后，D 区），开工建设廉租房 390 套，建筑面积为 19383 平方米，工程总造价 2168.98 万元。保障性住房（C 区）廉租房小区建成投入使用。2013 年，在冶化总厂（B 区），开工建设廉租房 240 套，面积 11928 平方米，总投资 1436 万元。

2014 年 9 月 25 日，县人民政府办公室下发《东安县国有企业棚户区改造项目实施办法》，就县内国有企业棚户区改造范围内征地拆迁、补偿安置、房屋建设、质量监管等方面进行明确，要求坚持政府主导与市场运作和社会参与相结合的原则，坚持统筹规划与分步实施相结合的原则，坚持棚改与完善城市功能相结合的原则，坚持棚改与保障性住房、旧城改造、国有企业改制相结合的原则，坚持棚改拆迁政策与现行的城市房屋拆迁政策相结合的原则，坚持以产权调换为主、货币补偿为辅和就地回迁为主、异地安置为辅相结合的原则，坚持以人为本与依法拆迁相结合的原则，用3年时间完成东安氮肥厂、湘钢东安石矿城市棚户区改造任务，解决1185户、3318人的住房困难问题，达到确保中央的方针政策得到落实、确保棚户区居民的住房条件得到明显改善、确保县城区整体环境质量得到提高、确保城市品位得到显著提升的目的。县人民政府把全力推进保障性住房建设工作列入当年十项为民办实事之一，是年，在白牙市镇东新路建设廉租房210套，总面积10450平方米，总投资1776万元。6月，天成学校背后（D区）廉租房小区投入使用。是年，开工建设公租房1852套，其中，大江口乡政府旁400套，芦洪市工业园内600套，白牙市镇工业园内600套，白牙市镇东新路252套，项目总投资14894万元，建筑面积99117平方米。

2015年1月，冶化总厂（B区）廉租房小区投入使用，采取“共有产权”的方式对252套房源进行配租，经“三审二公布”确定入住对象，由县财政局统一收取并管理共有产权房款，其中部分共有产权每户缴纳2.5万~3.5万元共有产权资金，100%共有产权每户缴纳6.5万~8.5万元房价款。在东安县政府网开辟“东安县保障性安居工程”专栏，对年度保障性住房建设任务、招投标、完成进度、分配方案、分配政策等相关信息向社会进行公示，确保保障性住房建设和分配入住工作的公开、公平、透明和公正。要求坚持速度、安全、质量三者并重的原则进行项目建设。是年，建设公租房2066套，其中，教师公租房480套，奥运公园公租房360套，华强有限公司公租房310套，创新创业园“135工程”公租房520套，云生竹业有限公司公租房204套，南方纺织有限公司公租房96套，湖南东安监狱公租房96套。还超任务提前开工公租房97套。县内认真落实《国务院关于进一步做好城镇棚户区和城乡危房改造及配套基础设施有关工作的意见》，自11月起，在白牙市镇莲塘村17、18组对氮肥厂棚户区400户进行改造，建筑面积3.6万平方米，项目总投资6100万元。年底，

2013年奥运公园公租房小区

舜皇佳苑廉租房小区投入使用。

到2015年年底，东安县保障性住房建设规划28个小区，完成保障性安居工程建设任务6830套，累计完成和在建保障性安居工程建设6579套。累计完成和在建保障性安居工程建筑面积289150平方米，投资49155.5万元，解决19277人的居住困难问题。

第四节 双牌县

一、概况

双牌县房产局于2005年1月成立，是直属县人民政府正科级事业单位。自县房产局成立来，加强自身建设，制定措施，完善制度，规范管理，依法行政，努力提升服务效能。把城市建设作为全县重点工作开展，实施旧城改造工程和城区建设，改善城区居民生活、工作和学习条件。从2000年来，县城累计新建各类房屋220万平方米，同比房屋总量翻两番，持续的规模建设，使双牌县面貌发生巨大变化。人均住房使用面积达到26平方米，并在结构类型、价值量等方面发生明显改变。至2015年，全县有房地产开发企业6家，均取得房地产开发资质证书，有三级和四级房地产资质各1家，暂定资质4家，全县房地产市场年平均开发量10万平方米，年完成投资近1亿元，县城新增住宅面积60万平方米，有永水小区、日月星河湾、滨江明珠、兴旺家园、紫金国际等10万平方米以上的小区6个。双牌县商品房售价稳中有升。2005年，商品房平均售价为600元/平方米，2010年，商品房平均售价为1350元/平方米，2015年，商品房平均售价为1880元/平方米。

1998年，公有住房体制改革后，市场消费实质性启动。2000年，房地产开发逐年升温，到2015年，全县房地产投资比2000年增长20倍。房地产业成为推动双牌县经济增长的重要力量。

2005年，房地产进入快速发展期，规模不断扩大。当年，双牌县城房屋报建工程大小29处，施工建筑面积98005平方米，竣工面积55885平方米，到2015年，房屋报建工程大小48处，施工建筑面积138218平方米，竣工面积103608平方米。开发的项目开始由小规模、粗放型、低档次住房向大规模、高品位、精致型的中高档小区迈进。如紫金国际、君临滨江、日月星河湾等项目，开始引领双牌县房产开发的新方向。房地产投资快速增长，受扩大城建规模、完善基础设施、加快旧城改造的拉动，房地产市场容量大幅增长，至2015年，完成房地产开发投资14.65亿元，是2005年投资额的4.5倍，房地产开发投资占全社会固定资产投资的比重也越来越大，2000年为3%，2005年为6.6%，2010年13.2%，2015年14.6%，成为拉动投资增长的重要力量。土地投放量逐年上升。2000年，全县投放量5.8公顷；2005年24.5公顷，2010年36.75公顷，2015年48.2公顷。同时，土地投放由原来的单一地块转让，逐渐向小区化、规模化、整体化出让转变。规模小区住房供不应求。自2005年以来，县城开发住房小区15个，完工330046平方米，销售31.54万平方米，出售率达95.58%，剩余房屋以平均每年8%的价格增速上升。

2005年，房地产业完成增加值5145万元，拉动GDP近2.3个百分点。提供地方税收280万元，至2015年，房地产业完成增加值44500万元，拉动GDP近14.4个百分点，提供地方税收5500万元。同时，带动全县建材、餐饮、运输等相关行业的发展。为促进就业广开门路，房地产行业是个劳动密集型产业，可以吸纳不少的劳动力。2005年，双牌县有1023名农民工在房地产行业务工，占全县农村外出务工人员总数的4.5%，获得近3000万元的工资收入，至2015年，就业人数达4200人，占农村外出人口的13%，年收益达12110万元。为推进双牌县新型城市化夯实基础，房地产行业的迅速发展，对双牌县城镇居民住房条件有较大改善。2005年，双牌城镇人口人均住房面积为18.5平方米，到2015年达26平方米，比全国城镇居民人均住房面积高1.4平方米，比湖南省人均居住面积高3.9平方米，达到城镇人口人均住房面积小康水平。同时为农村人口向城镇转移提供大量的商品住房，到2015年，县城常住农业人口超过2万人。

2008—2015年，双牌廉租房建设面积18.86万平方米，3600套，竣工2450套，仅2015年，廉租房完成分配170套，安置拆迁户28户。南岭棚户区改造第一期工程73890平方米821套；国有林场棚户区改造一期工程73980平方米822套，建成550套。保障性住房完工并逐步投入使用，解决一大批低收入、困难城镇家庭的住房问题，降低对商品住宅的需求量，抑制双牌县房价的快速增长，达到调节房产市场、维护社会稳定的目的。

双牌县房产局自2005年1月成立至2010年，正处在与市场经济相适应的“市场+保障”阶段。双牌县人民政府制定《双牌县深化住房制度改革方案》，稳步推进住房商品化、社会化，逐步建立起适应社会主义市场经济体制的城镇住房新制度；加快住房建设，促进住宅业成为新的经济增长点，不断满足城镇居民日益增长的住房需求；采取坚持在国家统一政策目标指导下，根据双牌县实情，量力而行；坚持国家、单位和个人合理负担；坚持“新房新制度，老房老办法”，平稳过渡，综合配套原则，从1999年1月1日起，双牌县停止住房实物分配，逐步实行住房分配货币化，建立和完善以经济适用房为主的多层次城镇住房供应体系；发展住房金融，培育和规范住房交易市场。住房货币分配除实行公积金制度外，主要有发放住房补贴和工龄补贴两种形式。

2000年以来，双牌县商品房开发市场日趋走向成熟。至2005年，全县开发建设5万平方米以上大型楼盘12个，10万平方米以上超大楼盘6个。2008年，完成商品房建设面积110万平方米。

2011年，办理房屋登记1960宗，总建筑面积24.22万平方米，受理测绘业务440余宗，实测面积7.1万平方米。房地产市场监管、房地产开发企业资质及商品房预售监管有力。全县商品房开发投资3.62亿元，全年完成住宅专项维修资金入库420万元，累计归集住宅专项维修资金816万元。住房保障推进有力。全年新增廉租房484套，购改租廉租房210套；新建廉租房286套。全年建设安置房350套，总建筑面积4.62万平方米。城市棚户区改造签订拆迁协议440户。

2012年，完成测绘1120宗，全县现有小区测绘工作全部完工，绘制房屋平面图、房屋分层分户平面图1500余份，测量计算完成建筑面积239350平方米；评估终结个体1557例，实现评估金额39954万元；白蚁防治299起，预防总面积5.68万平方米，白蚁灭治5起，灭治总面积6200平方米；办理转移业务784宗，转移面积12.31万平方米；办理抵押业务886宗，抵押面积119.74万平方米；预告登记153宗；产权发证579宗，面积55.3万平方米；全县廉租房建设面积64100平方米，开工1282套，竣工634套。坚持公开、公平、公正的分配原则，严格依法、依规对于廉租住房进行分配。按照工作流程，全程实行阳光作业，接受社会舆论和媒体的监督，认真对待群众提出的意见和要求，2012年，廉租房完成分配170套，安置拆迁户28户。2012—2015年，房产局新购置电脑25台，打印机10台，信息系统的硬件设施全部配齐。双牌县个人住房信息系统全面建成。成功引进投资600万元的邮政银行项目和投资2千万元的金帝大厦重建项目，以保障房建设项目为基础，着力争取保障房建设之外的项目资金，2012年，争取资金2388万元。2013年，争取保障房配套资金3324万元，公租房、廉租房中央补助资金1366万元，城市棚户区改造资金669万元。

2015年，双牌县实施中央投资廉租住房新建项目5个，建设廉租住房1232套，向上争取中央及省投资补助资金3045.6万元，县财政投入配套资金2517.6万元；发放租赁补贴累计4014户次（其中2011年发放1418户）；利用中央租赁补贴专项补助资金节余，收购并改造廉租住房项目4个；实物配租411户；为双牌1829户低收入家庭解决住房困难问题。全年完成房屋初始登记发证237宗，房屋交易、抵押1130宗，房屋测绘评估、白蚁防治641宗，乡镇发证63宗。“135工业园配建公租房”481套。重点民生实事，政府公租房637套、民政局福利院公租房120套、乡镇政府公租房145套、学校教职工周转宿舍公租房405套、卫生院医务人员周转宿舍公租房144套、城市棚户区改造1082套全部开工建设。全年累计录入档案5050份，开具无房（有房）证明620份。双牌县个人住房新老档案信息录入工作2016年10月完成，并加入省、市、县联网。到位保障性住房改造资金8492万元。其中：紫金公租房资金947万元，保障性住房专项资金2698万元，3号片区棚户区改造资金560万元，到位资金比年初计划增加492万元。新增公共租赁住房1451套：紫金公租房（三期）项目757套全部开工建设；乡镇公租房项目145套全部开工建设；农村学校老师周转宿舍公租房项目405套全部开工建设，其中建成265套；乡镇卫生院医务人员周转宿舍公租房项目144套，全部开工建设，其中建成68套。城市棚户区改造1082套（户）：①山水豪庭棚户区改造项目608套全部开工建设；3号片区棚户区改造项目154套全部开工；5号片区棚户区改造项目320套全部开工。2015年，双牌县基本建成保障性住房、棚户区改造住房865套。按照《双牌县城镇低收入家庭廉租住房租赁补贴发放办法》的要求，对申请保障家庭严格实行“三级审核、三榜公示”，切实做到应保尽保不漏保、实事求是不错保，使符合保障条件的家庭都能安居乐业，共享党的惠民政策。经统计保障1248户，保障人数为3184人，应发放租赁补贴资金1311438元，全部发放到位。

2015年双牌县房产局

至2015年，双牌县房地产管理局多次受到市房产局，县委、县政府表彰和奖励，先后被省住房和城乡建设厅授予全省“房地产市场监管先进单位”称号，被市房产局评为全市房地产管理工作“红旗单位”，被县委、县政府评为“县直重点工作红旗单位”“项目建设先进单位”“城市建设与管理先进单位”“社会治安综合治理先进单位”。

二、房地产建设

2005年1月，双牌县房产局成立，双牌县房地产走向成熟时期，房地产开发商增多，如紫金商贸城、永水开发小区、紫金花苑、河东新区等商品房项目建设。

（一）商品房开发建设

1988年4月，成立双牌县房地产公司与县房地产管理所，一班人员两块牌子合署办公，属事业单位。成立初期，双牌县商品房开发才刚刚起步，至1993年，随着市场开放和住房制度改革的深入发展，全民、集体、个体工商户开辟商品房市场。但双牌县房地产建设管理措施开展不久，许多建设管理方法还不适应当时的房地产建设开发的发展，为此，县房产管理所不断调查研究，统计数据，宣传房地产建设及管理，增强人们对房产的意识，与房产商搞好协调。按县委、县政府的规划，开发住宅商品房和部分商业房。至1999年，全县共完成房地产综合开发投资规模2450万元，竣工房屋面积212050平方米。2000年，县委、县政府引进欧明房地产开发公司，建设大市场及阳明路开发建设。至2003年，双牌县在房地产建设出现一次高潮，3年时间，县城的阳明路、车站路、平阳路等房地产施工总面积68万平方米，开发总投资12.88亿元。2005年，县城内商品房开发建设日趋成熟。为适应城市发展需要，2005年1月，依法撤销县房改办和县房地产管理所，成立县房产局。根据全县城建总体规划，逐步规划全县商品房开发建设。2006年，县内相继成立银信、滨湖、永水华城等房地产开发公司，小规模开展商品房开发建设。至2010年，全县房地产开发总投资达5.5亿元，完成商品房施工面积47.5万平方米，开发小区、花园9处。2012年，商品房地产开发公司增至13个，新开工楼房10个，新建商品房面积27.5万平方米，全县房地产开发总投资达到16亿元，累计完成商品房施工总面积60万平方米，实现商品房销售面积40万平方米，商品房销售总金额12.8亿元，累计实现房地产税收0.8亿元，完成商品房预售合同备案860套，审核商品房买卖合同4260份，备案金额达5.25亿元。全年多层住宅销售均价达1680元/平方米，高层电梯房销售均价达2400元/平方米。在国家房地产调控的形势下，商品房开发投资额每年增加10%左右。在商品房开发建设过程中，出现一些矛盾。如2012年日月星河湾项目爆破施工，对周边房屋造成影响，开发商承诺给予补偿和安置。2013年3月27日，双牌县政府召开日月星河湾项目建设协调会议，根据合理规划和环境优化实际情况，明确县老水泥厂纳入日月星河湾整个项目进行规划建设，旧房屋区地块主要为安置房建设，政府给予政策扶持，并确保项目工程质量安全及老水泥厂的旧房改造顺利进行。2014年8月22日，双牌县人民政府专题召开关于县房地产开发建设项目丽景滨江项目商品房办证协调会议，解决房地产开发建设过程中的实际问题。2015年，全县有房地产开发企业14家，各公司企业根据县城整体规划，开发商品房建设，建成的紫金国际开发小区、日月星河湾小区、绿澜铭居小区、永水华城及在建的县城3号、5号片区城市综合体等建筑30余栋，最高层达22层。房地产开发总投资27.2亿元，完成商品房施工总面积17.8万平方米，实现商品房销售面积14.5万平方米，销售总金额22.5亿元。

（二）房地产市场建设

双牌县是1969年成立的，县城都是20世纪七八十年代建设的房屋。1988年4

月，成立双牌县房地产公司和房地产管理所，开展房地产开发、建设等具体工作。2000年来，城区建设加快，公路、铁路交通日益便利，县城人口增长快，学校、商场、农产品市场都集中在县城，楼房建设每年以15%增长。随着社会及经济的发展，市民对房屋的需求质量、品位也越来越高。双牌县房管部门加强房地产市场开发管理，重点是加强项目规划管理、商品房预售管理、现售管理和销保价格管理。对开发企业资质严格审定，对违法建筑认真查处，对商品房预售严格把关，对预售资金严格监管。2005年，县房产局成立后，对房地产市场建设进一步调查，并制定相应的建设方案，与形势发展相结合。其主要做法，一是狠抓房地产开发前期介入，坚持两个“必须”：即县国土部门在拟定土地出让方案时，必须有县房管局等其他相关部门参加，共同审定方案；县发改部门在立项审批前，必须由县房管局先对房地产开发企业资质合法性进行审查。二是加强预售资金监管。三是完善商品房预售监管制度，规范商品房销售程序。2008年，签订双牌县商品房预售款专用账户监管协议书6份，审核批准使用预售款1.11亿元；完成商品房预售合同备案1246套，审核商品房买卖合同2550份，备案面积7.8万平方米，备案金额达3.23亿元。四是加强房地产开发企业资质管理。2010年，全部房地产开发企业进行年检年审，新申报并获上级主管部门批准的房地产开发企业5家；颁发预售许可证11个，准预售面积4.45万平方米；批准使用预售款1.72亿元，商品房预售备案1125套，审核商品房买卖合同2200份，备案面积6.63万平方米，备案金额1.88亿元。五是规范住宅专项维修资金管理，保障购房业主长远利益。

2011年，全县有7家单位和个人从事房地产中介业务，通过清理整顿，查处公房私转私让60户，房地产非法开发案件3起，地下房产交易140宗，查处房屋室内违法装饰装修17起。2013年，全县完成商品房投资6.52亿元，房地产新开工面积11.25万平方米，商品房销售面积7.05万平方米，销售金额2.68亿元，完成商品房预售合同备案1150套，审核商品房预售合同2600份，备案面积达4.24万平方米。房屋租赁备案1960宗，登记发证1650个。完成初始登记

2015年双牌县房产开发一角

2980宗，面积35.6万平方米；对全县6家房地产开发企业资质年度审查，对2家企业进行申报延续，对1家企业下达限期整改通知，全年对16个楼盘进行例行检查。2015年，会同住房城乡建设、城乡规划、国土资源等相关部门，建立住房建设规划实施和部门协作机制，建设管理全县的房地产市场。全县房地产市场建设井然有序，各项制度进一步规范加强，按县城建设规划，合理控制住房建设规模，推动房地产市场转型升级。

（三）住房保障建设

2008年11月，双牌县成立住房保障工作办公室，属房产局内设机构。住房保障办人员4名，具体职责是贯彻执行上级住房保障和房政政策、规定，制定双牌县住房保障和房改政策、方案及配套措施并组织实施；做好廉租住房资料和房改工作资料的及时归档整理、统计和报表上报工作；负责住房保障和住房资金的管理，制定住房保障资金和住房资金使用计划，并监督执行；组织廉租住房建设，负责廉租住房管理及租金收取，审核租赁补贴资金的发放；组织经济适用房的开发建设、审批各单位集资合作建房工作。12月20日，根据县人民政府《关于实施双牌县城镇最低收入家庭廉租住房货币补贴发放的方案》和《双牌县城镇廉租住房管理办法》的规定，就双牌县2009年度廉租住房补贴发放工作下发公告。2009年，永州市财政局、房产局下达双牌县廉租住房保障专项补助资金235万元，住房公积金增值收益用于城市廉租房建设补充资金10万元。10月20日，双牌县人民政府办公室下发《关于双牌县城镇最低收入家庭廉租住房货币补贴发放实施方案》，对1000户实行租赁补贴，发放租赁补贴80万元。从2010年起，县房管局党组把保障性安居工程建设作为改善民生、解决就业、扩大内需、促进增长、造福千家万户的民心工程来抓，收到“确保困难群众有房住、企业职工能安居”的社会效益。住房保障工作坚持“三加强”“六统一”原则，即加强棚户区改造、加强廉租房和公租房兴建、加强安置房兴建；严格执行县委、县政府“统一规划、统一设计、统一建设、统一配套、统一分配、统一管理”要求，建立全面负责保障性住房投资开发、建筑施工、质量安全和分配管理工作机制，创造性实施归口管理“五房”（廉租房、公共租赁房、城市棚房区改造房、国有工矿棚户区改造房、重点工程拆迁安置房）的做法，获得无房居民、村（居）组织、施工企业、政府领导等多方好评。是年，为住房保障工作顺利开展制订蓝图。双牌县人民政府印发《双牌县城区廉租住房保障办法》《双牌县普通商品住房配套建设廉租住房实施办法》《双牌县保障性住房建设管理暂行法》《双牌县公共租赁住房管理暂行办法》等一系列文件，明确和规范住房保障工作目标任务和操作规程。结合本县实际，制定《双牌县保障性住房小区管理移交议定书》，坚持属地管理原则，产权属政府，管理移交辖区居委会、小区内所有收益部分由居委会负责，全部用于小区后续物业管理经费，保证小区正常运转。制定《公共租赁住房建设管理协议书》，进一步规范和明确公共租赁住房管理与权益。全县保障性住房建设收到良好社会效益与民众高度评价。对住房保障项目建设重视市场运作，采取政府主导、市场化运作、动员施工企业参与并先期垫付资金办法破解资金难题。2011 年，全县建成的各类保障性住房分别解决不同住房困难条件家庭的住房问题。在分配过程中，严格按照《双牌县保障性住房管理办法》的要求实施，制定出严谨的住房分配方案，始终坚持公开、公平、公正的原则，实行阳光操作，对申请保障性住房的条件严格把关，在保障性住房分配过程中，实行保障性住房轮候分配制度，严格执行工作程序筛选保障对象，已确定的分配名单和已分配入住人员统一在政府网站公示并录入湖南省住房保障信息系统。历年建成的保障性住房全部分配完毕，入住率 100%。是年，双牌县新增中央投资廉租住房项目 2 个，城北廉租住房工程位于城北安置区，建设廉租住房 12842 平方米、260 套，计划投资 1300 万元。其中，中央预算内补助资金 514 万元，省级配套 139 万元。因该地块地质原因，基础超深预计达 460 万元，总投资预计达 1532. 8 万元。该项目于当年 11 月份正式开工。

2012 年，建设泷泊廉租住房工程项目，该项目位于城北安置区，建设廉租住房 29017 平方米，588 套，投资 2902 万元，其中，中央预算内补助资金 1161 万元，省级配套 290 万元，于当年 7 月底开工。10 月 9 日，双牌县人民政府办公室下发《双牌县城北廉租房“以息代租”分配方案》的通知及《双牌县廉租房、共有产权管理实施方案（试行）》的通知，以保证全县住房保障工程建设。

2013 年，按照省、市下达的保障性住房建设和重大民生工程任务，全县新增廉租房 760 套，新建公租房 420 套，新增住房补贴 86 户，棚户区改造 368 户，新建安置房 860 套。当年住房租赁补贴发放年底全部到位。紫金廉租房项目开工建设，该工程是永州市廉租住房建设项目之一。2014 年，新建公共租赁住房 840 套 40624 平方米，总投资 4877 万元，有紫金公租房项目和五里牌镇政府公租房项目。其中：紫金公租房项目新建公共租赁住房 792 套 38303 平方米，投资 4598 万元，建设位置在县城林峰东路；五里牌镇政府公租房项目新建公共租赁住房，建设位置在五里牌镇政府。城市棚户区改造 1512 户，134568 平方米，总投资 14803 万元，为君临滨江棚户区改造项目、绿澜明珠棚户区改造项目、日月星河湾棚户区改造项目。在抓好新建项目的同时，抓紧实施往年保障性住房的续建工作，紫金廉租房、公租房（一期）800 套保障性住房建成。2014 年，为搞好廉租住房租赁补贴的发放工作，制定《2014 年租赁补贴发放公告》《房屋租赁登记备案办事指南》《申请双牌县城镇廉租住房租赁补贴办事指南》，2014 年住房补贴于 12 月全面发放到位，租赁补贴发放1190户，发放金额924160元。

2015年，双牌县新建保障性住房、棚户区改造住房任务为2533套，其中：公共租赁住房任务为1451套：紫金公租房（三期）项目744套；乡镇公租房项目164套；农村学校教师周转宿舍公租房项目400套，建成51套；乡镇卫生院医务人员周转宿舍公租房项目143套，建成32套。

城市棚户区改造住房任务为1082套：山水豪庭棚户区改造项目608套；3号片区棚户区改造项目154套；5号片区棚户区改造项目320套。

往年结转项目建设：泷泊廉租户708套，达到竣工验收标准；紫金公租房（一期）120套，达到竣工验收标准；紫金公租房（二期）1044套，完成基础灌注桩50根施工，正在建设中。至2015年，开工建设公租房（含廉租房）1234套。

租赁补贴发放，2015年，上级下达双牌县在上年940户发放任务的基础上新增租赁补贴550户。廉租住房建设资金筹措，由县财政设立廉租住房资金专户，所有资金专户储存，专款专用，由县财政按工程进度统一拨付。除上级补助资金外，县级配套资金由县财政根据工程进度拨付。建设程序与质量安全管理。双牌县严格按有关法律法规履行基本建设程序，在指定媒体发布招标公告，实行工程监理制度，确保“质量第一，安全第一”。根据上级有关政策和规定，结合双牌县实际，县政府制定《双牌县保障性住房管理办法（暂行）》，对保障性住房立项、用地、建设、资金管理、分配、退出机制等各个环节，进行规范。对保障性住房建设项目实行捆绑责任制，层层落实，主要领导亲自抓，分管领导具体抓，领导班子共同抓的责任制，全力推进建设项目顺利实施。注重科学规划设计，将保障性住房建设工作与全县经济社会发展的总体规划、城市总体规划相结合，遵从“占地不多环境好，户型不大功能全，价格不高质量好”的原则，对每一个单体建筑进行综合考虑，既控制户型面积，又优化使用功能，同时还最大限度地降低工程建造成本。严格执行项目法人责任制、招投标制、监理制、合同管理制等，并充分发挥质检、监理、安检等相关监督部门的作用，现场跟踪，全程监督。

2015年，新分配保障性住房708套，超额完成省市下达514套的保障性住房分配任务。在分配过程中，严格按照《双牌县保障性住房管理办法》的要求实施，制定出严谨的住房分配方案，始终坚持公开、公平、公正的原则，实行阳光操作，对申请保障性住房的条件严格把关，在保障性住房分配过程中，实行保障性住房轮候分配制度，严格执行工作程序，筛选保障对象，同时对已分配的保障性住房建立管理台账，并制定详细的后续管理办法和措施。

安置房建设。2005年，县房产局成立，安置房从规划到建设都是按照县委、县政府安排实施，至2006年，双牌县累计投入资金1.5亿元，建设安置房项目4个，

460 套，通过廉租房配售和租赁补贴方式解决 960 户低收入家庭住房困难，低保家庭住房保障率达到 80%。2006—2010 年，双牌县投入资金 2.5 亿元，新建安置房 1860 套，公租房 420 套，其主要做法是积极争取上级资金。2007 年以来，双牌县争取上级投资补助 2.2 亿元。实行共有产权，即由政府统一办理土地使用权总证，无单证分割，属国有资产，住户拥有有限产权，并且不得自由上市交易，按低于当地房产市场均价 50%进行配售，所得资金由县国有资产管理中心管理，依序划入住房保障建设专户，从事保障住房再建设。2009 年开始，探索共有产权保障模式，筹资 1900 万元，加强安置房建设。加大县财政投入，县政府下发有关文件规定，按工业企业收益总额的 5%用于保障性住房建设，每年投入将近 1500 万元。2010 年，新建安置房 4.8 万平方米。2011 年，建设安置房项目 2 个 412 套 2.3 万平方米。统一开发模式。严格按照双牌县委、县政府“六个统一”：即“统一规划、统一设计、统一建设、统一配套、统一分配、统一管理”，组建全面负责保障性住房投资开发、安全施工、建设销售和管理工作机构，统一组织实施和归口管理廉租房、公共租赁房、城市和国有工矿棚户区改造房、重点工程拆迁安置房建设，落实住房补贴方案实施、审批与发放工作。至 2015 年，全县安置房建设项目 6 个，1866 套，8.86 万平方米，全县共投入安置房建设资金 7.46 亿元。

2015 年双牌房产小区开发

三、房地产管理

双牌县房地产管理，主要以强化内部管理为基础，以打造经济效益和社会效益双赢为目标，从产权产籍、交易、国家住房制度改革、规划、物业、法制法规、队伍建设等方面加强，务实进取，开拓创新，房地产管理各项工作步入持续健康发展的轨迹。

（一）产权产籍管理

自 1985 年 7 月成立双牌县房地产管理所以来，房地产管理所负责全县区域内各类房屋产权产籍管理，依法确定房屋产权、办理房屋所有权登记、发证、转移变更手续，绘制产权产籍分幅图，管理房屋产权产籍档案，参与住房制度改革，代收房屋买卖营业税。为加强全县房屋产权产籍管理，确保房屋所有权的合法权益。1991年12月，成立双牌县房屋产权管理所，同时设立双牌县安全鉴定办公室，和房地产管理所实行一班人员，合署办公，人员编制不另增加，经费来源归口管理按原定不变。对全县房屋产权产籍及其合法变动情况的确认，办理产权产籍转移变更登记，掌握全县房屋所有权占有及变化等情况。1994年，县房产管理所，坚持服务于民，保护房屋所有人的合法权益，依法确定房屋所有权法定手续，完成交权发证130户，发证房屋20栋，面积4.49万平方米，收取规费36846元。1996年，全县完成房屋产权发证112幢，建筑面积7.44万平方米，办理房屋转让过户274户，建筑面积3.22万平方米。1997年，全年发房屋产权证1120份，计建筑面积9.68万平方米，其中国有房屋产权440份，建筑面积3.92万平方米，集体房屋产权证330份，建筑面积3.25万平方米，直管公房产权证148份，建筑面积1.22万平方米，私房产权证102份、建筑面积1.28万平方米。1998年，颁发房屋产权证1338份，建筑面积15.86万平方米。其中，全民房产证520份，建筑面积6.25万平方米，集体房产证486份，建筑面积5.75万平方米，私房产权证332份，建筑面积4.76万平方米，收取发证规费19.4万元。2000年，全年发证2115份，建筑面积24.5万平方米，其中国有房产证790份，建设面积8.5万平方米，集体房产证560份，建筑面积5.88万平方米，私房产权证765份、建筑面积10.12万平方米。2001年，巩固和完善房屋产权产籍管理，在产权管理中，严格登记勘丈测绘，收费发证，产籍资料归档，证件齐全，图纸标准，权属准确，无错漏登。全年办理产权产籍发证面积10.5万平方米。2003年，县城住宅建设增多，全县办理产权产籍证140栋11.75万平方米。

2005年1月，成立县房产局，为全面提高房屋产权籍管理水平，双牌县房产管理局投资6.5万元，扩建改造办证大厅，为加速双牌县产权产籍现代化管理打下基础。双牌房产局根据建设部文件精神，大力开展房屋产权、房屋交易规范化管理。以创建房地产权属登记和房地产交易规范化管理单位为工作目标，制定《产权发证错件追究制度》《产权发证质量抽查制度》《房屋交易登记备案制度》，使房屋产权登记、房屋交易备案逐步规范。2006年，紫金商贸城、永水开发小区、紫金花苑小区、河东新区建设，新建房屋增多，县房产局按产权产籍有关规定登记，全年产权登记1210户，面积14.65万平方米。2009年8月，全省房地产管理部门负责人和从事房屋登记的业务骨干专题研究建立房屋登记、产权产籍制度，并进行专业培训。县房产局采取新的措施，扎实推进全县的产权产籍管理，确定全县编制房屋登记人员的培训计划，制定工作方案，严格房屋登记人员的选任资格，恪守审核程序，严格房屋产权产籍发证，进一步完善和推行依法行政，全年办理房屋产权产籍证件 1660 件，面积 14.5 万平方米。2011 年，办理房屋登记 1680 宗，建筑总面积 20.26 万平方米；全县受理实（预）测业务 2115 宗、实（预）测面积 18.8 万平方米，出具测绘图纸 1900 份；受理档案查询业务 160 宗；整理新资料建目归档、装订上架 1550 份。2013 年，办理产权产籍登记 1470 宗，面积 15.28 万平方米。至 2015 年，核发房屋权证 6860 件（其中新建房屋登记 4420 件，交易转让登记 1460 件，房地产抵押登记 980 件）。房屋产权产籍登记面积 176.55 万平方米。

（二）产权交易管理

1988 年 8 月，成立双牌县房地产交易所，与县房地产交易市场管理所合署办公。完善房地产市场体制，形成全县房地产交易管理新格局。1989 年，为加快双牌县房地产交易市场管理，制定房地产交易管理有关规定，使房地产交易工作有章可循，有法可依。全年办理 16 个单位的房产交易手续及私房 25 户的房产交易手续，成交额为 258 万元，成交面积 15156 平方米，收规费 13463 元。当年对全县房屋租赁情况进行抽查摸底，掌握第一手资料，安排管理人员去衡阳学习房地产交易及租赁等管理经验。1993 年，因房产交易相对增加，给工作带来一些困难，房地产交易私下成交，变相购房等，导致偷漏税费现象。有的抬高价格，扰乱房地产交易市场，许多交易、租赁房屋不想到房管部门办理手续。通过宣传，增强人们的房产意识，在交易方面经常同县公证处、税务部门联系，互通情报，搞好协调，及时解决出现的问题，当年办理交易手续 37 起，成交额 358165 元，面积 5885.88 平方米，收取规费 4.2 万元。1995 年，因房屋产权纠纷案件不断发生，私下买卖现象普遍，县房地产公司把加强房地产交易市场工作做为一项重点来抓，在宣传发动的同时，向走入市场的交易者提供信息和咨询，加强横向联系，对全县城镇房屋的买卖、土地过户等情况进行全面掌握。1996 年，办理房屋交易 112 户，成交面积 2.1 万平方米，成交金额 198.5 万元；办理房屋租赁 200 户，出租面积 1.48 万平方米，签订租赁合同 140 份；办理房地产评估抵押 45 起。1988 年，以岗位责任制管理，全年交易收费 4.8 万元，交易面积 2.84 万平方米。2000 年，全县颁发房屋租赁许可证 68 份，面积 2.65 万平方米，办理房屋买卖 282 起，成交面积 5.2 万平方米，成交额 650 万元。办理房屋评估 150 起，评估面积 1840 平方米，办理抵押 65 户，抵押面积 4420 平方米，收取房地产市场管理规费 10.8 万元。2001 年 9 月 20 日，双牌县人民政府制定双牌县房改房上市交易暂行管理办法。2002 年 10 月，公有住房停止按成本价出售，全部改为经济适用住房出售，同时取消工龄折扣、住房成新折扣、一次性付款折扣等所有优惠补贴政策，超标部分按同地段，同结构商品房价。2003 年，随着房改房上市和个人住房低押贷款活跃，房屋交易、低押租赁市场增加。全县房屋交易 390 起，面积 7.7 万平方米，成交额 1175 万元。9 月 30 日，为加强全县经济适用房价格管理，规范交易价格行为，保护交易双方的合法权益，促进全县经济适用住房建设，按照《湖南省经济适用住房价格管理办法》，规范全县的房屋交易价格行为。2005年，双牌县房产局成立后，房地产交易进一步规范，各种工作统一在办事大厅办理。当年，全县房屋交易860起，成交面积9.4万平方米，成交额12亿元。2006年后，随着商品房的开发，经济的发展，农村来城镇购房人增多，全县房屋交易走向市场化，房屋交易面积、金额成倍增长。至2009年，全县房屋交易3468户，交易面积45万平方米，金额8.244亿元。2010年，房屋交易、房屋租赁积极拓宽收费渠道，开辟新型服务市场，服务领域扩大到酒店、茶楼、药店、休闲中心。全年房屋租赁备案170户，登记发证94个。全县房屋交易520宗，面积6.24万平方，交易额9.4亿元。2011年，房屋租赁率达96%。全年签订房屋租赁合同1280份，年营房调租91.45万元，公房租金收入由64.5万元增加到96.8万元。2013年，完成交易454宗，面积57618平方米，交易额8.736亿元，抵押完成661宗，面积21.6万平方米，抵押金额6.27亿元，测绘评估17.3万平方米，现值3.184亿元。办理乡镇业务57宗，发证面积16443平方米，发证金额2446.95万元，执法调查小产权房36栋，面积60223平方米，无房户房屋租赁备案登记890户。2015年，由于日月星河湾一期、永水小区等房屋建设完工等原因，全年房屋交易增多，全县房产交易750起，成交面积8.48万平方米，成交额11.67亿元。

（三）住房制度改革

1991年1月，双牌县成立住房制度改革工作领导小组办公室。1992年1月，县政府进一步调整、健全县房改领导小组及其办事机构。主要负责管理全县住房制度改革工作。住房制度改革目标是建立社会主义相适应新的城镇住房制度经济系统，实现住房商品化和社会化，同时建立住房公积金制度，建立政策性和商业并存的住房信贷系统。2月，双牌县成立房改办公室，下设住房公积金管理中心，县编制委员会核定房改办公室行政编制3人，主要负责公有住房出售工作；1992年12月，县城开始向职工优惠出售公有住房，出售标准为：砖混成套住宅200元/平方米，非成套住房150元/平方米；砖木成套住房90元/平方米，非成套住房60元/平方米。1993年7月，双牌县成立住房公积金管理中心。主要职责是管理全县行政、企事业单位和非公有制企业单位住房公积金；负责执行住房公积金归集、运作计划；负责记载职工住房公积金缴存、提取、运作等情况；负责住房公积金核算；审批住房公积金提取、个人住房贷款发放；负责监督、检查受托银行按合同办理住房公积金贷款、结算等金融业务；负责住房公积金保值增值；编制住房公积金归集、运作计划执行情况报告；负责对全县范围内各单位执行《住房公积金管理条例》情况进行监督检查。1996年3月，移交上划市住房公积金管理中心。是年，全县累计出售公有住房 1176 套，面积 12.4 万平方米，价款 1560 万元。1996 年，县城出售砖混结构标准新房成本价为 230 元/平方米，职工购买公有住房，每年工龄折扣额为 3.3 元/平方米。从 1995 年起，实现按房屋实际成本销售，同时对 1994 年以前优惠出售公有住房明确个人产权比例，对所居房只有部分产权单位职工实行全价补款。是年，全县累计出售公房 860 套，面积 10.8 万平方米，总售房款 2110 万元。至 1999 年，全县计有 119 个单位 4700 名职工购买公有住房，出售房屋总面积达 54.66 万平方米，收回住房资金 6820 万元，其中，对 67 个单位 1760 户职工原按标准价购买公有住房实行全价补偿，回收资金 816.2 万元。全县 106 个单位 4260 名职工缴交住房公积金，缴存总额达到 1220 万元。县政府决定所有党政机关和企业单位不得再建福利性住房，规定 1995 年 1 月 1 日后新参加工作职工，由职工通过市场购买或租住，单位不再负责解决其住房。当年，全县城镇租金水平达到双职工家庭人均工资收入的 7%以上，月租金每平方米 1 元。其间，双牌县人民政府鼓励职工集资合作建房，全县从 1996 年开始鼓励职工居民集资建房，至 1999 年，58 个单位 485 名职工参与集资建房，总投资额为 1.34 亿元，其中职工集资建房 510 套，总投资 8400 万元，建筑面积 5.63 万平方米；单位资助 68 万元，通过国家税费减免 160 万元。仅 1999 年，全县累计有 90 个单位 1210 名职工通过走集资建房路子解决住房问题，建房面积达 9.2 万平方米，集资总额达 1.22 亿元，人均居住面积由 1993 年的 15 平方米上升到 24 平方米。全县累计有 129 个单位 5110 名职工完成公积金缴存工作，有 6 个单位主动提高缴存比例，当年新增公积金归集额 169 万元，累计归集总额 2.67 亿元。至 2004 年，全县有 137 个单位 5400 名职工参与住房公积金缴存，累计归集总额 2680 万元。

2004 年 8 月 28 日，双牌县住房制度改革领导小组下发《深化住房制度改革若干问题的通知》，规定县城机关事业单位凡能出售的公有住房，包括原交保证金及按标准购买的公有住房和各单位差额集资建房，一律在 2004 年 12 月 31 日前按成本价出售完，并取得产权。2004 年 12 月 31 日后将取消公有住房出售的一次性付款折扣和现住房折扣，并停止划拨房公积金单位补贴部分。全县改制企业公有住房，必须在 2005 年 6 月 30 日前全部出售完毕，原则上房改工作与企业改制工作同步进行，职工所交购房款必须上缴县房改办住房资金专户储存，提取维修基金后，剩余部分返回用于企业改制，并取消一次性付款和现住房折扣。各乡镇公有住房原则上参加房改，但必须按标准收取房租。对已购公有住房上市出售，必须严格执行审批制度，并按规定缴纳有关税费。2005 年，县房产局成立后，把全县住房问题的系列问题列入议事日程，加强住房制度改革。2006 年 12 月，为确保双牌县住房困难最低收入家庭得到实惠，根据《城镇最低收入家庭住房管理办法》，城镇最低收入家庭廉租住房保障方式应当以发放租赁住房补贴为主，实物配租，租金核减为辅，租金实行财政预算安排为主，多种渠道筹措的原则，县房产局请示县人民政府在财政预算中列入安排有关资金。

2008 年 3 月，为加快解决城市低收入家庭的住房困难，制定《双牌县解决低收入家庭住房困难发展规划》和年度计划（2008—2010 年）。2009 年 9 月，根据永州市人民政府第 20 次常务会议精神和市住房公积金管理委员会第八次会议纪要，从 2008 年起，将住房公积金增值收益用于城市廉租房建设补充资金，市财政局下达双牌县住房公积金增值收益 10 万元，专项管理，分账核算，按规定用途使用。2010 年，双牌县住房公积金贷款发放破亿元。当年累计为 280 户职工发放住房公积金贷款 1.16 亿元，贷款总额达 2.4 亿元，贷款余额达 1.26 亿元。

2012 年，棚户区改造为解决县城中低收入阶屋住房困难起到积极作用，为积极深化住房制度改革，根据县城实际及上级政策，坚持以构建购租并举的住房制度为主攻方向，完善多层次住房保障体系。培育和发展住房租赁市场，促进房地产市场平稳健康发展。

2013 年，双牌县人民政府在住房改革方面，建立双轨制的住房供应体系，以中低收入家庭为对象，具有社会保障性质适应住房及廉租房供应体系，并加强住房公积金制度的管理，以增强职工住房消费能力、规范交易等房地产行为，逐步实现住房资金投入产出的良性循环，促进房地产和相关产业的发展。

2015 年，县人民政府提出住房公积金制度改革，建立公开规范的住房公积金制度，改进住房公积金提取、使用、监管机制。推进以人为核心的新型城镇化，提高房地产住房管理水平，加大城镇棚户区和城乡危房改造力度，推进满足进城居民为出发点的住房制度改革。坚持住房市场和住房保障相结合，强化住房市场有效供应，增强住房保障的有效性，以达到住房改革目的，投资公租房 3231 套，实施各类棚户区改造 6055 户，完成农村危房改造 6491 户，全县低收入家庭 60%居住棚户房和廉租住房。

（四）物业管理

2005 年 1 月双牌县房产局成立以来，依照国务院《物业管理条例》《永州市物业管理办法》，不断强化住宅小区物业管理工作组织领导和工作机制建设，建立“行业主管、属地管理、部门配合”工作运行体制。先后制定实施《双牌县前期物业管理招投标工作流程》《双牌县业主大会成立制度》《双牌县物业管理办法》《双牌县商品房住宅专项维修资金管理办法》等规范性文件。重点加强对物业服务企业资质管理，加强县本级住宅专项维修资金归集管理，严肃查处违反物业管理法律、法规行为。2009 年 10 月，对县城住宅小区物业企业服务收费有关事项，进行规范并做出具体规定。2010 年，全县签订前期管理合同 10 份，签订监管服务承诺书 31 份，指导 3 个住宅小区成立业主委员会，妥善处理物业诉求 10 起，全县新归集物业专项维修资金 150 万元，累计归集物业专项维修资金达 800 万元。对 4 个住宅小区新建项目物业管理用房进行规范配置。严格规范开发企业及物业服务公司考核标准，实施网上信息公布及企业年审年检制度。不断加强物业管理市场整顿，有效促进全县物业管理市场化、社会化、专业化。2012 年 6 月 13 日，为规范物业管理活动，维护业主和物业服务企业的合法权益，改善人民群众的生活和工作环境，制定《双牌县物业管理实施办法（试行）》。对业主和物业服务企业按照物业服务合同约定，对房屋及配套设施设备和相关场地进行维修、养护、管理、维护物业管理区的环境卫生和相关秩序的活动。

2013 年，县内小区房屋、物业管理企业，坚持“业主至上，服务第一”的宗旨，以“全方位管理，多功能服务”的管理手段，倾听业主心声，了解业主需求，解决业主反映的问题，倡导“以业主为园心”的服务理念，不仅做好 24 小时保安服务，保洁服务，还组织有关活动，增进物业与业主的交流，如滨江广场电梯房小区物业管理企业，自制宣传牌为业主写贴有关通知、请柬、领物、遗失启事等，提升物业企业形象。

至 2015 年，全县有 9 家物业服务企业，实施物业服务项目 22 个，管理面积 156.6 万平方米，从业人员 130 人。归集物业专项维修资金 230 万元。县政府还不定期召开全县物业管理工作会议和物业公司培训暨物业服务经验交流会，并组织有关乡镇、社区居委会和物业服务企业代表赴永州、衡阳、长沙等地参观考察住宅小区物业管理工作，组织开展“优质服务企业”“物业服务示范小区”“物业服务示范岗”“物业服务明星”等评选活动，示范带动住宅小区物业管理走向规范化。全县有 2 个项目获得市级物业管理优秀项目，1 个企业获得市级优秀企业。自 2005 年以来，经有关部门和专家考评，双牌县物业服务企业有市优企业 1 家，市优项目 2 个、创市园林小区 1 个。

（五）房地产规划管理

1988 年 4 月县房产公司成立，双牌县房地产工作坚持规划先行原则，遵循城市发展客观规律，充分发挥城市规划对资源配置、产业发展、环境保护和基础建设的引导调控作用，用规划指导建设，引领房地产业不断发展。按照持续发展、服务群众和统筹城乡指导原则，结合历史传统，区位条件及发展趋势，双牌县委、县政府将县城总体发展定位为“城区东移，南北延伸，道路成网”的总体规划，进行城区改造扩容，不断提高县城建设的总体水平和文明程度。从 1991 起，安居工程悄然兴起，至 1995 年，城区及近郊房屋建筑面积、私人建房由 1991 年 69.34 万平方米、

20.7万平方米分别增至112.2万平方米和57.86万平方米。1996年3月，县七届人大四次会议通过《关于创建公园式县城的决议》，把山水、园林、建筑、历史、文化融入城市房地产规划建设，把县城建成“城市公园化、街道园林化，单位花园化，家庭盆景化”的公园式县城。1998年，县委、县政府实施“引资、拉路、扩城”战略，县城中心东移，改造扩容，外引内联，按照“三纵六横”框架，拉通平阳路、阳明路，改造紫阳路、兴隆街。明珠新村、龙口小区一幢幢住宅楼拔地而起，平安小区、集资建房发展迅速。1999年，县城住房面积人均18平方米，比1989年增加一倍。2002年，县城商品住房、花园小区各类住房建筑面积540万平方米，住宅面积380万平方米，人均23平方米。在房地产业发展进程中，县委、县人民政府严格坚持“规划一张图、建设一盘棋、审批一支笔”，始终做到领导决策服从规划、基础建设服从规划、项目开发服从规划，强化规划权威性和严肃性。

2005年，县房产局成立后，县委、县政府相继出台《双牌县城市房地产开发和公用设施建设管理暂行办法》《关于促进县城规划区房地产市场发展的意见》《关于加快城市发展的决定》等一系列文件，提出“统一规划，合理开发；实行优惠，促进开发；强化服务，挂牌保护；鼓励支持，重点奖励；加强领导，搞好协调”等具体措施，提升房地产开发企业信心和投资热情。2008年3月6日，双牌县人民政府为促进全县经济、社会，全面协调可协续发展，制定现有城区和新城区建设规划区（2008—2010），加快解决城市低收入家庭的住房困难。实行统筹规划，分步解决，政府主导，社会参与，统一政策，因地制宜，分3年计划实施。

2012年1月，为加快推进保障性安居工程建设，促进“住有所居”目标实现，制定双牌县有关保障性安居工程，包括廉租房、经济适用房、公共租赁住房、城市棚户区、林区棚户区（危旧房），分配与运营管理等规划，县人民政府负责指导和监督。2015年，通过推行整体式综合开发模式，实行商住开发与基础设施配套打包综合供地，由投资商在总体规划框架内实行整体式、综合化开发，政府实施监控指导和服务协调，严格控制小规模开发和分散开发，有效保证城市建设高标准成片开发和基础设施综合配套，有力促进一批环境设施好的、配套功能全的、高品质的、有特色的大楼盘建成。紫金国际、日月星河湾、滨湖花园、绿澜铭居、滨江明珠、永水华城等豪华房屋小区26处。达到县城房地产规划总体效果。

（六）政策法规建设

为加强房屋拆迁、核发拆迁许可证，拆迁房屋安全监督管理、指导、监督拆迁中的安置与补偿，协调和裁决拆迁纠纷；查处房地产黑市交易和无资质从事房屋开发工作。1993年3月，成立双牌县房地产监督执法大队，隶属县房地产局管理。县房地产监督执法大队成立后，为加强房产法律法规建设与管理，经常性地开展房地产法律法规和政策宣传，发现和制止违章建设行为。认真做好群众来信来访、行政执法监督、行政复议、行政应诉、行政赔偿等工作，不断加强对全县房地产系统行政执法培训及房地产咨询、经纪、评估、测绘等中介市场管理。2005 年，县房产局成立，政策法规建设力度进一步加大，10 月，县委、县人民政府对全县房地产开发企业无证、违规开发行为，违规拆迁，野蛮拆迁行为，无预售许可证违规销售行为，房地产虚假广告，合同欺诈行为进行全面检查，对不合规范的房地产开发企业进行整顿，取缔 2 家无资质或资质不符合规定的房地产开发企业，使房地产交易市场得到有序发展。2011 年，双牌县房地产管理局通过开展“公正执法年”活动，立案查处违法开发、违规预售案件 10 起；坚持“定期研究，实事求是，集体决定，阳光操作”的原则，下大力气研究解决多个历史遗留办证问题。

2012 年，依法推行房屋征收，当年也是按照国务院颁布的新条例开展房屋征收工作的第一年。县房管局在全县启动县开发区、火车站、城北大道、义村断渠廉租房等 6 个征收项目，涉及对象百余户、房屋征收面积 0. 85 万平方米，签订补偿协议 60 户，支付征收补偿资金 1800 万元。积极稳妥推行房屋安全鉴定，2013 年，双牌县房管局紧密配合房产开发公司建设及规划房屋建设区开展房屋安全鉴定工作，受理鉴定业务 176 宗，鉴定房屋 158 栋，鉴定房屋面积 2. 8 万平方米，发放鉴定文书 150 份。2014 年 7 月，为规范全县房地产小区管理秩序，双牌县人民政府办公室以提高群众居住质量、保障民生、构建和谐社会为宗旨，按照“全面整治，属地管理，条块结合，标本兼治，集中整治与强化监管相结合”的原则，围绕规划验收，开发建设房地产权属登记、维修资金监管、税费管理、物业管理等，对全县住房小区进行集中整治，以纠正房地产开发领域的违规行为，解决小区存在的问题，推动住房小区物业管理规范化，制度化建设，营造小区功能完善，环境整治、管理有序、安全舒适，群众满意的生活环境，下发文件和整治方案。2015 年，严格落实信访综治维稳工作，接访处理 300 余次，人大代表及政协委员议（提）案 11 件（次）；接收各类司法文书 60 份，依法依规稳妥处理 2 起行政司法诉讼积案，当事人服从处理。

（七）队伍建设

1988 年 4 月，双牌县房地产管理所成立后，为加强干部队伍建设，认真贯彻执行中共十一届三中全会以来的路线方针、政策，围绕全县住房制度改革和房屋所有权等工作，完善内部管理制度，职责分解到人，工作人员学习业务，掌握有关房地产有关知识，文明执法。抓好管理办事人员的政策业务学习，以提高政策业务水平和解决问题能力，树立奉献、务实、高效、优质的敬业精神，房地产管理人员懂政策、守纪律，业务熟练，事业性强。1996 年，在全所进行社会主义思想教育，增强办事人员的公仆意识，对职工思想、道德素质、技术业务素质，工作效率和服务质量提高很大。2001年，所内部管理和队伍建设上，强调以服务高于管理为宗旨，简化手续，实行“一条龙”服务，得到广大老百姓的高度赞扬，产生良好的经济效益和社会效益。始终不忘全体干部职工的思想政治教育，并以“三讲教育”“三个代表”学教活动为契机，强化党风廉政建设，按章收费，增加办事公开制度。2003年，以学习“三个代表”和结合各自的工作实际进行学习，加强自身和队伍建设，干部职工通过学习，提高政治觉悟来服务群众，全局意识加强，自觉服从和贯彻执行上级主管部门的各项政策和工作部署，各项工作群众满意，政府放心，2004年3月，为强化内部管理和加强队伍建设，制定全所考勤制度，树立良好形象。2005年1月，县房产局成立，工作人员增多，队伍建设进一步加强，以开展“创先争优”，创建“满意房管”活动为载体，不断强化队伍建设与人员管理。县房产局按照上级要求，组织普法学习及法律法规业务知识考试，开展“房地产法律法规知识竞赛”，完善房地产信息网站，设立广播、电视专栏，宣传房地产政策和行政执法职能，不断更新行政审批程序，行政审批项目全部进入窗口办理，坚持持证上岗、亮证执法。执法人员在执法活动中，做到严格依法办事，文明执法，重大案件集体讨论，由局长办公会决定，杜绝“暗箱操作”“人情案”“关系案”。对违反规定乱收、超收的，严格按照有关规定，追究当事人责任。配套完善政务窗口软、硬件建设，严格按照“一门受理、内部流转、限时办结、集中审批、统一收费、一条龙服务、一站式办结”要求，完善工作咨询台、流程台和监督台，对窗口进行全面规范，提高项目审批公开性和透明度；对重大审批事项，积极推行社会听证制；对专业性和技术性较强的审批事项开展咨询论证。不断加强业务信息系统全面跟踪和完善，积极落实政务公开工作，不断更新政务公开目录和各项业务办事指南。以“精”“快”“实”做好服务工作。通过阳光操作，严格服务承诺，窗口受理的4960宗业务中，达到无一例差错、无一例纠纷、无一例投诉现象，受到群众赞誉。

2008年，在干部职工队伍建设中，严格要求干部职工做到“十讲”和坚持“八个严禁”；为使审批程序公开透明，局纪检组要求，特别是在对申购廉租住房家庭，严格实行“三审两公示”制度，即对象申请—社区初审—首次公示—乡镇民政所复审—县住保办审批—第二次公示。廉租住房配租配售均实行公开摸号制度，由县公证处现场公证，所有符合廉租住房配租配售条件的对象都参加统一摸号。不符合条件的，一律不予准入。廉租房配售做到公开、公正和公平。2011年2月，为进一步加强机关作风建设，提高工作效能，树立“为民、务实、高效、清廉”的干部队伍形象，进一步优化房地产业经济发展环境，推动双牌经济持续快速健康发展，根据《双牌县加强机关效能建设规定》，加强干部、职工队伍建设，特制定《双牌县房产局行政效能建设有关规定》，对全县房产工作队伍人员依法行使职权及服务过程中所实现的质量、效率和效益，共27条规定，以加强房地产队伍建设。2012年，县房管局修订完善《岗位（经济）目标管理责任制》，层层分解工作责任和经济指标，修订充实《请销假制度》等16项管理制度，健全实施“日考勤、月考核、半年述职、综合考评”机制，激发干部职工争创满意、争先创优积极性和自觉性。开展“全员下访听民声，走访基层解民困”、“五送帮扶办实事”、“联村（居）创满意”等活动，进行实地调研、交流走访，听取意见建议，现场答疑解难。在扶助点村、解决社区困难、关爱下一代、帮扶贫困群体办实事上，赞助资金、物资2万元。

2013年8月，根据县委、县政府安排部署，为规范机关管理，加强干部职工队伍建设，切实提高服务质量和办事效率，按照县委《双牌县开展“作风大整顿，攻坚大行动，双牌大发展”专题活动实施方案》文件及党的群众路线教育实践活动精神，局党组决定在全局开展“工作作风整顿”活动。以大局意识来引领，问责监督来推进，制度机制来保障的原则，落实“秤砣工作法”，达到“精气神大提振，执行力大提升，发展环境大提质，群众满意大提高”目的。在制度建设方面，完善规范各类会议，反对形式主义，建立健全房屋开发执法监管及相关制度规定，落实各项民生政策，增强干部队伍的执行力。并制定《双牌县房产局党政机关工作人员作风问责暂行规定》，加强队伍建设。

2015年，房产局进一步贯彻落实中央和省市县有关改进工作作风，密切联系群众纪律要求，坚持每季度开展一次作风建设专项监督检查。就进一步完善首问责任制、服务承诺制、限时办结制、责任追究制工作问题讲评整改；就规范行政审批许可、优化办事流程、提高工作时效和透明度，推行权力阳光运行，党务政务公开政策性问题比对纠查；就严格财经纪律、控制“三公”经费、降低行政成本、搞好廉政风险防控、接受社会监督制度措施；进行对照审查，力求全局上下，干部清正、机关清廉、政治清明，并广泛开展创建和谐机关主题教育活动，通过营造浓郁学习氛围，公平发展氛围、融洽人际氛围、宽松工作氛围，不断提高房管人综合素质，塑造“廉洁、务实、高效、和谐”机关形象，为全县房地产事业发展提供有力保障。

第五节 道 县

一、概况

1988年，道县住房制度改革开始起步。1988—2002年，经历提租试点、全面起步、重点突破和建立住房新体制的几个阶段，实现城镇所有权的“从无到有”，住房面积的“从小到大”，打破传统的福利分房制度。房产小区建设初现端倪，以道县冶炼总厂为代表的房改促房建，提高普通职工的住房质量；以爱莲商业小区为代表的市场运作模式，吸纳来道县安居乐业的乡土人士、能工巧匠和先富起来的部分农民进城安居乐业。

1991年12月13日，永州市出台并组织实施《永州市（县级）住房制度改革实施方案》及其相关配套政策，随后根据当时的实际对房改的范围对象、出售价格、优惠政策、售房付款、价格评定和程序、公有住房售后服务和管理、纪律和违章处罚相关事项都作出详细的规范和界定，房改领导小组和房改办从宣传发动、到组织落实、房屋丈量测绘和房改房款解集、缴交做大量的解释和基础性工作，圆满地完成整个房改工作。在房改房出售的同时，对个人集资、合作统建住宅做出相应的规定，鼓励个人集资、合作统建住宅，政府提供相应的土地，逐步解决住房难的问题，因而加快住宅建设。

期间，通过房改，化解当时干部、职工的住房矛盾，使房产市场由福利分房逐渐过渡到货币化住房，运用“市场+保障”模型与市场经济挂钩适应。对待特殊情况，采取先售后租，对待住房困难户给予优惠措施照顾，由以息代租、部分产权逐步过渡到全部产权。

1990—1996年，随着土地市场的开放和房改政策的稳步推进，房产市场明显发展。道县医药公司的改制和旧房的改造建设，使得房产市场有新发展，房价由每平方米300多元上升到1100多元。

2003—2015年，先后建设中高档小区15个，如万和世纪、华城新域、碧桂园、海湘城、锦绣花园等一批规模大、档次高的舒适型、生态型豪华小区，高楼栉次磷比，最高楼达33层，最大小区占地面积240亩，住房面积35.9万平方米。小区的环境治理、绿化景观和售后管理也随着上台阶，物业管理既引进沿海发达地区的经验，也在实践中不断完善，使开发商与住户的关系渐趋和谐。期间，全县开发建设5万平方米以上楼盘7个；10万平方米以上楼盘14个；小区的配套设施渐趋完善、绿化率节节攀高，尤其以华城新域小区引人注目。自发成立房地产协会，对全县房地产企业进行指导、协调。

2015 年道县房产局

2008—2015 年，全县建设廉租住房 2670 套，建筑面积约 13.35 万平方米，城区棚户区改造 9031 套，建筑面积 80 万平方米，安置各种类型拆迁的住户 2249 套，建筑面积 9.1 万平方米。

2002—2015 年，办理房屋登记 20312 万宗，总建筑面积 657.8 万平方米，受理测绘业务 27912 万宗，实测面积 709.5 万平方米；发商品房预售许可证 336 个；受理各类房地产评估 7564 万宗，办理市场房屋交易 3649 万宗，评估面积 91.23 万平方米；白蚁预防签订合同书 1.8 万余份，施药面积 4.5 万平方米，灭治白蚁 85 处 250 次，灭治面积 233.5 万平方米。归集住宅维修资金 6637 万元。

2015 年，全局先后调派 40 余名职工参与道州中路、道州南路拆迁，拆迁房屋 300 余户 75 万平方米，拆迁补偿金额 2.94 亿元，印发政策性宣传资料 1 万份，梳理处理矛盾纠纷 134 起。

二、房地产市场建设

1989 年，道县房地产管理局成立道县房地产开发公司，为道县房地产管理局的下属单位。公司成立时没有专业施工队伍，所有建设项目都通过招投标的方式聘用建筑队进行施工，主要任务是进行旧城改造，安置居民，开发商品房销售。1996—2015 年，主要开发建设瓷厂开发区、城南车场开发区、后背洞开发区、老电影院，收到较好的社会经济效益，总建筑面积 1.5 万平方米，拉通道路 6 条，建成 8 条小街。

2013 年，全县办理抵押贷款业务 951 余宗，抵押房屋面积 287119 平方米，抵押贷款金额 46157600 元。2014 年，全县共办理抵押贷款业务 2714 余宗，抵押房屋面积 878273.8 平方米，抵押贷款金额 62932818 元；到 2015 年年底，全县办理抵押贷款业务1489宗，抵押房屋面积46365.77平方米，抵押贷款金额85993450元。通过房地产市场的发展，民间资金和外来资金的投入，促进住宅建设的快速发展，激活住房消费者的购房欲望，使住宅建设和购房消费迈上良性发展轨道。

2003年以来，房地产市场建设得到房管部门和县相关部门的重视，并加强管理，重点是加强项目规划管理，商品房预售管理，现售管理和销售价格管理。

2008年，认真贯彻落实中央、省、市关于加强房地产宏观调控的政策文件精神，率先实行房地产交易“先税后证”，从2007年10月起，对超普通住宅（建筑面积144平方米以上或套内面积120平方米以上）的契税征收按有关规定由2%恢复至4%，有效遏制投机性住房需求，促进房地产市场健康发展。全年加大房地产市场秩序“整规”力度，突出查处商品房销售环节的潜在问题，对《中华人民共和国物权法》解读、购房须知、房地产市场主要违法违规行为以及处罚标准等印发宣传资料30000余份，在城区各站点进行宣传和散发，收到良好的社会效应，并为后段时间一系列规范性操作奠定基础。

2015年万和世纪城住宅小区开发

2013—2015年，房地产市场平稳发展，房地产抵押贷款金额19.3亿元，设定房屋抵押建筑面积162.90万平方米。

2010年，集中开展房地产市场专项“整规”活动，对全县所有房地产开发行为进行地毯式调查和摸底，对36家房地产开发企业和开发项目实行台账管理，对排查出的无资质开发和无商品房预售许可等房地产违法违规行为依法进行查处，对未缴足土地出让金或房地产税费、未取得土地、规划建设等相关部门验收证明的开发商或建房户，责令其进行整改和补救，整改不到位的一律不予颁发商品房预售证或房屋所有权证，有效规范房地产市场。

2011年，房地产市场受国家“新国八条”政策的影响，市场交易稳中有降。一方面，对居民购买第二套以上住房，提高房地产的税收征缴比率及银行按揭首付购房款比例，另一方面对房地产开发企业报建环节实行“手续应报必报，税费足额”收取。受此影响，全县成交房屋面积43.8万平方米，成交金额10.9亿元，较上年大幅减少。交易市场趋于平淡。

2012 年，房地产市场虽继续受国家调控政策的影响，但因全县房地产市场的自身因素影响，房地产投资稳中有升，房地产市场相对活跃。全县房地产投资完成 3.34 亿元，全县商品房销售面积 133.4 万平方米，二手房成交面积 47.5 万平方米，全县房地产抵押贷款总额达 4.6 亿余元，设定房屋抵押面积 28.7 万平方米。居民贷款购房的消费观念日益深入。2013 年，全区房地产市场相对活跃，全年商品房销售 864 宗，面积达 10.7 万平方米；2015 年，全县有上规模的房地产开发企业 7 个，开发企业 36 家，其中开发面积在 10 万平方米以上的项目有 14 个。

2015 年以来，国家供给侧改革政策逐步落实，道县对房地产市场的保护和激励政策渐趋见效，全年为 21 个项目颁发商品房预售证 2132 本、预售商品房面积 29.3 万平方米。二手住房成交 638 套，1.4 万平方米。

三、住房保障建设

2004 年，道县房产局负责组织经济适用房、廉租房、公租房的建设，县房产局按照省、市关于为民办八件实事的文件精神，开始着手制定全县经济适用房和廉租房的实施方案，把保障性安居工程建设作为改善民生、造福千家万户的民心工程来抓，使广大中低收入家庭的居住条件得到改善，产生巨大的社会效益。

县房产局通过对廉租房的规范性建设和分配管理，收到良好的社会效益与民众高度评价。2008—2015 年，全县总投资约 471 万元，新建廉租房项目 2 个 120 套 0.6 万平方米。

2009 年，县房产局按照县里关于廉租房建设“统一规划、统一设计、统一建设、统一配套、统一分配、统一管理”的要求，通过招投标方式，利用开发企业，在政府划拨土地上开始保障住房的建设，全县住房保障工作进一步加强。一是新建廉租住房规模较大，呈几何级增长，全县新建的廉租住房项目 2 个 866 套，约 4.35 万平方米，其中红星西路廉租住房小区 200 套，振兴路廉租住房小区（一期）324 套，振兴路廉租住房小区（二期）342 套，安置最低收入家庭 866 户。二是廉租住房租赁补贴保障面进一步拓宽，全年新增保障对象 740 户 2220 人，全年对 1475 户最低收入住房困难家庭发放租赁补贴资金 135.05 万元，实施保障人数 4425 人，保障面积 66375 平方米。

2010 年，住房保障工作扎实推进，其中振兴路项目新建廉租住房 12 栋，864 套，面积 43200 平方米，新增租赁补贴保障对象 1020 户，为 2495 户最低收入住房困难家庭发放租赁补贴资金 230 万元，保障人数达 7485 人。

2011 年，无廉租房建设计划，全年全县发放租赁补贴资金 283.2 万元，实施租赁补贴保障 2453 户，7359 余人，保障面积 11 万平方米。

2012 年，乌家山路新增廉租房 360 套，全年实施住房保障 2829 户，为新增保障对象发放租赁资金 326.1 万元，新建 2196 套公租房，面积 87840 平方米。

2015 年振兴路廉租房小区

2013 年，公租房建设开始成为住房保障的推力器。全年全县通过开发建设在工业园新建公租房 714 套，面积 2856 平方米。棚户区改造争取 778 万资金到位，发放廉租住房租赁补贴 287 户，发放租赁补贴资金 282 万元。

2014 年，住房保障工作在原有的基础上推进，工业园新建 960 套公租房，面积 38400 平方米。4 个棚户区改造项目基本完成 880 套，廉租住房租赁补贴全部如期发放。

2015 年，新建公租房 3055 套，面积 12 万平方米，以及 21 个乡镇学校公租房、12 个乡镇卫生院公租房、3 个乡镇干部周转房基本完成。棚户区改造有 3 个棚改项目 980 套，面积 8820 平方米。全年发放补贴资金 98 万元。

四、房地产管理

（一）产权产籍管理

1984 年开始，进行第一次房屋普查。普查工作从 1984 年 12 月 10 日正式开始至 1986 年 3 月 16 日结束，对城区房地产管理中的产权、产籍、产业等 20 个项目按栋、户进行列表登记。测绘产籍图 326 幅、测绘面积 96 万平方米，普查房屋 10263 栋，户数 15362 户，房屋总建筑面积为 103.44 万平方米，直管公房住宅面积为 79.4 万平方米，自管公房住宅面积为 89.6 万平方米，私产住宅面积为 10.69 万平方米。

2004 年，全县各类房屋登记发证达 3302 余户，建筑面积 107.5 万平方米，2005 年，全县城乡各类初始登记、转移登记、换证等房屋登记面积达 4021 平方米。农村房屋产权产籍管理力度加强，为农村城镇户口拓宽融资渠道。2006 年，房屋发证面积不断扩大，全年为全县城乡 1436 户各类初始登记、转移登记、换证等房屋登记面积达 359 万平方米。2007 年，为城乡办理初始、转移、变更、换证等各类房屋产权登记 2576 起，建筑面积 47.2 万方米。2009 年，为城乡 2023 户办理各类房屋登记面积 46.4 万平方米。2010 年，为城乡办理初始、转移、变更等各类房屋登记发证业务 1655 起，发证面积 64.5 万平方米。2011 年，全面实现电脑测绘，严格执行房产测绘规范，受理城乡初始、交易、增值等各类房屋登记 1665 户，发证面积达 43.8 万平方米。2012 年，受理城乡初始、交易、增值等各类房屋登记 2021 户，发证面积达 62 万平方米。2013 年，受理城乡初始、交易、增值等各类房屋登记 2559 户，发证面积达 104.7 万平方米。

（二）房产交易管理

1988 年，道县房地产交易所成立，对城区内房地产买卖、转让、抵押、典当、房屋租赁、置换以及已购公有住房和经济适用房上市出售进行管理，并办理房产交易手续、房地产咨询、经纪拍卖等中介服务机构资质审查，同时协助查处房地产交易管理中的违法违规行为。道县的房屋评估管理工作自 1994 年开始，设立房地产评估管理所，主要职责是负责全县房产价格评估管理工作，定期制定和公布各种类别房屋的重置价格，负责房产课税评估和政府职能性、公益性的房产价格评估，负责房产中介机构管理并接受区域内公、私房屋等级价格的委托评估。

道县房地产历年评估数字统计表

表 7-11　　**单位：平方米、万元**

年份	宗数	面积	现值	年份	宗数	面积	现值
1995	420	114902	5645	2000	415	210403	9804
1996	455	127400	6120	2001	589	180068	9011
1997	283	51376	7013	2002	519	116593	5573
1998	278	91204	8604	2003	1019	250100	13055
1999	364	194320	8632				

白蚁防治。1989 年，永州市开始实施白蚁防治管理工作，1982—1994 年，建筑白蚁防治大部分由业主及民间自发防治。1999 年 10 月 15 日，国家建设部颁布《城市房屋白蚁防治管理规定》，白蚁防治工作全面规范。1994 年 4 月，道县设立白蚁防治管理所，负责全县防治管理工作。至 2003 年年底，全县白蚁预防施工 900 处，预防施药面积达 10 万平方米。2005 年，全县累计完成新建、改建、扩建房屋白蚁预防施药面积 15 万平方米，蚁害灭治 20 个单位，灭治面积达 3 万多平方米。2007 年，施药面积达 25 万平方米，蚁害灭治施药 45 个单位，面积达 2.2 万平方

米。2009年，施药面积达34万平方米，实施现场灭治35处100余次，灭治面积2.5万平方米。2010年，为全县新建、改建、扩建房屋3000余户签订预防合同书，施药面积达35万平方米。2011年，签订白蚁预防工程合同书29001份，施药面积达36万平方米。2012年，签订白蚁预防工程合同书2500份，施药面积38万平方米。2013年，签订白蚁防治工程合同书2000份，施药面积35万平方米。2014年，签订白蚁预防工程合同书2000份，施药面积达39万平方米。2015年，签订白蚁预防工程合同书3900余份，施药面积达45万平方米。

（三）住房制度改革

住房制度改革是整个经济体制改革的重要组成部分。全县房改工作于1992年全面铺开，实行先公房租金改革，再公房出售，建立起国家、集体、个人相结合筹资建设住宅机制。逐步改革由国家、单位包下来的计划建房方法，由国家、单位、个人合理负担筹资建房。改革低租金福利性的住房制度，革除在改革前住房分配中的弊端，实现多住房、住好房需多付钱的住房分配货币制度，从而达到政府对房地产行业的全面管理。

1995—2005年，全县实施物业管理的面积约266.8万平方米。2005年是物业管理工作走向轨道，规范化管理的开始。当年8月，道县房产局成立物业管理办公室、房屋维修管理中心两个股室，负责监督管理全县物业行为，指导成立业主委员会；负责全区房屋维修资金的归集、管理、使用工作。2010年，在道县开展物业活动备案的物业企业3家，至2015年，在物管办备案的物业服务企业32家，管理小区36个，物业管理面积311.5万平方米，其中引进国家一级企业2家，培养省优企业1个，市优企业2个，市优项目1个。全县物业从业人员1800余人，共有规模小区8个，其中符合条件的24个小区成立业主委员会。

2010年与2012年，利用两次房交会时期编制宣传资料向群众宣传。2011年，县房产局开展对全县房地产市场的整规行动，建立开发商和开发项目的基础台账，查处12家存在违法违规行为的房地产开发项目，同时配合县政府历史遗留问题办公室解决一批历史遗留的办证问题。

2015年县政府组建道县房屋拆迁管理办公室，全年对3个项目顺利实施拆迁，征收房屋4001户，面积4.2万平方米，落实补偿资金3亿元。

第六节　江华瑶族自治县

一、概况

1996年以来，江华瑶族自治县房地产业大致经历私人建房与集资建房和商品房建设与保障性住房建设两个阶段。

1996—2002年，与计划经济逐渐打破、市场经济开始建设相适应的私人自建房屋和集资建房阶段。私人建房是江华的传统，除乡镇私人建房外，县城居民和一些干部职工购地建房，尤其1982年沱江成为新县城后，兴起私人建房的热潮，许多干部职工和居民陆续在县城大街小巷购地建房。私人建房的地皮，1987年县国土局成立以前县城由城建指挥部批给，乡镇则由乡镇人民政府批给，县城207国道（冯乘路）以东地皮审批权归城建指挥部，西边地皮则由沱江镇人民政府审批。县国土局成立后统一依法管理土地，私人建房地皮统一由其审批。1993年开始的公有住房改革后，又兴起新一轮的私房建设热潮。

1996年公有住房改革基本结束后，伴随私人建房热潮的是集资建房。公有住房改革后，国家停止公有住房建设，一些干部职工住房困难或无房。县人民政府根据上级有关指示精神和本县的实际情况出台鼓励干部职工集资建房的政策，全县先后有乡镇企业局、采育场、工商局、教育局、卫生局、涔天河水利水电管理局、林业局等45个单位667户筹集资金4500万元建房，到1999年，全县建集资房19.3万平方米。集资建房一般为单位内划拨地，也有在小街小巷由政府划拨土地的。建筑式样多为占天占地，或者采取统一规划、统一设计、统一集资、统一施工、统一分房的办法建楼房。涔天河水利水电管理局和采育场等大单位参加集资建房的人数众多，前者集资建房10栋，建筑面积23000平方米，后者集资建设9栋，建筑面积14000平方米。

没有参加集资建房且住房困难的干部职工仍购地建房。1999年，大通房地产在商贸城开发商品房时，因商品房开发在初始阶段，居民购买商品房的意识淡薄，开发商仍将部分地皮规划成独门独户的地块出售给私人建房。2000年6月开工的旧城改造建设江华大市场中仍规划部分地皮出售给私人建房，随后的44万平方米的步行街项目除公益部分由开发商建设外，全部规划成独门独户的地皮出售给私人，再统一规划式样统一建设。2000年9月拉通寿域中路后，将两旁的地皮规划出89宗，有86宗出售给私人建房。白芒营镇、码市镇、涛圩镇、大圩镇等乡镇均按“以地生财，滚动开发”的模式将土地出售给私人建房。至 2002 年年底，仅县城私人新建房屋就达 2334 户，建筑面积 55.94 万平方米。

2003—2015 年，与市场经济相适应的商品房建设和保障性住房建设阶段。随着房地产市场开发建设，县人民政府稳步推进住房商品化、社会化，逐步建立起适应社会主义市场经济体制的城镇住房制度，建立和完善以中型适用户型为主的多层次城镇住房供应体系，发展住房金融，培育和规范住房交易市场。到 2003 年，基本停止向私人出售地皮建造私房。县人民政府将地皮规划成小区和建设高层住宅区采用招拍挂的形式出售给房地产企业开发商品房，商品房开发建设迅速发展起来。至 2006 年，房地产开发企业先后开发天河商业广场、盛园小区、金龙华苑、汀澜雅苑等住宅小区和商住楼，很快销售一空。受全国尤其是大城市商品房市场价格的影响，江华商品房价格也不断上涨，2006 年每平方米 728 元，是 2000 年每平方米 318 元的 2.29 倍，且上涨势头强劲，这就给低收入家庭和贫困家庭带来严重的住房困难问题。为解决好这个问题，使大家都能住上舒适舒心的住房，按照中央和省、市的部署安排，江华于 2007 年启动保障性住房建设工作。

2010 年，全县从事房地产开发的企业发展到 23 家，开发项目达到 29 个，其中高层建筑开发项目 10 个。开发总面积 28.08 万平方米，建筑总面积 98.23 万平方米，其中住宅 189 幢 4251 套，商铺 663 间，车库 1188 个，总投资 11.41 亿元。保障性住房建设投入 1373.67 万元，其中新建投入 856.27 万元，收购（租赁）存量房 517.40 万元；建筑面积 29848 平方米，其中：新建面积 11580 平方米，收购面积 15719 平方米，长期租赁面积 2549 平方米。

洛湛铁路经过几年的建设，于 2011 年正式开通，江华各族人民在家门口就能乘上火车快速到达各地；2012 年，经过数年论证规划的湖南省水利“一号工程”——涔天河水库扩建工程正式开工建设，库区 28431 名移民搬迁到县城、东田、清塘、码市等地。2014 年，县委第十一届第三次会议通过《关于进一步加快推进新型城镇化建设的实施意见》，提出以打造“神州瑶都”为总揽，统筹城乡发展，加快县城提质扩容，把县城定位为瑶族旅游、工贸发达、生态宜居、文明开放的中等城市的目标。所有这些都给本已快速发展的江华房地产业注入活力，房地产业加以迅猛发展。截至 2015 年，全县房地产开发企业发展到 40 家，其中三级资质企业 11 家，四级资质企业 29 家；开发项目达 46 个，开发总面积 98.36 万平方米，建筑面积 312.14 万平方米、18217 套，总投资 63.7113 亿元；商品房销售面积 156 万平方米，销售套数 12000 套。其中开发建设 50000 平方米以上的大型楼盘 10 个，10 万平方米以上的超大型楼盘 4 个。投资 9 亿元的一方泷台、投资 6.8 亿元的双龙幸福城、投资 6.8 亿元的江华新城、投资 5 亿元的龙华世纪城、一方汇金国际、投资4.8亿元的龙华财富时代广场等大型楼盘建设工程影响较大。保障性住房中，共投入资金7.1550亿元，分别建廉租房1744套85177平方米、公租房5916套21.46万平方米、进行城市棚户区改造项目4918套43.13万平方米。其中用于移民统筹的公租房项目3218套，建筑面积16.09万平方米。廉租房入住6483户次，发放租赁补贴676.03万元。

对房地产的管理，房产局首先从强队伍树形象抓起，鼓励干部职工努力提高学识水平和政治理论水平，对提升学历和职称的给予奖励，推行岗位目标管理责任制，实行换岗、轮岗和竞争上岗，逐步建立起能干会干敢干的房产工作队伍。其次，抓纪律抓规范抓制度，内部管理有序，人员职责明确清晰，不断完善体制机制建设，形成制度管权，制度管事，制度管人，保障房管工作又快又好地发展。再次创新决策机制，坚持科学决策，民主决策，透明决策，不断提高效能建设水平。不断强化工作职能，以建设“亲民政府、法制政府、诚信政府、高效政府、节约政府、廉洁政府”为契机，在创建满意房管，法制江华，优化经济环境等方面特点突出，成效显著。1996—2015年，房屋权属登记发证15495户，登记面积752.2059万平方米，规费收入2494.61万元；办理房产交易4750宗，交易面积139.7459万平方米，交易额3.8013亿元，规费收入789.91万元；办理房屋抵押19481宗，抵押面积812.7278万平方米，抵押额151.3978亿元，规费收入772.26万元；评估房屋12416宗，评估面积227.7918万平方米，规费收入716.81万元；白蚁防治7332宗，防治面积387.9862万平方米，规费收入511.47万元。房产工作和完成县委、县政府的中心工作方面多次受到县委、县政府和市房产主管部门的表彰和奖励；1999年、2000年、2001年、2002年、2003年、2004年、2009年、2013年、2015年被湖南省白蚁防治协会授予“湖南省白蚁防治行业先进单位”称号；2002年被湖南省建设厅授予“湖南省拆迁工作先进单位”称号；2003年荣获1998—2003年“全省群众体育工作先进单位”称号；2005年、2012年荣获“永州市文明单位”称号；2012年、2013年被湖南省人民政府授予“湖南省保障性安居工程优秀单位”称号。

二、房地产建设

（一）商品房开发建设

1996年，江华继公有福利房实行房改销售后，房屋建设主要实施单位干部职工集资建房，商品房开发建设仍在蕴酿中。1999年，首家私营房地产开发企业——大通房地产实业有限公司在苍松路南首开商品房建设之先河，开发建设商贸新城。商贸新城总面积82000平方米，以建设农工贸中心市场为主体，结合开发商住楼，投资2200万元，建设独门独户房屋310栋、公寓房242套，建筑面积12万平方米。出售价格为每平方米均价380元。此后，相继成立九鼎房地产开发有限公司、盛园房地产开发有限公司、金龙房地产开发有限公司，到2006年先后开发天河商业广场、盛园小区、金龙华苑，售出的商品房均价为每平方米728元，年涨幅16.7%。随着新型城镇化建设的推进，县委提出"以经营理念谋划城镇发展"的思路，商品房开发建设迅速发展，到2010年又先后成立飞腾房地产开发有限公司、金舜房地产开发有限公司、广厦房地产开发有限公司、粤华置业有限公司、同天房地产开发有限公司和华银国际房地产开发有限公司，房地产开发企业发展到23家，先后开发御龙花园、盛世康城、雅居苑、汀澜雅苑、春天瑶郡、家家旺商住楼、锦绣江华、华银国际、丽景花园、金港湾、同天家居生活广场、印象瑶都、滨江花园、兴湘时代家园、龙华世纪城等29个商品房住宅楼和小区。其中，龙华世纪城、锦绣江华等均为大型楼盘，分别投入5亿元和1.4亿元，开发面积为6.1万平方米和1.02万平方米，建筑面积27.40万平方米和10.12万平方米。开发的商品房多为高层电梯房。是年，全县房地产开发面积28.03万平方米，仅丽景花园、金港湾、同天家居生活广场、印象瑶都、滨江花园、兴湘时代家园和龙华世纪城7个项目开发面积就达19.49万平方米，建筑面积37.78万平方米，总投资7.60亿元。是年，普通商品房均价每平方米1900元，电梯房均价每平方米1800元，售出52.90万平方米。

2012年祥龙花园住宅小区开发

在商品房建设管理上采取几项措施：（1）推行和完善商品房预售许可制度。房产局严格执行《中华人民共和国城市房地产管理法》《城市房地产开发经营管理条例》《城市商品房预售管理办法》《永州市商品房预售管理暂行办法》和《江华瑶族自治县商品房预售管理办法》《江华瑶族自治县城镇燃气发展规划》，以及《关于在城区实行管道燃气设施与工程建设"三同时"制度的通知》等法律法规和政策，要求各房地产开发企业严格按照国家有关规定，预售前其建筑工程必须达到规定的要求，向测绘机构委托测算预售商品房的面积报房产局办理预售登记手续，并取得商品房预售许可证方可进行预售。并对印象瑶都、滨江花园工程所属房地产开发公司在未取得商品房预售许可证提前收取预付款、诚意金、定金行为下达整改通知书，限期整改。2011年，又对锦绣江华二期工程3、5、6、7、10、12、13、18号楼和龙华世纪城6号楼在未取得商品房预售许可证违规预售的行为组成专案小组，依法立案进行处理。2012年，在对房地产开发企业进行的一次专项整治检查活动中，对未取得商品房预售许可证擅自销售或以“内部认购”“内部认定”“内部登记”，以及发放VIP卡等形式收取费用、定金的行为进行查处纠正。（2）加强商品房预售监管，规范房地产业中介服务。要求各房地产开发公司把项目建设和销售等手续在售楼部的醒目位置予以公布，使用统一的商品房买卖合同范本，商品房预售必须实行一房一价制度，一次性公布房源，签订预售合同。开发企业要主动预告登记，防止一房多卖和地下交易。严把住宅质量关，强化竣工验收制度。房地产中介服务机构要主动备案，持证上岗，并鼓励和引导中介机构创新发展。（3）优化发展环境，规范部门职责，认真落实国家调控政策，加大对房价的监控力度。先后建立房地产市场监测分析和预警预报体系、个人住房信息数据库、房地产企业信息信用管理评价体系。清理规范商品房开发建设环节中的各种税费，简化办事程序，提高办事效率，帮助房地产开发企业协调解决建设中的供水、供电、消防和人防等基础配套建设中遇到的问题。（4）协调房贷工作。协调银行购房信贷工作，落实国家房贷政策，尤其协调好住房公积金银行房贷的首付比例，提高公积金贷款额度，延长贷款周期，对因房屋征收造成住房公积金二次贷款的，享受首套房公积金贷款政策。

2012年，湖南省水利“一号工程”——涔天河水库扩建工程开工建设，库区有28431位移民，潜在的购买力又刺激房地产的发展，是年，县内有8家房地产开发公司新投资开发清雅花园、香樟花园、华宇潇湘城、碧桂家园、祥龙花园、农产品大市场、鑫苑商业广场、万家福购物广场和白芒营商贸新城等商住楼，开发建设面积达到20.38万平方米，建筑面积44.33万平方米，总投资达到5.5亿元。2013年总投资上升到7.08亿元，仅双龙幸福城投资就达6.8亿元，开发面积达2.81万平方米。2014年，县政府又出台有关加大推进新型城镇化建设和购买商品房实行奖补的意见及税费优惠政策，凡购买商品房在90~144平方米内的实行奖补政策，每一平方米奖补100元。商品房开发力度加大，是年，新投资的房地产开发项目总投资高达17.10亿元，其中一方汇金国际和一方泷台分别投资5亿元和9亿元，开发面积20837平方米和2.66万平方米。至2015年年底，全县房地产开发企业发展到40家，其中三级房地产资质企业11家，四级资质企业29家，开发房地产项目46个，竣工项目31个，正在开发建设项目15个，开发面积98.36万平方米，全县商品房建设累计343栋，18217套，总建筑面积312.14万平方米，总投资63.7113亿元，累计销售12000套156万平方米。2015年，地段好的电梯房均价达到每平方米3268元。是年，政府对购房符合奖补标准的923户人家，发放奖补资金1158万元。

2009—2015年江华瑶族自治县全县商品房销售情况表

表7-12　　单位：套、平方米、万元

年份	套数	面积	金额	年份	套数	面积	金额
2009	77	12615.00	1741.00	2013	1227	139929.00	36101.00
2010	491	65062.00	10930.00	2014	1183	144317.00	37233.00
2011	814	97878.00	23294.00	2015	1304	182744.00	47147.00
2012	1223	157331.00	40591.00	合计	6319	799876.00	197037.00

2000—2015年江华瑶族自治县全县商品房销售价格（均价）表

表7-13　　单位：元

年份	多层	高层	年份	多层	高层	年度	多层	高层
2000	318.00	—	2006	728.00	—	2012	2181.00	2240.00
2001	380.00	—	2007	967.00	—	2013	2216.00	2680.00
2002	398.00	—	2008	1200.00	1380.00	2014	2360.00	3130.00
2003	468.00	—	2009	1600.00	1512.00	2015	2418.00	3268.00
2004	648.00	—	2010	1900.00	1800.00	—	—	—
2005	726.00	—	2011	2027.00	2026.00	—	—	—

（二）房地产市场建设

1996年前，房产局所属城乡建设开发公司先后建设个体商场小街、迎宾路小街和寿域中路及萌渚山庄等商住楼，为独门独户的二层楼房，规格为75~100平方米，共计18000平方米，出售给干部职工和居民，实为房改工作后政府行为房地产市场建设之始。同时，县政府开发腊树脚工业园，规划用地21.88万平方米，出让土地32700平方米，先后建成工业厂房和私人住宅103栋（户），建筑面积64200平方米，并投资4000万元完成水、电、路、讯等基础设施建设。1998年，县政府开通建设寿域中路，将街道两旁土地纳入房地产市场建设，出让土地89宗，其中86宗私人购买。购地户按规划要求先后建成4~5层楼房，一层全部建成铺面。1999年8月，县政府责成房产局和建设委员会负责开发平头岩公园萌渚路段，建设36栋瑶族吊脚楼样式二层砖混结构楼房，建筑面积达6185平方米，按商品房预售形式出售给个人和单位。

2000 年 6 月，县政府对长征路老城区南屏路一带实施旧城改造，开发建设江华大市场和瑶都步行街，由湖南富丽堂置业有限公司投资兴建。工程占地 72000 平方米，拆除旧房 152 幢。一期工程开发面积 28000 平方米，投资 2600 万元，建成商业街道 14 条、专业市场 4 个、摊位 500 个、门面 154 个，仿欧式建筑 16 栋。2002 年 1 月 28 日正式开市，主营农副产品、五金百货、土特产品、服装家具等。为搞活大市场经济，县政府专门出台《江华大市场优惠政策》，鼓励县内外客商购买大市场楼房、铺面、摊位，投资经商。紧接着建设二期工程——瑶都步行街，规划用地 44000 平方米，建设 7 条街道，然后规划成若干宗地出售给客商和居民建房，采取统一规划、统一样式、统一资金帐户、统一施工、统一管理的方式建设成 5 层楼房，1~2 楼为经商门面，建门面 400 个。

在房地产市场建设工作中，房产局切实做好法律法规宣传和服务工作。除利用报刊、电视等媒体做好房地产政策常规宣传工作外，2003 年 5 月 11 日，在县城沱江进行大型房地产法律法规咨询宣传活动，现场发放资料 3000 余份，解答疑难问题 23 个。8—9 月，分 3 次到大圩镇、河路口镇、涛圩镇、白芒营镇等地进行大型宣传活动，为群众解答房地产市场建设中有关房屋拆迁、抵押、租赁、评估、交易等问题 150 人次。9 月 21—27 日，在举办“房产杯”男子篮球赛中制作房地产市场建设和管理法律法规宣传牌，28 个参赛队伍的球员和 2 万多观众观看宣传。

2006 年，县人民政府编制“十一五”住房建设规划，提出“问题控制，区域平衡，结构合理的总体要求，坚持满足不同收入层次住房需求为导向，有针对性地加强对房地产市场宏观调控，着力调整住宅供应结构，完善住宅供应体系和住房保障体系，重点发展面向广大中低层收入家庭的普通商品住宅，将房价控制在合理的水平上，促进全县房地产持续稳定健康发展。2007 年，县人民政府组织房产局等 12 个单位开展为期 2 个月的房地产市场开发建设秩序整治工作，对一些不法行为进行查处。有 4 家开发企业项目建设中未办理商品房预售许可证，责令补办手续，各处 1 万元罚款；1 家企业商住楼建设项目规划、国土审批手续不全且未办理商品房建设许可手续，被责令停建，处以 4 万元罚款，并补办手续；1 家企业未列入规划的商品房建设，责令停建，补办规划手续，补缴房地产开发税款 53. 3 万元；4 家企业在开发项目中偷税漏税，补缴税款 75 万元。

到 2010 年，房地产市场建设发展迅速，仅房地产开发企业就发展到 23 家，开发项目 29 个，其中，住宅开发面积约 78. 23 万平方米，售出 52. 9 万平方米，占开发总面积的 67. 6%；非住宅面积 20 万平方米，售出 65000 平方米，占开发面积的 32. %。非住宅面积主要是商铺和车库，以出租为主。市场价格不断上涨，普通房每平方米均价 1900 元，高层电梯房每平方米均价 1800 元，普通房价是 2006 年的每平方米728元的2.61倍。

2015年江华保障性住户项目

2011—2012年，连续两年又对全县房地产市场建设中存在的问题进行整治。县委、县政府加大招商引资力度，出台《江华瑶族自治县银行金融机构支持地方经济发展目标考核奖励办法》，房地产企业因这一政策得到更多的贷款，房地产市场建设更加活跃。房产局在监管中加强对商品住房预售行业的监管，严肃查处捂盘惜售等违法行为，加强对房地产销售代理和房地产经纪的监管，加强房屋买卖合同的管理，加强房地产信用管理，严格相关人员责任追究制度，加强房地产市场执法队伍建设。同时合理引导住房消费抑制投机性购房需求。对已利用贷款购买住房，又申请购买第二套（含）以上住房的家庭，贷款自付比例不得低于50%，贷款利率不得低于基准利率的1.1倍，对购买第三套及以上住房的贷款首付款比例和贷款利率则大幅度增加，严格按照风险定价，差别化信贷政策执引力度不断加大；2011年1月1日起购买非唯一住房，无论面积大小均按4%的税率征收契税，首套自住的购房者低于90平方米的按1%的税率，90~144平方米内的按2%的税率，超过144平方米的按4%的税率征收，房地产市场建设在活跃中得到健康有序的发展。

2015年，县政府出台《关于进一步促进全县房地产市场健康发展的意见》延长和调整上年实施的购房奖补政策，房地产市场建设步伐加快。至年底，全县房地产开发企业达40家，开发项目达46个，房地产投资总额达63.71亿元，投资规模逐年扩大，施工面积由1996年的不足1万平方米发展到2012年以来每年近32万平方米，楼层由原来的多层楼梯房拔升到现在的30层左右的高层电梯房，建筑风格人性化、个性化。

（三）住房保障建设

江华于2007年开始住房制度改革后的住房保障建设。县政府成立保障性住房建设工作领导小组，并先后制定出台《江华瑶族自治县最低收入家庭廉租住房管理办法》《江华瑶族自治县2007—2009年廉租住房建设规划及工作方案》《江华瑶族自治县2008—2010年解决城市低收入家庭住房困难发展规划和年度计划》《江华瑶族自治县2008—2010廉租住房租赁补贴工作实施方案》等办法措施，并建立《廉租住房准入制度》《廉租住房审核制度》《廉租住房退出制度》《廉租住房档案管理制度》《廉租住房监督管理制度》等一系列相关制度。2007—2010年，全县筹集资金连同中央和省里的补助投入1373.67万元建设保障性住房，其中新建投入856.27万元，收购（租赁）存量房517.4万元。竣工（筹集）住房建筑面积2.98万平方米，其中新建1.16万平方米，收购面积1.57万平方米，长期租赁面积2549.8平方米。入住最低收入纳入廉租住房保障范围家庭1191户，其中有1044户享受租赁补贴，占入住保障户的87.6%，享受实物配租147户，占入住保障户的12.4%。为进一步做好保障性住房建设工作，2011年，县人民政府编制《江华瑶族自治县“十二五”保障住房规划》，制定保障性住房建设蓝图。出台《江华瑶族自治县廉租住房保障办法》《江华瑶族自治县关于推进城市棚户区改造工作的实施意见》《江华瑶族自治县普通商品房住房配套建设廉租住房实施办法》《江华瑶族自治县保障性住房建设管理暂行办法》《江华瑶族自治县公共租赁住房管理暂行办法》等保障性住房建设的文件，将住房保障工作目标任务及操作规程明确和规范起来，并从实际出发，制定《江华瑶族自治县保障性住房小区管理移交协议书》，明确产权政府所有，管理和收入由辖区居委会负责的原则，确保后续小区物业管理工作正常运转。同时制定《公共租赁住房建设管理协议书》，进一步明确和规范公共租赁住房管理与权益。房产局将保障性住房建设工作作为本局的一项重要工作来抓，成立项目工作小组，安排专人负责这块工作，对工程实行全程跟踪管理，从设计审图、基础施工、楼柱浇筑、竣工验收到交付使用，定期巡查，排除安全隐患。无论廉租房、公租房和棚户区改造项目均按程序办理施工许可证和质量安全施工手续，落实建设、监理、施工单位及现场人员质量安全责任制。同时，按照国家关于保障性安居工程建设有关税费的政策规定，对全县保障性住房建设免收城镇土地使用税、城市基础设施配套费和防空地下室易地建设费等地方行政性收费；严格按照国家规定从土地出让收益、公积金收益、财政预算安排等渠道归集保障性住房建设资金，实行专户管理。按照保障性住房政策，入住保障性住房的住户实行“三级审核、三榜公示”制度，各乡镇人民政府、社区对符合条件的住房困难家庭进行申请初审，填表登记、入户调查、审核确定、建档备存公示无意见后报县房产局审核，房产局进行调查复核公示无误后报县保障性住房建设工作领导小组审批确定符合条件的申请对象向社会公示15天，以公开、公平、公正的原则，做到应保尽保。对纳入保障性住房的低收入家庭的住房和经济状况进行动态监测，实行一年一签补贴协议或租赁合同；对不再符合保障条件或购置、租赁、继承、受赠其他住房的按照市场租金缴纳租金或退出。对保障性住房建设按照科学、规范、高效、透明的要求实行信息化管理，完善保障性住房和保障对象档案，动态监测住房保障对象家庭人口、住房和经济状况变化情况。并将保障性住房建设项目、房源及配租情况、保障对象保障情况纳入省住房保障管理信息化系统，有关信息及时在县人民政府网站向人民群众公布。

2012年，按照省、市下达的保障性住房建设和重大民生工程任务，全县新增廉租房建设592套，建筑面积28500平方米，项目集中在百草坪和百家尾，总投资3132万元，其中上级补助1708万元，县筹集1423万元。2013年，又对百家尾项目增加192套保障性住房建设任务，其中新建廉租房72套，购买公租房120套，项目总投资1132万元。并在河路口镇新建公租房220套，建设面积9900平方米，总投资1440万元。是年，江华被评为“湖南省保障性安居工程优秀单位”。2014年，全县开工建设保障性住房项目54个6120套，其中移民安置区建设项目14个3641套，非移民安置区建设项目40个2479套，建设面积36.3801万平方米，总投资4.37亿元。其中廉租房360套，公租房4598套，城市棚户区改造5个1162户。公租房项目涉教育系统、卫生系统、河路口工业园、高寒山区移民搬迁、水库移民乡镇和有新建宿舍的乡镇，以及县直单位。城市棚户区改造涉及水库移民新建的3个乡镇、大圩镇宝镜村维修改造、码市镇老街因洪水损毁房屋改造。是年，发放租赁补贴924户105万元。2015年，全县保障性住房建设6418套，其中公租房项目16个1296套，城市棚户区改造项目1个3756户。发放低收入住房困难家庭租赁补贴760户，其中新增租赁补贴30户，发放廉租住房租赁补贴89.48万元。

2015年江华房产局

截至2015年12月底，中央省市拨来保障性住房建设专款5.99亿元，加上地方资金，全县建设保障性住房投入资金7.1550亿元，建廉租房1744套85177平方米，建公租房5916套，建筑面积21.46万平方米，进行城市棚户区改造项目4918套，建筑面积43.13万平方米。其中用于移民统筹的公租房项目3218套，建筑面积16.09万平方米。

2008—2014 年江华瑶族自治县全县廉租房建设情况表

表 7-14　　**单位：栋、套、平方米、万元**

年份	栋数	套数	建筑面积	投资	年份	栋数	套数	建筑面积	投资
2008	1	48	2400	140. 00	2012	7	592	28473	3132. 00
2009	1	48	2298	200. 00	2013	1	72	3581	425. 00
2010	3	312	15441	1453. 00	2014	5	360	17647	2100. 00
2011	5	312	15337	1500. 00	合计	23	1744	85177	8950. 00

2008—2015 年江华瑶族自治县租赁补贴发放情况表

表 7-15　　**单位：户、万元**

年份	发放户数	补贴金额	年份	发放户数	补贴金额
2008	224	14. 7	2013	1196	141. 58
2009	642	39. 4	2014	924	105. 18
2010	858	77. 77	2015	760	89. 48
2011	935	103. 49	合计	6483	676. 03
2012	944	104. 43			

2013—2015 年江华瑶族自治县公租房建设情况表

表 7-16

年份	非移民安置区					移民安置区				
	项目（个）	栋数	套数	建筑面积（平方米）	投资（万元）	项目（个）	栋数	套数	建筑面积（平方米）	投资（万元）
2013	1	10	220	12000	1440	—	—	—	—	—
2014	38	67	2139	114237. 4	15216	7	19	967	47502	7881
2015	10	11	828	40293. 73	6981	6	11	468	23616	3722
合　计	49	88	3187	166531. 13	23637	13	30	1435	71118	11603

三、房地产管理

（一）产权产籍管理

江华于1988年开始对全县城镇各种所有制房屋进行登记发证。接管和没收的公房由房地产管理所管理，各单位建设的公房由房管所发给产权证，归单位所有和管理使用。1998年6月30日，县政府办根据国家有关文件精神发出《关于换发全国统一房屋权属证书的通知》，从7月7日起停止发放原用房屋权属证书，全面启用全国统一的房屋权属证书。房产局将这项政策性强、涉及房屋权利人切身利益的大事列入全局的大事来抓，严格按照《城市房屋登记管理办法》，把启用全国房屋权属统一证书与整顿房屋产权登记秩序结合起来，开展优质服务。对已进行权属登记的更换新的房产证，新登记的直接发放新的房产证。全年办理房屋权属登记发证543户，登记面积133439平方米，收取规费7.71万元，为规费指标任务的140%。1999年，除在县城沱江开展房屋权属登记工作外，还在大路铺、白芒营、涛圩、河路口、水口等集镇开展房屋权属登记发证工作，本着“急件急办，特件特办”的原则，规定具体的受理、办结时限，有的头天收件，第二天就将权属证交到当事人手中。全年办理房屋权属产权登记450户，登记面积93920平方米，收取规费10.26万元，比上年增长33.07%。2000年，在做好日常办理工作的同时，重点做好采育场的“急件”。采育场林业技改工程需申请专项抵押贷款，4月底开始，在5月5日前完成办理分散在全县各地的完成50栋房屋数万平方米的权属发证工作。对各建制镇则采取预约的办法，分批到各建制镇办证。全年超额完成年初制定的岗位目标任务。

2002年机构改革后，将房屋权属登记树立为社会服务的重要窗口。通过竞聘上岗，产权股7个工作人员摆正服务与效益的关系，把服务摆在首位，使经济效益和社会效益同步发展。同时，严格按照法定程序办事，维护产权人的合法权益；对手续不全和违章建筑，耐心做工作补齐手续和补交税费，不办“人情证”，赢得群众好评。2005年，建立《房屋产权产藉登记管理办事公开制度》，将职能、办事依据、办事程序、办事要求、收费标准、违章违法处罚形成条款以制度的形式向群众常年公开。2008年，公开房产登记的法律法规和制度并严格执行，使办证群众对房地产法律法规政策有进一步的了解，并向群众提供明白卡，实行收件—测绘—初审—复审—审批—缴费—发证办事流程，避免矛盾的产生。同时制作产权数据库，使登记、查询、发证等业务相互链接，提高工作效率和服务质量。全年发证715本，测绘面积达15.10万平方米，规费收入137万元。2009年，继续建立和完善各项规章制度，强化责任制和问责制，在人手少、时间短、任务重的情况下与其他股室共同做到“不让布置的工作在股室延伸，不让需要办的事情在股室积压，不让各种差错在这里发生，不让前来办事的人员在股室受到冷落，不让房产形象在股室受到损害”。在房地产开发企业办证过程中，给予政策扶持和规费减免，开启“绿灯”，简化办证程序，先服务后收费，为企业排忧解难，全年规费减免 40 万元。2010 年广泛宣传新修订的《房地产管理办法》和《房屋登记管理办法》，提高居民的房屋登记权属意识。严格登记发证程序，精确面积测算，规范电脑制图，完善房屋产权资料。通过窗口办公制度，简化办证手续，缩减办证时限。全年发证 1115 户，发证面积达到 42.5 万平方米，规费收入达 212 万元。2012 年后，加强房屋产权登记的法律法规和制度的宣传，进一步完善发证程序和工作方法。2015 年，开展“工业企业服务年”活动，围绕“提供优质服务，兑现规费减免，全面促进企业在江华发展”主线，成立专项工作小组，采取按政策减免规费、简化办事程序、特事特办、现场办公、上门服务等措施，为企业办实事，从受理、测量、发证实行 5 个工作日办结制，为九恒数码科技有限公司、湖南栋梁林业有限公司、神州瑶都大酒店、湖南骏宏电子科技有限公司、九恒新能源有限公司、永州市子尧农业有限公司和恒津包装材料有限公司 7 家企业办理房屋所有权属证 25 本，办证面积达 15.49 万平方米。全年发证 2200 户，比上年增长 144%。

1996—2015 年江华瑶族自治县房屋权属登记发证情况统计表

表 7-17　　**单位：户、平方米、万元**

年度	户数	登记面积	收取规费	年度	户数	登记面积	收取规费
1996	480	97000	7.16	2007	849	327800	131.40
1997	420	85000	6.26	2008	715	151000	137.00
1998	543	133439	7.71	2009	1115	410000	185.00
1999	450	93920	10.26	2010	1115	425000	212.00
2000	630	128000	9.40	2011	784	327000	230.10
2001	527	91500	11.48	2012	805	335000	235.00
2002	700	125000	14.51	2013	933	388000	272.00
2003	479	115000	17.80	2014	900	374000	262.00
2004	650	156000	24.15	2015	2200	3600000	640.00
2005	570	136000	21.18	合计	15495	7522059	2494.51
2006	630	148400	60.20				

（二）房产交易管理

1988 年，根据国家有关房地产市场管理的法律法规和政策，结合江华的具体实际，县人民政府制定《江华瑶族自治县房地产市场交易管理暂行办法》。1996 年 6 月对暂行办法进行修改，对房地产中的产权交易、转让、租赁、抵押等市场行为进一步完善和规范。同时成立江华瑶族自治县房地产交易市场，规范和监督房地产交易工作。城乡居民房产买卖以市场调节价为主，购买公房则实行政府定价和指导价两种形式，并且将楼层、朝向、环境、地段等因素考虑在内，按质分等定价或给出指导价。是年，通过房地产交易市场成交房屋 40 宗，面积 12000 平方米，交易金额 212 万元。1999 年 1 月，成立江华瑶族自治县房地产交易中心，与房地产交易所、房地产交易市场实行三块牌子一套人马合署办公，主要职责为：办理房地产交易登记、监证及权属转让手续；开展房地产价值价格评估；提供有关房地产的法律政策咨询，接受有关房地产交易和经营管理的委托代理业务；为房地产交易提供洽谈协议、交流信息、展示行情等服务；对房地产经营进行指导和监督，调控市场价格，查处违法行为。交易中心工作人员以“有场有市”为依托，紧紧围绕搞活房地产做文章，克服单纯管理的观点，寓管理于服务中，由坐等上门办理过户手续变主动走出去为群众提供优质服务，是年，办理房屋产权交易 68 宗，交易面积 17645 平方米，成交额 403.62 万元。与此同时，在银行部门的协同下，严格执行抵押登记的各项程序，坚持初审、复审、审批三级负责制，确保抵押登记的真实性和合法性，全年办理抵押登记 600 宗，抵押房屋面积 17.9593 万平方米，抵押总额 2260 万元。在房产评估上则本着“专业精良，公正客观，服务优质”的原则，全年评估房屋 391 宗，评估房屋面积 81624 平方米，土地面积 20406 平方米，评估价值 2750 万元。

随着机构改革和工作关系的理顺，2002 年以来，实行竞聘上岗和目标考核，在交易管理上采取提供房地产信息为买卖双方牵线搭桥做红娘；提供法律政策咨询，使当事人少走弯路；监督指导交易过程，查处违法违纪行为；提供房地产价格、价值评估，按照“公平、公正、公开”的原则正确评估每宗房屋；实行立契签证、评估、发证、收费一条龙服务等措施，并重点查处“地下交易”和隐价瞒价的违法行为，保证国家税费的收缴。2003 年，在开发河路口工业园时收购铜矿在此地的原七二九矿的房屋和土地，铜矿提出 450 多万元的收购价，副局长伍冠玲带领评估小组实事求是的进行测量评估，最后以 125 万元完成收购交易。2005 年，实施《房地产买卖管理办事公开制度》，将职能、办事依据、办事程序、办事要求、收费标准、法律责任形成通俗易懂的条款以制度的形式向群众常年公开。2006 年以来，针对“地下交易”、隐价瞒价和“假按揭”、重复抵押、超值抵押等不法行为进行重点防范和打击，并与银行协调，要求按法定程序做好房贷工作。设立房地产交易信息中心，培育中介信用，加大对交易市场的监管力度。2010 年，实行交易与权属登记一体化，简化办事手续，缩减办事时限。2013 年，在优化经济发展环境暨行政效能建设工作中管理上“远距离”，服务上“零距离”，变被动服务为主动服务，变事中服务为事前服务，变机械式服务为能动式服务，进一步缩短办事时限，办结时限在法定期限基础上缩短 1/3 以上，其中房屋抵押权登记由原来的 10 个工作日缩短为 2 个工作日，办事时限缩短为 1/5。2015 年，二手房交易 235 户，交易金额达 2610 万元。

1996—2015 年江华瑶族自治县房产交易情况统计表

表 7-18　　　　**单位：宗、平方米、万元**

年度	交易	交易面积	交易额	交易规费	抵押	抵押面积	抵押额	抵押规费	评估	评估面积	评估规费
1996	40	12000	212.00	8.20	320	97000	1900.00	5.80	365	92000	27.00
1997	52	13000	250.20	9.5	360	117000	2400.00	6.10	380	98000	31.00
1998	58	14205	264.68	10.01	407	137085	3408.33	6.56	468	115588	38.20
1999	68	17654	403.62	9.10	600	179593	2260.00	9.04	391	102030	27.21
2000	130	35000	975.00	11.30	652	135000	309.50	12.10	346	73000	9.80
2001	86	31800	523.83	14.14	513	574200	3961.05	15.72	566	105900	27.29
2002	135	32100	650.00	18.72	640	201500	5140.00	18.22	660	118000	38.67
2003	132	63700	1320.00	22.32	707	261000	10800.00	23.47	780	139000	45.75
2004	220	106000	1800.00	37.20	850	310000	12900.00	28.21	680	121000	39.88
2005	350	112000	2301.00	37.52	940	354000	14200.00	31.19	750	133400	43.98
2006	595	173500	3912.80	63.80	1048	395300	15800.00	37.90	710	113000	41.63
2007	700	235000	5800.00	102.70	1572	379400	14400.00	56.20	650	110000	37.75
2008	453	81000	3100.00	95.30	1144	571700	51200.00	51.75	670	145000	38.20
2009	385	74000	2750.00	88.00	1434	550000	47000.00	55.00	810	163000	42.53
2010	286	80000	2360.00	70.00	1206	680000	62000.00	49.00	850	150000	40.00
2011	149	35000	1600.00	34.00	900	300000	66000.00	59.00	540	107000	29.10
2012	184	62000	1950.00	36.60	1100	450000	100000.00	65.00	720	105000	42.00
2013	232	72000	2530.00	40.50	1336	603000	161000.00	70.00	680	98000	37.00
2014	260	76000	2700.00	43.00	1490	732700	264000.00	77.00	750	120000	44.00
2015	235	71500	2610.00	38.00	2262	1098800	675300.00	95.00	650	96000	36.00
合计	4750	1397459	38013.13	789.91	19481	8127278	1513978.88	772.26	12416	2277918	716.81

说明：表中“交易”数不含开发商销售的商品房一级市场交易

（三）住房制度改革

随着国家改革开放的逐步深入，住房制度改革提上各级政府的议事日程。1989年，成立江华瑶族自治县住房制度改革领导小组，下设办公室，从建委、建设银行、财政局、物价局、房地产管理处各抽调一名工作人员到办公室工作。1992年5月，县政府调整健全县房改领导小组及其办事机构，正式成立江华瑶族自治县住房制度改革办公室，负责管理全县住房制度改革工作。是年年底，县委办、政府办、财政局、公安局、法院、检察院、林业局、税务局、卫生局、农业局等国家机关事业单位开始向干部职工出售公有住房，由购买人与产权单位签订公有住宅买卖合同到县房改办审核签证。控制标准为厅级110平方米、处级及高级职称者90平方米、科级及中级职称者75平方米、一般工作人员65平方米，产权个人占67%，单位占33%。公有房出售价格，1993年，砖混结构为每平方米155~195元，分为三等，每等二级，一等一级为195元，三等二级为155元；砖木结构也分为三等，每平方米价格为145~165元。1995年，公有房按成本价出售，原已购房的按差价补齐，砖混的分三等不分级，售价为一等每平方米320元，二等每平方米304元，三等每平方米288元；砖木结构的一等每平方米288元，二等274元，三等259元。1996年6月开始，将房屋产权全部转为购买者个人，原归单位的33%的产权按成本价补齐，砖混结构一等每平方米400元，二等每平方米380元，三等每平方米360元；砖木结构一等360元，二等324元，三等288元。干部职工购房实行优惠政策，按工龄和民族地区实行优惠补贴。1937年7月6日以前参加工作的优惠2%，1937年7月7日至1945年9月2日参加工作的优惠1.5%，1945年9月3日至1949年9月30日参加工作的优惠1%，新中国成立以后参加工作的优惠0.5%。按工龄优惠后再按20%进行住房补贴优惠，再按10%给以民族地区补贴。房改房购买满5年后经单位同意可以进行买卖交易，但未全部转为个人权属的不能进行交易。同时，实行住房公积金制度，各单位根据单位职工总工资状况和单位资金状况，从个人工资中按5%~20%的比例折扣连同单位配以相同比例的金额统一缴存到住房公积金中心个人帐户，一般不低于5%，个别资金雄厚的单位折扣到20%。公积金用于住房改造、扩建，退休时剩余部分可全部取出。2003年6月，县政府办发出《关于存量公有住房按经济适用房出售以及住房部分产权衔接为全部产权的通知》，衔接基准价按经济房适用房价计价，砖混一等每平方米410元，二等390元，三等370元，成新拆旧按每年2%折扣，环境影响因素按2%扣减，楼层增减按有关规定办理。到2003年年底，全县出售公有住房1840套，总面积10.80万平方米，回收资金830万元，存量未出售的公有房3000平方米，除200余户未全部衔接全部产权外，其余房改房全部衔接为个人全部产权，可以上市交易。未全面衔接产权的只限本人居住，不能上市交易和继承，本人调离或去世后，住房由单位收回。是年政府办还下发《江华瑶族自治县房改房上市交易实施细则》，对已全部衔接为个人产权的房改房自住满五年后的上市交易作出详细规定。并对一些未按“交易实施细则”进行私下交易的行为进行查处，要求在接到清房办通知后的30日内经产权单位和房改部门同意后缴纳税费补办交易手续，逾期进行处罚，直至收回房改房。购买房改房又参加集资建房或另购公房的退出多占房屋，不退的按物价部门核准的商品房价格补交购房款；经单位批准短期占用的按房产部门规定标准缴纳租金。2010年，县政府办公室又发布《关于存量公有住房按经济适用房价出售和部分产权衔接以及征收价格调节基金的通知》，至2015年，办理上市交易审批手续163户，面积10200平方米；办理原未办理全部产权衔接手续100多套，面积600平方米；对需要维修、改扩建的住户，由其提出申请，原产权单位审核报房改办调查核实，再到城建和国土部门办理有关手续，方可维修、改扩建，有200多套住房经批准对房改房进行维修、改扩建，面积9700平方米。

为解决一些单位因公有房少，干部职工公平享受房改政策的问题，1995年年底，县政府出台有关集资建房政策，由政府划拨地皮，或同意有地皮的单位无偿使用地皮等优惠政策，鼓励干部职工集资建房，全县有乡镇企业局、工商局、教育局、卫生局等45个单位667户筹集资金4500万元参加单位集资建房，到1999年全县建集资房19.3万平方米。

（四）物业管理

1999年后，江华始有商品房建设。2008年，房地产开发企业发展到16家，商品房小区不断增多，但直到2009年才开始进行物业管理。是年，建立1个业主委员会、1家物业服务企业。房产局对物业服务质量进行监督管理，对“维修不及时，服务不到位，收费不规范”的投诉和纠纷进行协调，调处盛园小区、金龙华苑小区矛盾纠纷8起。2010年5月25日，县委办、县政府办下文将《江华瑶族自治县“平安和谐住宅小区”创建工作实施方案》发到各房地产开发企业和相关单位，要求：开发小区入户水电安装实行智能化管理；企业和物管公司制定创建平安小区具体措施，责任到人；平安建设日常工作经费及人防、物防、技防经费列入企业财务年度预算；设立服务电话并保持8小时外开通，接受业主和使用人对物业管理服务报修、求助、建议、问询、质疑、投诉等各类需求信息的搜集和处理；建立并落实便民服务承诺制，零修急修及时率达到100%，返修率不高于1%，并做好回访记录。同时，按照创建全国文明县城的要求对金龙华苑、盛园小区等存在开发建设遗留问题的住宅小区逐个建立整改档案，制定整改措施，限时整改销号。引导住宅小区业主大会采用招投标的方式选聘物业管理企业。对新建住宅小区商品房销售前全部签订前期物业管理合同和业主临时公约。建立物业管理企业诚信和企业经营信用档案及准入、退出机制。针对小区公共秩序、小区物防、小区技防、小区环境、物业服务等方面存在的问题继续开展创建“平安和谐住宅小区”活动，于年终进行综合考评，在政府网站予以公布。2011 年 3 月，出台《江华瑶族自治县物业管理实施办法》，设总则、业主大会和业主委员会、物业服务企业、前期物业管理、物业管理服务、物业的使用和维护、物业服务收费、法律责任、附则共 9 章 72 条，下发到各乡镇人民政府、国有林场、工业园区和相关企业贯彻实施。指导九鼎奥林匹克花园住宅小区选举成立业主委员会。要求房地产开发项目明确物业管理用房位置和面积，并到房产局备案。2012 年，指导成立金龙华苑业主委员会和盛世康城商住小区业主委员会。但物业管理专业化、社会化、规范化的服务体制还未确立，物业管理运行机制还不健全，物管矛盾纠纷突出。2013 年，正式成立物业管理办公室，至 2014 年，审查登记备案物业企业 13 家，进驻物业小区 22 个，会同物价局核定 9 个开发项目的物业服务收费标准，征收 1015 户 331 万元房屋维修资金。硬化鲤鱼井廉租房小区空坪，选举出各楼栋长组成管理委员会，增强自我管理意识。调处九鼎奥林匹克、雅居苑、华银国际、锦绣江华等小区业主、业主委员会、开发商和物业服务企业之间有关房屋质量、物业服务活动方面的矛盾 25 起。继续开展创建“平安和谐住宅小区”活动，督促物业公司加强对小区保安和保洁力度，改进管理方法，创造舒适小区生活环境。

2015 年，主要开展对物业管理公司的管理，对鑫诚物业公司资质进行备案，审查登记备案的物业企业 14 家，有 11 家物业企业进驻开发项目 20 个；每季度均开展对物业企业和服务项目考核，作为评议其服务质量的依据。核定 4 个开发项目的物业收费标准。指导锦绣江华、皇冠名都、清雅花园、家家旺 4 个小区召开业主大会，成立业主委员会，改选盛世康城业主委员会。调处皇冠名都、雅居院、同天家居、锦绣江华等小区业主、业委会、开发商和物业企业之间有关物业质量、基础设施设备完善、物业服务活动等方面的纠纷。收集 20 多篇物业管理法律法规印制 150 份下发到房地产开发公司、物业管理公司、社区和小区业委会进行宣传学习，增强企业法人和小区业主的物业管理及消费意识。归集 1594 户 442 万元房屋维修资金，是年，全县 32 个项目 2802 户缴存房屋维修资金 840 万元。

（五）政策法规建设

1996 年 6 月，根据市场经济发展的需求，修改下发原制定的《江华瑶族自治县房地产市场交易管理暂行办法》，对产权交易、转让、租赁、抵押等市场行为进一步完善和规范。

江华大市场建成后，为搞活经济，于 2000 年 11 月由县人民政府出台《江华大市场优惠政策》，规定国内外客商均可来大市场投资兴业；在经商、落户、办理工商、税务、卫生、公安、国土、房产等部门证照税费和手续等方面设立一系列的优惠政策，并严禁多头管理、多头收费，严禁乱收费、乱摊派、乱集资。

2003 年，先后出台《江华瑶族自治县房改房上市交易实施细则》《关于存量公有住房按经济适用房出售以及住房部分产权衔接为全部产权的通知》《江华瑶族自治县房屋租赁管理办法》。2004 年 3 月，出台《江华瑶族自治县城镇房屋白蚁防治管理办法》。

2007 年起，针对保障性住房建设先后出台《江华瑶族自治县县城最低收入家庭廉租住房管理办法》，并建立《廉租住房准入制度》《廉租住房审核制度》《廉租住房退出制度》《廉租住房档案管理制度》《廉租住房监督管理制度》等一系列相关制度。2011 年先后出台《江华瑶族自治县"十二五"保障住房规划》《江华瑶族自治县廉租住房保障办法》《江华瑶族自治县关于推进城市棚户区改造工作的实施意见》《江华瑶族自治县普通商品房住房配套建设廉租住房实施办法》《江华瑶族自治县保障性住房建设管理暂行办法》《江华瑶族自治县公共租赁住房管理暂行办法》一系列相关意见和办法。2015 年 6 月又下发《江华瑶族自治县城镇低收入家庭廉租住房租赁补贴发放办法》。

在房地产市场建设和商品房建设方面，2007 年下发《江华瑶族自治县商品房预售管理办法》，2009 年出台《关于促进房地产市场稳定健康发展的若干意见》，2011 年下发《江华瑶族自治县城市房地产开发经营管理实施办法》《江华瑶族自治县物业管理实施办法》，2015 年出台《关于进一步促进全县房地产市场健康发展的意见》《江华瑶族自治县公有住房售后维修养护管理办法》。

房产局把这些文件以及中央、省、市有关房产工作方面的政策法规精神贯彻到工作中的方方面面，经常性的开展房地产法律法规和政策宣传，认真做好群众来信来访、行政执法监督、行政复议、行政应诉、行政赔偿等工作，不断加强对全县房地产系统行政执法培训和房地产评估、测绘、咨询、经纪等中介市场的管理。法规政策建设使房产工作有法可依，有规可循，促进房产工作的发展。

（六）队伍建设

1996 年以来，坚持每周二、周五的政治、业务学习，切实加强干部职工的思想、作风、纪律和职业道德建设。以开展"讲文明树新风"活动为切入点，进一步完善单位各项规章制度，以制度管人，按制度办事，努力提高干部职工遵纪守法、遵章守制的自觉性；以"客户第一，服务至上"的态度，为民办事，树立房产部门形象。把提高干部职工的业务水平当作一件大事来抓，鼓励自学，从 1988 年 1 月起，所有干部职工凡自愿参加各种学习班、培训班、技术资格考试的按政府出差标准给以补助。12月，组织14名职工参加全县工人技术等级岗位考试，有4人从中级升到高级，7人从初级升到中级，3人定为初级。在学历上，1人获本科学历，6人获大专学历，5人获中专学历。全局具有中级职称专业技术人员5人，初级4人。加强业务培训，开展比技术、比工作活动，并组织干部职工参加房地产经济专业技术资格考试和省市安排的计算机和白蚁防治业务学习。2002年机构改革以来，实行岗位竞聘，缴纳风险金，增加干部职工的工作责任意识，岗位目标考核工作任务完成174%，被评为“湖南省拆迁管理先进单位”“永州市白蚁防治先进单位”。

2003年，在上年完成机构改革的基础上，建立“条件公开、机会均等、平等竞争、择优聘用”的用人机制，通过文化考试、竞职演讲、民主测评、局班子评分、局党组终决等程序对四股室的负责人和工作人员实行公开竞聘，优化组合，能者上，平者让，庸者下，按才定位，按职定位，优先考虑使用取得中级以上职称和大专以上学历人员，并给予1000元的奖励，全局34人有14人参加大专以上学历学习和晋级考试，大专以上学历占干部职工总数的42%，拥有评估师、经济师、工程师、政工师等技术职称的占干部职工总数的45%。副局长伍冠玲通过自学考试，取得湖南大学会计专业本科和湖南师范大学土地资源管理专业本科双学历，并先后获得中国首批注册房地产估价师、中国首批注册监理工程师（土建）、中国首批注册造价工程师（土建）、中国首批注册房地产经纪人（师）、高级房地产经济师等技术职称资格。2003年，获得湖南省“白蚁防治先进单位”“湖南省群众体育工作先进单位”“永州市房产工作先进单位”“江华瑶族自治县目标管理先进单位”“江华瑶族自治县行政执法工作先进单位”“江华瑶族自治县优化经济环境工作先进单位”等荣誉。2004年5月，伍冠玲被评为“永州市第二届十大杰出青年”。

2008年，认真贯彻中央《关于实行党风廉政建设责任制的规定》，继续聘请7个单位的7名干部和民营企业家为行风监督员，设立对内对外政务公开栏和监督岗，自觉接受群众监督。开展“优质服务月”活动，要求干部职工增强服务意识、责任意识、大局意识和创新意识。2010年，开展“与时俱进，开拓创新”职业道德建设；办公实行“一站式”服务，开展“创工人先锋号，争当五一先锋”劳动竞赛，并用《江华瑶族自治县房产局规范权力运行制度汇编》来规范全局干部职工的一言一行，为企业和群众提供优质服务。2011年，把学习科学发展观作为队伍建设的重要切入点，用科学发展观来提升干部职工的政治素质和业务素质。将党风廉政建设的各项内容逐项分解到股室并签订责任书，落实到人。利用各种途径培养和提高干部职工的工作调度、开拓创新、内部协调、相互配合、争取支持“五种能力”，全面杜绝人浮于事的现象。

2012年，开展“项目服务年”和“机关效能提升年”活动，加强作风建设，实行问责制。全局干部职工签订“行政不作为、慢作为、乱作为责任状”，严格执行《机关事业单位工作人员作风建设责任追究办法》。是年，获得“湖南省保障性安居工程优秀单位”荣誉。2013 年，扎实开展“机关效能建设年”“工业企业服务年”“发展环境优化年”活动，制定《江华瑶族自治县房产局开展专项效能监察和重要岗位效能监督方案》和《江华瑶族自治县房产局规范机关内部权力运行制度》，结合作风建设，突出提高行政效能主题，强化“改革、提速、促优、问责”举措，进一步执行好岗位问责、服务承诺、限时办结、政务公开、绩效考核、效能告诫和行政追究等八项制度，商品房预售许可办证由原来的 32 项缩减为 16 项，办证等期限比法定期限缩短三分之一以上的有 15 项，其中房屋产权登记由法定期限的 30 个工作日缩短为 10 个工作日，房屋抵押权登记由 10 个工作日缩短为 2 个工作日。再次获得“湖南省保障性安居工程优秀单位”荣誉。2014 年，开展“项目建设服务年”活动，加强执法监督，落实行政执法责任制，将依法行政贯穿到安全督查、隐患排查治理和事故调查处理等监管工作的各个环节。2015 年，将干部职工的行政行为规范化，将规范工作标准、工作程序、完成时限等内容面向社会公开，实行阳光操作，发证工作日实行 5 个工作日办结制。把干部职工自身建设作为一项基础工程来抓，按照《湖南省影响机关效能和损害经济发展环境行为处理办法》《永州市影响机关效能和损害经济发展环境行为处理办法》《江华瑶族自治县行政不作为、慢作为、乱作为责任追究暂行规定》严肃查处违反有关规定的行为，依法依规辞退一名擅自离岗的职工。

四、房屋拆迁

1996 年 6 月，成立江华瑶族自治县城镇房屋拆迁领导小组。需要拆迁房屋的单位和个人，经审查批准后才能实施拆迁。拆迁工作的主要政策依据为《国务院城市房屋拆迁管理条例》和《湖南省实施〈城市房屋拆迁管理条例〉办法》。房屋拆迁以三种形式补偿安置：（1）拆一换一，建造安置房以房换房，并适当增加面积；（2）拆一还一，在集中安置区提供地皮或新建临街面提供安置地，按市场价补差；（3）货币补偿，对不需要地皮和安置房的，经房产部门评估后按市场价进行补偿。

从 2000 年开始，将旧城改造列入城镇建设的重点。先后将长征路老城区南屏路一带 440 亩土地上的旧房拆迁建设成江华大市场和步行街，将涛圩老镇政府与下营村相邻一带 50 亩土地上的旧房拆迁建设成涛圩新市场，将大圩镇东区 170 亩土地上的旧房拆迁建设成新市场。三大旧城改造中涉及的拆迁户 180 户，在细致的工作中补偿合理并及时到位，使拆迁工作在规定的期限内完成，旧城改造工作顺利进行。2002 年，房产局以全省房屋拆迁工作先进单位的荣誉，出席在湘西土家族苗族自治州召开的全省房产系统表彰大会。

2003年9月，县人民政府将《国务院办公厅关于认真做好城镇房屋拆迁工作维护社会稳定的紧急通知》转发到各单位，要求认真贯彻落实。并转发《永州市征地拆迁补偿安置办法》。房屋拆迁统一实行作价补偿，按房屋的类别、面积的重置价格结合计算，围墙、护坡、挡土墙、压水井、红薯窖、锅灶、室外水泥坪等生产生活设施也相应作价补偿。2004年，开展“房屋拆迁年”活动，由县纪委牵头，组织房产局、财政局、法院、监察局等单位对城镇房屋拆迁工作开展检查监督；按照国务院《城市房屋拆迁管理条例》和省、市、县的实施办法加强拆迁管理工作，实行“抓宣传动员，重群众工作；抓规范，重管理方式转变；抓管理，重规范市场；抓协调，重部门配合，抓队伍，重素质建设；抓纠纷调处，重社会稳定”的“六抓”“六重”措施，规范拆迁管理。拆迁中公开公示各项政策标准，妥善安置拆迁户，补偿资金及时到位。如涛圩大市场二期工程、河路口市场扩建工程、沱江工业园建设、江华大市场二期瑶都步行街工程中拆迁780幢房屋，拆迁面积12.03万平方米，补偿及时到位，无一例强拆强迁。尤其涛圩大市场二期工程为外地老板投资建设，拆迁工作难度大。房产局组织由2名副局长带队的拆迁小组到现场向群众进行40余次的评估和拆迁依据、政策、法律法规方面的解释协调工作，使拆迁工作顺利进行。

2005年8月8日，启动洛港铁路江华境内铁路建设，45.5公里铁路沿线需拆迁152户人家的房屋，涉及沱江镇、桥头铺镇、大路铺镇、白芒营镇4个镇及原种场39个村180个村民小组，拆迁房屋面积31160平方米。县委、县政府成立征地拆迁指挥部，召开全县支持铁路建设动员大会，很快完成沿线红线范围内土地、坟场、道路、料场、房屋、空地、取土地点、石山、荒山、水塘、水渠、水井、水池、河流、河滩和农作物、林地、油茶、果园等登记造册工作，在进行测绘并进一步核实后，当年对急需施工范围内的13户房屋依法进行拆迁。至2007年，依法拆迁152户砖混结构、土木结构和简易结构房屋计31160平方米；以及附属物360平方米的围墙，2个蓄水池，1000平方米水泥谷场坪，30个压水井；迁移坟墓700穴。

2008年，拆迁工作的重点放在园、路和廉租房建设上，先后有县工业园、返乡农民工创业园、瑶族文化公园、207国道改移工程、民族路区域建设和廉租房建设等项目，拆迁138户房屋，面积32300平方米。2010年，根据建设需要，拆迁重点放在垃圾处理场和大型楼盘龙华世纪城建设中。龙华世纪城是近年来的大项目，占地61010平方米，投资5亿元，拆迁整整一个小村庄。

至2015年，实施江华大市场、步行街、工业园、鲤鱼井大道、洛湛铁路、道贺高速、河路口农贸市场、涛圩农贸市场、大圩农贸市场、工业园、民族路、瑶族文化公园、海螺水泥厂、龙华世纪城、同天生活广场、春晓路农贸市场、沱江大桥、城北大道、207 国道改移（瑶都大道）、滨江大道、华宇潇湘城、海联产业园、四联移民安置点、小康一路、创业路等 48 个建设项目中，共拆迁房屋 1419 户，拆除面积 267845.18 万平方米，补偿资金 27801.48 万元。

2000—2015 年江华瑶族自治县房屋拆迁情况表

表 7-19　　　　**单位：户、平方米、万元**

年度	项目地点	拆迁	面积	补偿	主要用途
2000	沱江大市场、涛圩市场、大圩市场	148	27350.00	222.53	建市场
2001	沱江步行街	34	7820.00	351.9	建步行街
2002	沱江步行街	15	3450.00	155.25	建步行街
2003	沱江六积湾、杨家湾、班田村	31	7750.00	395.25	建工业园
2004	沱江鲤鱼井村	41	9430.00	417.50	建鲤鱼井大道
2005	沱江鲤鱼井村	8	1840.00	92.00	建鲤鱼井大道
2006	桥头铺、沱江、白芒营、大路铺镇	122	25010.00	575.23	建洛港铁路
2007	桥头铺、沱江、白芒营、大路铺镇	30	6150.00	141.45	建洛港铁路
2008	桥头铺镇	11	2255.00	112.75	建道贺高速
2009	沱江镇民族路、阳华路	76	17480.00	3527.46	建民族路、瑶族文化公园
2010	沱江班田、架枧田、大山寨、百家尾村等	82	16980.00	1392.56	建高速互通线，国道改移
2011	沱江茅坪村、民族路、春晓路、阳华路、豸山路、江华大道、原种场、桥头铺镇茅坪铺村等	235	27364.00	5834.77	建沱江大桥、创业园、春晓农贸市场、海螺水泥厂等、
2012	沱江百家尾、班田、架枧田、大山寨、四联村、滨江路、民族路、豸山路、白芒营镇、大路铺镇	115	24617.00	3701.00	建海螺水泥厂、滨江大道、城北大道、、瑶都大道等
2013	沱江春晓路、滨江路、迎宾路、寿域路、豸山路、富丽塘路、班田村、四联村、白芒营镇石壁塘村	66	19847.33	3551.74	建滨江大道、海联产业园、瑶都大道、白福公路等
2014	沱江滨江路、阳华路、四联村、架枧田村、茅坪村、原种场、桥头铺镇八角山村等	121	22278.74	2240.80	建四联移民安置点、九恒条码厂、祥瑞菌厂、药材公司

续表7-19

年度	项目地点	拆迁	面积	补偿	主要用途
2015	沱江解放西路、赫洞村、四联村、茅坪村、白泉村、白芒营、小圩、水口、贝江、码市等乡镇	284	48223.11	5089.29	建规划展示馆、上市企业孵化园、S355 省道、创业路
合计		1419	267845.18	27801.48	

五、白蚁防治

1996 年 9 月，将原江华瑶族自治县建筑白蚁防治所更名为江华瑶族自治县白蚁防治所，负责全县范围内的白蚁防治。对房屋白蚁防治主要依据国家建设部《城市房屋白蚁防治管理规定》和湖南省《城市房屋白蚁防治管理暂行办法》实施管理，实行预防为主，综合防治。对新建、改建、扩建的房屋，进行白蚁危害预防施药处理。1999 年以来，针对一些单位和个人对白蚁防治的认识不足，加大宣传力度，在不同场合不同会议上宣传和讲解白蚁防治的重要性，要求每个单位、部门都要给白蚁防治工作开绿灯，将全县白蚁危害的行为、程度、后果和采集的标本、种类、繁殖、预防等资料张贴宣传，并在电视台播放《白蚁防治势在必行》专题片，全面启动全县的白蚁防治工作。房产局还派出人员参加湖南省白蚁防治协会组织的培训班，并在实际操作中互帮互学，取长补短，掌握过硬的业务水平，有 4 人取得省级上岗证。同时制定《所长职责》《工作人员准则》《白蚁防治办事公开制度》《白蚁防治药物管理制度》，规范工作管理。对白蚁预防和灭治的工程，定期回访和复查，对不符合要求和群众不满意的重新补火。良好的服务态度赢得全县各界各部门的信任，使白蚁防治工作一步一步地走向规范和完善。1999 年，全年实施房屋建筑白蚁防治 520 户，防治面积 94970 平方米，被湖南省房协白蚁防治专业委员会授予湖南省白蚁防治先进集体荣誉称号。2000 年以来，进一步加大宣传力度，白蚁防治家喻户晓，仅 2000 年 1—10 月就签订白蚁防治合同 306 户，防治面积 13.4260 万平方米。2003 年，又将新建房屋作为白蚁防治的重点，对 89650 平方米新建房屋从基础施工到装修进行预防施药，占城镇新建房屋白蚁预防率的 70%。与此同时，对县人民医院、县气象局、公安小街、迎宾路等单位和路段的蚁害进行深入调查，及时灭治。对王老三腐乳厂和县城街道树木等地的白蚁防治作为公益事业来完成。又连续四年被湖南省白蚁专业委员会评为“白蚁防治先进单位”。2004 年，被湖南省建设厅授予“白蚁防治优质服务先进单位”。2005 年以后，针对白蚁防治工作的长期性，结合效能建设，狠抓内部管理，建立健全防治安全制度、药品管理进出库制度。指派专人负责与施工单位联系，确定施工进度和施药时间。对新建房屋基础由原来的单一防治改为三次施药，由简单的人工防治改为人工与机器防治相结合。2008 年，坚持以防为主，预防结合的原则，拓展工作领域，注重服务质量，将坐、守、等转变为主动出击，并向群众承诺 3 个工作日内上门勘查防治，解群众之难事。仅 5 月上旬就接到 22 户人家反映家里白蚁纷飞要求尽快灭治的电话，技术人员迅速出击，严格操作规程，确保防治效果。如在国税局、河路口信用社、豸山路张某、桔园小街杨某等单位和个人的白蚁防治工作中，工作人员认真细致地排查每个角落，认真施药，扎实工作，用户满意。全年签订防治合同 305 户，防治面积 14 万平方米。2011—2015 年实施注重现场勘查分析、注重施工方案的拟定、注重施工技术的掌握等“三注重”，严格施工管理和药剂的使用。创新预防措施，探索园林白蚁预防办法，全县新建商品房白蚁防治覆盖率 100%。2015 年，全年签订白蚁防治合同 375 户，防治面积 73. 73 万平方米，荣获“湖南省白蚁防治行业先进单位”称号。

除在本县开展白蚁防治外，白蚁防治所的工作人员还应邀到双牌水库和广西的一些县市进行白蚁防治。

1996—2015 年江华瑶族自治县白蚁防治情况统计表

表 7-20　　**单位：户、平方米、万元**

年度	防治合同	防治面积	收取防治费	年度	防治合同	防治面积	收取防治费
1996	260	47450	6. 20	2007	425	163700	32. 89
1997	320	58400	7. 60	2008	305	140000	22. 87
1998	470	85787	11. 13	2009	353	166400	29. 00
1999	520	94970	9. 17	2010	315	160000	48. 00
2000	306	134260	12. 43	2011	230	145000	34. 70
2001	359	129800	11. 54	2012	252	210000	38. 00
2002	622	104995	14. 24	2013	362	232200	52. 00
2003	436	174400	22. 20	2014	371	717800	48. 00
2004	410	164000	20. 87	2015	375	737300	50. 00
2005	335	111500	21. 23	合计	7332	3879862	511. 47
2006	306	101900	19. 40				

第七节 江永县

一、概况

2015 年江永县房产局

江永县房产局前身为1984年5月7日成立的江永县房地产管理所，隶属于县城乡建设环境保护局。1991年12月，成立江永县房地产管理局，为正科级自收自支事业单位，隶属于县建设委员会。2002年6月，全县进行机构改革，房地产管理局更名江永县房产局，为县政府直属正科级事业单位，内设办公室、财务审计股、产权产籍管理股、开发经营管理股、房屋拆迁管理股5个职能股室，下辖房产交易管理所（交易中心）、白蚁防治所、桃川房产管理所三个直属正股级自收自支事业单位。局机关核定事业编制12名，全局核定事业编制32名。

2015年，根据《中共江永县委江永县人民政府关于江永县人民政府机构设置、职能职责变化及部分单位机构级别调整的通知》《中共江永县委江永县人民政府关于印发〈江永县人民政府职能转变和机构改革方案的实施意见〉的通知》，江永县机构编制委员会对江永县房产局有关职责和机构编制进行了调整。职责调整：将原承担的全县住宅建设和行业发展规划拟订、全县住宅及房地产行业管理、房地产开发监督管理、保障性住房建设（含棚户区改造）监督管理、危房鉴定和危房改造监督管理、物业管理企业的监督管理等行政职责划入县住房和建设规划建设局。这些职责除住宅建设规划和行业发展规划拟订职责由县住房和城乡规划建设局行使外，其余职责由县住房和城乡规划建设局委托县房产局行使。

二、房产建设

（一）旧城改造

江永县城是一座具有700多年历史的古城，1949年，城内以连壁共墙的砖木结构低矮房屋居多，城内道路大多为青石板路面，是一座商农混居的城镇。新中国成立后，逐步进行旧城改造，多次整修扩建，到1990年，城区面积扩大到5.51平方公里，城区人口增加到12369人，城内部分建筑已改成3~4层砖混结构楼房，还有少部分建筑为框架结构的新楼房。

1991—2004年的旧城改造，主要是美化五一中路、拉通五一北路、新建一批楼房、改造三条排水道。五一中路的改造，主要是路面、下水道、人行道、行道树、路灯、房屋6大改造。五一中路全长1150米路面由原来的24~30米扩宽到30~34米，一间间低矮旧房被拆除，一栋栋现代建筑拔地而起。县城最高的楼房——县农业银行综合楼；最大的建筑——瑶城市场；最好的宾馆——香穗大酒店都坐落在五一中路两旁。在五一中路改扩建过程中，拆除四方井的八角红楼、饮食总店，建起新型的集商业门面、住宿楼于一体的大型综合楼群。拆除县中医院旧门诊楼，建成县中医院门诊大楼和住院大楼。拆除城关粮店旧房，建成穗丰大厦。拆除县木材公司旧房，建成商贸城综合楼群。拆除旧邮电楼，新建仿古邮电大楼。拆除二轻局桥头旧房，建成二轻商住楼。拆除文化馆旧房，建成县文化娱乐中心大楼。拆除商业局百货旧门面，建起商业大厦。拆除生资公司旧门面，建成商贸城。拆除综合公司旧房，建起泰丰服饰城。拆除一机厂厂房，建起一机厂商住楼群。长虹宾馆、新天禧宾馆、缘聚酒楼、物资大厦等楼房也相继建在五一中路两旁。

到2002年，长700米、宽24米的五一北路拉通建成。五一北路两旁先后建成的建筑有县委招待所综合楼、县政府办商住楼、县委办商住楼、县国税局办公楼、县财产保险公司办公楼、县政协商住楼、县教育局宿舍楼等。该路南端与知青路交汇处还建设能容纳上万人的“知青广场”。

1991—2004年，旧城区先后建成县人大办公楼、县科委综合楼、县公安局办公楼、江永一小教学楼、县建设银行综合楼、县人民医院住院大楼等。帝苑歌城、永明大药房、读者书社、长虹电器楼等高耸于潇浦街东大门。

潇浦街、南正街、解放街的居民住宅面貌基本更新，其建筑风格与各新型综合大楼大致保持一致，高3~6层。旧时的“五街十四巷”路面均得到改造，进行拓宽拉直，大部分改造为混凝土路面。

（二）新区开发

城东开发区建设：城东开发区位于五一东路及永新路北端路段，面积580290

平方米，1991年，县国营高泽源林场率先进入城东开发区购地建房。林场通过个人集资、单位融资等渠道，筹集资金439万元在五一东路及永新路北端交汇处购地35800平方米，新建砖混结构高泽源大厦，高6层，建筑面积2100平方米，是当时首屈一指的融商业、饮食、办公为一体的综合性大楼；同时新建2栋职工宿舍楼，每栋高6层，有职工住房60套，建筑面积3888平方米，称为林业新村。1994年，高泽源林场又筹资728万元，在原省紫胶站内新建长104米的仿瑶百米长廊办公楼1栋，建筑面积2550平方米；职工宿舍楼3栋，每栋高5层，有90套住房，建筑面积8760平方米。2004年，林场新建三拱欧式大门，高15米，装饰豪华，雄伟壮观。林场院内还建有600平方米室外健身场一个，设有各种健身器械。整个院内绿树成荫，环境优美。紧接着各机关单位、城乡居民纷纷到开发区购地建房。县地税局办公楼、宿舍楼，县交警大队办公楼、宿舍楼，县农村信用合作联社综合楼，县人寿保险公司办公楼、宿舍楼，县电力局综合楼，欧式建筑的县工商行政管理局办公楼，县防疫站实验楼，县汽车总站综合楼群，仿古建筑的女书假日酒店等一批楼房相继建成，个体商业门面、居民住宅临街而立。

城南开发区建设：1991年，随着永回路、永阳路、大岗路、永新路、龙溪路、建材路建成，县委、县政府将这片区域确定为城南开发区。城南开发区按照县建委编制的详细规划进行建设，随着基础公共设施的相继建成，许多机关单位、干部职工、城乡居民纷纷前来购地建房。大型建筑有县劳动局办公楼、县法院办公楼、县检察院办公楼、新星学校教学楼、宿舍楼、县环保局办公楼、县第二建筑工程公司办公楼、县计划生育指导站办公楼、县物价局办公楼、县邮政局综合楼、县移动公司办公楼、江永电力局潇浦供电所办公楼、县国土局办公楼、县烟草局办公楼、县农业发展银行办公楼、县卫生局宿舍楼、新华书店营业楼、县银铅锌矿办公楼、吉顺园商住楼等。商业门面、私人住宅临街而立。

（三）初期居民自建房

1949年前，江永县城有公共建筑1.13万平方米，私人建筑7.68万平方米，多为木板平房，极少砖木结构楼房。新中国成立后至1990年，县城先后建有机关事业单位、文教卫生体育、广播电视、工矿企业办公、生产、仓储、经营用房和干部职工住房等公房建筑面积达44.17万平方米，居民私人建房面积总计26.79万平方米，人均居住面积14.62平方米。

1991年，《江永县城镇住房制度改革实施方案》和《江永县城镇公有住房出售的规定》颁布实施；1993年6月，修正出台《江永县城镇公有住房出售办法补充规定》，以优惠售房为主，提租不补贴，鼓励集资建房。由此，江永县住房制度改革进入实质性阶段，按照“新人新制度，老房老办法”的公房出售原则，促使存量公房出售，至2004年，县城出售公房（含部分产权）2781套，建筑面积15.39万平方米。

1995年，《中华人民共和国城市房地产管理法》实施后，江永县城首次进行房地产开发。在江永老城区的东南，曾经是拖拉机的培训基地、建筑公司的红砖厂、外来流动人口的棚户区、半倒闭的锯木厂、以及城市垃圾场等。县政府在这里规划6条新街：永明东路、龙溪路、溪岭路、永回路、谢沐路、永阳路。政府负责“三通”，道路两边规划为私人建房基地，编号公布，选号购地，每宗地3~5万元。全长7.5公里，规划用户908户，总建筑面积27847平方米。这一批住房高度一般为3层，少数的第三层只建前半截，一层商居两用。体现“以矮为美”的江永住房特色，让县城更优美。

1996年江永县第一批居民自建房一览表

表7-21

街道名称	街道长度（公里）	户数（户）	建筑面积（平方米）
交警队至白水桥	2	232	71920
溪岭路	1	105	32550
龙溪路	1	168	52080
永阳路	1	102	31620
永回路	2	240	72000
谢沐路	0.5	61	18300
合计	7.5	908	278470

（四）集资建房

县直各单位公房出售后，为加快住宅建设步伐，改善职工、居民住房条件，1991年12月，县委、县政府出台《江永县城镇职工集资合作建房暂行办法》。为解决中低收入家庭住房困难，从1996年起，县政府部署实施“安居工程”，先后在龙溪、建材等小区划拨建房用地，兴建经济适用房。赵家山食品工业园等开发区，以新形成的道路为骨架，规划建设前店后厂、上宅下店、厂居合一、商居合一型住宅楼。并先后在五一东路、永阳路、永回路、建材路、龙溪路、永新路、大岗路等地规划建设一幢幢具有民族风格和现代气魄的住宅楼。县房产开发有限公司和县内外各房产开发商，先后开发建设瑶城市场、商贸城、四方井商住楼群、帝苑歌城、二轻商住楼、泰丰服饰城、生资商住城、印刷厂商住楼、吉顺园商住楼、果品公司住宅小区等一批新型楼房。1991—2004 年 14 年间，建筑面积 44.19 万平方米。至 2004 年，县城私人新、旧住房有建筑面积 83.04 万平方米，人均居住面积 23.3 平方米。

2000 年后，有条件的机关单位集资建房掀起热潮。一批单位如交通局，人社局，国土局、地税局、民政局、水务局、房产局、住建局、党校、体育局、人大、政协、一中、一小、计生委、卫生局、法院、检察院等近 30 个单位进行了集资建房。小单位 20 套以上，大单位 60 余套，全县超过 1000 套，占地 150000 平方米，层数是 6 层与原来用地相比，大体相当，没有土地“赤”字。

1996—2000 年江永县房屋产权登记证统计表

表 7-22

年度	登记发证数（栋/套）	登记面积（万平方米）	收取规费（万元）	备注
1996	314	2.47	2	—
1997	250	8.32	12.2	—
1998	450	20.6	16.47	—
1999	2010	23.1	21.8	—
2000	1254	53	19.1	—
合计	4278	107.49	71.57	—

1996—2000 年江永县房产交易统计表

表 7-23

年度	交易数（栋/套）	交易面积（万平方米）	交易额（万元）	收取规费（万元）	抵押数（宗）	抵押额（万元）	收取规费（万元）
1996	25	2.74	576	11.3	216	3714	2.2
1997	113	0.73	98	3.03	102	2685	3.95
1998	103	2.01	250	5.9	321	2104	3
1999	30	1.15	329.5	5	256	1924	6
2000	31	1.06	531	4.4	155	5066	7.6
合计	337	7.69	2204.5	29.63	1050	15493	22.75

（五）房地产开发

2006 年，是江永县房地产的起步时期。领头开发商是金地和凤凰花苑两家投资开发公司。2005 年建设的金地商业城是江永较领先的开发项目，占地 25000 平方米，初定名“江永县第二城东农贸市场”。设计建筑总面积 99120 平方米，楼高 6 层，住宅 76048 平方米，商铺 23072 平方米，商铺包括以家居建材为主体，包括家具，工艺、布艺、生活、菜市场、装饰材料城、陶瓷城。开发商聘请桂林设计研究院进行精细设计，打造“江永县第一个商住两用小区”，江永县第一个引领物业管理模式的小区。该小区 10 栋楼，2006 年 1～4 栋，244 套，每平方米 530 元。2007 年 5～8 栋 244 套，每平方米 630 元。2008 年工程结束，2009 年最后两栋完工 86 套，每平方米 1280 元，均上市即销售一空。2008 年，竣工时更名江永县金地广场。与金地广场同时期开发的凤凰花苑项目占地 10 万平方米，截至 2015 年年底，建成 13 栋 600 套住宅，建筑面积 5.9 万平方米。

2011 年，湖南万鸿、永州市鑫宇、江永县伟恒、永州市玉龙、永州市山河、永州市永和、江永鸿泰、湖南迅联、江永盘王公馆等房地产有限公司等 20 余家陆续在江永挂牌。永华国际、金水湾、同创世纪新城、万佳名城、阳光城等一批 30 层左右的高层建筑，瑶城鑫都、溪岭小区等一批 20 层左右的中高层建筑，永明春天、西岭东苑、永明外淮、同创世纪皇庭等一批 7～17 层小高层建筑，还有 6 层以下的多层建筑，分布在金地广场、凤凰花苑、新龙花园、龙渤湾等各个小区。

2015 年同创世纪新城小区开发

2003—2005 年，旧房改造带动私人开发建房。2013、2014 年私人开发建房热出现，使江永县房地产市场低迷。为保持江永县房地产市场平稳发展，县政府于 2015 年 3 月 30 日，出台《关于支持和促进房地产业持续健康发展的七项措施》。通过打击、限制私人开发建设和向到县城购买商品住房的公民发放购房补贴，去掉大部分库存。2015年3月全面实施文件后，一年内向购房户发放购房补贴614.38万元，有效扼制私人建房变相搞房地产开发，进一步整合房地产市场资源，促进全县房地产市场健康发展。

从2013年起，江永县房产局对商品房预售资金监管拨付作出规定：一是商品房预售资金分为重点监管资金和一般监管资金。重点监管资金是指工程造价120%以内的资金。一般监管资金是指超过工程造价120%以外的资金。一般监管资金的计算，从开发企业存入监管帐户资金超过工程造价的120%后计算，未超过120%前一律按重点监管资金对待。一般监管资金可以由开发企业自主支配，随时拨付。二是重点监管资金按工程进度拨付。办理预售许可证后，首次申请使用资金不得超过重点监管资金的30%，并保证监管帐户内有10%以上的重点监管资金；房屋主体封顶后，申请使用重点监管资金的比例不超过80%；房屋外墙装修完成后，申请使用重点监管资金的比例不超过90%；房屋竣工验收交付，并办理完房产证后，拨付完所有的监管资金。

2013—2015年江永县商品房批准预售情况表

表7-24

年度	批准预售许可证数（个）	批准预售住宅面积（平方米）	批准预售住宅套数（套）	预售合同备案均价（元/平方米）
2013	5	47598.85	415	2350
2014	5	20384.73	156	2787
2015	9	79728.78	682	2950

2013—2015年江永县商品房预售情况统计表

表7-25

年度	面积（平方米）	套数（套）	金额（万元）	年度	面积（平方米）	套数（套）	金额（万元）
2013	23629.23	159	5552.87	2015	35901.13	281	10590.83
2014	23005.77	188	6411.71				

（六）保障性住房

2008—2015年，全县完成各类保障性住房建设投资1.03亿元，发放廉租住房补贴资金562.21万元。廉租房新建1024套，建筑面积达5.04万平方米，完成投资4982万元。公租房新建1220套，建筑面积达5.66万平方米，完成投资5321.4万元。

2015年江永县公租房项目

2008—2015年江永县租赁补贴发入情况统计表

表7-26

年度	发放户数（户）	补贴金额（万元）	保障人数（人）	保障面积（平方米）
2007	17	0.6019	35	418
2008	320	28.728	665	—
2009	461	55.872	970	11640
2010	600	90.72	1259	18900
2011	656	101.74	1413	21195
2012	706	108.22	1503	22545
2013	732	91.21	1558	23370
2014	411	46.61	752	11310
2015	341	38.51	604	—
合计	4244	562.2119	8759	—

2008—2012年江永县全县廉租房建设情况统计表

表7-27

年度	套数（套）	建筑面积（平方米）	完成投资（万元）	向中央、省、市争取资金（万元）	建设地点
2008	20	1000	90	123.98	潇浦镇永发路
2009	200	10000	880	738	潇浦镇永阳路大岗头、永发路

续表7-27

年度	套数（套）	建筑面积（平方米）	完成投资（万元）	向中央、省、市争取资金（万元）	建设地点
2010	248	11773	1116	1482.7	潇浦镇永阳路大岗头
2011	268	13292.8	1196	1308	潇浦镇永阳路
2012	288	14300	1700	1705	潇浦镇永回路
合计	1024	50365.8	4982	5357.68	

2013—2015 年江永县全县公租房建设情况统计表

表 7-28

年度	套数（套）	建筑面积（平方米）	完成投资（万元）	建设地点	备注
2013	144	5414	704	永济路工业园区内	
2014	288	10829	1600	永济路工业园区内	
2015	788	40378	3017.4	各乡镇学校、卫生院	
合计	1220	56621	5321.4		

三、房产管理

（一）物业管理

江永物业管理起始于 2006 年。是年，金地小区 1~4 栋 244 套住宅装修、入住的时期，金地房地产开发公司安排专门的物业机构按照“栋长自治”“楼长自治”的原则进行管理，称之为“金地模式”。

2015 年，由永州市永和房地产开发有限公司推荐，聘请永州市金鸿物业管理有限公司进入，承担永明春天、外滩、万佳名城 3 个小区物业服务。

2014 年，国土局小区物业管理由开发商代管，经营不下去了，重新从楼长、栋长、业主委员会主任选举开始，由业主委员会主任与物业管理公司协商谈判，聘请物业管理机构。

对 3 种不同的物业管理运营模式，县政府出台文件加以引导，把物业引向规范管理。

（二）房屋拆迁管理

2000—2015 年，江永县城扩大 5 倍以上。2013 年前后，成立过数十个项目建设指挥部，每一个指挥部都有不同程度的拆迁工作量，都做到和谐拆迁。瑶城市场拆迁 261 户，市民广场拆迁 17 户，都是在谈判、订立协议后和平拆迁的。

2000—2015 年江永县全县房屋拆迁情况表

表 7-29　　**单位：户、平方米、万元**

年度	项目地点	拆迁	面积	补偿	主要用途
2000	江永县汽车站	20	3500	70	汽车站搬迁
2005	江永县谢沐路	37	2590	166.55	谢沐路延伸扩建
2006	江永县商业步行街	90	65520	327.6	建步行街
2006	江永县环城东路	20	1300	50.7	环城东路建设
2006	江永县幸福路	41	2050	310	幸福路建设
2006	铜山岭电视调频转播台	16	1296.9	375	拆迁安置
2006	江永县家家顺大厦	1	1320.75	375	建商业楼
2007	江永县民政局办公楼家属房	6	1227	73.62	建办公楼、家属房
2007	江永县卫生局办公楼、门面	2	580	32.48	单位改造
2007	江永县供销合作社联合社	6	3496	40	建烟花仓库
2007	江永县老糖厂	18	1466	57	环城东路扩建
2007	江永县物资总公司	12	840	38.64	建伟恒小区
2008	江永县人民医院家属房	84	6720	403.2	人民医院搬迁
2008	江永县永济亭公路	8	769	46.14	修建永济亭公路
2008	江永县物资总公司	13	866	43.3	建伟恒小区
2008	江永县计生站	13	1300	78	建计生大楼
2010	江永县建筑公司	100	7000	156	旧城改造
2013	瑶城市场	261	12259.79	11241.33	旧城改造
2014	市民广场	33	4100	4788	建市民广场
2015	江永县滨河路	75	7534	4500	永明河综合治理滨河路建设工程
2015	老工商银行	40	2800	980	用于土地储备
2015	老城关中学	40	8942.8	8000	用于土地储备
合计	—	940	137744.24	24658.36	—

（三）白蚁防治

2008 年，源口水库管理局朝阳电站和上洞中学相继发现严重蚁灾。江永房产局连续 7 天灭蚁，为国家挽回几十万元的经济损失，受到群众好评。同时，采取互相配合、按程序严格把关的工作方法，建立健全县城房屋白蚁防治工作体系。

1996—2015年江永县白蚁防治情况统计表

表 7-30 **单位：万平方米、份、万元**

年度	预防施工面积	预防合同	预防收入	灭治面积	灭治合同	灭治收入
1996	6.3	215	6.4	0.33	11	1.2
1997	3.1	116	4.65	0.42	11	1.45
1998	4.3	95	2.3	0.37	9	1.15
1999	2.3	80	2.7	0.22	6	0.8
2000	3.96	102	4.63	0.39	8	1.26
2001	4.12	116	4.8	0.46	10	1.55
2002	6.64	207	9.74	0.15	3	0.28
2003	5.1	162	7.49	0.38	7	0.7
2004	4.6	86	4.7	0.61	13	1.5
2005	5.05	144	9.9	0.66	12	2.6
2006	6.1	135	7.9	0.56	12	2.1
2007	6.3	142	25	0.25	8	1.1
2008	4.86	106	11.7	0.62	14	4.3
2009	5.3	117	12.6	0.42	11	2.2
2010	5.06	122	12.1	0.44	10	2.45
2011	14.95	163	35.6	0.66	18	2.23
2012	15.49	147	37.2	1.45	36	2.32
2013	10.37	164	25.6	0.98	23	1.65
2014	13.56	267	33.2	0.68	12	1.1
2015	12.29	162	30.1	0.73	15	1.25
合计	139.74	2848	288.31	10.78	249	33.19

（四）法治和队伍建设

江永县房产局重视学习教育，强化服务意识，强化队伍建设。1997年，一次送县委党校3人、市委党校2人，省建委防治白蚁培训班1人进行学习。2015年送各级学习30人。市以上的房地产文件人手一册，做到有法可依、有章可循。

1997年、1998年荣获“永州市房地产工作先进单位”称号；2007年、2008年荣获“全市房产系统人口和计划生育综合治理工作先进单位”称号；2009年荣获“永州市2009年文明单位”称号；2009年、2010年、2011年荣获“全市住房保障工作先进单位”称号；2014年荣获“全市小区治理工作先进集体”称号。

四、乡村建设

1991年，全县各乡镇的公私房屋建设，集贸市场建设，水电路讯等公共基础设施建设均有较大发展。砖木结构平房大多改成2层以上砖混结构楼房。桃川镇、粗石江镇、夏层铺镇、允山镇、上江圩镇在改造旧镇的基础上迈开新步伐。桃川、允山两镇的新区建筑多姿多彩，风格多样。桃川镇东新区办公楼、商贸楼、酒楼、商住楼临街而立。1992年以来，新建各类楼房435栋，建筑面积6.99万平方米。整个新区井然有序、焕然一新。允山镇新区开发建设以市场建设开路，水电路讯同步建设，各地客商纷纷前来购地建房，2002—2004年，建有公私房屋108栋，建筑面积3.1万平方米。

各乡镇普遍建有办公楼、综合文化楼、计划生育服务楼、财政、税务、公安、法庭、粮食、林业、水利、工商所综合楼、农技推广综合楼等专用公房。乡镇政府机关院内地面进行硬化、绿化、美化、亮化。部分乡镇干部、各所站干部职工住房由单间、套间改成两室一厅或三室一厅带厨房、卫生间的住宅房。1991—2004年，乡镇驻地新建住宅2980栋，建筑面积62.58万平方米，人均居住面积21.7平方米。

各乡镇极为重视农村集贸市场建设，全县5镇5乡（不含潇浦镇）有5镇4乡先后改建、扩建、新建集贸市场。这些市场不仅面积大、而且设施好、功能全、交通便利，砖木结构圩棚几乎全部换成砖混结构圩亭，木制案桌全部改成水泥台板固定案桌，地面混凝土硬化。江永东大门建有上江圩香姜批发大市场，西大门建有粗石江香柚批发大市场。桃川镇的上圩村用村组二级经济156万元，于1992年在桃川镇镇东新区四香路中段南侧兴建一栋全框架结构的综合贸易大楼3层3416平方米。

1991—2004年江永县新建大型农贸市场基本情况表

表7-31

市场名称	占地面积（亩）	建筑面积（平方米）	圩亭（栋）	投资（万元）	竣工时间
上江圩香姜批发大市场	3.8	1380	4	150	1997年
松柏农贸市场	29.5	1722	6	182	2003年
允山大市场	35	2318	6	247	2003年
粗石江香柚批发大市场	84.6	2688	7	375	2004年

1991—2004年，全县农村新建住宅面积大、档次高、质量好。部分农民建房逐步甩开旧村庄，向县城郊区、乡镇治所、圩场四周及公路两旁集中。大部分自然村旧房得到改造，村外建新房，村庄不断扩大，环境逐步美化。新建房屋大多在2层

以上，坐北朝南，住房与杂房分建，外墙普遍贴瓷砖，有的还在水泥平顶上建有仿古休闲亭，平顶檐口饰以彩色琉璃瓦或波纹瓦。

14年间，全县农村新建住宅面积80.9万平方米，2004年，人均居住面积27.43平方米。46个村庄有供水设施。允山镇古宅新村于1998年率先建起日产500立方米水厂1个，户户用上自来水，整个新村布局合理，新建房屋排列整齐，朝向一致，主村道由北向南直穿新村正中，路面宽20米，次村道路宽6米，所有猪牛栏、畜圈都建在离住房30米外的村东西两侧，村前有清水塘，村后有树林，所有住房均为砖混结构新房，每栋住房后面有天井，天井后面建厨房、杂房，房屋宽敞明亮、空气流通；公房建有能容上千人的大会堂1栋，小学教学楼1栋，学习活动室1栋，每个小组有1个学习活动室，另还建有公共厕所3座。

第八节 宁远县

一、房地产业发展概况

（一）房地产市场需求

2015年宁远县房产局

宁远县的房地产业起步于1982年，县房地产公司从事少量的房地产开发和部分旧城改造项目。1993年住房体制改革，宁远县房地产市场实质性启动，开发建设少量的普通商品住房，规模较小。2006年以来，房地产开发投资逐年上升。“十一五”期间，宁远县完成房地产投资3.61亿元，平均年递增79%，房地产开发投资占全社会投资的比重越来越大。房地产开发企业发展迅速，民营企业逐步投向房地产行业。2006年以前，全县只有 1 家房地产开发企业，为引进的大汉集团所新成立的舜帝城房地产开发公司。2006 年后，房地产开发企业逐年增加，至 2015 年年底，宁远县有房地产开发企业 25 家，其中三级资质 23 家，暂定资质 2 家。

从 2006 年开始，宁远县的房地产业发展迅速，投资规模日益扩大，成为拉动投资增长的主要力量。尤其是受城市基础设施投资加快，旧城改造力度加大及普通商品住房优惠政策的刺激，市场容量大幅增长。2008—2013 年，累计开工建筑面积 155 万平方米。累计竣工面积 142. 6 万平方米，总投资达到 31 亿元。“十二五”期间，宁远县房地产产值年均增长 11%以上，房地产开发投资增长幅度和占全社会固定资产投资的比例都逐年增大。“十二五”期间，宁远县商品房投入资金总额约 25. 76 亿元，新建商品住房约 1. 48 万套、151 万平方米，累计销售 103. 3 万平方米，供求基本平衡。至 2015 年，宁远县中心城区存量住房总套数 49820 套，存量住房总建筑面积 680. 13 万平方米，人均住宅建筑面积 42 平方米，中心城区新建住房总建筑面积呈逐年增加趋势。2011—2015 年，全县房地产业直接贡献财政税收分别为 0. 44 亿元、0. 67 亿元、1. 11 亿元、2. 37 亿元和 2. 5 亿元，占财政收入比重分别为 8. 5%、10. 23%、13. 1%、24. 7%、27. 1%。宁远县房地产的快速开发带动相关行业的发展，促进产业结构的升级，推动建筑业、建材业、钢铁业、机械业和电力、供水等基础工业的发展，2015 年，宁远县房地产业投资带动相关行业投资达 20. 1 亿至 25. 9 亿元。2015 年，宁远县房地产业从业人员为 900 人，建筑业从业人员达 2 万余人，房地产业和建筑业从业人员占全部从业人口的 35. 03%，房地产开发、物业管理、建筑施工等吸纳大量劳动力，尤其为进城务工的农民工提供诸多岗位，促进全县就业和个人收入增长。

2008—2013 年，累计商品住房出让总用地 75. 33 公顷，新建商品住房面积 192. 13 万平方米，商品住房投入资金总额 54. 2 亿元。2013 年，中心城区存量商品住房面积达 292. 2 万平方米。

2008—2013 年中心城区新建住房套数、面积结构、商品住房施工面积、新开工面积、竣工面积情况如下：

2008—2013 年宁远县新建商品住房结构套数汇总表

表 7-32　　**单位：套**

新建商品住房套数	2008	2009	2010	2011	2012	2013
60~90 平方米	100	150	100	160	100	200
90~144 平方米	2100	2550	1700	2450	2100	3400
144 平方米以上	300	300	200	390	300	400

2008—2013 年宁远县新建商品住房结构面积汇总表

表 7-33 **单位：万平方米**

新建商品住房面积	2008	2009	2010	2011	2012	2013
60~90 平方米	0.8	1.2	0.8	1.28	0.8	1.6
90~144 平方米	23.1	28.05	18.7	26.95	23.1	37.4
144 平方米以上	4.5	4.5	3	5.85	4.5	6

2008—2013 年宁远县商品住房施工面积、新开工面积、竣工面积汇总表

表 7-34 **单位：万平方米**

新建商品住房	2008	2009	2010	2011	2012	2013
施工面积	40.3	48.5	49.4	78.8	44.2	65.87
新开工面积	29.2	14.6	34.7	54.4	18.3	46.5
竣工面积	28.4	33.75	22.5	34.08	28.4	45

2008—2013 年宁远县商品住房范围建筑安装成本汇总表

表 7-35 **单位：元**

商品住房单位建安成本	2008	2009	2010	2011	2012	2013
多层	600	700	800	900	1050	1100
高层	1000	1100	1200	1350	1500	1550

2014 年 9 月 6 日宁远首届房交会开幕

土地供应量逐年上升。2006 年以前，因房地产开发企业刚起步，基本无土地出让，2006 年后，宁远县的房地产市场发展势头迅猛，房地产交易活跃，房地产开发项目用地供应量逐年上升。2006 年，全县开发用地总供应量为 17.2 亩；2007 年，总供应量为 28.78 亩，同比增长 1.73 倍；2008 年，总供应量达 58.15 亩，同比增长 2.42 倍；2009 年，总供应量达 181.83 亩，同比增长 1.8 倍。土地供应量由原来的单体地块出让逐渐向小区化、规模化、整体化出让转变。

（二）房地产市场需求

1996 年后，房地产市场供求矛盾得到解决，房地产发展态势良好。

房地产市场需求趋旺，呈现出“两头轻、中间重”的销售态势。2006 年后，宁远县房地产市场商品房销售态势总体良好，销售面积逐年增长，预售面积大幅攀升，市场需求趋旺。2008—2015 年，累计批准预售商品住房总面积 223. 12 万平方米，商品住房销售面积 167. 93 万平方米，商品住房销售金额 47. 38 亿元。2015 年，批准预售商品住房总面积 60 万平方米，商品住房销售面积 37. 42 万平方米，商品住房销售金额 10. 86 亿元；本地户籍人口购买商品住房面积为 24. 8 万平方米，非本地户籍购买商品住房面积为 3. 75 万平方米；至 2015 年，存量商品住房面积为 392. 2 万平方米，存量商品住房套数为 3. 85 万套。

2015 年，商品住房空置套数（库存量）为 5710 套，空置率为 16. 9%。

2008—2015 年宁远县商品住房空置率汇总表

表 7-36

		2008	2009	2010	2011	2012	2013	2014	2015
存量商品住房套数	万套	1. 4	1. 7	1. 9	2. 2	2. 45	2. 85	3. 1	3. 37
商品住房空置数量	套	658	952	1425	1958	2499	3620	4020	5710
商品住房空置率	%	4. 7	5. 6	7. 5	8. 9	10. 2	12. 7	13	16. 9

2008 年后，国家多次调控房地产市场，政策到宁远县有一年缓冲期，在房地产市场表现为观望僵持后又回暖，2009 年后，宁远县商品房销售量成曲线变化。2008 年年初，货币政策从“适度从紧”改为“从紧”，2009 年，房地产投资迅速减少，房地产市场进入观望状态，成交量日减，房价增幅有所放缓。2010 年，政策再次松动，宁远县房地产市场从 2010 年初的萧条，到 2011 年的市场景气，宁远县商品住房市场迅速地由平稳到低迷转变为迅速发展，至 2014 年、2015 年房价涨幅较大。

个人住房消费成为市场需求的主体，县内需求占商品房销售的比重较大。1999 后，随着住房体制改革的逐步推进，福利分房制度退出历史舞台，个人购房比重大幅上升。2015 年，全县个人购房面积达 27. 8 万平方米，占销售面积的 90% 以上，个人成为市场消费的主体，成为房地产市场发展的主导因素。宁远县个人购买房屋的类型主要以住宅为主，购房的对象大部分是县内城镇居民，基本以自用为主。

商品住宅价格上升较快，升幅相对较大。商品房市场需求旺盛，商品房价格放开，市场处于卖方市场，经济适用房供应不足，土地实行市场竞价等原因，提高开发成本，造成商品房住宅价格上升较快，升幅较大。2006年，商品住宅平均售价约1320元/平方米，2007年，商品住宅平均售价约1560元/平方米，2008年，商品住宅平均售价约1780元/平方米，2009年，商品住宅平均售价约1950元/平方米，房价平均每年上升8.78%，2010年，商品住宅平均售价2200元/平方米。2011年，商品住宅平均售价2200元/平方米。2012年，商品住宅平均售价2511元/平方米。2013年，商品住宅平均售价2810元/平方米。2014年，商品住宅平均售价2918元/平方米。2015年，商品住宅平均售价3162元/平方米，同比增长9.9%。

存量房交易活跃，房改房成为“生力军”。自1999年房改房上市政策出台后，存量房交易活跃，交易面积逐年“放大”。2007年成交248起，面积3.36万平方米；2008年成交201起，面积2.204万平方米；2009年成交269起，面积3.21万平方米；2010年成交390起，面积3.204万平方米；2011年成交511起，面积6.21万平方米。2012年，房产局会同有关部门制定《房改房补交款和土地款实施方案》，开展房改房房款及土地款清收补缴工作，收取补缴房款、土地款及各种规费达1000余万元，衔接约600户，房改房衔接基本完成，有效减少国有资产的流失。2012年成交612起，面积7.204万平方米，2013年成交704起，面积8.21万平方米。2014年成交712起，面积8.64万平方米，2015年成交869起，面积10.067万平方米。

房地产市场监管逐渐规范。宁远县着重建立和完善房地产开发经营资质管理和预售许可制度。针对无资质开发和违规预售行为每年组织多次房地产市场秩序执法监督活动，重点检查商品房预售许可、合同管理、交易资金监管、销售代理情况。发现违法违规行为，当面作出书面整改通知，责令其立即整改并作出专题检查接受查处，自2007年宁远县实施房地产执法工作后，先后查处无资质开发和违规预售行为970余起。上岗培训商品房销售人员，实行销售人员持证上岗。加强商品房买卖合同备案前的审查，防止合同欺诈。同时营造良好消费环境。2010年后，县房产局先后在电视台开辟诚信房产栏目、设置房产政务网，全面指导宁远人民的购房消费，并在新闻媒体发布37次商品房销售风险警示。

物业管理日益规范。2014年，县小区整治办指导和协调各级各部门大力开展集中整治工作，纠正房地产开发领域的违规行为，解决小区存在的突出问题，营造群众满意的生活环境，提升群众的满意，宁远县被评为全市2014年度小区整治工作先进集体。2015年，全县物业管理服务企业发展到10家。实行物业管理的房屋面积65万平方米，物业管理覆盖面65%，物业管理从业人员700余人，市级优秀小区3个。配合开展老旧城区户表改造等工作，改善旧小区的居住环境。基本完成房屋专项维修资金的清理、建账和规范工作，至2015年年底，归集维修资金1200万元。规范物业小区秩序，提升群众幸福指数。

2015年宁远潇湘山水城小区

保障性安居工程建设。初步建立起廉租房（公租房）实物配租和租赁补贴为主要形式的住房保障体系。至2015年年底，中心城区各类保障性住房总套数为6232套，总用地面积18.14公顷，总建筑面积31.16万平方米，累计投入资金总额达到2.76亿元。保障性住房覆盖面由2011年的3.53%提高到24.62%，覆盖面不断扩大。同时，县房产局指导县城投公司和县经信委、县水利局开展城市棚户区和工矿棚户区的改造工作，至2015年年底，改造城市棚户区和工矿棚户区4处，房屋2390套，总建筑面积24.7万平方米，涉及人口约1.13万人。2013年，宁远县被省人民政府评为保障性安居工程先进县。

二、房地产管理

（一）房地产交易管理

1983年，县房地产公司成立，主要工作内容包括房屋转让、抵押、房屋租赁管理。2001年，成立宁远县房地产交易管理中心，隶属于宁远县房产局，前身是房地产交易所。

1995年，出台《宁远县公有房屋交易暂行规定》，规范化管理房地产交易转让，规定禁止黑市交易，登记，变更应当向县级以上地方政府管理部门申请房屋变更，交易双方须在房地产交易所的监督下进行变更登记，颁发房屋所有权证书。

20世纪90年代，房地产抵押管理混乱。民间私自抵押进行抵押交易，抵押纠纷时时出现。1993年，宁远县出台《宁远县房地产抵押管理暂行规定》。房地产管理处、房屋交易所依法负责管理本行政区域内的房地产抵押管理工作。设定房地产抵押，抵押房地产的价值可以由抵押人协商设定，也可以由房地产评估机构确定。使宁远县的房地产的交易，变更，抵押，评估有法可依。1996年，在交易所登记交易金额每年不足1000万元，成交面积不足10000平方米，成交208宗；1997年后，在交易所登记交易金额突破2000万元，评估80宗，面积8000平方米，全年收入过10万元。

1998年，湖南省大汉控股集团有限责任公司（简称“大汉集团”）进驻宁远展开商品房开发。随后宁远县房地产市场逐年发展壮大。2009年，房地产交易所改为房产权交易中心，登记备案管理舜陵镇行政范围内房屋交易。1998—2009年，在交易所登记并完成交易存档备案私房交易（含继承、赠与、变更）318宗，面积45581平方米，房地产开发商品房交易351宗，面积45890平方米，所收费用达100万元。

（二）产权产籍管理

1995年1月1日，实施《中华人民共和国城市房地产管理法》，维护房地产权利人的个人利益，为国家土地的规划、建设以及管理提供有效的依据。房地产产权产籍管理为房地产管理中的一项最基本的管理工作。1996年，宁远县人民政府颁发《宁远县城镇房屋所有权登记发证实施细则》，规范县内直管公房、全民和集体单位自管房、城镇私有房屋、城镇郊区集体及村民建于街道公私房屋登记、核发产权证。全县城镇完成发证面积340.51万平方米。1999年，宁远县房地产管理局设立产权管理股。配备专业的工作人员，负责各类房屋产权产籍管理，依法确定房屋产权、办理房屋所有权登记、发证手续、变更手续、房产政策的落实，绘制产权产籍分幅图，管理房屋产权产籍档案。至2004年，全县完成房屋产权发证12659宗，建筑面积496.15万平方米。

2005年，宁远县房地产管理局投资15万多元，扩建改造办公楼和办公窗口，全面提高房屋产权产籍管理水平。2007年，实施《中华人民共和国物权法》，开展房屋产权规范化管理，制定《宁远县产权产籍登记发证管理制度》《宁远县城市房屋产权产籍管理办法》《宁远县产权发证错件追究制度》《宁远县产权发证质量抽查制度》等制度、办法，房屋产权登记逐步规范。2009年，宁远县房产局投资30万元，兴建局域网，启动“数字房产”工程，通过计算机技术实现房屋产权管理的查询、办理工作，简化工作流程，提高办事效率，合理调整数据库结构，完善房地产产权的档案信息，减轻工作人员的工作量，节省很多中间不必要的工作流程，与房改、交易、开发、物业等部门紧密结合起来，深层次信息合作、加强数据信息资源共享，提高房地产产权产籍管理的工作效率和准确性，在进行房地产产权产籍管理的过程。促进房屋产权办理业务的发展。至2010年，登记、核发房屋所有权10437件，建筑面积517.31万平方米（其中新建房屋登记5475件，面积368.26万平方米，变更登记4869件，面积148.10万平方米，受理遗失补证业务93件，面积0.95万平方米）受理档案查询业务16500宗。

（三）公房管理

1998年，有83个产权单位出售公房1882套，面积12.5万平方米，占公房存量的56%。2001年，公房大修和中修5000平方米，小修养护19000间次，新建翻修353平方米。是年，撤销南片、北片乡镇公房管理所。设柏家坪、水市、禾亭、中和4个乡镇房管所，负责全县17个乡镇的房地产。至2003年，全县有公房1.2万平方米，公房租金收入18万元，租金均用于维修公房和商品住房建设。2011年，随着各乡镇、县城单位公有住房制度改革陆续完成，仅剩县城部分逃亡业主和无合法代理人房屋以及部分老旧公房200余套，分别由县房产局内设的经营管理股、住房保障中心、物业管理中心负责日常管理和经营以及维修养护工作，大部分沿续之前的管理模式按间、户的住房面积计算收取租金，公房出租给县城无房居民家庭以解决住房问题，租金全部用于公有住房维修改造，少部分因周边发展需要和房屋本身已不能修葺的房屋经县人民政府同意后出售给有需要的私人进行改造，出让所得纳入县财政。2013年，县房产局对代管的县城所有公有住房进行安全鉴定和排查，对部分不适合居住的房屋采取拆除或封闭措施，并将承租户安排至廉租住房居住，至2015年年底，剩余公有住房12处，164套（间），面积7124.44平方米，年收取房屋租金约46.7077万元，租金大部分用于公有住房维修保养。

（四）物业管理

2003年，大汉集团进入宁远投资开发建设宁远县第一个商住小区项目——九亿商业文化广场，至2006年年底该项目竣工并交付使用，宁远县城的住宅建设开始产业化、商品化和市场化，宁远县住宅市场由“谁用房、谁要地、谁建造”的传统建设模式进入到高速发展的住宅商品化时代，宁远物业服务行业兴起，产生一些本地的物业服务企业。物业服务行业缺乏相应的行政监督与行业指导机制，住宅小区业主与开发建设单位、物业服务企业间的矛盾日益突出，纠纷不断，2013年3月，宁远县房产局成立物业管理中心，开始专门的行政监督管理、行业指导全县区域内物业服务行业和市场，并负责物业专项维修资金归集和管理工作。

2014年起，贯彻实施《物业管理条例》、《湖南省实施〈物业管理条例〉办法》、《前期物业管理招投标管理暂行办法》等规定，宁远县全面施行物业服务企业资质备案制度和前期物业管理招投标制度，备案审查全县区域内从事物业服务的企业资质，所有新建物业项目的前期物业管理必须通过招投标取得经营服务权并进行备案方可进行前期物业管理，逐步将物业小区物业管理市场由原来的开发建设单位自建自管转变为政府监督管理和指导，严格规范开发企业及物业服务公司考核标准，实施网上信息公布和企业年审年检制度，加强物业管理市场整顿，促进全县物业管理市场化、社会化、专业化。至2015年年底，全县成立并备案的本地物业服务企业15家，备案进驻宁远的外地物业服务企业5家，当年新申报并获市房产局批准物业服务企业3家；实施物业服务的项目达到20个，其中3个新建物业项目通过公开招投标方式取得物业管理经营服务权并备案，3个物业项目经过批准以协议方式聘请物业服务企业，1个物业项目为业主委员会自行聘请物业服务企业。针对物业管理违规行为下达6份限期整改通知书，妥善处理物业诉求24起。指导1个物业小区召开首届业主大会，成立宁远县第一个业主委员会印山花园首届业主委员会。不定期召开全县住宅管理工作会议，搭建物业服务企业间的沟通平台，营造一个相对公平、公开的竞争环境。与县创卫办联合开展“宁远县创建国家卫生县城环境卫生管理”评选活动，促进改造成功腾飞名城、印山花园两个物业小区内部道路“白改黑”工程，优化小区居住环境，并根据评选结果授予腾飞名城、兴龙步行街两个物业小区“环境卫生管理示范小区”称号，示范带动全县住宅小区物业管理走向规范化。

贯彻实施国家住建部《物业管理条例》，住建部、财政部《关于印发〈住宅共用部位共用设施设备维修基金管理办法〉的通知》等有关规定，2006年开始，宁远县按商品房销售价格3%的标准向购房业主归集首期物业专项维修资金，由房地产开发建设单位代收代缴，宁远县房产局代为管理，用于商品房屋共用部位、共用设施设备保修期满后的大修、更新、改造，保障广大购房业主的利益。2009年，物业专项维修资金缴存方式更改为按每平方米建筑安装价5%—8%的标准，分别折合人民币5元/平方米（楼梯房）、10元/平方米（电梯房）归集首期物业专项维修资金，2010年，出台《宁远县房屋维修资金实施细则（试行）》，明确规定并按10元/平方米（楼梯房）、20元/平方米（电梯房）新的标准归集首期物业专项维修资金，至2015年年底，全县缴存首期物业专项维修资金的物业小区项目达到23个，涉及房屋108栋，购房业主4730户，归集物业专项维修资金人民币120.54694万元，银行专项管理账户余额达到人民币120.7万余元。

（五）房产执法

1996年，宁远县房地产管理处开始全县房地产行业的执法工作。进行住房制度改革，全面推行住房公积金制度，稳步出售公有住房，鼓励集资合作建房。从原来的福利分房过渡到住房的商品化、社会化。在这一过程中，矛盾纠纷层出不穷。1996年7月，宁远县房地产管理处决定组建成立房地产联合执法室。联合执法定编2人，其主要职责为负责房地产法律、法规的宣传，调处产权产籍方面的矛盾与纠纷，落实相关的房产政策。联合执法室落实房产政策，按照“谁占谁退，谁的职工谁负责”的原则，采取“系统包单位，单位包职工”等具体措施。由职工所在单位建房买房，置换清退其职工所占房产。1996—1999年，执法室向社会发放房产有关的宣传单3016份，受理产权产籍方面的纠纷67起，成功调处62起，落实房产政策942起。至1999年年底，全县落实私有住房改造政策遗留问题基本结束。

1999 年 12 月，撤销宁远县房地产管理处，组建宁远县房地产管理局。宁远县房地产开发市场刚开始起步，开发的项目有恒盛广场、金穗小区、印山花园等。宁远县房地产管理局由法制室执法，隶属于办公室。其主要职责为宣传相关的法律、法规和有关政策，接待群众的来信来访。负责法律诉讼。1999—2000 年，法制室接待来信来访 437 起，处理 418 起，受理执行诉讼案件 8 起。保护产权人的合法权益。维护房地产市场的稳定。

2002 年 7 月，成立宁远县房地产执法监察大队，属宁远县房产局股级自收自支事业单位，工作人员从房产局内部调剂。其主要职责是为依法查处房屋产权、产籍管理、房地产市场管理、房屋拆迁管理、房屋安全管理、白蚁防治管理、原有房屋装饰装修管理，直管公房管理、物业管理中的违法违规行为。

2004 年 3 月，宁远县房产局执法监察大队正式成立，一是负责房地产法律法规宣传和“六五”普法工作，协助各股室按执法程序依法行政，负责法律诉讼。二是依法查处房地产开发市场和房地产中介市场违法违规行为。处罚违法违规行为后，将相关资料及时移交给相关股室。三是对房产业务办理中存在的与法规不符的地方提出具体的操作建议。四是受理有关房屋安全、住宅室内装饰装修投诉。负责县城房屋室内装饰装修工程的登记备案管理及日常巡查工作，按规定收取白蚁防治费，审批及验收变动建筑主体或承重结构或明显加重荷载的装饰装修。依法查处违反房屋装饰装修法规规定的行为，并将受理后的资料移交安全办。2004—2015 年，受理房产行政诉讼 45 起，处理结案 40 起，结案率 88%，其中调解 12 起，裁决 28 起。

依法查处房产开发市场的违法违规行为。2006 年后，一些无资质的开发商大量圈地搞无资质开发。2013 年以后，政府密集出台调控措施。2014 年，全县无资质开发项目 162 起，其主要分布在凤鸣街、荷叶街、娥皇路、信合街，严重扰乱房产市场秩序。2014 年，出台《关于进一步规范房地产市场管理的会议纪要》《宁远县房地产开发小区集中整治工作实施方案》，2015 年，出台《宁远县人民政府办公室关于加强房地产监管工作的通知》《宁远县城区建设用地容积率调整管理试行办法》。针对越来越多的多人合作建房的问题，宁远县房产局专门向宁远县人民政府请示解决合作建房问题，《关于两人以上（含两人）购地建房办理房屋产权登记手续有关问题的请示》得到县人民政府的明确批示。实施《中华人民共和国城市房地产管理法》《城市房地产开发经营管理条例》《城市商品房预售管理办法》等相关法律法规，结合县委、政府出台的各项措施，房产执法在执法过程中做到严格执法、文明办案、重大案件集体讨论的原则。杜绝暗箱操作，办人情案、关系案。2006—2015 年，查处无资质开发商品房案 247 起，2906 套，总建筑面积 348720 平方米，分别予以责令整改、罚款、没收违法所得。打击违法违规开发商品房的行为，全县的无资质开发行为得到遏制。

房屋装饰装修管理。2008年以来，宁远县城市房屋装饰装修业兴起，为规范和制止某些单位和个人在房屋装饰装修中擅自拆改房屋结构，加大荷载或使用劣质装饰装修材料给环境、消防、环保等带来危害。2008年宁远县房产局依《住宅室内装饰装修管理办法》下发《关于加强住宅室内装饰装修管理的通知》，规范装饰装修管理。2008—2015年，全县查处违法装饰装修行为1052起，分别依法予以恢复原状、罚款、补办审批手续。采取加固措施，赔偿损失等处理。

三、住房制度改革

1988年5月，宁远县开始实施城镇住房制度改革。1991年11月25日，湖南省住房制度改革领导小组批准《宁远县城镇住房制度改革实施方案》，提出分步提租、缴纳租赁保证金、新房新制度、集资合作建房、出售公房等多种形式推进房改的思路。1993年4月，宁远县人民政府制定《宁远县城镇住房制度改革实施方案的补充规定》，提出以出售公房为重点，租、建并举的住房改革思路。通过改革，基本建成公有住房租金标准调整机制，有序稳步地推动公有住房出售工作。租金标准从1992年年底的每月每平方米0.15~0.65元调整至1996年年底每月每平方米0.5~1.4元。1993—1994年年底，全县有71个产权单位先后向职工出售住房1808套，面积11.83万平方米，收回售房资金1247.79万元。2006年，全县参与建设集资房单位32个，集资户1014户，建设面积10.01万平方米，筹集资金3700万元。

1995年9月，宁远县人民政府出台《宁远县深化城镇住房制度改革实施方案》、《宁远县职工住房积金制度实施办法》、《宁远县公有住房租金改革实施办法》、《宁远县城镇出售公有住房实施办法》和《宁远县城镇职工集资建住房实施办法》，确定房改的根本目的是建立与社会主义市场经济体制相适应的新的城镇住房制度，实现住房商品化、社会化。加快住房建设，改善居住条件，建立新的城镇住房保障体制，满足城镇居民不断增长的住房需求。要求全面推行住房公积金制度，积极推进租金改革，稳步出售公有住房，加快经济适用住房的开发建设，做好原有政策与实施方案的衔接工作等，标志宁远县城镇住房制度改革进入深化和全面实施阶段。1996年4月，设立宁远县城镇住房制度改革领导小组办公室，为正局级事业单位，定编3人，负责全县房改工作。房改办下设宁远县住房公积金管理中心，负责住房公积金的归集、支付、核算和编制使用计划等工作，负责单位住房基金的管理。同年，县人民政府出台《宁远县1996年度房改实施方案》，全县所有行政企事业单位1996年7月1日起建立住房公积金制度。2002年，县房改办与县住房公积金管理中心分设，县房改办划入县房产局，作为局内设机构，县住房公积金管理中心划入市属单位，作为永州市住房公积金管理中心下设县区的管理部。至2015年，全县缴存人数4110人，住房公积金归集额716万元，单位和个人公积金的缴纳比例从5%提升至12%。

1996年，宁远县住房制度改革领导小组出台《关于切实搞好公有住房出售新老政策衔接的紧急通知》，规定1994年前所有出售公有住房的按照县人民政府核定的售房成本价（砖混一等418元/平方米，砖混二等376元/平方米）重新确定产权比例。2011年年底，全县有52个单位的950户购房户进行100%产权新老政策衔接，补缴房款259.83万元。2012年，县人民政府出台《宁远县房改房补缴房款和土地款实施方案》，对已售公有住房还未进行新老政策衔接的进行清理衔接及公有住房所占土地款的收缴。2014年，县人民政府出台《宁远县房改房上市交易实施细则》，清理未进行新老政策衔接及未缴纳土地款的房改对象。2012—2015年，有2115户进行100%产权新老政策衔接，补缴房款1010万元，上市交易补缴土地款601万元。

1998年12月31日起，停止住房实物分配，实行住房货币分配。1999年，县人民政府出台《宁远县深化城镇住房制度改革加快住房建设的实施方案》，深化城镇住房制度改革的目标为停止住房实物分配，逐步实行住房分配货币化。建立和完善以经济适用住房为主的多层次城镇住房供应体系。发展住房金融，培育和规范住房交易市场。至此，宁远县住房实物分配制度从政策上退出历史舞台，宣告福利分房制度的终结和新的住房制度的开始，标志全县住房市场化进入全面推进阶段。

四、住房保障建设

2004年，宁远县房产局负责实施廉租住房建设和经济适用房建设，具体由开发经营管理股负责。2006年，宁远县房产局下设宁远县城镇廉租住房管理办公室，负责全县城镇廉租住房的日常管理工作。制定城镇廉租住房中长期规划和年度计划。负责城镇廉租住房的申请、审核及退出工作。负责城镇廉租住房资金的管理和维修工作。2011年，宁远县城镇廉租住房管理办公室变更为宁远县住房保障中心。2014年，宁远县房产局调整住房保障中心职责，将廉租住房和公共租赁住房租金收取职能划入房产局物业管理股。2015年，廉租住房和公共租赁住房的分配和运营管理职能划入房产局物业管理股，住房保障中心只负责保障性住房计划和建设。

从2004年起，县房产局实施保障性安居工程，解决城镇低收入住房困难家庭、外来务工人员、新就业人员及棚户区群众住房问题，作为民心工程，坚持从基础工作抓起。一是加强领导，健全机构。宁远县成立由分管副县长任组长，县房产、发改、规划、财政、民政、国土等部门负责人为成员的保障性住房建设工作领导小组，落实专门机构和人员。二是摸清底子，科学规划。2008年，宁远县编制《宁远县解决城市低收入家庭住房困难发展规划和年度计划（2008—2010）》。2011年，编制《宁远县“十二五”保障性住房建设规划（2011—2015年）》。2014年，编制《宁远县城市住房建设规划（2014—2020）》，全面详细规划廉租住房、公共租赁住房建设和棚户区改造。三是拓宽思路，筹集资金。县房产局认真研究国家和省、市关于保障性安居工程政策精神，抢抓机遇，准确把握国家政策和投资趋向，积极争取保障性住房项目建设补助资金。2008—2015年，争取各级住房保障补助资金4.49亿元。县房产局集思广意，拓宽筹资渠道，出台《宁远县廉租住房“以息代租”建设方案》和《宁远县保障性住房共有产权管理实施方案（试行）》等文件，筹集保障性住房建设资金。四是健全制度，规范管理。2004年，宁远县出台《关于购买经济适用住房承租廉租住房的条件程序》，2006年，宁远县出台《宁远县城镇最低收入家庭廉租住房管理办法》，2008年，宁远县出台《宁远县县城规划区内最低收入家庭廉租住房货币补贴发放实施方案》，明确廉租住房保障方式、部门职责、资金筹集、建设方式、申请条件、申请程序、后期管理、违规处罚等。五是强化管理，促进公平。县房产局严格按照申请、受理、初审、复核、公示、核准等审批程序实施，对照申请条件，通过社区初审、镇政府复审、民政复核，再由住房保障部门审核公示，经公示无异议，报请县人民政府批准后纳入全县住房保障对象。并对纳入保障对象的家庭，实行定期年审制度和不定期抽查制度，审查保障对象的家庭人口、人均收入、现住房条件等有关数据。2004—2015年，累计对23户不符合保障对象的家庭下发取消保障资格通知书，对119户不符合廉租住房保障家庭的转为公共租赁住房保障。六是转变观念，提升品质。群众对保障房面积及品质的要求提高，保障家庭随时动态变化，在设计上要求设计单位从原来小户型、功能全以满足基本居住需求为设计理念转到提升居住的舒适上来，同时给房屋墙体和建筑结构上留出改造空间，适应户型“变大”和“变小”。在“住有所居、居有所安、安有所乐”理念的指引下，县房产局在保障性住宅小区的建设时就将基础设施、绿化、公共服务设施等都按商品房标准同等规划、同等建设，打造一批经典的保障性住宅小区，引领宁远县保障性住房的建设。2004—2015年，全县投入70万元为保障性住房小区改造道路、增添绿化、完善停车棚、架设路灯等基础设施，提升居住品质。

2004—2015年，全县筹集公共租赁住房（廉租住房）7101套，总面积34.52万平方米，总投资4.69亿元。累计发放住房租赁补贴7061户、发放资金757.86万元。改造城市棚户区、国有工矿和国有林场棚户区8个，改造3200户，改造面积27.2万平方米。新建经济适用房108套，建筑面积0.79万平方米，形成以廉租住

2015年宁远公租房小区

房、经济适用房，结合城市和国有工矿棚户区（危旧房）改造，解决城镇中低收入家庭住房困难；以公共租赁住房，结合限价房和中小套型房屋建设，解决城镇中等偏下收入住房困难家庭、新就业职工和外来务工人员住房困难的分层次、多渠道的住房保障与供应体系。2009年、2010年，被市房产局授予保障性住房建设先进单位，2013年，被省政府评为保障性住房建设先进县。

公共租赁住房（廉租住房）建设　2004—2015年，县房产局采取划转、租金核减、新建、收购等方式筹集公共租赁住房（廉租住房）。2004—2015年，竣工公共租赁住房2908套，并及时分配给低收入、外来务工人员及新就业人员住房困难家庭，租金标准为廉租住房1.5元/平方米·月，公共租赁住房3元/平方米·月。

2004—2015年宁远县公共租赁住房（廉租住房）建设一览表

表7-37

年份	方式	项目	数量（套）	建筑面积（平方米）	总投资（万元）	备注
2004	划转	城南居民点公房	40	2804	10.7	廉租房
2005	划转	青云巷公房	11	451.44	3	廉租房
2006	划转	青云巷14~17号公房	4	132	9	廉租房
2006	新建	窝子地	10	644	32	廉租房
2007	划转	青云巷、珠子巷、西正街、南门街、北内街公房	12	457.88	37.2	廉租房
2007	新建	窝子地	12	826	38.8	廉租房
2008	新建	窝子地	168	8178	597.43	廉租房
2009	新建	窝子地	72	3506	202.9	廉租房
2009	新建	莲花小学	60	2921	211.21	廉租房
2009	新建	鹅公井	210	10772	823.74	廉租房
2010	新建	民族中学	40	1984	153.87	廉租房
2010	新建	鹅公井	72	3558	390.43	廉租房

续表7-37

年份	方式	项目	数量（套）	建筑面积（平方米）	总投资（万元）	备注
2010	新建	大种地	288	13757	1116.79	廉租房
2011	新建	正浩制衣厂	144	7248	843.36	廉租房
2011	新建	舜峰路	144	7248	745.23	廉租房
2011	新建	荷叶街	140	7100	620.17	廉租房
2012	新建	福嘉公司和榕达钢厂	336	16700	1788.79	廉租房
2012	新建	十里铺	552	28569	2880.28	廉租房
2012	新建	原种场	110	5450	760.86	廉租房
2012	新建	民族中学	60	2990	348.49	廉租房
2012	新建	洪家	144	7224	764.06	廉租房
2012	新建	中和小门口	144	7224	792.4	廉租房
2014	新建	原种场	576	25380	3800.18	公租房
2014	新建	西部工业园	576	25380	3474.5	公租房
2014	新建	四友电子厂	576	25380	3465	公租房
2014		亿达厂	384	16920	2355.28	公租房
2014		十里铺工业园硕宁电子厂	72	3601	396.62	公租房
2014		中和小门口	72	3601	428.49	公租房
2014		水市完小	72	3601	405.64	公租房
2015		天堂中学	72	3625	424.12	公租房
2015		冷水中学和冷水完小	120	6103	720	公租房
2015		冶金工业园	828	46832	6520	公租房
2015		南部生态新城新二中	816	36792	6050	公租房
2015		九嶷完小	16	808	116	公租房
2015		湾井镇完小	32	1607	204	公租房
2015		大界完小	32	1607	205	公租房
2015		大阳洞中心幼儿园	24	1203	157	公租房
2015		仁和镇完小	60	2994	365	公租房

棚户区改造建设 2012—2015 年，宁远县实施城北、城南和老工业区 3 个城市棚户区改造项目，改造 2450 户，其中货币安置 525 户，综合整治 697 户，实物安置 1228 户。至 2015 年，完成货币安置 525 户，完成投资 4725 万元。完成水市路、丁字街两处 697 户房屋升级改造及道路、排水、消防、供电等配套设施的改造，完成

投资1045万元。完成棚户区安置房建设438户，完成投资9460万元，位于舜帝南路宁远县第六小学对面。实施国有工矿棚户区改造一个，即九疑山水电站国有工矿棚户区改造，改造300户，采取异地实物安置进行，建设用地通过招拍挂方式取得，位于舜帝南路与宁嘉公路交汇处，用地面积8865.34平方米，完成投资2200万元。实施国有林场棚户区改造4个，改造450户，分别为九疑山林场棚户区改造269户。白云山林场棚户区改造77户。雾云山林场棚户区改造60户。洋塘林场棚户区改造44户，全部采取异地新建安置房方式实施，完成投资10253万元，解决林场山区职工住房困难问题。

经济适用住房建设　2012年，宁远县城市建设投资有限公司在舜帝南路新建经济适用住房3栋，108套。2014年，规范经济适用住房的配售管理，制定和出台《宁远县经济适用房配售管理实施细则》，明确经济适用住房的分配原则、申购条件、申购程序、销售价格、上市准入和法律责任等。物价部门会同发改、财政、房产、国土、住建等部门核定经济适用住房的出售基准价格1800元/平方米。县房产局联合民政、公安（交警）、工商、国土、规划等部门审核申请对象，及时将全部经济适用住房配售给城市低收入住房困难家庭。

第九节　新田县

一、概况

1996年，县内有国营、集体建筑企业4家。按照集资建、单位建、个人建和综合开发“四轮驱动”的住宅建设方针，完成房地产综合开发9436.7万元，城区先后建设6处住宅小区，占地面积14.32万平方米，竣工住宅面积16.24万平方米；单位集资住房116栋2293套，建筑面积20.5万平方米。县城镇人均居住面积为15.1平方米。同年，深化住房制度改革，正式设立县住房制度改革办公室。此后在全县全面推行住房公积金制度，积极实施公房租金改革，稳步出售公有住房，重点鼓励职工集资、合作建房，适量兴建经济适用住房，加快商品房开发建设和发展房地产交易市场，建立起适应社会主义市场经济体制具有地方特色的新型住房制度。1998年年底，停止住房实物分配，通过房改衔接，允许房改房上市。县房管局进一步加强产权产籍管理，严格执行初审、复核、审批三级审批制度，实行“一条龙”式工作流程，提高工作效率。根据县政府《关于启用全国统一房屋权属证书的通告》，两年内发放房屋所有权新证4861本。当年，完成房屋价值评估573宗，评估价值2865万元，为规范房地产抵押行为提供准确依据，办理房地产抵押贷款511起，抵押金额3757万元。房屋拆迁管理以旧城改造为主，拆迁面积8883平方米。2000年，根据县政府下发的《关于加强房屋租赁市场管理的通知》，房管部门增设租赁组，专门负责管理县城房屋租赁市场管理业务。全局完成经济收入75.4万元。

进入21世纪后，房产部门进一步加强直管公房的管理，通过旧城区危旧公房改造，对使用效益低、不便于改造、管理的直管公房，实行有计划、有步骤出售、盘活公房存量。房屋租赁实行许可证制度，严格执行物价部门核定的房租标准，租赁合同签订率达到100%，租金收缴率每年均在98%以上。同时，积极开展租赁合同鉴证，租赁纠纷调处，租赁信息中介服务，搞活房屋租赁市场。2002年，县房地产管理局更名为县房产局，内设机构基本健全，继续深化内部改革，目标管理按工作计划实施，月清年结，人员组合实行双向选择，规费收取改为征缴分离，全局经济收入以20%速度递增，当年完成经济收入103万元。首次对全县房地产市场秩序进行全面检查、整顿和规范，就县内房屋拆除安全进行全面检查。始在石马冲住宅小区试行物业管理。白蚁预防和灭治同步开展，签订白蚁预防协议315份，预防面积12.5万平方米。至2003年，全县房屋权属登记制度基本完善，累计核发房屋所有权证7809本，确权面积130.21万平方米，投资1.2亿元，建成7处住宅小区，建筑面积22.82万平方米，兴建经济适用房（安居工程）40栋800套，实现商品房销售总面积11.6万平方米，销售总金额1.108亿元。

2004年起，新田大力招商引资，开始引进外地房地产企业和开发商参与商品房开发项目，商品房开发市场日趋成熟，县城房地产交易市场活跃，交易量增长迅速，新建商品房价格大幅上升。贯彻落实县委“关于加强城镇房屋拆迁管理工作的意见”，对全县拆迁项目实施过程实时跟踪和监督管理，严格把关。当年登记备案的房地产交易365宗，交易金额达9500万元；发放租赁许可证450份。顺利完成两处拆迁项目的拆迁任务。同步开展住房保障建设，实行经济适用房、廉租房、公共租赁房、城市棚户区改造房“四房”归口管理，当年新建经济适用住房104套，建筑面积9120平方米。2005年，投资5000万元兴建中山商业广场，是新田唯一集住宅、娱乐、商业为一体的大型住宅小区，建商品房180套，建筑面积4.2万平方米。2006年住房建设进入顶峰时期，相续有5个住宅小区开发建设，2008年又新开工楼盘32个，至2010年，全县商品房开发总投资27.22亿元，建成25处住宅小区，总建筑面积达36.41万平方米；住房保障建设总投资2741万元，建成廉租房7栋565套，建筑面积2.72万平方米，经济适用房3栋118套，建筑面积1.03万平方米，实物配租44户，累计发放住房租赁补贴1700户，租赁补贴金270.98万元。城镇人均住房面积为40平方米。“十一五”期间投资26.19亿元，房地产开发规模较大项目20处，建设商品房85栋，建筑面积35.92万平方米；销售商品房2680套，其中长湘丽景、世纪嘉园两个住宅小区更是高层发展，住宅楼首次配备电梯。

2011年，重新修订办事办证程序和工作流程，房产面积测算突出“诚信、服务、经营”理念，保护产权人合法权益，工作严格把关审核。2012年，房产初始登记720宗，面积22.9万平方米，产权变更登记41宗，面积2.2万平方米；房屋测绘861宗，面积48.6万平方米；房地产抵押登记931宗，抵押面积29万平方米，抵押金额2.98亿元。是年，加大商品房开发项目的监管力度，对在建项目普遍建立档案，实行预售许可证制度，强化小区物业管理，全程跟踪检查，严把预售和销售两关，存量房达到相关规模。

2015年，加强房地产档案规范化管理，提高房产档案价值的利用效率，将新受理的房产资料同步实施数字化扫描，产权产籍管理进一步优化，便民水平稳步提升。办理房产初始登记810宗，确权面积41万平方米，产权变更登记63宗，面积6000平方米；测绘房屋411宗，测绘面积74.32万平方米；房地产抵押登记1019宗，抵押面积29万平方米，抵押金额5.9亿元。将县城159处2.1万平方米的危旧房屋纳进管理台账，确定相关联系人，进行动态实时管理。两个住宅小区成立业主委员会，有房地产开发企业13家，其中本地开发企业10家，县3级资质6家。“十二五”期间，商品房开发总投资20.26亿元，建筑面积115.3万平方米；住房保障建设投资8031.82万元，建设廉租住房1154套，建筑面积56546平方米，公共租赁房599套，建筑面积27554平方米，完成棚户区改造1868套，累计为1.037万户城镇低收入家庭办理住房租赁补贴，发放补贴金额3074.74万元。签订白蚁预防合同1644宗，预防面积128.7万平方米，灭治95宗，面积2.25万平方米，挽回经济损失1200余万元。

其间，县房产局多次受到省房产主管部门和市、县政府表彰和奖励。2009年，被永州市人民政府评为“住房保障建设工作”先进单位，2012年，被评为省、市“住房保障建设工作”先进单位，县委、县政府社会管理综合治理民调工作“流动红旗单位”，2014年，再获省“住房保障建设工作”先进单位。

二、房地产建设

（一）商品房开发建设

1996年，完成房地产综合开发投资规模9436.7万元。开发建设朝阳村、下车、振兴村、高车头、滨河、秀峰6处住宅小区，占地面积14.32万平方米，竣工住宅面积16.24万平方米。其中振兴村、高车头住宅小区营建商品房80栋，2万平方米；滨河小区土地使用权有偿转让给105户人家建住房。当年年末，全县城镇人均居住面积15.1平方米。有国营、集体建筑企业4家，有房产开发资质的只有县城镇房地产开发公司1家。1997年后，推进城镇化建设，县城扩容提质，实施“引农进城置家兴业工程”，带动新城区连片开发，商品房开发建设提速，先后有建设路、田家岭、石马冲住宅小区开发项目上马开工。1990—2003年，总投资1.2亿元，新城区建成7处住宅小区，建筑面积达22.82万平方米。一些改制企业也相继利用本单位的地产，采取联户、合作等形式筹集资金，开发商品住宅，较具代表性的有南门停车场、供销街、祥丰街、金源街、银源街、商发大厦、农机大厦等商住区，总投资6164万元，总建筑面积4.8万平方米。1998—2003年，实现商品房销售总面积11.6万平方米，销售总金额1.108亿元。

2004年，新田大力招商引资，开始引进外地房地产企业和开发商参与商品房开发项目，签订老印刷厂公房改造、城东乡政府办公大楼改建、建设路“春城宾馆”房地产意向合同3份。翌年，中山路商业广场住宅小区开发建设。该小区位于老城区中山路（原县委大院），区内基础设施配套齐全，是集住宅、娱乐、商业为一体标准较高的住宅小区，建设商品房180套，建筑面积4.2万平方米，总投资5000万元，售房均价780元/平方米。其后，陆续有私人乘机在新城区购买土地，单独或合伙兴建商品住宅出售。2006年，新开工明珠花苑、白云家居等3个大型房地产开发项目，开发商品住宅500套，营业用房200余宗，当年全部预售完毕。县内商品房开发建设步入快车道。房地产开发市场和繁荣带动建筑业的发展，县内建筑材料市场价格上升20%，建筑从业人员工资上升50%。

2007年，受全国房地产市场行情全面上涨的影响，新田房地产销售市场价格也呈大幅度上升趋势，2月份新商品楼房开盘700元/平方米，到10月份达到1200元。为稳定住房价格，县政府及时出台《新田县“十一五”住房建设规划》，将全县住宅建设用地供应和布局以及年度建设量作出科学安排；对经济适用住房和廉租房建设则制定指令性计划，解决低收入家庭住房困难问题；同时要求房地产开发商和中介商必须按国家规定，如实公布房源和价格，违者给予严格处罚；并对交易不超过5年的商品房再次转让征收营业税，使炒房者无利可图，通过这些措施，县内商品房价格有所回落，又有日昇花苑住宅小区、水泥厂住宅小区、龙家花苑住宅小区、长湘丽景住宅小区、新田宾馆住宅小区相继动工开发。总投资6250万元，建筑面积7.96万平方米，比2005年分别增长98.5%和25%。2008年，再投资8935万元，比上年增长42.9%，比2005年增长78.7%，新开工楼盘32个，新建商品房面积12.76万平方米，同比上年增长60.3%，是2005年的2倍。中小型住房相对增加，基本满足城镇中低收入家庭的需求。

2009年，房地产销售市场一度低迷，全县上半年在建在售的8个规模开发项目，计划建筑面积12.1万平方米，实际完工3.57万平方米，销售面积2.43万平方米180套，VIP卡定购110套，同比分别下降35%、40%和82%。全年新开发规模住宅小区只有福海家园一处，第一期建设商品房9栋，住房300套，建筑面积4.8万平方米，总投资3100万元。下半年切实贯彻执行县委、县政府《关于促进全县房地产市场健康发展的若干意见》，对房地产开发过程中的费用和房产交易税费实行优惠政策，并放宽房贷额度，降低贷款利率，县内房地产市场呈现销售有所增长，价格相对平稳的好局面，房地产开发稳中有升，全年投资1.74亿元，同比增长近1倍，其中商品住宅投资1.21亿元，新增完工面积9.51万平方米；商品房销售面积5.37万平方米，增长48.8%，销售额5047万元，增长41.3%。

2004—2010年，全县商品房开发总投资27.22亿元，建成25个住宅小区，总建筑面积36.41万平方米，城镇人均住房面积达到40平方米。尤其是“十一五”期间，新田房地产开发市场最活跃，住房建设进入顶峰期，据初步统计，2005—2010年，规模开发较大项目20个，建设商品房85栋，建筑面积35.92万平方米，总投资26.19亿元；销售商品房2680套，其中长湘丽景、世纪嘉园两个住宅小区更是向高层发展，住宅楼配备电梯。售房均价新田一中里仁住宅小区最低，位于老城区文化路，2008—2009年开发，700元/平方米；电力华府小区最高，位于新城区秀峰街，2010年动工开发，1500元/平方米。住房套数和建筑面积，白云家居住宅小区最少，位于新城区秀峰街，2006—2007年开发，建筑商品房1栋，住房30套，建筑面积3200平方米；福海家园住宅小区（一期）最多，位于新城区双碧街与西风路交叉口，2009年开发建设，住房9栋300套，建筑面积4.8万平方米。

2011年后，新田商品房开发市场管理日趋成熟、规范。2012年，在国家对房地产市场调控形势下，全县商品房建设量有所调低，开发投资仍完成3.63亿元，比上年同期3.34亿元增加2870万元，增长8.59%。经住建部门审批的房地产开发项目25宗，比上年17宗增加8宗，同比增长47%，建筑面积23.3万平方米，比上年31.4万平方米减少8.1万平方米，下降25.8%，建成商品房532套，建筑面积7.18万平方米，全年可提供商品房789套（含上年结转待售257套），建筑面积11.27万平方米，销售509套，销售面积6.61万平方米，销售均价2007元/平方米，比上年1600增加407元，增长25%。继续加强商品房预售行为监管，要求按规定配备相应物业管理用房，一次性公布房源，一房一价，使用建设部统一的合同销售范本，发放商品房预售许可证36宗。同时积极开展住宅专项维修的归集管理，全年归集专项维修资金20余万元。

2013年，加大商品房开发项目的监管力度，对12个开发在建项目建立档案，并全程跟踪检查，随时掌握建设和销售状况，严把预售和销售关，核发商品房预售许可证21宗，面积16.1万平方米，归集住宅专项维修金92.6万元。全年销售商品房641套，同比上年509套增长25.9%，销售面积8.67万平方米，销售额达2.09亿元；多层住宅销售均价1790元/平方米，高层住宅销售均价2350元/平方米，多层价格相对稳定，高层价格有所增长，增幅12%。

2011—2015年，5年间商品房开发建设投资20.26亿元，建筑面积115.3万平方米，先后有盛世龙岸、润池绿洲、华瑞园、学士御府、名门世家、新世纪广场、上海花园、新城国际等住宅小区动工开发。是年，进一步规范房地产市场，完善预售办证现场勘查制度，预售商品房推行明码标价；对商品房销售及预售合同实行备案并统一编号，加强小区物业管理；不定期开展房地产市场秩序专项整治，重点查处违法违规行为，促进房地产市场持续健康发展。截至2015年年底，全县有房地产开发企业13家，其中本地开发企业10家（3级资质6家）。按照县城总体规划定位为“永州市城域二级中心城市”的蓝图，建成长湘丽景、福海家园、世纪嘉园、锦绣天下、电力华府、润池绿洲、新世纪广场等高层建筑10多栋，最高楼房达到26层。有盛世龙岸小区、福海家园小区被评为优秀开发项目。

（二）房地产市场建设

1985年，全国第一次城镇房屋普查后，中央要求全国各地重新开放房产市场，允许私人租赁、出卖、抵押、典当房产。但随着房地产的逐步兴旺发达，县内房地产交易中一度出现擅自成交、转手倒卖、偷漏税费等混乱现象。为此，1988年，县政府同意成立县房地产交易监理所，统一管理全县房屋买卖、转让、租赁等市场交易活动。此后，县房管部门不断开拓房地产市场经营管理体系，重点加强房地产开发、销售和价格的监管，推进住宅小区物业规范管理，对开发企业资质严格审定，认真查处房产市场违法违规行为，把好商品房预售关，依法监管预售资金。

1991年，制定《新田县房地产交易市场管理暂行办法》，将房地产租赁、转让、抵押、价值评估，以及商品房预售等纳入房管业务，然后按照规定对房屋归属定权发证，依法查处房地产黑市交易。1995年，成立县房地产估价事务所，有注册估价师1人，估价员8人，在全县开展房地产抵押价格评估、咨询、经纪等中介服务业务。当年，完成评估业务590宗，面积8.8万平方米，评估金额达1.5亿元。同时办理房屋交易合同50户，房屋成交面积4650平方米，交易额达139.5万元；银行抵押贷款业务10起，面积9800平方米，收取管理费3.09万元；签订租赁管理合同200起，面积4000平方米，管理面积达到95%以上；调处房产纠纷11起，面积820平方米，确权4户。

1996年，设立乡镇房地产管理所，加强基层房地产交易管理，开展房地产纠纷仲裁等管理工作。1998年，强化房地产交易管理，清查隐形市场，对进入市场交易的房屋，规定必须经房地产部门评估价格，防止隐价瞒价，偷漏税费现象的出现，全年查处隐形房产交易52处，完成房屋价值评估573宗，评估金额2865万元，办理房地产抵押贷款511起，抵押金额3757万元。2002年，贯彻“6.25”全国整顿和规范房地产市场秩序电视电话会议精神，对县内房地产市场进行一次全面检查、清理和整顿，重点对违法违规房地产开发、房屋拆迁、房地产广告和中介服务机构等方面进行规范，严把资质审核关，禁止无证无照开发，经营和施工，否则依法予以处罚，促进房地产市场健康有序发展。当年，住宅建设项目有嘉利机械厂住宅楼、城东供销社住宅楼、城东医院住宅楼，开发建筑面积3.8万平方米。至2003年，全县办理各类房地产交易手续1010宗，交易面积11.6万平方米，交易金额1.168亿元。完成房屋价值估价2059宗，评估金额1.18亿元；房地产抵押登记2528宗，贷款金额2.62亿元。

2004年以来，随着外地房地产开发企业进入新田，一些大型房地产开发建设项目陆续动工，促进县内房地产市场的繁荣兴旺，县成立房屋中介服务所，为买房卖房牵线搭桥。房管部门进一步加强房地产开发经营管理，注重房地产开发前期介入，坚持两个“必须”：即国土部门在拟定土地出让方案时，必须有县房产局及其他相关部门参加，共同审定方案；县发改部门在立项审批前，必须由县房产局先对房地产开发企业资质合法性进行审查。2006年，房管部门与有关部门组成联合检查组，对近3年单位集资建房和团体购房进行清理整顿，对违反规定的4个单位进行查处，并强化商品房销售监管，要求房地产开发企业销售商品住房时实行明码标价，交易合同必须符合国家规范，报县房管局备案。连续两年开展房地产开发市场专项整治，突出对房地产开发企业和中介服务机构的违规开发，合同欺诈、霸王条款、非法预售等行为进行处理，房地产开发市场逐步规范，房地产评估、房屋测绘等中介服务更加精准。2008年，推进房地产物业管理，成立日新物业管理有限公司，在明珠花苑开展物业管理。至2012年，全县房地产市场开发经营，始终坚持“四个原则”（坚持市场化运作，公司化开发原则、坚持土地拍卖、出让公开招标原则、坚持总量控制集中会审原则、坚持规模开发配套管理原则），“五个结合”（规划控制与计划指导相结合、资质审查与资格把关相结合、开发建设与设施配套相结合、注重品位与注重套型相结合、规范引导与依法查处相结合），要求所有房地产开发做到由具有资质的房地产开发企业开发经营，用于开发的土地实行挂牌出让、公开拍卖、项目区内公共绿地、市政设施、公建配置、停车泊位、物业管理等，必须与开发项目同规划、同设计、同实施、同验收，严格按照审定批准的年度开发计划组织实施。“十一五”期间，建设商品房85栋，销售2680套，房地产市场房源供应充足，一批环境优美，配套齐全、功能多样的住宅小区进入市场，完全满足不同层次人群的购房需求，但库存房量也随之增加。

2011年，着重加强商品房预售行为监管，发放商品房预售许可证36宗（栋），审核商品房买卖合同“两书”各647份，全年可供销售商品房2084套，建筑面积21.51万平方米，实际销售693套，面积8.41万平方米。2012年，可供销售商品房789套，建筑面积11.27万平方米，销售509套，面积6.61万平方米。2014年，房地产经营场所全面实行“营业执照、备案证书、税务登记、服务内容、收费标费和收费项目”和“房地产估价师，房地产经纪人、营销策划人员的姓名、证号和照片”两个“五上墙”，全县房地产市场规范管理日臻完善。

2015年，新田县有12家单位和个人从事房地产中介业务，其中具备合法资格12家。全县完成商品房投资4.4亿元，房地产新开工面积18万平方米，商品房销售18万平方米。发放商品房预售许可证30份（栋），办理商品房买卖合同“两书”各920份，完成预售合同备案960套，面积12.48万平方米。初始登记810宗，确权面积41万平方米，产权变更登记63宗，面积6000平方米，补证登记6件900平方米，房地产交易1557宗（其中新建商品房办证957宗、二手房买卖及析产600宗）；房地产抵押登记1019宗，抵押面积29万平方米，抵押金额5.9亿元。登记发证879个，受理处结投诉9起。对16个重点小区进行全面摸底，建立台账，整改到位，2个小区成立业主委员会。

（三）住房保障建设

1994年，贯彻执行《湖南省城镇“安居工程”实施方案》，新田县把建设安居住宅作为城镇住房制度改革后，解决中低收入居民住房困难的民生保障大事，“一个项目、一名领导、一套班子、一项措施、一抓到底”。县政府及时制定《新田县“安居工程”实施方案》，正式启动安居工程建设。1995年，将秀峰住宅小区开发的10套住宅列为安居工程建设，全年总投资1500万元，完成综合开发量1100万元，建成经济适用住房（安居工程）78套，计9600平方米，按照房改方案中的规定价格，出售给76户住房困难户。

1998年，将田家岭住宅小区列入安居工程建设计划，并报市房改办同意，开发建设田家岭大塘窝经济适用房（安居）住宅小区，规划占地面积2万平方米（30亩），兴建经济适用房10栋200套，建筑面积1.8万平方米，投资900万元，2002年基本竣工。至此，全县累计投资3000万元，建成经济适用住房（安居工程）40栋、800套。

2004年，落实省、市为民办八件实事的精神，搞好住房保障建设工作，县成立经济适用住房建设领导小组，国土、房产、规划建设、电力、自来水、电信等部门为成员单位，领导小组办公室设县房产局。县房产局相应组建经济适用房和廉租住房工作班子，依据县委、县政府“统一规划、统一建设、统一配套、统一分配、统一管理”的要求，全面建立负责保障性住房投资开发、建筑施工、质量安全和分配管理工作机制，实行经济适用房、廉租房、公共租赁房、城市棚户区改造房“四房”归口管理的作法，当年投资369万元，新建经济适用房2栋104套，建筑面积9120平方米，超额完成省、市下达的700平方米任务。2006年，筹集30余万元，改建廉租住房1栋，计12套500余平方米，安排12户最抵收入家庭入住。

2007年，新田县科学编制《新田县“十一五”住房建设规划（2006—2010）》，确定住房保障目标是经济适用住房套型建筑面积，全部控制在90平方米内，以60~90平方米为主；廉租住房套型建筑面积控制在55平方米以下，与“两房”建设用地年度计划、套型结构比例、住宅发展时空布局、建设保障与策略、规划实施的保障措施统筹安排。为确保住房保障工作顺利开展，县人民政府印发《2007年全县经济社会发展重点工程和重大项目实施意见》《新田县城镇最低收入家庭廉租住房管理办法》《新田县廉租住房土地供应和建设规划（2007—2009）》等文件，明确和规范住房保障工作目标任务和操作规程，同时成立新田县廉租住房建设工作领导小组，领导小组下设办公室，设在县房产局。住房保障项目建设坚持以人为本，统筹考虑，统一规划，统一建设，加强领导，强化措施，全力推进。

2008年，出台《新田县2008—2012年住房建设规划》《新田县解决城市中低收入家庭住房困难规划》，并下发《关于转发〈永州市建设项目审计监督规定〉的通知》，成功申报廉租住房中央预算内投资补助资金项目两个，建筑面积2600平方米，争取中央财政补助78万元，并获省政府廉租房以奖代补资金政策倾斜。是年，投资208万元，新建廉租住房1栋30套，建筑面积1490平方米；经济适用住房2栋14套，建筑面积1200平方米。为514户城镇最低收入家庭发放租赁补贴21万元，提前一年实现租赁补贴应保尽保。2009年，继续争取中央预算内投资补助、中央财政租赁补贴及省财政以奖代补“三项资金”479.6万元。通过新建（筹集）、收购旧房、租金核减3种途径，筹集廉租住房370套，按照公开宣传、接受申请、入户调查、社区公告、电视公示、领导审批等工作程序，对1205户2605人发放住房租赁补贴86.7万元，同比增加691户，补助资金65万元。同时尝试“以息代租”的方式与住房困难单位县大湾林场，县教育局联合共建廉租住房，使廉租房建设的土地、资金问题迎刃而解，筹集渠道进一步拓宽。2012年，筹集廉租房494套，超过任务114套，发放租赁补贴1700户，补贴金额156.74万元。连续两年被永州市政府评为住房保障先进单位。2006—2010年，全县总投资2372万元，建成廉租房7栋656套，建筑面积2.72万平方米，经济适用房2栋14套，建筑面积1200平方米；实物配租44户，累计发放住房租赁补贴1700户，租赁补贴金270.98

万元。

2011 年，县内廉租住房和公共租赁住房同步施行，2013 年，增加城市棚户区建设项目。根据《新田县“十二五”县城住房建设规划》、《新田县 2010—2015 年保障性住房建设规划》，县委、县政府将住房保障规划纳入全县土地利用总体规划和城市建设规划，提前在新城区划拨建设用地，保证住房保障建设的需要。期间，制定《新田县廉租住房实物配租实施方案》《新田县廉租住房实物配租和公开摇号细则》《关于推进县城棚户区改造工作的实施方案》《新田县保障性住房分配方案》《新田县保障性住房实施方案》等政策文件，对保障范围、办事程序、工作纪律等方面进行规范，逐年加大保障性建设力度。一是强化组织领导，层层落实责任，建立有效工作机制，强力推进保障性住房项目建设；二是坚持政府主导、市场运作、通过财政补助、政策支撑、上下联动、破解土地、资金难题；三是科学规划设计，结合县城总体规划布局，本着节约用地，适用集中的原则，“高起点规划，高标准建设”；四是严格管理，精心调度，狠抓项目质量和工程进度，定期开展督查；五是加强后续管理，建立保障住房档案体系，实现档案电子化和纸质备份一户一档管理。2011 年，新田县获“湖南省保障性安居工程工作先进单位”。

“十二五”期间，建设飞马路、工农路、金羊路、陶然街 4 处廉租住房区，计 1154 套，建筑面积 56546 平方米；金羊路、飞马路、公园东路、陶然街 4 处公共租赁房区，计 599 套，建筑面积 21554 平方米；完成城市棚户区改造 1868 套。清退不符合或违反住房保障条件的对象 421 户，核减租赁补贴 38 户，追回资金 6.91 万元。累计为 1.037 万户城镇低收入家庭办理住房租赁补贴，发放金额达 3070.74 万元。

三、房地产管理

（一）产权产籍管理

1995 年，全县办理房屋所有权证实行城乡同步，办证与登记同步，坚持实地勘丈，掌握第一手资料，把差错率减少到最低限底，结合房改售房，集资建房，及时做好产权的变更登记，并积极调处房产纠纷，为每一位当事人提供服务，至 1997 年，完成房屋产权发证 1694 份，建筑面积 35.91 万平方米；产籍资料做到图、档、卡、册等完善、准确；依法调处房产纠纷 36 起，确权 4 户。

1998—2002 年，进一步加强房屋产权产籍管理，严格执行初审、复审、审批 3 级审核制度，实行收件、测绘、初审、复查、审核、验证、归档“一条龙”式工作流程，提高办证效率。1998 年 12 月，根据县政府颁布的《关于启用全国统一房屋权属证书的通告》，县房管局从 1999 年 1 月 1 日起至 2000 年 12 月 31 日止，在 2 年时间内，将原发的房屋所有权证、房屋共有权证、房屋他项权利证三证合一，全部换发新的房屋权属证书。1999 年，发放全国统一印制的房屋所有权证 1938 本，2000 年 3923 本。2003 年，全县房屋权属登记制度基本完善，县房产局及时调整产权登记费率，并切实加强宣传工作。年末核发房屋权属证书 650 本，房屋面积 12.09 万平方米，比上年增长 10%以上。1998—2003 年，累计核发房屋所有权证 7809 本，确权面积 130.21 万平方米。

2006 年，为全面提高房屋产权产籍管理水平，县房产局投资 20 多万元，建成房产交易办证大厅，制定出台《新田县房产局房产办证工作规程》《新田县房产局公共服务督查制度》一系列制度，并成立局督查办公室进行督办，在房产办证大厅增设收件室，开展优质服务、快捷服务、上门服务。2007 年，建成局域网，实现房产管理网上办公和房产档案网上查询。

2008 年后，贯彻实施新的《房产登记管理办法》，登记发证工作坚持“权证一致、实地调查、先税后证”的原则，做到“网上审批、三审发证”。商品房测绘实行“三审出图、成果公示”，严格执行一次性告知制、首问责任制、限时办结制等规定，简化办事程序，提高效率，方便群众。房屋产权登记办证，房屋交易备案进一步规范。5 年来，完成房屋初始登记 3094 宗。建筑面积 30.08 万平方米，办理房地产抵押登记 3008 宗，贷款金额达 2.74 亿元。

2011 年，重点强化内部管理，规范办事办证行为，提升服务质量，重新修订办事办证程序和工作流程，房产面积测算突出“诚信、服务、经营”的理念，保护产权人合法权益。例行业务工作严把“六关”，即收件、调查、审核、收费、发证和综合档案管理；办证执行“四审”制度，即经办人员（收件人）初审，股、所、室负责人复核，分管领导复审，主要领导审批，确保权属登记发证工作质量和档案资料不出差错。全年办理房产初始登记 332 宗，确权面积 29.43 万平方米，产权变更登记 51 宗，面积 1.4 万平方米；房屋测绘 930 宗。测绘面积 42.28 万平方米；房地产抵押 825 宗，抵押面积 43.8 万平方米，抵押金额 2.66 亿元，其中住房公积金抵押贷款 5000 万元。实现业务收入 310 万元。比上年增长 10.7%。2012 年，房产初始登记 720 宗，面积 22.9 万平方米，产权变更登记 41 宗。面积 2.2 万平方米；房屋测绘 861 宗，面积 48.6 万平方米，其中房屋预测 25 宗，面积 13.5 万平方米；房地产抵押登记 931 宗，面积 29 万平方米，贷款金额 2.98 亿元，其中住房公积金抵押登记 359 宗，贷款金额 5385 万元，完成业务收入 300 万元，占年计划的 107.1%。

2013 年，县房产局档案馆成立，始建立个人住房信息电子档案，要求房产档案做到随时办结随时录入，全年录入房产档案 1618 宗，完成产权档案扫描 1618 卷（宗）。

2015年，加强房产档案规范化管理，提高房产档案价值的利用效率，将新受理的房产资料同步实施数字化扫描，产权产籍进一步优化，便民水平稳步提升。至年末，办理房产初始登记810宗，确权面积41万平方米，产权变更登记63宗，面积6000平方米；测绘房屋411宗，测绘面积94.32万平方米；房地产抵押登记1019宗，抵押面积29万平方米，抵押金额5.9亿元。其中住房公积金抵押金额3.5亿元。

（二）房产交易管理

1995年3月，县房地产估价管理所成立，直属县房管局领导，与房地产交易所合署办公，负责全县房地产价格评估、咨询、经纪等中介服务业务。是年办理银行抵押贷款业务合同10起，面积9800平方米，收取管理费3.09万元。第二年投资70多万元，新建1800多平方米的办公大楼，成为房地产交易活动新场所。至此，形成全县房地产交易管理新格局。1998年，完成房屋价值评估573宗，评估价值2856万元，为规范房地产抵押行为提供准确依据，全年办理房地产抵押贷款511起，抵押金额3757万元。2000年，县政府下发《关于加强房屋租赁市场管理的通知》，进一步加强房地产交易管理，县房管局相应增设租赁组，专门负责县城房屋租赁管理；同时规范房地产抵押贷款的管理，认真审核，及时办理；并做好破产企业的房地产评估，完成评估报告239份。至2003年，办理各类房地产交易手续1010宗，交易面积达11.6万平方米，交易金额1.108亿元。完成评估业务2823宗（份），评估金额2.711亿元。办理房地产抵押登记2528宗，贷款金额2.62亿元。

2004年起，随着国有商业、工业、粮食企业改制拍卖房地产，房改房上市和经济适用住房建设步伐加快，以及大型房地产建设项目上马，县城房地产交易市场活跃，交易量增长迅速。是年9月，成立房屋中介服务所，为买房卖房户牵线搭桥，服务于社会，登记备案的房地产交易365宗，交易金额9500万元。房屋租赁市场平稳，发放租赁许可证450份。2006年，房地产交易上升到750宗，金额2.35亿元。新建商品房价格从2005年的每平方米560增至到700元；二手房价格从2005年的每平方米480增至650元。当年新开工的大型房地产建设项目3个，开发商品住宅500余套，营业用房200余宗，全部预售完毕。改建廉租房一栋12套500余平方米，安排12户最低收入家庭入住。次年，房地产价格一路飚升，2月份新商品房开盘价每平方米700元，到10月上涨到1200元，县政府通过加快经济适用房和廉租住房建设，对交易末超过5年的商品房再次转让征收营业税，以及对哄抬房价的房地产中介商和开发商进行处罚等措施加以遏制，商品房价格有所回落。

2008年，县内房地产市场由卖方市场转换为买方市场，住房消费低迷。新田看手抓好房地产市场的“控”和“保”两项工作。“控”即对在建在售的房地产开发项目进行全面检查，对不符合规划要求，无资质开工和非法预售等违法违规行为依法打击，控制建设规模，“保”是由政府出台降低税费，购房补贴等优惠政策，确保房产市场稳定。至2009年，房地产销售市场逐步升温，当年新建商品房完工6万平方米，商品房销售210套、2.94万平方米，VIP卡定购80套，销售同比上年增长15%、15%、10%。城区房屋租赁管理走上正轨。

“十一五”期间（2006—2010年），据初步统计，全县房地产开发规模较大项目有20处，建设商品房85栋，建筑面积35.92万平方米，销售商品房2680套。建成廉租房7栋，住房565套，建筑面积2.72万平方米；经济适用房2栋，住房14套，建筑面积1200平方米；实物配租44户，累计发放租赁补贴1700户，发放住房租赁补贴金270.98万元。办理房地产交易4842宗，成交面积65.36万平方米，金额4.967亿元，签发房屋租赁许可证2582份。

2011—2015年，继续加大监管力度，强化内部队伍建设，房地产市场管理日趋规范。期间，办理房地产交易5994宗，交易面积74.91万平方米，其中新建商品房登记办证3693宗，二手房买卖及析产2301宗。商品房销售均价2011年每平方米1600元，比上年同期增加220元，增长16%。2012年达到2007元，每平方米增加407元，增幅25%；存量房达到360宗，建筑面积4.8万平方米。2013年，多层住宅商品房销售均价1790元，高层住宅均价2350元。2015年，销售均价每平方米电梯房2900元，楼梯房2160元，比上年同期增加114元和60元，增长4.09%和2.86%，县内房价增速超常。

（三）房屋征收拆迁管理

1995—1996年，学习常宁的管理经验，密切联系城建规划部门，加强对私房改建拆迁户的管理，两年完成房屋拆迁面积1.67万平方米，收取拆迁管理费1.45万元。1997年，继续做好房屋拆迁的法规政策宣传，进一步强化城区房屋拆迁管理。要求因城市建设需要拆迁房屋的单位或者个人，必须按照房屋拆迁的规定，向县房管部门提交拆迁方案和拆迁人资质证书，申请办理房屋拆迁许可证，并签订拆迁书面协议，选择政府统一拆迁或个人自行拆迁两种方式实施拆迁。当年办理房屋拆迁许可证73份，拆迁房屋面积2.03万平方米，其中自行拆迁1.54万平方米，统一拆迁0.49万平方米。1998年，拆迁管理以旧城改造为主，兼顾新区开发建设，全年拆迁房屋面积1080平方米，安置拆迁户51家，补偿金额44.9万元。

1999年后，城镇公房与私房的拆迁管理同步进行。在县城滨河广场，滨河风光带第一期工程等项目建设过程中，房管部门坚持耐心细致做好拆迁户思想工作，以真情、法理说服人，较好地化解矛盾，完成全部拆迁任务。2002年，根据省、市紧急会议精神，县房产局组织专业人员就县内房屋拆迁安全进行全面排查，全县公私房屋拆迁项目16处，面积7000余平方米，除湘运新田汽车站，卫生防疫站，县招待所的拆迁项目办理房屋拆迁许可证外，拆迁主体不合法，未办理拆迁许可证和安全措施不到位的问题仍然存在，分别提出整改意见限期纠正。

2004年，嘉禾拆迁事件发生后，县委下发《关于贯彻落实国务院、省、市加强城镇房屋拆迁管理工作的意见》，就新田近年来城镇房屋拆迁工作中存在的问题进行剖析，对已经拆迁的项目进行回头看：看程序是否合法，看补偿是否到位，看安置是否合理，看群众是否满意，并要求纪检监察、计划、规划建设、房产、国土部门组织联合检查组，对全县范围的重点项目进行督促检查。县房产局对拆迁项目实施过程实行跟踪和监督管理，严把“三关”（程序关、安全关、补偿关），确保拆迁做到“三个到位”和“一个监管”，即依法征地到位，资金筹措到位，依法补偿到位，监管拆迁补偿安置资金列入专户；对不按拆迁许可证要求进行拆迁的项目，责令停止拆迁，进行整改。当年县委大院，县卫生局两处拆迁项目均顺利完成拆迁。

2006年，房屋拆迁工作进一步加强，凡拆迁项目都及时上报，严格按照房屋拆迁管理规定操作，要求在发放拆迁许可证前，申报对象必须做到5个要件齐全，缺一不可。拆迁过程中做到“一个加强”，加强经常性安全检查、清理，实施专项整顿；“两个达到”，拆迁资金监管率达到100%，管理率达到100%；“三个坚持”，坚持群众利益至上，以人为本的原则，坚持公开、公正、公平，坚持做工作为主，不搞野蛮拆迁。

2009年，看重做好重点项目的拆迁工作。县房产局在衡桂高速新田连接线和县城前进路改造等重点项目建设拆迁过程中，认真履行职责，通过实地调查，制定方案，过细工作，签订协议等一系列工作，顺利地完成10村65户7000多平方米房屋及附属物的拆迁任务。其后，先后参与滨河东、西路改造、市民广场、S323线、秀峰南段扩建、垃圾处理场、公园东路建设、老计生委棚户区改造、老县委大院、乡企局集资楼和吉家村改造等10多个项目的房屋征收拆迁，拆迁工作越做越好，均得到市县有关部门的肯定，也得到老百姓的认同。到2015年，全县没有因房屋征收拆迁问题，引起群众上访、阻工及其他群体性事件。

（四）房屋安全管理

1991年，随着县滨河西岸开发建设正式启动，为确保房屋拆迁的安全管理，县成立房屋安全鉴定办公室。在县城开展危险房屋等级鉴定，直管公房高埠祠被定性为整幢危房，建议立即拆除，确保人民生命财产安全。1993年，房屋安全鉴定办归口县房地产管理局，定编2人，代表政府行使危房管理，负责城乡公私房屋的技术鉴定和危险房屋的监管，及时对危房进行等级鉴定。1995年，重点对私房拆迁改建进行管理，作房屋安全鉴定9处，面积4337平方米，收取房屋安全鉴定费和评估费4300元。

1996年，推进“安居工程”，在旧城改造中抓紧直管公房的安全管理，做好危房鉴定，对不便改造由豆腐社租住的胜利街11号危险房屋，下达停止使用的通知。可开发利用的黄家公馆、先锋街铺面、幸福院、老印刷厂、养素草绿院等危旧公房则实行承包改建。建成后，底层铺面房属国家所有，二楼以上按原面积每平方米300元的价格，交付售房款及管理费，房屋所有权归开发方。同年10月，经县编委同意，成立县白蚁防治所，在册9人，经过省市培训，均具备白蚁防治专业技术。1997年，依照国家建设部发布的《城市房屋白蚁防治管理规定》和省建设厅发布的《湖南省城市房屋白蚁防治管理暂行办法》，在全县建设单位推行将白蚁预防费列入工程预算概算内的作法，并在开工之前与建设单位签订白蚁防治合同。当年首次签订防治合同14份，收取防治规费2.12万元。白蚁防治贯彻“预防为主，防治结合”的工作方针，至2000年，签订白蚁预防合同121份，预防面积13.4万平方米。

2001年，县房管部门与消防中队一道对危旧房屋安全开展检查，突出对县内歌舞厅、影剧院、商场、中小学、幼儿园等公共建筑以及厂矿车间、居民住宅等生产生活建筑，逐个进行检查，写出房屋安全鉴定报告80份。白蚁防治采取先服务再收费的新办法，对新建房屋先行白蚁预防处理，在办理产权证时，再补办白蚁防治手续及收费。当年新建房屋白蚁预防面积8.2万平方米，预防率实现100%。2002年，白蚁预防和灭治同步开展，房产局主动与建设、规划部门协调配合，签订白蚁预防协议315份，预防面积12.5万平方米，灭治3处，灭治面积610平方米。继续对县城房屋进行拉网式排查，存在安全隐患的房屋8栋，房屋管理部门及时下达鉴定通知书，提出维修处理和停止使用的意见。翌年又鉴定各类危屋217栋，面积2.4万平方米。1996—2003年7年间，签订白蚁预防合同1188份，预防面积29.4万平方米，灭治白蚁23处，灭蚁面积5400平方米，白蚁防治初见成效。

2007年，吸取祁阳县发生房屋倒塌特大事故的教训，房产部门加强房屋安全监管力度，实行安全鉴定与旧房改造相结合，对县内学校、祠堂、影院、圩场等公共场所存在隐患的房屋，进行集中检查、勘测，出具房屋安全鉴定报告136份，下达限期拆除通知书112份。2008年，加强对县城存在重大公共安全隐患的危房处置工作，实行“三定”（定责任领导、定办结时限、定工作经费）责任制。杜绝倒房伤人事故的发生。此后，每年都组织力量，到县直机关、企业、乡镇重点区域开展房屋排查和勘定，切实加强对危险房屋的监管，鉴定一处，处置一处，不留隐患。至2013年，对直管公房全面维修一次，加固楼房一处，拆除危房11处，改建5栋，下达整改通知书67份。

2014年，县房产部门根据省市部署安排，再次开展为期40天的危旧房屋安全大检查，经数据采集和汇总，排查房屋597栋，面积11.16万平方米，然后进行现场核查，确定存在安全隐患的房屋161栋，面积2.34万平方米，其中鉴定为C级的房屋75栋，面积1.21万平方米，D级房屋86栋，面积1.12万平方米，多系1949年前的房屋，主要集中在县城老街。检查过后，全面建立危房动态管理台帐，并及时下发房屋安全鉴定和整改通知，对危险房屋及严重损坏房屋实行挂牌督办，限期处置到位。

2015年，又将县城159处、2.1万平方米的危旧房屋纳进管理台账，确定相关联系人，进行动态实时监管。白蚁防治宣传工作不断深入，防治人员着力改进服务方式，上门服务形成常态，预防覆盖率达90%以上，灭治率为100%。据不完全统计，2006—2015年，白蚁预防1644宗，预防面积128.7万平方米，灭治95宗，面积2.25万平方米，挽回经济损失1200余万元。

（五）公有房产管理

1991年，房管部门将立新街文庙左侧两栋300平方米的直管危旧房屋，改建成1000平方米的四层商品住宅楼。居民住旧房由原来每平方米0.12元，提高到0.4元以上，新房新价，每平方米1.20元，生产、营业用房实行议价，每平方米4元，最高7元。此后，房租标准每年调整一次，至1996年，由过去平均每平方米月租1.3元，增至1.5元，上调幅度为15%，对生产和营业用房，改行协商定价或公开招标。单位自有公房铺面租金平均每平方米2.5元。当年，房管局改进租赁管理办法，与租房住户签订房屋租赁合同。对转租直管公房非法牟利的发现一户，查处一户，收回非法转让公房7处。在全力做好租金收缴的同时，维修房屋20处，消除公房安全隐患。1998年，租赁合同增加计划生育管理内容，查处非法转让公房9户。至20世纪末，全县直管公房面积8400平方米。

进入21世纪后，房产部门进一步加强直管公房的管理，通过旧城区危旧公房改造，对使用效益低，不便于改造、管理的直管公房，实行有计划有步骤出售，盘活公房存量。同时积极开展租赁合同签证，租赁纠纷调处，租赁信息中介等服务，搞活房屋租赁市场。2002年，全面完善直管公房租赁合同，就租赁合同期限，租金价格，维修责任，双方权利和义务作出明确规定。是年租赁合同的签订率达100%，收回租金21.45万元，比上年14.7万元增长45%。2003年执行新的收费标准，收回租金19万元。由幸福院改建的得福楼建成使用。

2004年，正式启动先锋街、文化路直管公房改建工程。规划危旧老房改造面积850平方米，建成后新房建筑面积增加到3800平方米。当年实际完成240平方米，占计划面积的28%。公房管理人员坚持经常入户工作制度。年末，收缴房屋租金21万元。

2006年起，房屋租赁实行许可证制度，发放租赁许可证450份，2007年520份。2010年，对承租居住直管公房的166户低收入家庭，按政策落实住房租金核减，减租面积达9894平方米，金额1.18万元。2012年，设立直管公房办，收取租金20万元。2013年，将直管公房与廉租住房合并管理，对188套直管公房和591套廉租房，实行统一编号，一户一档，电脑录入，示牌管理，全年收取租金41万元。1996—2015年，全县收缴公房租金284.1万元，年平14.21万元。

（六）房地产物业管理

自2002年以来，新田不断强化住宅小区物业管理工作的组织领导和规章制度建设，初步形成“行业主管、属地管理、部门配合”的运行机制。是年，在石马冲住宅小区试行物业管理。由县房地产开发公司组建物业管理公司，为住户提供保安、卫生、绿化、房屋维修、共用设施管理。此后，不断做好物业管理宣传和引导，重点加强售后物业管理，要求住宅建设工程项目交付使用前，建设单位必须配套物业管理设施，并将前期物业管理服务合同主要内容纳入商品房销售合同，然后在成熟的住宅小区或开发小区建立物业管理。

2007年，中山广场住宅小区第一个新建物业管理。同年，县政府作出《关于进一步加强房地产管理工作的决定》，强调新开发的房地产项目应按规定实行物业管理。建设单位应当在销售物业前制定业主临时公约，对有关物业的使用、维护管理，业主的共同利益，业主应当履行的义务，违反公约应当承担的责任等事项依法作出约定。2008年，日昇物业管理有限公司成立，在明珠花苑开展管理，小区管理井井有条，各方反应都好。始重视县内住宅专项维修资金归集、使用，加强对物业企业资质管理，严肃查处违反物业管理法律法规行为。

2010年起，坚持房地产规模开发、配套管理原则，力求公共绿地、市政设施、公建配置、停车泊位、物业管理等事宜，要与开发项目做到同规划、同设计、同实施、同验收。明确要求按规定配备物业管理用房。同时，加强对开发住宅小区管理监督，实行物业管理退出制度，房产部门先后协助明珠花苑，中山广场两个住宅小区自主聘换物业管理公司。2012年，制定《新田县住宅专项维修资金实施细则》，成立住宅专项维修资金管理办公室，全年归集住宅专项维修资金20余万元。2013年达92.6万元。县政府行文转发《永州市物业管理暂行办法》，房产局物管办工作人员经常深入小区现场办公，解决物业管理投诉10余件。

2014年，根据永州市住宅小区专项整治工作会议要求，县成立整治工作领导小组，制定整治工作实施方案，对县城27个住宅小区分门别类进行整治，着重解决物业服务管理，配套设施完善，小区信息网建设等问题。实行物业管理的小区，均制定《小区管理公约》《工作人员岗位责任》《工作人员工作规范》，以制度管人，以制度管事。翌年又开展创建国家卫生县城幸福小区活动，再次对16个重点小区，有针对性实施整治到位，为今后住宅小区物业规范管理奠定良好基础。期间，瑞东花园、书香名邸先后成立业主委员会。当年年末，县内有14家物业服务企业，其中本地三级资质物业管理公司9家（6家服务新田），外地公司5家。实施物业服务项目16个，管理面积120万平方米，从业人员110人，获物业管理专业资质的管理人员40人。县房产部门不定期召开物业管理工作会议，组织物业公司参加物业专业培训，并开展“优质服务企业”“物业管理示范小区”“创建幸福小区”等评选活动，有效推动住宅小区物业管理市场化、社会化、专业化。全县45个住宅小区，有20个小区实行物业管理（3个二次招聘物业），25个仍为前期物业管理，签订前期管理合同25份，指导2个住宅小区召开业主委员会，妥善处理物业诉求3起。累计归集物业专项维修资金900万元，对10个住宅小区新建项目物业管理用房进行标准配置。

（七）政策法规建设

1995年起，县房管局结合全县“二五”“三五”全民普法教育，把宣传贯彻《城市房地产管理法》《城市房屋拆迁管理条例》《湖南省城市房屋拆迁实施细则》《湖南省城市房屋产权产籍管理条例》等有关房地产业的政策法规，作为头等大事来抓，通过电视讲话、电视广告、宣传标语、法律讲课、业务培训等形式。一是向社会广泛宣传，二是加强内部法纪教育，收到较好的效果，有效促进县内房地产业的规范化、制度化、法制化管理。

到20世纪末，房地产管理明显加强，对进入市场交易的房屋，都要认真进行评估，通过评估，既为房地产交易提供真实价格和税费收缴依据，又向银行贷款确定真实的抵押价值。产权证发放严格执行审批制度，把好初审、复审和审批“三关”。房屋拆迁必须经批准发给房屋拆迁许可证，方可按照法定程序实施。1996年，办理房屋所有权证512本，房屋租赁管理合同200份。面积4000平方米，房屋交易合同50户，房屋成交面积4650平方米，交易金额139.5万元，办理银行房地产抵押贷款业务182起，抵押金额1500多万元。1998年发放房屋产权证780本，完成房屋价值评估573宗、2865万元，查处隐形房产交易52处，办理房地产抵押贷款业务511起，抵押金额3757万元；取消使用假产权证贷款案一起，为银行挽回经济损失4.7万元。城区拆迁房屋面积8883平方米，其中旧城改造7803平方米，新城开发1080平方米，安置拆迁户51户，补偿总额达44.9万元。

2001年4月，县房管局制定《新田县房地产交易所章程》《新田县房屋产权产籍监理所章程》《新田县乡镇房地产管理所章程》《新田县白蚁防治所章程》《新田县房屋拆迁管理办公室章程》《新田县房屋安全鉴定办公室章程》，就所室职责、任务和管理等具体事项作出规定，权益义务明确，便于操作，有利监督，对维护房地产市场秩序，促进县内房地产健康发展起到积极作用。

2002 年 10—11 月，新田通过贯彻建设部等七部委电视电话会议精神，对全县房地产市场秩序进行一次全面检查、整顿和规范，清查出违法违规房地产开展建设项目 21 处，中介企业 3 家，房屋拆迁 3 例，以及虚假广告满天飞等典型事例，遵循“执法从严，突出重点、依章办事，进行规范”的原则，分别进行认定资质、补办证照，警告罚款，停工整改的处理。2006 年、2007 年，又连续两年联手规划建设、国土资源、财政税务和工商等部门，开展房地产市场秩序专项整治工作，在集中整治后对违规企业和个人进行处理，清缴房产营业税 186 元，契税 50 万元，收缴罚没款 26 万元。

2008 年，是宣传贯彻《中华人民共和国物权法》和《城市房屋权属登记管理办法》头一年，县房产部门依据新的管理办法，如实做好房产登记工作，坚持权证一致，实地调查，先税后证的原则，认真审检申请人提供的证件，限时办结，无发重证错证，无办事群众投诉，全年完成初始登记 268 宗，转移登记 1256 宗，抵押登记 658 宗。此后，登记发证实行“网上审批、三审发证”，严格执行一次性告知制度、首问首办责任制度、限时办结制度等规定，2006—2010 年，5 年间办理房地产交易 4842 宗，交易金额 4. 967 亿元，交易面积 65. 36 万平方米。其中房屋初始登记 3094 宗，建筑面积 30. 08 万平方米；办理房地产抵押登记 3008 宗，贷款金额 2. 74 亿元。

2011 年，按照国办发（2010）4 号文件精神和省、市的指示意见，加强对县内商品房出售监管力度，全面实行预售许可证制度，要求商品房预售前，必须到现场勘察，按规定配置有物业管理用房，对预售进行明码标价。年末，发放商品房预售许可证 36 宗（栋），签订商品房买卖合同（两书）各 647 份。这一年起，贯彻执行国务院《国有土地上房屋征收与补偿条例》，对全县启动的滨河东、西路改造，市民市场，S323 省道，秀峰路南段扩建，公园东路，衡桂高速公路连接线等重点项目，依据征收条例的要求，严格按征收工作流程，有序实施房屋征收。县房管部门紧密配合 S323 省道、衡桂高速连接线沿途施工房屋致损等情况，开展房屋安全鉴定，为当事双方提供准确依据，保证理赔工作和工程建设顺利进行。2012 年，签订房屋征收和补偿协议 4 户，征收面积 1007 平方米。2013 年，继续参与完成滨河东、西路改造征收拆迁工作，涉及征收对象 32 户，房屋面积 935 平方米，全部签订补偿协议，并按征收条例实行货币补偿或安置用地。其后在秀峰路南段和吉家村改造征收项目中，从前期规划设计、征收范围的确定，到入户调查做工作，最后制定征收补偿方案，自始至终做到公平、公正、公开，使征收工作完全在阳光下进行，得到老百姓的认同，也受到上级领导和有关方面的好评。

2015年，县房管局开展内部管理年活动，制定《新田县房管局考勤、请休假和奖罚制度》《新田县房产局机关作风效能建设问责暂行办法》等管理规章制度，在抓强业务，依法行政的同时，努力提高机关效能和办事效率，切实做好信访、综治、维稳工作，全年接访处理16人次，书面回复市县长热线投诉，人大代表和政协委员建议（提案）8件（次），接收各类司法文书12份，稳妥处理12起行政诉讼积案，曾获县委、县政府2012年度社会管理综合治理民调工作“流动红旗单位”。

（八）队伍建设与管理

新田县房管部门历来重视队伍建设和管理，坚持把思想政治工作，党风廉政建设和职工道德教育作为头等大事来抓，建立健全各项制度，认真实施目标管理，注重人才的培养与再教育，不断提高党员、干部和职工的政治素质和业务素质。同时，不断充实和完善目标管理责任制，根据上级业务主管部门下达的各项任务，分解到组室，再分解到人，实行责、权、利挂钩，人员实行优化组合，定岗定责，多劳多得，分配拉开档次，调动全体干部职工的积极性。1996年实现经济收入51.5万元，1999年65.1万元。

进入21世纪后，县房管部门以行政审批制度改革为契机，深入开展“创先争优”和创建“满意房管"活动，强化内部管理，建立新的工作运行机制，实出抓好机关建章建制，职责分解规范，廉政风险防控，工作作风整顿，服务优质高效等队伍自身建设。

2001年，设立政务公开栏，实行领导分工、办事程序、工作纪律、征缴项目、收费标准“五公开”，接受群众监督，行政审批项目全部进入窗口办理，实行一条龙办理。工作人员坚持持证上岗，亮证执法，严禁违规收费和超标准收费。执法人员在执法活动中，做到严格依法办事，文明执法，重大案件集体讨论，由局长办公会决定，杜绝“暗箱操作”“办人情案”，对违反规定乱收、超收的，坚决按照有关规定，追究当事人责任。

2002年，设立县房产局后，目标管理按工作计划实施，月清年结，人员组合实行双向选择，规费收取改执征缴分离。至2003年，房管局作为窗口单位，连续两年参加县委、县政府倡导的创优惠政策、优质服务、优良执法和优秀队伍为主要内容的创“四优”活动，以行风评议为手段，树立为民服务意识，用制度管人管事，自觉接受社会监督和群众监督，全局上下无“四乱”和索拿卡要行为。

2006年，贯彻执行县委、县政府推进政务全面公开和办证“一站式”服务的要求，自筹资金20多万元，将办公大楼一层改建成房产交易办证大厅，配套软硬件设施，做到“三挂牌”（挂牌办公，挂牌上岗，挂牌收费），“六上墙”（办事程序示意图及工作人员名单上墙，办事内容上墙，办事程序及流程上墙，办事结果上墙，收费项目和标准上墙，办事办证回访情况上墙），提高项目审批公开性和透明度。严格按照“一门受理，内部流转，限时办结，集中审批，统一收费”的要求，实行“一条龙服务，一站式办结”。次年推行电子政务公开，在房产交易办证大厅和新田房产网公开房产办证程序、办结时限、收费内容、收费依据和收费标准，为企业和群众提供快捷、透明、方便的阳光服务平台。

四、住房制度改革

（一）住房商品化改革

1996年9月，县政府根据国务院《关于深化城镇住房制度改革的决定》和湖南省人民政府《关于贯彻〈国务院关于深化城镇住房制度改革的规定〉的实施意见》，结合新田的实际，出台《新田县深化城镇住房制度改革实施方案》《新田县职工住房公积金实施办法》《新田县出售公有住房实施办法》《新田县单位集资建房实施办法》《新田县住房资金管理办法》等配套办法，开始进行以建立住房公积金制度为核心的第二步房改。10月，正式成立县房改办，列编为全额预算科级事业单位，挂靠政府办，下设住房公积金管理中心，负责宣传贯彻党和国家的房改政策，制定全县房改方案，审批县属各机关单位公房出租、出售事宜，监管全县房改资金。公房出售坚持自愿原则，允许不愿购买的职工租住公有住房；新建住房和空闲旧房先售后租；对住房困难户优先照顾；旧房出售，原有住户有优先购买权。是年，全县出售公有住房2119套，面积11.48万平方米，归集售房款1171万元，统筹金131万元，公有住房出租4240套，缴交住房保证金343万元。

1997年7月，新田全面建立住房公积金制度，要求凡在县内工作具有常住户口的党政机关、群众团体、国有集体所有制事业和企业单位的固定职工，劳动合同制工人，均应实行公积金办法，离退休职工、“三资”企业中的外籍职工、临时工和计划工暂不参加。公积金由单位为职工缴纳和职工个人缴纳两部分组成，按月在发放工资后一星期内，向住房公积金管理中心缴交，在委托的银行房地产信贷部开设住房公积金专户，记入职工个人名下，作为住房基金。是年，归集住房公积金400万元。

1998年4月，县政府在1992年房改的基础上，批准《新田县1997年度房改实施方案》正式施行，进入第二步房改，从而促进全县城镇住房商品化迈出实质性一步。实施方案规定：从1997年7月1日起，按统一的购房标准、售房价格、折扣办法和产权政策向职工出售公有住房。对此前按标准价出售职工个人的公有住房，必须与新公布的成本价衔接，在补交房价款后，由县房管局换发全国统一的房屋权属证书，原购住房产权全部归个人所有。当年，收回补交款1200万元，归集的住房资金统一上缴房改办。自1998年12月31日起，全县停止住房实物分配，实行住房货币分配。住房货币分配的资金，主要来源于职工工资、住房公积金、个人住房贷款，以及由财政、单位原有住房建设资金转化的住房补贴。同时，对各类集资建房进行规范，规定建房单位要严格履行审批程序方可施工。1999年下半年，通过与新房改政策衔接，允许房改房上市交易。此后，县政府同意县城各单位继续出售公有住房，但均应按成本价出售，并逐步加大公有住房提租力度，年租金每平方米提高到3元。

2000年，县委、县政府决定全面执行和完善职工住房公积金制度，进一步放开住房交易市场，抓紧现有公房的出售和房改衔接扫尾工作。同时，加快住宅小区和经济适用房建设，并鼓励有条件的单位，到住宅小区按经济适用房价格筹建住房，不断满足城镇居民日益增长的住房需求。是年，全县38个单位5000多人缴纳住房公积金1300万元。有180个单位出售公有住房2915套，面积23.49万平方米，归集售房款2130万元，集资建房3086套，面积32万平方米；并投资300万元，兴建经济适用房（安居工程）40栋800套，经济适用房原则上只售不租。

2002年，县房改办职能划归房产局，只设县住房公积金管理中心，至2003年，全县51个单位集资建房1193套，按成本价出售公房1497套，建成7处住宅小区，建筑面积22.82万平方米；县城直管公房9.76万平方米，年租金收入19万元；房改房上市步伐加快，当年成交31套，比上年上升20%。

2004年，县人民政府出台《关于房改房上市交易实施办法》，对交易条件、交易程序、市场管理、税费征管作出明确规定，从而促进房改房市场的日益活跃，全年完成上市交易72套，交易金额达321万元。此后，新田在全面落实房改政策，完成住房实物分配向市场化转轨的基础上，推进商品化住房和保障性住房同步发展，做到“居者有其屋”，实现住房商品化、社会化。

（二）住房公积金制度建立

1996年，设立县住房公积金管理中心，直属县房改办管理，实行单独核算，自求平衡，自求积累，为自收自支事业单位，代表政府负责本县辖区内公积金的归集、支付、核算和编制使用计划，以及单位其他房改资金的日常管理工作。

1997年7月1日，按照《新田县职工住房公积金实施办法》的规定，全县推行住房公积金制度。从1995年1月1日起，凡在新田（含乡镇和工矿区、农、林、水、场、所、站）工作具有本县常住户口的党政机关、群众团体、国有集体所有制事业和企业单位的固定职工、劳动合同制工人（含“三资”企业的中方职工）均应缴交住房公积金。单位和职工缴交率均定为5%，经济特别困难的单位，经单位职工代表大会讨论通过并报县房改办批准，可适当降低公积金缴交率。缴交率随经济发展和个人收入增长而逐步调整。所有行政、企事业单位和职工个人缴交的住房公积金，列入财政预算，专户储存，统一管理，专项使用。房改所归集的政策性住房资金，实行“领导决策、中心运作、银行专户、财政监督”的管理体制。公积金建制工作做到组织领导到位，政策宣传到位，业务培训到位，部门配合到位“四到位”，至1998年8月，有52个行政、企事业单位执行住房公积金制度，收缴住房公积金400.4万元，收回的补交房价款1200万元，也如数转账县住房公积金管理中心。

1999年6月，县人民政府再次下发《关于在县城全面建立职工住房公积金制度的通知》，要求各部门、各单位进一步提高认识，“一把手”负总责，认真落实建制政策，确保全县住房公积金制度的实施必须按规定要求限期到位。2000年，全县有38个单位5000多人缴交住房公积金1300万元。截至2015年，全县累计归集住房公积金4.26亿元，归集余额3.02亿元。是年，县房改办职能划归县房产局，只设县住房公积金管理中心，机构升格为科级事业单位，隶属永州市住房公积金中心管理，全权负责县内住房公积金的缴存、支付、使用和管理。2006年后，县内商品楼房集中上市，职工贷款购房逐年增加，2008年发放住房公积金贷款1700万元，2009年2040万元，2010年3217万元，至2015年，全县累计为3264户职工发放住房公积金贷款3.66亿元，年末贷款余额2.18亿元。

（三）单位集资建房

1998年年底，全县停止住房实物分配，次年通过房改衔接，允许房改房上市，单位集资建房方兴未艾，仍然活跃。2002年，县水泥厂、广播局、粮食局、药材公司、农业发展银行等单位集资建房全部竣工，建房面积达到2.9万平方米。当年，全县城乡居民人均居住面积由1998年的22.6平方米，上升至29.4平方米，增幅为30%。

2003年，县人民医院、环卫所等部分企事业单位组织职工集资建房，建筑面积约2万平方米。5月，县纪委、监察局行文发出通知，要求各乡镇（办事处）、县直局以上单位对1999年1月1日以来的违规新建和扩建住房进行全面清理，然后按房改政策规定补交各项税费和房款，并补办相关手续。2004年后，县属机关事业单位违规组织集资建房基本停止。

2014年9月，县政府办公室下发通知，重申：严禁各乡镇政府、县直机关事业单位自建住房和集资建房，更不得以建设保障性住房（公租房）的名义变相集资建房，为干部职工进行实物福利分配。所有以建设保障性住房（公租房）名义变相集资项目，一律不准开工建设；已经开工建设项目必须立即停止，否则均严肃追究有关责任人的责任。全县再未发生一起违反国家房改政策自建住房和集资建房的事例。

（四）公有住房租金改革

1996年，深化公有住房租金改革，县政府制定《新田县住房租金改革的实施办法》，明确改革的目标是：采取分步提高职工住房租金占家庭收入的比重办法，即1995年住房租金水平提高到占双职工家庭平均工资的5%以上，此后每年提租一次，1997年达到8%以上，1999年达到12%以上，2000年达到15%以上。是年，住房租金从1995年7月1日起，县城各类旧房每平方米月租金从原来的0.60元提高到0.90元；新房每平方米月租金从原来的0.90元提高到1.40元。乡镇的旧房每平方米0.50元，新房每平方米0.90元。租金提高后，一律禁发补贴。对在本县城镇内租用公有住房者，所租用住房（含办公住房、集体宿舍）不论产权单位隶属关系如何，不论原住户或现住户，一律按新政策补交住房租赁保证金，以息补租由产权单位收取，交县住房公积金管理中心统一管理。新房（指1994年1月1日后建成并交付使用的和腾空的住房）实行先售后租，新房新租的政策。新旧住房的租金和租赁保证金的比例为1∶100，租赁保证金归承租人所有，利息属产权单位租金收入，住房在解除租赁合同时，本金退还给缴纳人。当年，单位自管公房出售4240套，归集住房保证金343万元。1999年，加大公有住房提租力度，年租金每平方米提高到3元。

2001年以后，县内房屋租赁实行许可证制度，严格执行物价部门核定的房租收费标准，租赁合同签订率达到100%，租赁收缴率每年均在98%以上。2004年，房产部门对直管公房实行台帐式管理，公房管理人员坚持经常入户工作制度，收回房屋租金21万元。2013年，创新直管公房管理机制，对公有住房和廉租房实行统一编号，将所有住房信息录入电脑，建立“两房”管理信息数据库，通过栋号责任人、片区动态管理和定期核查，加强租金收取力度，至2015年，3年间收缴租金110余万元。

第十节　蓝山县

一、概况

1988年，蓝山县成立住房制度改革领导小组办公室，引导和组织与社会主义市场经济相适应的“市场+保障”住房制度改革。1991年，县人民政府出台《蓝山县城镇住房制度改革第一步实施方案》，县城职工住房制度改革启动。第一步：以息代租。从1992年1月1日开始，单位提供公有住房供职工居住，职工向单位缴纳租赁保证金，以保证金的利息代替住房租金。第二步：出售公房。1993年，推出《蓝山县城镇公有住房出售办法的规定》，规定由房改办确定售房标准价格，实行租售结合、购房优惠的政策。1995年，制定《蓝山县深化住房制度改革实施方案》，规定按照成本价向职工出售公有住房。至1998年，全县出售公有住房21.1万平方米，归集住房资金3026万元。第三步：合作建房。1992年起，提倡职工集资合作兴建住房。单位不再单独投资兴建公有住房，集资合作建房一般由单位组织，单位提供建设用地，统一办理用地、准建等手续。在单位财力允许的情况下，允许由单位负担部分建设经费，称为“部分集资建房”；全由职工集资兴建的，称为“全额集资建房”。1993—2003年，全县职工集资建房19.4万平方米，集资总额4200万元。

1997年，县政府下发《关于在县城全面建立职工住房公积金制度的通知》，要求在县城机关、企事业单位在职职工每月按本人上年度月平均工资的5%缴交住房公积金，职工所在单位按1∶1的比例为职工缴纳公积金，两者均存入职工住房公积金账户，归职工个人所有。当年归集住房公积金总额142.4万元。按照规定，职工在购买、建造、翻修自有住房时，可以申请公积金委托单项贷款，当年发放贷款6万元。至2001年，住房公积金累计归集1012.35万元。2002年，公积金管理机构上划到永州市公积金管理中心，蓝山设营业部。2003年8月，蓝山县出台《关于全面建立住房公积金制度的通知》，确定部分单位可以根据自身经济情况，确定不同的缴存比例，以调动职工的缴存积极性，同时将公积金制度从县城扩大到乡镇各单位，当年增加缴存单位81个，受益职工4000余人。2002—2015年，累计归集公积金51301万元，年末公积金余额38494万元；累计发放贷款4374笔，金额总数56678.5万元，年末贷款余额37464万元，公积金实现增值收益3571万元。

1994年，县工商局引进零陵房地产开发商众人集团，将城关农贸市场改建成

“湘南边贸城”，第一层为公用集贸市场，第二、三层作商品房开发，众人集团为购房人的银行贷款提供担保。这是蓝山县商品房开发的起点。1995年，县房改办下设经济适用住房开发中心，从房改住房资金中投入320万元，在月形岭住宅小区开发经济适用房60套，建筑面积5000余平方米。之后，经济适用住房开发中心和县城镇建设综合开发公司分别于月形岭住房小区投资开发商品房。2003年起，又陆续启动龙泉洞、商业步行街等住房小区的开发。2005年以后，蓝山县商品房市场日趋完善，开发规模迅速扩大，开发档次迅速提高。至2015年年底，全县实有商品房176.0180万平方米，房地产开发公司12家，物业管理公司12家。

2008年，国家开始实施保障性安居工程，蓝山县积极响应，认真部署，成立住房保障工作办公室，出台系列规范性文件，明确“统一规划、统一设计、统一建设、统一配套、统一分配、统一管理”的工作要求，廉租房、公共租赁房、城市棚户区改造、国有企业棚户区改造和重点工程拆迁安置房等项目的开发建设都取得好的成绩。蓝山县的住房保障工作自2008年启动至2010年，建设廉租房面积3.24万平方米，建设房屋648套，发放廉租住房租赁补贴3483人次，累计发放金额174.93万元。“十二五”（2011—2015）期间，全县新建保障房及棚户区改造房屋面积36.58万平方米，其中新建廉租房5016套，新建公租房1300套，棚户区改造1000户，发放廉租住房租赁补贴8210人次，累计发放650.59万元，近2000户家庭享受廉租房实物配租或廉租住房货币补贴保障，较大程度改善低收入家庭住房困难问题。

为加大对公私房产的管理力度，1987年7月，县政府决定成立蓝山县房地产管理处，为股级事业单位，隶属县建委，主要职能是管理县城的政府直管公房。此后城镇公私住房都由房地产管理处登记，发给产权证；私房买卖、转让、赠与、交换和继承，都经过房地产管理处先行验证，再办理各种手续。1996年，撤销蓝山县房地产管理处，成立蓝山县房地产管理局，为正科级事业单位。2002年，蓝山县房地产管理局更名为蓝山县房产局，为县政府直属事业单位，下设竹管寺、楠市、毛俊、所城、新圩5个房产管理所。按蓝山县机构编制规定，房产局同时下设5个直属股级单位，分别是：蓝山县房产交易所（含蓝山县房地产交易服务中心和蓝山县房地产价格评估管理所）、蓝山县测绘事务所、蓝山县白蚁防治所、蓝山县房地产经营公司（加挂蓝山县房地产开发公司牌子，2005年，按上级要求，蓝山县房地产开发公司与房产局机关脱钩）、蓝山县房产局房屋租赁管理所。1996年以来，蓝山县房地产管理事业步入健康快速发展轨道，房地产市场监管有效，产权产籍管理日趋规范。房产局机关在没有固定办公用房的条件下，始终坚持按规章办事，按程序办证，不断完善网络化办公机制，不断提升服务水平。几年来，虽然工作量越来越大，但差错率越来越小。通过加强对开发商资质的核查力度，提升开发商工程开发的能力和水平；通过加强对商品房销售的监管，严厉打击销售欺诈和违规预售行为，使商品房销售纠纷大为减少；通过加强对安居工程的领导，有力推进保障性住房建设；通过认真接访和处置有关房地产的群众信访问题，及时调查加以解决，确保房地产市场的平稳健康发展。机关内部管理规范有序。全面推行岗位目标管理责任制，工作人员实行轮岗、换岗和竞争上岗制度，制定多项工作制度，形成用制度管权、按制度办事、靠制度管人的有效运行机制，形成房管人员精神焕发、房管工作有为有位、房管机关廉洁高效、房管事业蒸蒸日上的新面貌。

二、房地产建设

1990 年之后，随着县城道路骨架的拉开，自建住房、合建住房、商品房开发等多种形式并进，县城面积迅速扩大，各类建筑日益增多，高层楼房多处崛起。到 2013 年，中心城区存量住房达到 30335 套，总面积达到 413. 69 万平方米，人均居住面积达到 42. 12 平方米，住房成套率达到 94. 2%，房地产开发企业的数量增加到 12 个，物业管理公司达到 12 家。

（一）城镇住宅建设

1990 年以后，城乡住房建设逐渐规模化、小区化，住房的建设向中、高档发展，外墙装饰为瓷砖或涂料，室内功能齐全，如月形岭住宅小区、东北新村、教师村等，其间也建有部分小洋楼、别墅，占整个住房的 10%。新建中路、新建东路、舜峰路、塔峰路、南平路等主要道路的沿线两旁，以私人自建铺面房为主，集营业、住宅为一体，一般在三层以上。有部分城镇居民和少数职工在县城自寻土地建私人住房，楼层一般在二层至四层之内，分布范围极广，但更多的是在城中村一带。在建房形式上，有家庭独自建房，有数个家庭合作建房，还有部分是无商品住房开发资质的个人通过私自买卖购得土地，自建套房出售，被称为“小产权房”，其销售价格明显低于商品住房。2013 年，全县中心城区有居民自建住房 16762 套，建筑面积为 268. 19 万平方米，用地面积 111. 75 公顷。

1994 年起，蓝山县开始引进商品房建设，居民住房供应开始实现多元化。到 2013 年，蓝山县城乡房地产建设迅速发展，新的住房体系逐步建立，形成高、中、低档住房，商品住房、保障性住房、居民合建房等满足不同收入家庭的住房需求。中心城区存量住房达到 30335 套，总面积达到 413. 69 万平方米，人均居住面积达到 42. 12 平方米，住房成套率达到 94. 2%。

随着住房制度改革的不断推进，蓝山县城新建住房不断增加。在县中心城区的存量住房中，建于 20 世纪 60 年代以前的仅有 4. 1%，建于 20 世纪 60 年代的占

6.3%，70年代建设的占5.5%，80年代建设的占10.1%，90年代建造的占28%，而2000年以后建设的占46%。在建筑面积上，每套50平方米以下的房屋占5.5%，51~60平方米的占10.3%，61~90平方米的占8.7%，90~144平方米的占63.3%，144平方米以上占12.2%，可见大户型住房占比重最大。在居住环境上，小区化住宅楼逐步增多，绿化、美化、亮化工程日趋完善，物业管理服务覆盖更广，市民居住水平显著提高。

（二）商品房建设

1994年，县工商局引进零陵房地产开发商众人集团，对城关农贸市场实施改建，一楼用作农贸市场，二楼用作小商品百货市场，三楼用作商品房出售。这是蓝山县最早的商品房开发项目。该项目预售时，打出“辛辛苦苦一辈子，存钱不如买房子”的广告，是蓝山县最早的房产销售广告之一。在资金方面，众人集团还推出为购房人提供银行贷款担保的服务。1995年，县政府为解决党政机关干部住房困难的问题，委托县房改办设立经济适用房开发中心，从房改住房资金投入320万元，尝试开发经济适用房，在月形岭开发经济适用房60套，建筑面积5000余平方米。之后，经济适用住房开发中心和县城镇建设综合开发公司分别于月形岭住房小区投资开发商品房。1998年，县房产局下辖的蓝山县房地产开发公司牵头参与塔峰西路的开发，该项目总投资6800万元，1999年，完成投资1650万元，2003年，全部完成开发。2002年投入200万元，在新建路龙泉洞进行住宅小区开发，兴建住宅楼六栋80套，总占地面积5000平方米，建筑面积1300平方米，房价稳定在500元/平方米左右。

从2003年起，蓝山县民间资金开始大批进入房地产建设市场，龙泉洞小区、商业步行街小区陆续开工建设，蓝山县的商品房建设开始步入快车道。2006年，欣馨园、紫荆花园、江南财富城、三蓝新居等项目先后开盘，拉动投资高速增长，开发规模跨上新台阶。

2008年，受国际金融危机影响，全国经济形势下滑。为应对经济危机，县政府要求县房产局加强市场引导，配套出台优惠政策。在加强商品房预售管理，规范销售行为的同时，鼓励、扶持房地产企业及中介企业的发展，为他们提供良好的发展环境。县房产局按照县委、县政府的要求，大力落实各项优惠政策，有效启动住宅消费市场。是年，全县房地产开发房屋面积20万平方米，开发总价值12亿；房地产交易额达8亿元，商品住宅（含存量房）销售19万平方米，售价总额达到3.5亿元，住宅平均价格达1200元/平方米，房地产市场价格总体平衡，同时为财政增加税收3000余万元。2009年，蓝山县新启动的房地产开发项目呈萎缩趋势。为推动房地产行业的健康发展，蓝山县政府认真执行中央出台的房地产调控政策，并配合出台地方配套政策措施。一是开展国家工作人员团购商品房活动，售出住房 149 套，商铺 21 间；二是从减免契税补贴购房者等方面下手救市，对首次购买 90 平方米及以下普通住宅的契税降至 1%，降低首付比例；三是加大金融支持力度，提升融资和消费能力，稳步推进个人住房贷款业务，支持居民购买普通商品住房，提升居民住房消费能力；四是加强房地产开发贷款资金管理和诚信管理，加强商品房预售和二手房交易资金监管，加快建立健全预售资金监管制度、二手房交易合同备案制度，切实维护购房人的合法权益有效化解市场风险，维持良好的市场交易秩序。通过一系列救市政策，将调控重点放在需求方，对救起购房者的信心、交易量的恢复和市场回暖起到很大作用，有力促进行业健康发展。2008—2013 年，蓝山县中心城区商品住房土地出让总面积累计达到 18.39 公顷，土地出让金 3.59 亿元，商品住房投入资金总额约 9.89 亿元，新建商品房 3184 套、43.78 万平方米。2013 年年底统计城区存量商品房住房套数 1.06 万套，建筑面积达 130.72 万平方米。

此阶段蓝山县商品房建设也存在一些问题：一是住房供应结构不尽合理。中心城区新建商品住房供应出现的“大户型偏好”与国家鼓励和支持的重点支持发展中低价位、中小型商品住房的政策导向存在偏差。二是商品住房价格涨幅相对较快，县房地产市场调控和监管力度有待加强。三是存量商品房物业覆盖率低，设施配套不完善，居住环境有待提升。四是商品房开发企业资质不高。全县 12 家商品住房开发企业中，仅一家为三级资质企业，四家为四级资质企业，其余均为暂定资质企业。

2011—2015 年，“十二五”期间，蓝山县商品房开发呈稳步增长态势，住房建设和销售逐年增加，楼盘品质不断提高，房地产发展健康快速。总体看蓝山县商品住房市场发展体现出以下几个特征：一是居民购房求大。2008—2013 年统计数据表明，蓝山居民购买住房普遍在 90~140 平方米之间，此阶段所建 3184 套新房中，90 平方米以下房屋仅 68 套，且成交量很小，体现出典型的“大户型偏好”。二是供需两旺，以 2008—2013 年为例，多层建安成本由每平方米 680 元增长到 900 元，高层建安成本由每平方米 1060 元增长到 1200 元，而销售均价则由每平方米 1508 元增长到 2907 元，建设投入与产出均稳步增长。三是空置率较低。2013 年，批准预售商品房面积 17.05 万平方米，销售面积 12.76 万平方米；2013 年，有存量商品住房 10617 套，空置房 342 套，空置率为 3.22%。

截至 2015 年年末，全县实有商品房建筑面积为 176.0180 万平方米，商品住房面积增加 79.3633 万平方米，增长涨幅为 82.11%，年均增长率为 20.53%。房地产开发企业发展到 12 家，开发建设以湘源壹號、逸品蓝山等一批规模较大、配套设施齐全的楼盘，提高蓝山商品房的品质和档次，提升城市形象和品味。

（三）房地产市场建设

2000年以后，蓝山县城镇建设兴起，农民进城经商、务工、定居购房较普遍，房地产市场也越来越活跃，新旧住房买卖、房改房上市逐渐增多。住宅建设的加快，有效启动住宅消费市场。但同时存在问题也突显出来，如住宅建设的配套设施不全，物业管理、房地产开发和交易中存在无审批、乱开发，无许可、乱销售，无备案、乱交易，无审查、乱广告，无“两书”（住宅质量保证书和住宅使用说明书）、乱承诺等违规行为，房屋装饰、装修管理不够规范等等。

为培育和规范房产交易市场，县房管部门加强对房地产市场的管理，重点是加强项目规划管理和商品房销售管理。一是提前介入规划管理，坚持做到三个“参与”：参与城市建设详规方案的制定，参与国土部门拟定土地出让方案的制定，参与发改部门对立项审批。二是加强商品房销售管理。制定商品房预售许可登记制度，制定商品房销售规范合同，会同物价部门加强对房地产市场的监管，推进房地产销售明码标价，实行一房一价。落实售后责任，按照国家的有关法律、法规实行项目手册制度、质量责任制度以确保工程质量，销售时以住宅质量保证书和住宅使用说明书制度强化质量保证，交付使用之后如发现质量问题，予以保修。三是加强对房地产开发企业资质的管理。实行开发商资质年审年检制度和商品房预售许可制度。四是规范整顿房地产中介市场，着重打击虚假广告、恶意诱导、过度承诺等现象，对群众投诉给予及时处理，对涉嫌违法的中介企业给予从严处置。按照《房屋转让条例》《公有住房暂行办法》，制定严格、规范、切实可靠的市场管理制度和交易办证程序，有效地堵塞税费的流失，遏制隐价瞒价的行为，避免场外交易。五是配合银行搞好房地产价格评估、房屋抵押贷款工作，减少国家银行借贷风险。与银行、信用社通力合作，对担保房屋进行严格审查，确保抵押手续齐全真实。在房地产评估过程中，严格按照国家标准进行评估。县房产局加强对公有、私有房屋资产的评估，评估值准确率达95%以上。

2010年，蓝山县房产局下发《进一步加强房地产市场监管完善商品住房预售制度有关问题的通知》，进一步规范房地产市场行为。文件就积极发展住房二级市场、健全房地产抵押管理机制、加强小区物业管理、加大对装饰行业的管理、加强房地产法制建设等内容进行明确的规定。文件的出台，有效促进全县房地产市场的继续活跃和规范。蓝山县房地产行业紧抓发展机遇，掀起一股商品房开发热潮，南海明珠、汇丰佳苑二期、印象三蓝、南平都市、舜峰广场、罗马假日等项目同时开发建设，有效推动全县房地产市场发展，增加商品住房供应。2012年，全县完成房地产开发投资1.5亿元，开发总面积达12.74万平方米，销售商品房350套，累计销售面积4.6万平方米，累计发放购房贷款3500余万元。为规范全县房地产市场，县房管部门围绕“一手抓扶持，一手抓规范”的方针，以服务促房地产市场发展，以监管促房地产市场规范，加强房地产开发经营活动的监督管理。一是加强房地产市场信息采集，建立房地产开发项目信息报送制度；二是以规范房地产开发市场秩序为要点，着手拟定《蓝山县城市房地产开发经营管理办法》；三是大力宣传《物业管理条例》，认真组织小区及物业公司管理人员带头学习条例，同时采取各种行之有效的方式，深入社区，积极向广大业主宣传；四是对私人无资质开发项目进行查处；五是开展综合执法检查活动，从严查处虚假信息、哄抬房价、合同欺诈、越级开发、挂靠开发、私自变更规划设计、配套设施建设缺失等行为。2008—2012年，县房管部门颁发商品房预售许可证12个，办理商品房预售登记备案1364宗，备案面积20万平方米；代管维修基金380宗，代管房屋维修基金220.78万元；查处20余宗无资质房地产开发违法行为。

“十二五”期间，随着房地产市场的不断繁荣和规范，蓝山县房地产开发呈稳步增长态势，以商品住宅开发投资为主的房地产投资、住房建设和销售逐年增加，楼盘品质不断提高，提高全县商品房的品质和档次，提升城市形象和品味。

（四）住房保障建设

2004年，按照国家统一部署，蓝山县启动经济适用住房建设，当年完成前期投入300万元，完成规划设计，并及时开工建设。到年底，完成项目拆迁78户，拆迁面积2.22万平方米，拆迁补偿安置资金36.8万元，安置资金到位率100%。完成经济适用住房竣工90套9552平方米；完成廉租住房建设5149.16平方米。

2005年，按照市政府落实为民办“八件实事”的有关要求，为切实解决城镇低收入和最低收入家庭的住房问题，蓝山县政府认真抓经济适用住房建设和廉租住房建设，委托县房产局成立城镇最低收入家庭住房情况调查领导小组，由局长任组长，开始对全县城镇低收入家庭住房情况进行调查。2006年，中共蓝山县委、县政府将廉租住房建设纳入“十一五”规划，并制定《2006—2010年蓝山县住房建设规划》，计划在“十一五”期间，解决城区双困住房困难户100户，划拨土地0.26万平方米，投入建设资金260万元，新建廉租住房0.6万平方米。为加强对廉租住房工作的领导，县人民政府成立蓝山县城镇廉租住房工作领导小组，由县政府分管的副县长任组长，县直有关部门负责人为成员，领导小组下设办公室，具体负责全县廉租住房工作的发展规划、组织协调指导和监督、责任目标考核、政策调研等事宜。2007年9月，制定《蓝山县城镇廉租住房建设三年规划（2007—2009年）》。县房产局通过与民政部门和舜峰、三蓝、龙泉、南门、辅仁、南平六个社区的联合工作，走访摸底，制定《2007年廉租房工作实施方案》，明确对保障对象动态管理，房产部门每年组织力量对保障对象进行逐户审核，建立和完善公平、有序的进入与退出机制，廉租房的分配实行公开摇号的方式，由县政府统一组织进行摇号分配，纪检、监察等部门现场监督，公证处进行公证，确保公平公正。在坚持公平、公正、公开和廉洁办事原则下，当年为 38 户最低收入家庭住房困难户发放廉租住房补贴 2.5056 万元。

2008 年，政府加大对最低收入家庭的廉租住房货币补贴工作力度，按《2008年蓝山县廉租住房货币补贴发放实施方案》，全年发放廉租住房补贴 27 万余元，对塔峰镇所辖 6 个社区 389 户低保住房困难家庭给予保障，超额完成目标任务。2009年，受国际经济形势影响，全县房地产市场走低，但对最低收入家庭的廉租住房货币补贴工作并没减少，全年发放廉租补贴 65 万余元，对塔峰镇所辖 6 个社区 630户低保住房困难家庭予以保障。通过几年努力，到 2012 年，按照“保基本，促公平，可持续”的要求，包括廉租住房建设、廉租住房补贴发放、公共租赁房建设、棚户区改造及经济适用房建设等内容的住房保障工作进展顺利，基本形成有针对性的住房保障机制，基本实现塔峰镇城镇最低收入住房困难家庭“应保尽保”。

2008—2013 年，蓝山县进一步完善保障性安居工程用地储备制度，提前将保障性安居工程用地划归住房保障部门，未收先控，责任到人，明确收储和供地时限，确保有预留地随时用于保障性安居工程建设。保障性住房建设用地在年度土地计划中单列，严格实行商品住房项目配建保障房制度，在商品房用地项目的规划条件和土地出让条件中，明确规定凡挂牌出让的商品住房用地，必须配建项目总面积 5%以上的保障性住房，其中廉租房不少于 2%，公租房不少于 3%。对规划中不宜配建的项目，实施异地配建。对未按要求配建的或者配建进度迟缓的，不予办理商品房预售许可证，并记入信用档案。在保障性住房房源的筹集方面，主要通过新建、收购、改造、合建以及清理县直单位闲置房等方式进行，其中，新建方式所占比例最高。合建方式主要是与企业合作共建，如与台资湘威公司合建的果木山廉租房。1300 多套公租房中大部分通过收购和长期租用的方式来筹集。2008—2013 年，蓝山县城中心城区各类保障性住房 2956 套，其中廉租房 1656 套，公租房 1300 套住房用地 7.09 公顷，总建筑面积 14.78 万平方米，累计投入资金总额达到 1.7212 亿元，保障性住房的覆盖面由 2008 年的 0.13%提高到 2013 年的 6.68%。

城市棚户区改造是保障性住房建设的重要组成部分。2013 年，开始对蓝山县城中心城区 4 个连片棚户区（分别为县农械厂、副食品公司、制鞋厂、城东南路旧城区）进行改造，含房屋套数 3380 套，总建筑面积 23.3 万平方米，用地面积 11.04公顷，改造投资约为 31570 万元，涉及人口 8000 多人。至 2015 年基本完成改造任务。对工矿企业棚户区的改造主要有林业棚户区 190 套，茶场农垦棚户区 106 套，至 2015 年也基本完成。

“十二五”期间（2011—2015），全县新建保障房及棚户区改造房屋面积36.58万平方米，其中新建廉租房1008套，新建公租房5308套，棚户区改造1000户，发放廉租住房租赁补贴8210人次，累计发放金额650.59万元。近2000户家庭享受廉租房实物配租或廉租住房货币补贴保障，较大程度改善低收入家庭住房困难问题。

三、房地产管理

（一）产权产籍管理

1997年开始，全国实行统一的产权证，每个发证点规定注册号。蓝山县注册号是4311，产权证书由建设部统一印刷，设有防伪标志。1997年，换发新证，到2003年年底，完成城镇房产登记9850户栋，建筑面积348万平方米；完成农村房产登记8136户栋，建筑面积240万平方米。但工作中也存在着一些程序性不强、操作不规范、档案整理不达标、民间纠纷调处不及时等问题。

为进一步加强产权产籍管理，房管部门依据《房屋登记办法》，采取多种措施，不断提高管理水平。一是建立健全责任追究制度。按照“谁审批，谁负责”的原则，建立健全责任追究制度，同时推行政务公开，简化办事程序，提高办事效率。二是加强档案管理制度。对工作人员进行档案管理技术培训，添置档案管理设施，使房屋产籍档案的归集、整理、归档工作水平迅速提高，档案管理逐步走向正轨，提高房地产档案的利用价值。三是加强房地产纠纷的调处力度。成立信访接待室，制定限时办结制度和回访制度，切实为老百姓办实事、办好事，特别重视因房地产权属而引起纠纷的调处。截至2007年，自办理房屋产权初始登记起，发证面积61.86万平方米，房改2348起，面积53.47万平方米，发放产权证2396本，整理档案2163份。

2012年，县房产局对产权产籍管理制度进行完善。一是优化工作流程，精简办事程序：对房屋登记业务流程进行重新梳理，能精简的一律精简。二是进一步缩短办结时限：房屋初始登记、转移登记（法定30个工作日）缩短为10个工作日办结；变更登记、更正登记、换证（法定30个工作日）5个工作日办结；抵押登记（法定7个工作日）基本做到即时办结；对紧急事项做到急事特办，随到随办。每项业务的办结时限都在窗口进行层层分解，给每个窗口、每项程序重新规定办结时限，实现关于办事时限的承诺，取得良好的社会效应。三是严格实行责任追究制度，对工作人员的分工及责任进行明确，切实做到有权必有责、用权受监督、违法受追究。四是严格执行“先税后证”政策，积极配合推进全县建设项目税费统征，将查验房地产税费和相关手续放在房屋产权登记收件第一关，杜绝房地产税费流失。2012—2015年，办理房屋初始登记4255宗，二手房交易1275件，房屋抵押登记6280宗，房屋评估1516宗，廉租房登记336套，处理房产纠纷10起；完成1423户房地产评估业务。实现权属登记和产籍管理规范化。

2014年，县房产局投入资金，建设个人住房信息系统电子平台，使房产登记和档案的管理逐步实现电子化信息管理。通过硬、软件设备和人力投入，到2015年，完成原始纸质档案转录1万余件，逐步建立起与省、市联网和多部门资源共享的住房信息管理基础平台。建立和完善房地产交易信息统计制度，安排专人负责统计和上报联络工作，安装运行湖南省房地产交易信息报送系统，实现与省市系统对接，交易信息日报、月报工作常态化，信息统计上报工作步入正轨，实时准确掌握交易市场动态。

2003年，经省国土资源厅正式批准，县房产局成立房地产测绘所，按国家颁发的《房屋测量规范》进行测绘，并与交档归档制度和发证的程序相衔接。2012年，组织员工加强对《湖南省房产面积测算及共有建筑面积分摊规则》的学习培训，并组织测绘人员先后多次赴长沙、衡阳等地培训学习，以适应房地产市场发展对房产测绘工作提出的新要求，为全县房产测量及房屋面积计算管理打下坚实基础。认真协调处理数十起各类房产测绘及面积纠纷，得到信访人和有关部门的好评。

（二）房产交易管理

1996—2003年，房管部门规范交易市场，制定严格规范、切实可行的市场管理制度和交易办证程序，规范房地产交易市场的中介服务，有效地堵塞税费的流失，遏制隐价瞒价的行为。几年中交易总额达2300万元，成交建筑面积10.7万平方米，为县财政代收契税80万元。

涉房贷款监管逐步规范。1996年开始，银行信贷中房产抵押贷款增多。为减少银行借贷风险，确保社会大局和金融市场稳定，房管部门加强对抵押房产的严格审查，以确保抵押手续的真实齐全。1996—2000年，办理抵押手续2050户，抵押面积51.25万平方米，评估总金额2.46亿元。2009年，房产交易管理部门致力提高管理质量，为方便群众和企业办理抵押手续的时间，减轻群众负担，简化办证程序，交易所主动和各银行信贷部门作好衔接工作，降低收费标准，并承诺办理抵押手续时间由规定的七个工作日减少到两个工作日，争取做到当日申请当日办结，大大方便群众办事。2009年，累计办理抵押业务903起，货款额1.9亿元，抵押房屋面积3.4万平方米。

（三）房屋租赁管理

实施房改制度以后，公有住房大部分出售给职工，公用住房廉价出租给职工、职工只象征性缴纳房租的情况不复存在，但办公用房和铺面用房出租者不少；同时县政府决定，1997年起，所有党政机关和企事业单位不得再建福利性住房，1995

年以后参加工作的职工，可以通过市场购买或租住住房，单位不再负责解决其住房问题；再加上大量进城务工人员的住房需求，租房量迅速增大。1995年，建行蓝山县支行建成办公大楼，部分楼层出租给其他单位作办公用房。2001年，县进修学校为支持“三来一补”（来料加工、来料装配、来样加工和补偿贸易）企业的发展，经县有关部门协调，将全部校舍出租给富李针织厂办厂。2001—2006年，进入县城落户的毛织加工企业，多租赁公私房办厂，最高峰时有大小企业300多家，塔峰西路、新建路和后来的南平路成为毛织一条街。由于县内青壮年外出务工的增多，不少农村家庭家中仅有老人和小孩，为让孩子受到较高质量的教育，家庭条件较好的选择让孩子在城里学校读书，由老人在城里租房帮忙照看。为做好房屋租赁管理工作，房管部门坚持加强日常管理。一是认真掌握详情。充分利用早晚时间，挨家挨户进行登记和调查，动态掌握租房人员的人口数量、住房面积、居住条件、就业情况等。二是认真实施管理。积极配合公安、计生、税收等部门进行流动人口管理和税收征缴工作，配合暂住证明、流动人口计划生育政策执行、房屋租赁税收等方面的工作。三是认真掌握信息。及时了解和发布房地产市场信息，积极筹备建立房地产市场信息平台，为群众提供便利的房屋租售信息服务。

（四）物业管理

蓝山县的物业管理起步较晚。2010年以前，蓝山县商品房建设规模不大，小区建设规模小。受住宅小区规模的限制，大多小区只是聘请一两个门卫进行简单原始管理，而无其他物业服务。2011年以后，由于房地产业的迅速发展，成规模的住宅小区逐年增多，蓝山县的物业管理也随之迅速发展起来。

2014年，县房产局牵头下发《蓝山县房地产开发小区集中整治工作实施方案》，明确11个部门的工作职责和要求，实行统一安排，分头推进。从每个责任单位抽调一至二名工作人员分两组进行全面清查，基本摸清全县17个住宅小区的基本情况和突出问题。对能立即整改的，及时交办给开发企业和物管公司，立行立改。对需时日及人力、物力、财力方可整改的，发交办函给相应的开发企业、物管公司和职能部门，要求抓紧落实整改措施。引导新开发建设的小区按示范性标准小区要求，严格按照规划设计的容积率、绿化面积、配套设施等进行建设，以提高全县住宅小区的品质和档次。集中整治工作有效促进物业管理行业持续健康发展，物业服务开始以专业化、社会化、市场化的现代化模式发展。当年物业服务企业发展到5家，实施物业管理的项目15个，从业人员100余人，管理房屋面积60多万平方米，前期物业覆盖率达到90%以上，全县累计归集维修资金1800多万元。

2015年，县房管部门组建专门班子，推进物业服务行业正规化建设，使小区的环境卫生得到较好改善，各种秩序和管理逐步规范，为广大群众提供一个良好的宜居环境。一是加强物业管理政策法规宣传，为物业管理营造良好的发展氛围，基本建立由业主委员会与社区、公安、消防、房产等部门协调联动体系，推进文明和谐小区建设。二是大力推进网格化管理。指导4个住宅小区成立业主委员会。通过业主大会、业主委员会的行为，促进业主自律和民主决策，依法维护自身合法权益，每年提取使用房屋维修资金，用于维修和更新设备设施及改善居住环境。三是结合全县创建省级卫生城市活动，制定《物业小区创卫工作实施方案》和《廉租房小区创卫工作实施方案》，加强对各住宅小区和五里坪廉租房小区创卫工作的督促指导及环境卫生巡查，各小区的环境卫生有很大改观。通过物业正规化建设，到2015年，正规物业公司发展到12家，有从业人员200多人，实施物业管理的项目16个，管理房屋面积68万平方米，新建小区物业覆盖率达到100%，平均物业覆盖率达到80%以上。

（五）房屋白蚁防治

蓝山县属白蚁危害高危地区，白蚁危害严重。1997年，蓝山县成立白蚁防治所，为县房产局下设股级事业单位。成立后，积极开展工作，经常对老城区的砖木旧房、房屋装修、文物古迹、河堤、路桥等公用设施进行白蚁检查，对于县城城东路、塔峰路的人行道树木蚁害严重的，采取无偿灭治。白蚁防治工作技术性强，且防护要求高，为此房管部门每年都安排大量的人力财力提高工作人员的业务素质，先后派遣10余人次参加省、市组织的白蚁防治工作业务培训，加强技术力量，提高服务水平。1997—2003年年底，签订白蚁防治合同1500户，预防面积37500平方米，完成灭治面积1800平方米。截至2015年，全县完成白蚁预防施工面积68万平方米，办理白蚁预防手续面积近70万平方米。复查、回访210人次。

四、住房制度改革

1988年，蓝山县成立住房制度改革领导小组办公室，引导和组织与社会主义市场经济相适应的“市场+保障”住房制度改革。1991年，县人民政府出台《蓝山县城镇住房制度改革第一步实施方案》，县城职工住房制度改革启动。第一步：以息代租。从1992年1月1日开始，单位提供公有住房供职工居住，以职工缴纳租赁保证金的形式，以保证金的利息代替住房租金。第二步：出售公房。1993年，推出《蓝山县城镇公有住房出售办法的补充规定》，规定由房改办确定售房标准价格，实行租售结合、购房优惠的政策。1995年，制定《蓝山县深化住房制度改革实施方案》，规定按照成本价向职工出售公有住房。至1998年，全县出售公有住房21.1万平方米，归集住房资金3026万元。第三步：合作建房。1992年起，提倡职工集资合作兴建住房。单位不再单独投资兴建公有住房，集资合作建房一般由单位组织，单位提供建设用地，统一办理用地、准建等手续。部分单位财力允许的情况下，由单位负担部分建设经费称为“部分集资建房”；全由职工集资兴建的，称为“全额集资建房”。1993—2003 年，全县有职工集资建房 19.4 万平方米，集资总额 4200 元。

1997 年，县政府下发《关于在县城全面建立职工住房公积金制度的通知》，要求在县城机关、企事业单位在职职工每月按本人上年度月平均工资的 5%缴交住房公积金，职工所在单位按 1∶1 的比例为职工缴纳公积金，两者均存入职工住房公积金账户，归职工个人所有。当年归集住房公积金总额 142.4 万元。按照规定，职工在购买、建造、翻修自有住房时，可以申请公积金委托单项贷款，当年发放贷款 6 万元。至 2001 年，住房公积金累计归集 1012.35 万元。2002 年，公积金管理机构上划到永州市公积金管理中心，蓝山设营业部。2003 年 8 月，蓝山县出台《关于全面建立住房公积金制度的通知》，确定部分单位可以根据自身经济情况，确定不同的缴存比例，以调动职工的缴存积极性，同时将公积金制度从县城扩大到乡镇各单位，当年增加缴存单位 81 个，受益职工 4000 余人。至 2003 年年底，累计归集住房公积金 2418 万元，个人住房专项贷款 418 宗，计 1211.5 万元。2002—2015 年，累计归集公积金 5.13 亿元，年末公积金余额 3.85 亿元；累计发放贷款 4374 笔，金额总数 5.67 亿元，年末贷款余额 3.75 亿元，公积金实现增值收益 3571 万元。

五、房地产发展规划

2008 年以前，蓝山县未单独制定过房地产发展规划，住房建设规划内容体现在城市发展规划当中，指导蓝山县住房建设的主要规划有：《蓝山县县城总体规划（2002—2020）》《蓝山县土地利用总体规划（2006—2020）》。

根据建设部《关于做好住房建设规划与住房建设年度计划制定工作的指导意见》（建规〔2008〕46 号）和省建设厅《转发建设部关于做好住房建设规划与住房建设年度计划制定工作指导意见的通知》文件精神，2008 年 6 月 18 日，县人民政府决定成立《蓝山县 2008—2012 年住房建设规划与住房建设年度计划》编制领导小组。组长由县长严兴德同志担任，常务副组长由副县长唐志雄担任，县政府办主任赵忠辉、县房产局局长廖德华任副组长，发改委、统计局、规划建设局、土地资源局、房产局为成员单位。下设办公室由廖德华任办公室主任。

2011 年，制定《蓝山县“十二五”住房保障规划（2011—2015）》。规划确定“十二五”住房保障的总体目标是：着力解决低收入家庭住房困难问题；努力解决中等偏下收入家庭住房困难；推进各类棚户区改造和旧住宅区综合整治；建立和完善住房保障政策、技术支撑体系；根据全面实现小康社会的目标要求，结合蓝山县经济社会的发展，逐步把低收入、中等偏低收入住房困难家庭全部纳入保障范围。规划计划在“十二五”期间，新建廉租住房1296套，公共租赁房1820套，改造城市棚户区80户，林区棚户区和国有林场危旧住房改造400套，国有垦区危房改造320套。至2015年，“十二五”住房规划总体目标圆满完成。

2012年，制定《蓝山县棚户区改造规划（2013—2017）》，计划从2014年开始进行棚户区改造，改造4个棚户区3380户，占地面积11.04万平方米。

2014年，蓝山县房产局聘请湖南省城市规划设计院，认真编制《2014—2020蓝山县城市住房建设规划》，提出以科学发展观为指导，以保障和改善民生为重点，构建“低端有保障、中端有支持、高端有市场的房地产供应梯度，满足不同需求”的指导思想。规划确定蓝山县城城市职能定位为永州市南部次中心城市，蓝山县域的政治、经济、文化中心，跨界商贸物流城市，边界特色工业城市。规划规模为：到2020年，蓝山县将达到人口12万人，建设用地规模达到12平方公里，居住用地总量为316.07公顷，人均居住用地26.34平方米。规划提出蓝山县中心城区住房发展目标是，2014—2020年，新建住房总建筑面积为168.3万平方米，1.65万套，人均住房面积达到45平方米，住房成套率达到100%；保障性住房覆盖面达到30%，新建保障房安居工程总建筑面积43.14万平方米，0.65万套，其中保障性住房建筑面积33万平方米，城市棚户区实物安置面积10.14万平方米。对住房的质量和环境、关联资源配置指标均提出明确要求。规划确定2014—2020年的主要工作任务是：推进住房用地供应模式转变，完善多层次住房供应体系。老城存量挖潜和城北新开发区建设并举，通过政策创新积极推进民间资本注入现有几大社区的城中村和棚户区改造。实现存量市场与增量市场协调发展、买卖市场与租赁市场有机结合的多层次住房供应体系；加大保障性住房投入，完善住房保障体系。积极引导企业和其他机构参与公共租赁住房建设和运营，进而完善住房公积金风险防范制度；优化住房管理体系，科学调控住房市场供需。加快整合完善蓝山县住房信息系统，将住房市场、住房保障、房屋租赁、住房金融和税收以及其他与住房相关的数据和信息整合，积极推进住房管理部门与公安、民政、社保等相关单位的信息合作机制，建立全县统一的住房信息平台，进而规范房地产开发项目的审批管理，切实防范和严格查处各类违法违规行为，全面提高服务水平；积极推广绿色建筑，促进房地产业转型升级；引导住宅有序开发建设，严格规范保障房规划选址变更；加大存量房改造投入，提升中心城区居住品质；加强住房建设质量监管，创建特色宜人社区环境。

六、队伍建设与管理

蓝山县房地产管理局以始终坚持以“创先争优”为载体，加强对全局干部职工的管理，致力打造“群众满意房管”。一是狠抓学习。每年在全局开展一次集中学法、懂法、知法的集中学习活动，做到人手一本学法笔记本，每一季度出一期法制宣传栏，并组织开展有益的文体活动，真正做到远离黄、赌、毒，坚持抵制邪教，一心扑在工作上。要求各股室根据自己的工作性质，组织干部职工学习与业务相关的法律制度，并制定和完善内部管理制度。二是开展以竞聘上岗为主要内容的人事制度改革。按照省、市、县关于事业单位人事制度改革的有关规定，年初采取竞聘的方式，通过考试、测评、演讲三个方面来竞聘上岗，让一批年轻有为的青年人脱颖而出，担任中层领导，实行工资与任务挂勾的经济管理，激发工作热情，提高工作效益。三是实行政务公开。局机关成立政务公开办公室，由局长任组长，纪检员任副组长，在一楼大厅制作政务公开栏，把职责、收费标准全面公开，群众非常满意。设立广播、电视专栏，宣传房管政策和行政执法职能，不断更新。所有行政审批程序、行政审批项目全部进入窗口办理，配套完善政务窗口软、硬件建设，按照“一门受理、内部流转、限时办结、集中审批、统一收费”的要求，完善工作咨询台、流程台和监督台，对窗口进行全面规范。四是规范执法行为。坚持持证上岗，亮证执法，文明执法。重大案件集体讨论，由局长办公会集体决定，杜绝“暗箱操作”和“人情案”“关系案”，对违反规定乱收费、超收费的，严格按照有关规定，追究当事人责任。

维护社会公平公正。保障房配售配租工作是涉及到社会公平正义的一项政策性极强的工作。对申购廉租住房的家庭，县房管部门及工作人员严格执行“两审三公示”制度，“两审”即社区、民政所初审，住保办复审，并在社区、网络进行三次公示。对不符合条件的，一律不予准入。截至 2015 年，未发生一起涉及保障房、廉租房配售配租的投诉事件。

以制度促进队伍建设。2003 年起，县房产局每年建立《岗位目标管理责任制》，并以此为核心，完善内部建章建制、职责分解、廉政制度、作风整顿等方面规范，有效促进机关制度建设、干部作风建设、中心工作推进和社会形象提升。2013 年，蓝山县房产局认真执行中央和省市有关改进工作作风、密切联系群众的要求，开展作风建设专项督查，以完善首问责任制为核心，狠抓服务质量建设；以完善阳光政务为中心，狠抓工作作风建设；以严肃财经纪律为中心，狠抓工作纪律建设。通过一系列措施，促成全局优质高效、风清气正的局面。

第十一节 金洞管理区

一、概况

金洞管理区房产管理工作大致分为两个阶段，第一阶段，2007年12月以前，房产管理工作是由金洞林场办公室管理城区内所有国有公房，房产办证业务由祁阳县房产局八宝房产所办理；第二阶段，2006年5月成立金洞管理区，2007年12月金洞管理区成立城建规划房产局，该局集规划建设、房产、城投、城管、环卫为一体，加挂在金洞管理区发展和改革委员会。随着祁阳县与金洞管理区规划建设、房产等管理事务的分开，祁阳县政府于2008年6月从祁阳县规划局划转6人，祁阳县房产局划转12人，调至金洞管理区城建规划房产局，全权管理区域内所有房产工作。

二、房地产建设

（一）城区建设

1984年，金洞建镇，城镇建设从此拉开序幕，当时城区内仅有沿河街、燕窝街、人岭街，总长度1300米，宽度在8~10米，多为碎石路，随着城区不断发展，到2015年，金洞城区形成三纵四横的交通路网格局，大小街道12条，总长度15公里，12条街道全部实行“四化”（硬化、绿化、亮化、净化），大小街道整洁靓丽，被誉为山区明珠，城区内建房主要以自建房为主，商品房开发少。

（二）保障性住房建设

保障性住房建设是中央解决城镇中低收入家庭住房困难的重大举措，是各级政府为民办实事的重点工作之一，金洞管理区有城镇居民3000余户，城镇中低收入家庭基本上是林场职工，家庭住房困难户约1550户，由于林场职工收入低，加之金洞城区土地有限，在金洞城区建不起房，也购不起房，为切实解决城镇中低收入家庭住房困难，管理区领导十分重视，积极向上争取政策，2009—2015年，新建保障性住房1460套，其中：廉租住房972套，公租房488套，总建筑面积72300平方米，投入资金7800万元，其中争取中央、省建设专项资金3700万元、基础配套资金1860万元，区财政各项配套资金2240万元，在保障性住房分配中，根据申请对象自愿申请，可以选择租赁、产权共有、出售等方式，在分配中做到公开、公平、公正，实行阳光分配，所有保障性住房实行动态管理，并做好后续跟踪服务。

三、房地产管理

（一）管理机构

1989年以前，金洞管理区城镇建设管理以金洞镇为主，确定一名副镇长专抓城建工作，政府下设城建职能部门城建规划办公室、国土所和环卫所。

2006年，金洞林场成立金洞城区建设指挥部，林场党委书记任指挥长，一名副职任副指挥长，一名科局级干部任常务副指挥长，安排工作人员5人，常年专抓金洞城建工作。

2008年，设立金洞管理区城建规划房产局，金洞镇城建规划办公室和环卫所归口城建规划房产局管理，工作人员属于城建规划房产局。金洞管理区城建规划房产局设局长1人，副局长4人，工作人员56人，下设城投公司、规划、建设、房产、环卫五条线，另有质安站、保障性住房管理办公室两个二级机构。

（二）住房公积金管理

金洞管理区根据国务院《关于修改〈住房公积金条例〉的决定》规定，为促进城乡住房建设，提高城乡居民的住房水平，参照祁阳县的实施办法，金洞管理区于2007年7月启动住房公积金缴存业务。住房公积金按职工本人上一年度月平均工资（职务+级别工资）5%的比例计算，即个人和单位各5%缴存祁阳住房公积金管理中心。2015年，缴存比例调增到12%（住房公积金按职工本人上一年度月平均工资（职务+级别工资+津补贴）。截至2015年年底，全区累计归集住房公积金1600万元，其中：单位缴存800万元，个人缴存800万元。个人住房公积金贷款96户，累计贷款金额为1255万元，开创全区住房公积金的里程碑。

2015年金洞商品房小区和仙人岭保障性住房小区

第十二节 回龙圩管理区

一、商品房建设

永州市颐鸿阁房地产开发有限公司开发的回龙湖——龙湖假日小镇是回龙圩管理区首个商品房开发小区，建设用地总面积为13.35万平方米，规划总建筑面积8万平方米，工程总投资额1.97亿元。其中临街商业用房建筑面积为9742平方米，酒店及公寓面积1.42万平方米，配套建设的小型游乐园建筑面积2374平方米，住宅建筑面积为2.98万平方米，高档住宅建筑面积为2.59万平方米，其他用房321平方米。规划容积率为1.0~3.0，建筑密度为40%，绿化率为25%。

回龙湖龙湖假日小镇商住小区位于回龙湖东岸的观湖公寓，占地面积3.21万平方米，规划总建筑面积3.96万平方米。其中：住宅2.15万平方米，商铺9742平方米，水岸景观房4082平方米，车库等配套用房4298平方米，整个假日小镇观湖公寓布局为3~6层的多层建筑群。

龙湖假日小镇于2012年3月开工建设，一期商住楼2栋，住宅64套，商铺24个建筑面积8702平方米；二期商住楼2栋建设面积1.09万平方米，住宅52套，商铺20个。旅游接待中心1545平方米、迴龙山庄大酒店6089平方米于2014年5月开始营业。

二、公私房建设

公房建设方面，1996—2015年，管理区建设的公房有李家塘分场场部办公房、回龙圩工商局办公楼、回龙圩管理区质量监督管理局办公楼，2011年年底建成管理区办公综合大楼，2012年建成回龙圩镇政府办公楼、马鹿头办事处办公楼、兴隆办事处办公楼、计生委办公楼、职工医院、原农场党委现国土资源局办公楼、工业园标准产房两栋。

私人建设情况，1996—2005年，私人建房主要以砖混结构为主，基础多采用毛石“三合土”或毛石混泥土承重，普遍采用钢筋混泥土地圈梁结构承重，房屋多以1~3层房为主，2006—2015年，私人建房多采用毛石混泥土、钢筋混泥土地圈梁、钢筋混泥土地梁柱及钢筋混泥土框架结构承重，房屋层数多以2~4层楼房为主。

三、房屋产权产籍管理

1. 房屋产权登记和房地产抵押登记情况。2009—2016 年，办理城乡居民房屋产权证 464 宗，登记住房面积 17.06 万平方米，办理房地产抵押登记 250 宗，评估房屋抵押价值 1.4 亿元，为群众在银行办理抵押贷款 8847 万元。

2009—2015 年，回龙圩房屋产权登记和房地产抵押登记一览表

表 7-38

年份	办理房屋产权证（宗）	登记住房面积（平方米）	办理抵押登记（宗）	办理抵押贷款（万元）
2009	41	3280.00	10	361
2010	28	10872.40	17	487
2011	42	6624.10	12	304
2012	37	7564.00	16	250
2013	42	15713.75	46	2121
2014	54	16573.42	35	1853
2015	125	35400.00	47	1331

2. 房屋交易、预购商品房抵押权预告登记工作。2009—2016 年区房产局办理房地产交易手续 39 宗，房产交易总额 220.48 万元，交易面积 3883.8 平方米；办理商品房预售许可证 4 本，办理预购商品房抵押权预告登记 40 宗，发放房屋预告登记证明 40 本。

2012—2015 年回龙圩房屋交易、预购商品房抵押权预告登记一览表

表 7-39

年份	房地产交易（宗）	房产交易金额（万元）	交易面积（平方米）	商品房预售许可证（本）	预购抵押权预告登记（本）
2012	6	46.60	742.76	2	0
2013	11	41.50	986.00	1	10
2014	13	42.60	996.00	1	10
2015	3	33.40	287.29	0	9

2015年回龙圩商品房小区和保障性住房小区

四、住房保障体系

（一）保障性住房建设

2009—2016年，新建保障性住房984套，建筑面积5.33万平方米；其中廉租房504套，建筑面积2.49万平方米；公租房480套，建筑面积2.84万平方米。截至2016年10月，安排分配入住856套，分配入住率86.99%。

2009—2014年回龙圩保障性住房统计表

表7-40

序号	项目名称	开工建设年份	竣工年份	建设规模
1	彭家山廉租房	2009年	2010年	120套
2	回峰廉租房	2010年	2011年	96套
3	盐下廉租房	2011年	2012年	96套
4	回峰二期廉租房	2012年	2014年	96套
5	回峰三期廉租房	2013年	2015年	96套
6	2014年公租房	2014年	2016年	480套

（二）保障性住房管理

管理区保障性住房建成984套，其中廉租房504套，公租房480套，统一由管理区房产局维护和管理。根据《回龙圩管理区保障性住房实施办法》规定，对保障性住房采取向入住户收租金和收取“以息抵租”本金的管理模式，其中廉租房为每月每平方米2元，另交住房押金2000元；公租房按每月每平方米3元的租金标准另交住房押金2000元。依据《永州市保障性住房分配和运营管理暂行办法》规定，经区物价审定保障性住房的建造成本，并报区领导同意，对保障性住房同时进行收取“以息抵租”本金，管理区彭家山廉租房“以息抵租”本金3.1万元，其他廉租房“以息抵租”本金3.5万元，公租房“以息抵租”本金6万元。

（三）住房货币补贴

2009—2015年，累计向全区1258户居民发放租赁补贴资金106.852万元。其中，2009年，共发放住房租赁补贴80户，发放住房补贴资金5万元；2010年，发放住房租赁补贴130户，发放住房补贴资金8万元；2011年，发放住房租赁补贴158户，发放住房补贴资金14.4万元；2012年，发放住房租赁补贴205户，发放住房补贴资金18万元；2013年，发放住房租赁补贴219户，发放住房补贴资金20.556万元；2014年，实际共发放住房租赁补贴223户568人次，发放住房补贴资金20.448万元；2015年，发放租赁补贴243户20.448万元。

（四）危房和棚户区改造

1. 垦区棚户区改造：自2011年开始，管理区向省农垦局申报农垦危房改造项目，至2015年，实施改造农垦危房9776户，争取到中央和省级农垦危房改造资金1.2亿元，管理区农村房屋普遍得到修缮。

2. 农村危房改造：回龙圩管理区2011—2015年实施农村危房改造项目，建设单位为先由区民政局负责实施，后划归区规划建设局实施。

3. 林场危房改造：回龙圩管理区从2013—2015年实施农垦垦区棚户区改造，改造棚户（新建设）房126户，投资2268万元，其中，2013年，改造54户1.08万平方米，投资972万元；2015年，改造72户1.47万平方米，投资1296万元。

五、住房制度改革

（一）住房实物建设与分配

原回龙圩农场机关、农场所属的企业工厂如纸厂、罐头厂、农机厂、茶厂和林化厂，以及农场下属分场和生产队建设的干部职工宿舍，多为砖瓦房，分配给相应的机关干部职工，收取较低的租金。

1997年农场建设10栋别墅。

（二）单位和国有直管公房

农场机关、农场所属的企业工厂和分场职工住房宿舍于1996—1998年按省市住房制度改革文件给予出售。建成的十栋别墅后经市纪委调查后，也按市纪委和相关政策给予出售。

（三）住房公积金

2009年，回龙圩管理区开始实施住房公积金制度，资金归集到江永县住房公积金管理部，从职工工资总额扣缴一定比例，单位相应配套一定比例，并入个人公积金账户。至2015年12月，管理区工作人员累计归集住房公积金1451万元。

附　录

一、重要文献辑录

关于设立永州市房地产管理局的通知

（1996年8月15日，永编办发〔1996〕10号）

为了适应撤区建市后行政体制改革的需要，以及加强对永州市城区（芝山、冷水滩两区行政辖区）内房地产业管理的需要，经市委常委扩大会议研究决定，设立永州市房地产管理局，为差额预算的处级事业单位，归口市建委管理。按照“精简、统一、效能”的原则，现将房地产管理局的主要职责、内设机构和人员编制及所属事业单位的有关情况通知如下：

一、主要职责

1. 依据中华人民共和国《城市房地产管理法》研究制订地方性法律、规章，对执行《城市房地产管理法》的情况进行监督、检查和指导。负责房产纠纷的行政复议、行政诉讼。

2. 负责全市房地产业行业管理，会同有关部门指导城镇土地开发利用、土地使用权有偿转让、房地产开发经营工作。

3. 研究制定房产产权产籍管理办法及实施细则；代表政府对各类产别房屋的产权进行鉴定确认，并进行登记和发放产权、抵押等权证；规范各类产别房屋的确权行为；负责房产政策的落实。

4. 负责各类产别房屋产籍资料的收集、整理、立卷、归档、保管、利用，进行房产测绘工作，规定各类产别房屋产籍资料的归档要求。

5. 研究制定房屋安全鉴定管理办法及实施细则；负责房屋安全的鉴定和白蚁

防治工作。

6. 研究制定房屋拆迁管理办法及实施细则；定期制定各类房屋重置成新价格的标准；负责房屋拆迁管理工作（征地拆迁除外）。

7. 研究制定住房建设的发展规划和管理办法及实施细则；负责住房建设的审批和管理工作。

8. 研究制定并负责房产买卖、租赁、抵押、典当、商品房预售的管理工作。

9. 归口管理房地产咨询、交易评估、经纪等中介服务机构；负责房地产交易评估、经纪人员的资格认证。

10. 综合管理国家公务员和社会中低收入者的住宅建设工作；负责“安居工程”的组织协调和督促、检查工作。

11. 参与城镇住房制度改革，推进住房商品化；负责各种住宅小区的物业管理、公房售后服务管理；负责物业管理单位的资质审批。

12. 负责国家直管公房的管理、维修和经租工作。

13. 管理局机关及所属单位的人事、劳资、文秘、档案、信访、群团、计划生育等日常工作。

14. 承办市委、市政府和市建委交办的其他有关事项。

二、内设机构

根据上述职责，市房地产管理局设8个职能科（室）。

（一）办公室

负责机关文秘、综合协调、档案管理、机要保密和行政事务工作。

（二）财务科

负责局系统各种专项资金、事业经费、局机关行政财务，局属单位的财务拨款监督、费用收缴；控购申报和固定资产清产核资。

（三）产权监理科

负责对各类产别房屋产权的确权、登记、变更和发证工作；负责房产纠纷的调处；负责私房管理和房产政策的落实；负责房屋的统计工作。

（四）产籍档案室

负责房产档案资料的保管、整理；负责城区内各类产别房屋资料的收集、整理、保管、立卷、归档及合理利用工作；负责对城区房屋地籍图幅的修测、补测工作。

（五）房地产经营管理科

参与土地部门对城镇国有土地使用权的行政划拨和有偿出让；负责房屋有偿转

让的管理；负责房屋拆迁管理；负责归口管理各物业管理单位及其资质、个人资格的认定和公房售后服务；指导管理旧城改造、住宅小区建设工作；综合管理国家公务员和社会中低收入者的住宅建设工作；参与城镇住房制度改革。

（六）工程科

组织旧城改造工作；负责“安居工程”和解危解困的组织协调和监督指导；负责房屋安全鉴定工作。

（七）政工科

负责局机关及所属单位的党务、宣教、职称、人事、劳资，归口管理房地产业协会等工作。

（八）纪检监察室（加挂审计科的牌子）

负责本局及所属单位党纪、党风建设，行政监察和财务收支及专项资金的内审调查和监督。

三、人员编制和领导职数

市房地产管理局机关编制为38名。其中局长1名，副局长3名，正副科长16名。

四、所属事业单位

1. 设立永州市房地产管理局芝山分局，为正科级自收自支的事业单位，定编62名。
2. 设立永州市房地产管理局冷水滩分局，为正科级自收自支的事业单位，定编40名。
3. 设立房产管理交易所（永州市房产交易中心），为正科级自收自支的事业单位，定编40名。
4. 设立白蚁防治所，为正科级自收自支的事业单位，定编20名。
5. 设立房屋安全鉴定办公室，为正科级自收自支的事业单位，定编6名。
6. 设立房屋拆迁办公室，为正科级自收自支的事业单位，定编20名。
7. 设立房地产评估事务所，为正科级自收自支的事业单位，定编10名。
8. 设立物业服务中心，为正科级自收自支的事业单位，定编20名。

永州市机构编制委员会
一九九六年八月十五日

中共永州市委 永州市人民政府
关于加快住房建设、搞活房地产市场的暂行办法

（1998年7月22日，永发〔1998〕2号）

为了切实改善城镇居住条件，加快住房商品化、产业化和社会化进程，促使房地产业成为新的经济增长点，现根据国务院关于深化住房制度改革建立住房新制度的有关规定，结合我市实际，特就加快住宅建设，启动房地产市场，制定如下暂行办法：

一、鼓励干部职工全额集资建住房

（一）从1998年7月1日开始，停止住房实物分配，逐步实行住房分配货币化。

（二）在符合城镇总体规划和坚持节约用地的前提下，鼓励有条件的单位继续发展集资建住房和合作建住房。凡利用本单位土地集资建住房的，办公区与宿舍区必须分离。不准在本单位的公有土地上建一家一户占天占地的住房。

（三）凡全额集资建住房的，住房建筑面积可适当放宽。按上级规定，超面积部分不享受政策优惠。

（四）固定资产投资方向调节税实行零税率。

（五）免交城市建设配套费、商业网点配套费、人防工程易地补偿费等项收费，其他规费按规定标准的30%收取。

二、鼓励市内外开发商投资开发商品房和住宅小区

凡在我市范围内投资开发商品房和住宅小区的，享受下列优惠：

（一）凡通过招标或拍卖获得国有土地使用权的，只要正式签订合同，交足50%的土地出让金即可动工，其余部分待工程竣工办理土地使用权证时交清。

（二）建设规费按应收标准的50%收取。

三、简化建房审批程序

计委、建委、规划、房产、房改办、财政局、国土局、监察局等部门都应按湘发〔1996〕13号文件的规定，认真履行各自的职责，简化审批手续，提高办事效率。对资料齐全的建房申请，必须在两天内审批完毕，逾期不办的，建房单位可直接向政府主管领导申报处理。

四、认真做好房改房部分产权衔接为全部产权的扫尾工作

凡已购买部分产权的房改房，在1998年9月30日前办理全部产权衔接的，仍

按 1994 年度全额成本价执行，其工龄、职务、职称计算到 1995 年 6 月 30 日。衔接全部产权的补交款要同时补交利息，利率按银行现行规定计算。对未衔接全部产权的，其住房公有产权部分从 1998 年 10 月 1 日起按新的租金标准收取租金。

五、积极建立新的住房供应体系

（一）从 1998 年 7 月 1 日起，各单位新建住房原则上应纳入全市统一规划的住宅小区范围，或由职工集资联建，或委托开发公司承建。已纳入安居工程计划的大型厂矿企业可继续完善已规划的安居小区。行政机关设立的安居小区应将周边企事业单位和居民的住房需求统一纳入规划，逐步实现由机关单位住宅小区向社会住宅小区过渡。

（二）停止住房实物分配后，全市各级政府不再安排住房建设资金，各单位不得使用生产、经营和事业节余资金自建或为职工购买住房。历年来的城市住房基金和单位住房基金只能用于职工住房公积金缴交的单位补贴和职工购房时的一次性补贴，以及住房公用设施的维修。

（三）对不同收入家庭，实行不同的住房供应政策：鼓励和支持开发商在规划小区内建商品房，以满足高收入家庭购买商品房的需要。

（四）政府继续实施“安居工程”。新建成的安居住房（经济适用住房）按微利价只售不租，实行政府指导微利价包括住房的征地和拆迁补偿费、勘察设计和前期工程费、建安工程费、住宅小区基础设施费（含小区非营业性配套公建费）、管理费、贷款利息和税金七项成本因素加 3%以下的控制利润。经济适用住房主要供应中低收入家庭购买。

（五）廉租住房主要从腾退的旧公有住房和直管公房中调剂解决，也可由政府出资兴建。廉租住房的租金实行政府定价，供最低收入家庭租住。在家庭收入水平提高时，应迁出廉租住房，或对其提高租金标准。

六、加快存量公有住房改革，放开住房交易市场

（一）职工按房改全额成本价购买的住房和全额集资所建住房享有全部产权，在取得房屋所有权证和土地使用权证后，即可进入市场交易。在房地产部门办理房屋产权过户时，应同时到国土部门补办土地使用权证。

（二）职工所购公有住房，须经有关部门和原售房单位同意方可上市交易，交易价格随行就市。买卖双方可自行协商，但必须进入交易市场成交，并到房地产局办理房屋产权过户手续。

（三）职工所购公有住房上市出售后，须按成交金额 4%的综合征收率缴纳各项规费。所有税费由房地产局代收，统一上交财政。

（四）凡职工以标准价购买尚未衔接为全部产权的住房以及违反房改政策购买

尚未纠正处理的住房、依法限制产权转移的公有住房，均不能上市交易。

（五）对不进入房地产市场私自进行房产交易；不办理权证手续，偷税漏税的以及在交易中发现多占公有住房，弄虚作假牟取暴利者，要严肃查处。

（六）职工在享受一次性房改优惠政策后，允许在已有住房之外购买商品房或自建商业用房。

（七）职工所购公有住房以市场价上市交易后，不得再向所在单位申请分配住房，亦不能参加全额集资建房。

（八）发展住房金融，开展个人住房抵押、质押、担保和按揭贷款金融业务。按照国家规定，增大个人住房贷款额度。购房户购买住房或通过集资合作建房方式解决住房的，在一次性交付30%以上的房款时，可以所购房屋作抵押，以储蓄、有价证券作质押或以有偿还能力的单位或个人提供担保等方式向银行或住房公积金管理中心申请贷款，贷款利率不得高于法定利率。

所有住房进行交易时，契税均按2%计征。

八、加强住宅小区建设

规划、国土部门应切实搞好住宅小区布局，实行规模开发，推行物业管理。住宅小区竣工后，建设单位应及时移交给具有物业管理资格的公司管理。

全市所有行政企事业单位工作区、生产区、经营区与生活区混杂在一起的，都必须逐步实行隔离。暂不能隔离的，要加强管理，并努力创造条件，尽快实行隔离。

九、各县可根据实际情况制定具体措施，加快住宅建设，搞活房地产市场。

十、本暂行办法从发布之日起实行。

永州市人民政府关于规范和扶持市区房地产业健康发展的意见

（二〇〇八年八月三十一日，永政发〔2008〕17号）

各县区人民政府，各管理区，市政府各委局、各直属单位：

为活跃房地产市场，增强房地产投资和消费信心，进一步规范房地产市场秩序，促进全市房地产业健康快速发展，特提出以下意见：

一、鼓励扶持合法规模开发

（一）清理税费降低成本

对房地产开发过程规费进行一次清理。没有政策规定的坚决取消，能降低标准的尽量降低标准，能后置的尽量后置，能放开的坚决放开。

实行扶优扶强的税费政策。对通过招拍挂取得土地进行房地产开发的，土地增值税按下限征收（普通住宅为1%，除别墅外的其他非普通住宅为2%，别墅、写字楼、营业用房等为3%，单纯转让土地使用权为5%）；义务教育基础设施配套费暂不开征；经批准调整规划容积率的，调增面积应补交土地出让金部分从优收取（按永政办发〔2008〕3号和永政办发〔2008〕32号办理）；报建环节打捆收费标准暂不提高；房屋维修基金推迟至办理产权分户时收取。对出让土地按规划要求建成的住宅，办理分摊土地转让时，不再要求用户提供土地评估报告，一律按基准地价核缴土地使用权转让契税。

实施购房财政补贴，降低交易成本。自发文之日起至2009年12月底以前（凭交易合同和税票）购买普通商品住房（含二手商品住房），按所交契税的地方所得部分给予50%的补贴；出售二手商品房并在一年内购买新建商品房的，其二手商品房交易所交的营业税在购买新房时由财政给予全额补贴。二手房交易综合税由1.98%调整为1.1%执行（综合税不含营业税、契税，具体各税种所占比重由税务机关确定分解）。

（二）加大房地产信贷扶持力度

严格实行商品房预售许可和商品房销售合同备案登记制度，全面实施商品房销售网上备案。购置第一套商品住房申请公积金贷款的，首付比例由30%调减至20%，贷款额度由最高12万元可放宽到15万元，最长贷款期限由20年可放宽到30年。积极开展住房公积金期房抵押贷款。对信誉良好、业绩突出、在建开发规模较大的房产和建筑安装企业，银行业继续给予信贷支持，利率优惠。要继续为小区购房户提供按揭贷款，积极开办二手房交易按揭业务。银监部门要加强监管，降低房贷业务收费门槛。住房公积金开户行要积极推行银行组合贷款。对房贷业务开展较好的商业银行，市区两级政府将在政府性资金和基金开户上给予支持。

（三）逐步推行保障性住房分配货币化

对人均住房使用面积10平方米以下的低收入家庭要实现廉租住房保障全覆盖，做到应保尽保。改变实物分配的单一模式，廉租住房坚持租赁补贴为主，实物承租为辅方式，探索实行经济适用住房的货币补贴方式。

二、规范房地产市场秩序

（四）限制淘汰散、小开发

对没有通过招拍挂方式取得土地使用权的房地产项目，报建环节严格执行省定收费标准，足额征收；开征义务教育基础设施配套费；若提高规划容积率，调增面积全额补交土地出让金。对通过招拍挂取得土地使用权的房地产项目，禁止拆分零散开发，否则，按未通过招拍挂取得土地使用权的征收标准执行。

（五）规范用地市场

严格执行国有土地使用权招拍挂出让制度，从严控制协议出让土地。协议出让划拨土地使用权补交土地出让金标准，由原来按评估价的40%调整为70%收取。严禁任何单位违反政策搞变相集资建房。严禁任何单位和个人与村组签订协议圈占土地，使用农村集体土地进行房地产开发。

（六）清理查处违法违规行为

由规划建设部门牵头，国土、房产、城管、监察、公安等部门参与，对中心城区房地产市场进行全面清理，坚决依法打击违法违规开发行为。对严重影响城市规划的非法建筑，坚决予以拆除；对非法转让土地、擅自改变土地用途、党政干部职工擅自非法买卖土地建房等违法行为，坚决予以查处；对徇私舞弊、失职渎职、违规办理有关证件的国家公职人员，坚决严肃查处；严厉打击房地产证件造假行为。

三、改善服务环境

（七）简化审批程序

招拍挂取得的土地，同一宗地第一批次转让经会审同意办理的，以后批次转让不再上会会审，直接办理；合并审批开发项目，对规划和工程设计方案实行一次性受理，平行审批。缩短审批时间，一般项目审批要在法定时限内缩短一半以上。

（八）建立房地产市场信息发布制度

市房产主管部门分区域、分地段归集商品住房价格信息，每季度通过报纸、电视、政府网站发布中心城市房地产市场指导价格。及时公布房地产预售许可证办理情况，引导消费者购买有合法产权证件的商品房。

（九）积极搭建交易平台

今年10月举办市第二届房地产投资交易洽谈会，促进房地产市场开发和消费，鼓励房地产开发商以多种方式让利营销。

（十）推动已出让地块尽快开工建设

开展已出让地矛盾协调专项活动，加大限期拆迁力度，促使开发商尽快开工。积极探索征地拆迁市场化运作，推行净地出让。

（十一）加快处置房屋产权办证遗留问题

针对中心城区部分房屋由于多方面原因，目前没有办证，一定程度上抑制了房地产交易的实际，成立处理房屋产权办证遗留问题工作领导小组，由分管城建的市政府领导主抓，分类清理遗留问题，研究制定处理意见。

（十二）加强舆论引导

新闻单位和房地产协会要运用多种形式，加大房地产正面引导，宣传房地产市场运行总体上处于合理、健康的区间，宣传我市房地产发展的优势、机遇和发展前景，增强投资和消费信心。

以上政策措施各县可参照执行。

永州市集体土地上房屋拆迁补偿安置办法

（二〇〇九年七月二十四日，永政发〔2009〕9号）

第一条 为做好集体土地上房屋拆迁补偿安置（以下简称房屋拆迁补偿安置）工作，维护被征地农村集体经济组织、村民和其他权利人（以下简称被拆迁人）的合法权益，保障城乡建设顺利进行，根据《中华人民共和国土地管理法》、《湖南省实施〈中华人民共和国土地管理法〉办法》和国务院《关于深化改革严格土地管理的决定》（国发〔2004〕28号）等法律法规和其他有关规定，结合我市实际，制定本办法。

第二条 本市行政区域内征收集体土地，涉及房屋拆迁补偿安置的，适用本办法。

国务院、省人民政府对公路、铁路、水利水电工程等建设涉及房屋拆迁补偿安置另有规定的，从其规定。

第三条 市、县人民政府应当加强对房屋拆迁补偿安置工作的监督管理，国土资源部门负责具体实施，征地拆迁机构受国土资源部门委托负责具体事务性工作。

市、县人民政府发展改革、房产、规划、建设、财政、公安、劳动和社会保障、民政等有关部门以及市辖区人民政府、乡镇人民政府、村（居）民委员会，按照职责分工做好相关工作。

对在房屋拆迁补偿安置工作中有突出贡献的单位和个人，市、县人民政府应当给予表彰和奖励。

第四条 被拆迁人应支持、配合房屋拆迁补偿安置工作。

对在规定期限内腾出土地的被拆迁人，按房屋拆迁进度适当给予奖励。

第五条 拟征收农村集体所有土地，在土地调查红线确定后、征地方案依法报批10个工作日之前，国土资源部门应当在拟征地所在的乡镇、村、组或社区发布征地前告知书，将拟征地的用途、位置、补偿标准、安置方式和申请听证的权利等，告知被拆迁人，并认真听取被拆迁人的意见。

第六条 征地方案批准后，市、县人民政府应当在收到征用土地方案批准文件之日起10个工作日内，在被征地所在的乡镇、街道和村组、社区发布征地公告，将批准征地的机关、文号、时间、范围和所有权人、用途、位置、面积、地类、补偿标准、人员安置方式、社会保障、办理征地补偿登记期限及地点予以公示，并组织落实。

第七条 自征地公告发布之日起1年内，市、县人民政府应当书面通知相关行政主管部门，在征地范围内暂停办理下列手续：

（一）新批宅基地和其他建设用地，改变土地用途、土地转让及土地登记发证；

（二）审批改建、扩建房屋；

（三）户口的迁入和分户，但因出生、婚嫁、军人复员转退或大中专院校学生毕业等确需办理户口迁入和分户的除外；

（四）办理工商营业执照；

（五）土地承包经营权流转手续，但土地承包经营合同到期的除外；

（六）特种养殖证；

（七）其他有碍房屋拆迁补偿安置工作的手续。

在此期间，除市、县人民政府批准外，其他任何部门擅自办理的有关手续，不能作为房屋拆迁补偿安置的依据。因擅自办理有关手续给他人造成损失的，由相关责任单位或责任人自行负责。

第八条 征地拆迁机构应当对拟拆迁房屋及其他建（构）筑物面积、数量、结构等现状情况进行调查，被拆迁人应当予以配合，并进行确认。拆迁房屋的权属、面积、结构、使用性质、建筑年限等的认定，以土地使用权证、房屋产权证或其他合法证明为依据。

被拆迁房屋有合法证明的，面积以合法证明上注明的面积为准。被拆迁房屋没有相关证明的，面积以双方共同确认的结果为准。

被拆迁人拒不配合调查或拒不确认的，征地拆迁机构可以委托有资质的房屋测绘机构测绘，或者采取照相、摄像等方式取证，并可将取证过程和取证结果予以公证，作为实施征地补偿安置的依据。

第九条 有关市、县人民政府土地行政主管部门应当按照《征用土地公告办法》（国土资源部令第10号）的有关规定，会同有关部门根据批准的征用土地方案，在征用土地公告之日起45天内，以被征用土地的使用权人为单位拟订征地补偿、安置方案并予以公告。

第十条 被拆迁人对征地补偿、安置方案有不同意见的或者要求举行听证会的，应当在征地补偿、安置方案公告之日起10个工作日内，向有关市、县人民政府土地行政主管部门提出。

第十一条 有关市、县人民政府土地行政主管部门应当研究被拆迁人对征地补偿、安置方案的不同意见。对当事人要求听证的，应当举行听证会。确需修改征地补偿、安置方案的，应当依照有关法律法规和批准的征用土地方案进行修改。

第十二条 国土资源部门或征地拆迁机构可以与被拆迁人签订房屋拆迁补偿安置协议，该协议作为房屋拆迁补偿安置的依据。

征地补偿、安置方案符合第十一条规定，被拆迁人拒不签订协议，不在规定期限内腾地的，经依法补偿后，国土资源部门可以责令限期腾地；被拆迁人逾期不腾地的，由国土资源部门申请人民法院强制执行。

房屋拆迁补偿款没有足额支付到位的，被拆迁人有权拒绝腾地。

第十三条 征地单位应当向国土资源部门提供金融机构出具的拆迁补偿安置资金证明。未出具证明的，国土资源部门不得发布房屋拆迁公告。

第十四条 征地拆迁机构与被拆迁人达不成拆迁补偿安置协议的，经当事人申请，由县区人民政府协调；协调不成的，由市人民政府裁决；也可直接申请市人民政府裁决。其中涉及到补偿标准依据适用的，由省人民政府裁决。

市人民政府的裁决决定，应当自收到申请之日起30日内作出。

第十五条 房屋拆迁补偿安置工作完成后，国土资源部门应当将房屋拆迁情况书面告知市、县人民政府规划、建设和房产等部门。

第十六条 住宅房屋拆迁按照附件1规定的标准补偿。

生产经营性用房拆迁补偿，除按相应等级房屋进行补偿外，另按房屋总价款（包括设施）的65%补偿停产停业损失，并补偿有关设备拆除、安装、搬运的实际费用。

搬迁集体企业其他用房的，按相应等级房屋标准的30%补偿停产停业损失。

集体企业或个人房屋性质的认定以房屋产权证、土地使用证确定的用途为依据，且被拆迁人持有有效的营业执照，否则按一般居住性用房给予补偿。

下列情形不予补偿：

（一）征地公告后新增的建（构）筑物及抢插抢栽的林果苗木；

（二）违法违章建（构）筑物；

（三）已超过批准期限的临时建（构）筑物。

第十七条 拆除电力、通信通讯、有线电视、给排水、燃气等公共设施，按国家有关规定补偿。

拆迁房屋其他附属设施、迁移坟墓等按附件2、附件3、附件4、附件5、附件

7 的规定执行。

第十八条 拆迁房屋应当支付搬家费。搬家费以户为单位，按户籍在册人口计算。

实行重建安置的，还应当支付过渡费，并支付两次搬家费。搬家费、过渡费按附件 6 的规定执行。

过渡期一般不得超过 12 个月。需要延长过渡期的，延长时间在一年以内的，从延长之日起，过渡费按 2 倍支付；延长时间超过一年的，从超过之日起，按 3 倍支付。

第十九条 城市规划区内的住宅房屋拆迁，一般实行货币安置。有条件的村、组，经市、县人民政府批准，可以在集体土地上集中建设居民点或安置小区。居民点或安置小区的建设应当实行统一规划、统一设计、统一建设。

货币安置是指对被拆迁人的拆迁房屋进行补偿后，不进行统一安置，也不安排宅基地，实行发放安置补助费，由被拆迁人自行安置的办法。货币安置补助费的标准按被拆迁房屋正房占地面积每平方米 1200 元执行。

厢房、偏房、用于农业生产的房屋及其他附属设施给予拆迁补偿，其用地不计入正房占地面积。

被拆迁房屋正房面积、建筑面积的计算及补偿按附件 8 执行。

第二十条 城市规划区外的住宅房屋拆迁，一般实行自拆自建方式进行安置。

对被拆迁人的拆迁房屋进行补偿后，由被拆迁人自行安置，征地单位负责按照《湖南省实施〈中华人民共和国土地管理法〉办法》规定的标准安排重建用地。

第二十一条 被拆迁人有两处以上宅基地的，其中一处房屋被拆迁，其他宅基地已达到规定用地面积标准的，不再安排宅基地；两处同时被拆迁的，只能选择其中一处安排宅基地。

第二十二条 住房特别困难的被拆迁人，由征地单位根据实际情况进行妥善安置。

第二十三条 贪污、挪用、私分、截留、拖欠被拆迁人的拆迁补偿费用和其他有关费用的，依法追究相关人员的责任。构成犯罪的，移送司法机关追究刑事责任。

第二十四条 冷水滩区、零陵区拆迁补偿标准及安置方式按本办法执行；东安县、祁阳县、蓝山县拆迁补偿标准按本办法可下调 10%，宁远县、道县、江永县、江华瑶族自治县、双牌县、新田县拆迁补偿标准可下调 15%。

各县实行货币安置的，房屋安置补助费可适当下调，下调幅度不超过 20%。

第二十五条 本办法自公布之日起实施，其他有关集体土地上的房屋拆迁安置的规定与本办法不一致的，以本办法为准。本办法实施之前农用地转用和土地征收已获得批准并已依法发布土地安置方案公告的，征地补偿安置按原规定办理；尚未发布的，或者土地补偿安置方案发布后3个月内未补偿到位的，按本办法执行。

附件：1. 集体土地上房屋拆迁补偿标准

2. 集体土地上房屋拆迁其他设施补偿标准（一）

3. 集体土地上房屋拆迁其他设施补偿标准（二）

4. 储水池、沼气池拆迁补偿标准

5. 粪池补偿标准

6. 搬家费、过渡费补偿标准

7. 迁移坟墓补偿标准

8. 房屋拆迁计算补偿方法的说明

附件 1

集体土地上房屋拆迁补偿标准一览表

表 1

房屋类别		补偿价格（元）	主要特征
钢混结构		800	1. 桩基础或筏板基础，承重部分全部为钢筋混凝土框架结构。 2. 现浇楼面、屋面、楼梯、天沟，层高 3 米以上，屋面上部有架空隔热层或平坡型隔热层框架间均为 24 厘米眠墙填充。 3. 外墙全粉饰，贴外墙砖，有琉璃饰物及石质材料贴面。 4. 客厅、卧室、生活配套房为实木地面，其余为石质或瓷砖地面。 5. 木制或石膏、金属物饰顶，有木制墙裙，固定壁柜、门、窗套全包装饰。 6. 防盗门、防盗窗、铝合金门窗。 7. 厨房、卫生间设施配套齐全，室内水、电、卫设施齐全（全装修房、室）。 8. 水、电进户，排水设施齐全
砖混结构	一等	700	1. 桩基础或深度在 2.5 米以上的混凝土现浇基础，承台或圈梁结构。 2. 全部为眠墙、水泥或混合砂浆砌筑，现浇楼梯、客厅、厨房、卫生间地面和圈梁、过梁、挑梁、砼柱、天沟，有隔热屋或坡屋面盖瓦，房屋结构完整，标准层高为 3 米以上。 3. 外墙全粉饰，贴外墙砖，有琉璃物及石质材料贴面。 4. 客厅、卧室、生活配套房地面为实木地面；其余为石质或瓷砖地面。 5. 木制或石膏、金属物饰顶，有木制墙裙，固定壁柜、门、窗套全包装饰。 6. 防盗门、防盗窗、铝合金门窗。 7. 厨房、卫生间设施配套齐全，室内水、电、卫设施齐全（全装修房、室）。 8. 水、电进户，排水设施齐全
	二等	650	1. 标准砖石基础，钢筋砼地梁、圈梁、部分构造柱，厨房、厕所楼面、楼梯、天沟均现浇，其他楼面预制板，屋面上部有架空隔热层或者平坡型隔热屋。 2. 全部为眠墙、混合砂浆砌筑，房屋结构完整，标准层高为 3 米以上。 3. 外墙全粉饰，部分贴外墙，有琉璃物及石质材料贴面。 4. 客厅、卧室、生活配套房地面为瓷砖或石质材料贴面，部分实木地面。 5. 木制或石膏角线、木制或其他材料墙裙，部分固定壁柜、部分门、窗套装饰。 6. 防盗门、防盗窗、铝合金门窗，部分木制门、窗带纱。 7. 厨房、卫生间设施配套齐全，室内水、电、卫设施齐全。 8. 水、电进户，排水设施齐全
	三等	600	1. 标准砖石基础，钢筋砼地梁、钢筋砼预制楼面、屋面、楼梯、天沟、有柱檐廊，屋面上部架空隔热层或平坡型隔热层，房屋结构完整，标准层高 3 米以上。 2. 24 厘米眠墙，部分斗砖。 3. 外墙部分粉饰，内墙粉刷涂料罩面。 4. 客厅、卧室、生活配套房地面为瓷砖或石质材料贴面，部分水泥或其他饰面材料。 5. 木制或石膏线、有固定壁柜、部分墙裙、门套、木制门、窗带纱，普通防盗门、窗，部分铝合金窗。 6. 厨房、卫生间设施配套齐全，室内水、电、排水设施齐全

续表

房屋类别		补偿价格（元）	主要特征
砖木结构	一等	500	1. 标准砖石基础，瓦屋面，前后檐口高度不低于3米。 2. 空斗砖墙，部分眠墙，有圈梁、过梁、砖柱结构，天沟、隔热层。或坡屋面盖瓦，房屋结构完整。 3. 客厅、卧室、生活配套房地面为瓷砖或石材贴面，外墙有部分粉饰或瓷砖贴面。 5. 普通内墙面、顶棚装饰、木制门、窗带纱；防盗网，部分铝合金窗。 6. 厨房、卫生间设施配套齐全，室内水、电、排水设施齐全
	二等	450	1. 标准砖石基础，24厘米斗墙和部分眠墙，瓦屋面，有砖柱结构，前后檐口高度不低于3米。 2. 客厅、卧室、生活配套房地面为部分瓷砖，外墙有粉饰。 3. 普通内墙面、木制门、窗带纱，有防盗网。 4. 厨房、卫生间设施配套齐全，室内水、电、排水设施齐全
	三等	400	1. 木柱屋梁，半土、半砖、木板墙或填充墙，瓦屋面，前后檐口高度不低于2.8米。油漆木制门窗，室内水、电、卫生设施和厨房设施配套齐全。 2. 空斗砖墙或土砖、土筑墙，有隔热层。坡屋面盖瓦，房屋结构完整。 3. 室内地面为水泥，外墙为清水墙，门、窗齐全，带纱，室内全粉饰，带防盗网。 4. 厨房、卫生间设施配套齐全，室内水、电、排水设施齐全
土木结构	一等	300	1. 土筑混砌墙，木屋架，瓦屋面，前后檐口高度2.8米以上。 2. 水泥地面或三合土地面，门、窗齐全，带纱，室内全粉饰。 3. 室内水、电、卫生间设施和厨房设施配套齐全
	二等	250	1. 土筑混砌墙，木屋架，瓦屋面，前后檐口高度2.8米以上。 2. 水泥地面或三合土地面，普通门窗。 3. 简单的水、电设备
	三等	200	1. 无独立山墙，24厘米斗墙或12厘米墙，檐口高度2.2米以上。 2. 各类材料砌筑墙体，三合土地面或水泥地面，材料、屋面完整。 3. 油漆木制门窗，简易水电进户
简易结构	一等	150	1. 基础深度0.5米，12厘米墙或杂砖墙，瓦屋面，檐口高度1.8米以上。 2. 三合土地面或水泥地面，油漆木制门、窗，简易水电进户。 3. 木板平房、砖坯房
	二等	100	砖木柱、简易门窗、石棉瓦、杉皮壳、油毛毡等房。 油漆木制门、窗，简易水电进户
	三等	50	盖石棉瓦、油毛毡、杉皮壳的厕所、牛栏、猪栏及厂棚等

备注：1. 结构标准符合等级要求，但装饰标准有两项以上达不到标准的，套用下一个类别。
2. 装饰标准符合类别等级，但结构标准有一项以上达不到标准的，套用下一个类别。
3. 本补偿标准含室内外装饰、装修。
4. 房屋主体补偿每缺少一项扣减10~30元/平方米。
5. 层高每增减10厘米，按房屋主体补偿价增减1%。
6. 房屋装（修）饰补偿每增减一项增减10~20元/平方米

附件 2

集体土地上房屋拆迁其他设施补偿标准（一）一览表

表 2

序号	名称	单位	补偿单价（元）	备注
1	水泥坪	立方米	300	—
2	水渠	立方米	120	按砌体计算
3	固定灶台	组	80	—
4	无油烟灶	套	600	—
5	高档防盗门	扇	1000	每户防盗门不超过 3 扇（含 3 扇），超过的，每扇只给移装费 50 元
6	普通防盗门	扇	600	
7	简单防盗门	扇	300	
8	不锈钢防盗网	平方米	60	—
9	空调移机（立）	台	200	分体机
10	热水器移装	台	200	
11	水泥电杆（8 米以上）	根	800	含配件
12	水泥电杆（8 米以下）	根	400	含配件
13	水泥电杆（5 米以上）	根	200	含配件
14	铝合金卷闸门	平方米	150	—
15	铝合金门窗	平方米	120	—

说明：1. 凡属非固定性生产或生活的炉灶、装配或水池、非固定猪（牛）槽，活动水泥板，谷仓等均不予补偿。

2. 房屋的屋檐滴水明沟，进屋的踏步、上楼的楼梯等均为房屋的必要配套设施，已包括在房屋的补偿单价中，不再另行补偿。

3. 附件中未列入项目，一般按现行建筑定额直接费的 70%予以补偿

附件 3

集体土地上房屋拆迁其他设施补偿标准（二）一览表

表 3

<table>
<tr><th colspan="2">项目名称</th><th>单位</th><th>补偿金额（元）</th><th>备注</th></tr>
<tr><td rowspan="2">挡土墙护坡</td><td>砌浆、水泥沟缝</td><td>立方米</td><td>160</td><td rowspan="2">条石护坡酌减，水泥粉面每平方米增加 5 元</td></tr>
<tr><td>干砌、水泥沟缝</td><td>立方米</td><td>120</td></tr>
<tr><td rowspan="5">围墙</td><td>块石、预制砖墙</td><td rowspan="5">立方米</td><td>270</td><td rowspan="5">有水泥粉面的每平方米增加 5 元，墙面粉白灰的每平方米增加 1.5 元</td></tr>
<tr><td>24 厘米眠墙</td><td>270</td></tr>
<tr><td>24 厘米有眠斗墙</td><td>230</td></tr>
<tr><td>24 厘米无眠斗墙</td><td>190</td></tr>
<tr><td>土砖、土筑墙</td><td>80</td></tr>
<tr><td colspan="2">压水井</td><td>口</td><td>1000</td><td>深 ≥ 8 米的，每增加一米加 150 元</td></tr>
<tr><td colspan="2">红薯窖</td><td>立方米</td><td>100—120</td><td></td></tr>
</table>

附件 4

储水池、沼气池、化粪池拆迁补偿标准一览表

表 4

项目	水池	沼气池	化粪池
砌体	砌体/立方米	砌体/立方米	砌体/立方米
红砖砌体水泥抹面	300 元	300 元	300 元
混凝土	400 元	400 元	400 元

附件 5

粪池补偿标准一览表

表 5

结构	土涵	三砂	砖砌、粉水泥
价格	25 元/立方米	40 元/立方米	60 元/立方米

附件 6

搬家费、过渡费补偿标准一览表

表 6

类别	补偿标准	备注
搬家费	400 元/户	三人以上户每增加一人，增加 100 元
过渡费	300 元/月	三人以上户每增加一人，增加 100 元

附件 7

迁移坟墓补偿标准一览表

表 7

单位：元/坟

坟墓	骨灰盒（坛）	土坟		三合土（水泥）坟		双人合葬坟	
类别		好棺	腐棺	好棺	腐棺	好棺	腐棺
补偿费	300	500	300	600	400	1000	600

说明：

1. 规划区范围外，征收土地后该村、组尚有集体土地的，由村组自行调剂解决迁坟地点。在规划区范围内征收土地，经建设用地单位同意后，自行解决迁坟地点的，每坟另补偿 700 元。如无迁坟地点，由拟用地单位在规划的公墓内进行安置的，不另行补偿。

2. 用建筑材料修缮加固的坟墓，根据用材料类别迁坟补偿标准在同类坟墓补偿标准的基础上增加 50%～100%。

3. 超过迁坟公告期限，逾期不迁的，由拟用地单位深埋处理，不再补偿

附件 8

房屋拆迁计算补偿方法的说明

1. 被拆迁房屋（构筑物）视结构类别，按本办法的补偿价格进行补偿；使用次品、劣质材料或未达到质量标准的装饰项目应减少补偿，直至只补偿人工工资。

2. 房屋一律按合法建筑面积计算。单层（平房）和楼房的底层，从房屋外墙勒脚以上水平面积计算；楼层按外墙外围水平面积计算；有柱的走廊、檐廊、凹阳台、挑阳台，按其投影面积的一半计算建筑面积；突出墙面的柱、垛、勒脚、扶梯以及前后经墙的出檐、出墙的山梢部分不计算建筑面积。楼层和架空层的高度在 2.2 米（不含 2.2 米）以下的，以建筑面积套相应类别补偿单价计算后，再乘以实际高度与 2.2 米的比例计算补偿。

3. 房屋的层高、单层（平房）建筑，按勒脚以上前后经墙柱的平均高度计算；楼房按室内地平面至楼面或楼面至屋面的前后经墙的平均高度计算。

4. 共墙按一半计算面积，寄搭作无墙处理。

5. 本标准按房屋的不同结构分为 5 类 13 等，计算补偿时，视房屋的结构，按所属类别的补偿价格计算补偿金额，不得越类计算补偿。

永州市人民政府
关于进一步完善中心城区住房制度改革的通知

（2011 年 9 月 2 日，永政发〔2011〕16 号）

市直各单位，中央、省驻永各单位，零陵、冷水滩区人民政府：

住房问题关系国计民生，既是经济问题，更是影响社会稳定的重要民生问题。为进一步理顺房改政策，改善群众的居住条件，根据《国务院关于解决城市低收入家庭住房困难的若干意见》（国发〔2007〕24 号）、《建设部关于加强经济适用住房管理有关问题的通知》（建保〔2010〕59 号）的规定，现就进—步完善中心城区住房制度改革通知如下：

一、存量公有住房按经济适用房价出售

（一）从 2002 年 1 月 1 日起停止执行房改成本价向干部职工出售公有住房政策。各单位在本时间起自建、腾空的可售公有住房尚未向干部职工出售的统称为存量公有住房。存量公有住房从 2002 年 1 月 1 日起按经济适用房价出售。

（二）职工按经济适用房价购买存量公有住房的，实行政府定购价。职工购买规定享受面积标准之内按经济适用房价计算，超面积部分按同地段商品房市场指导价计算。职工按经济适用房首次购买存量公房的，有关规费、税费按经济适用房政策给予办理。

（三）经济适用房成新折旧。经济适用房成新折旧率每年按 2%给予折扣，折扣年限从住房竣工交付第二年开始，计算到购房时止，但最多不能超过 20 年。经过大修或设备更新的旧房按规定评估确定。

二、住房部分产权衔接为全部产权

（四）住房部分产权衔接为全部产权，是加快建立住房新体制，规范住房产权管理的需要。凡 1994 年前以标准价格购买，职工拥有 60%产权的已购公有住房，没有衔接为全部产权的，各单位应组织职工将所购部分产权住房衔接为全部产权。衔接时凭原已签订的购房合同、审批表和房屋所有权证到房改部门办理衔接补款手续，并凭房改部门的衔接审批表到房产和国土资源部门分别办理房屋所有权及国有土地使用权相关手续。衔接价格按衔接时的年度经济适用房价格计算。

（五）没有经过全部产权衔接的已购公有住房，各单位应按公共租赁价收取其 40%产权的租金。住房部分产权房屋在拆迁安置过程中，只能按原定的 60%产权给予安置和补偿。

三、经济适用住房价格

（六）经济适用住房销售基准价格及浮动幅度，由市、区人民政府价格行政主管部门会同房地产（住房保障）主管部门，在综合考虑建设、管理成本、利润和当地低收入家庭经济承受能力的基础上，依据国家和省经济适用住房价格管理的有关规定每年定期公布后执行。

（七）经济适用住房的销售价格应当遵循保本微利的原则。房地产开发企业实施的经济适用住房项目利润按不高于3%核定；市、区人民政府直接组织建设的经济适用住房只能按成本价销售，不得有利润。经济适用住房销售的基准价格由开发建设单位负责测算，报价格行政主管部门和房地产（住房保障）主管部门核定，经市、区人民政府批准公布后执行。

四、发展公共租赁住房

（八）公共租赁住房的对象范围。公共租赁住房供应对象主要是城市中等偏下收入住房困难家庭，即家庭人均年收入低于上年度当地平均水平60%的，住房面积人均不足15平方米的。已享受廉租实物配租和经济实用住房政策的家庭，不得承租公共租赁住房。单位存量公有住房按公共租赁住房出租。

（九）公共住房租赁的管理。公共租赁住房出租人与承租人应当签订书面租赁合同，明确各自的责任；公共租赁住房只能用于承租人自住，不得出租、转租或闲置，也不得用于从事其他经营活动；对承租人拖欠租金可以从其收入中直接划扣。政府投资建设的公共租赁住房租赁收入，实行“收支两条线”管理，租金收入专项用于公共租赁住房贷款，以及该住房的维护管理和投资补助。

（十）公共租赁住房租金水平。公共租赁住房租金水平由市人民政府统筹考虑住房市场租金水平和供应对象的支付能力等因素合理确定，并按年度实行动态调整。

五、住房货币分配

（十一）对没有购买公有住房、经济适用住房，未参加集资建房的无房职工和虽已有住房，但面积未达到规定标准的职工，可给予住房补贴。由于市区房价收入比没有超过四倍，暂不发住房补贴，只对1994年年底前参加工作的职工发放住房工龄补贴。住房工龄补贴办法仍按省、市住房货币分配实施办法执行。2011年住房工龄补贴额为6.43元/平方米·年。

（十二）符合住房工龄补贴者，在2010年12月31日前已购房的，按照3.68元/平方米·年补发，2011年1月1日后购房的职工按6.43元/平方米·年标准发放。企业是否发放，由企业结合本单位资金来源情况自定。住房工龄补贴采取直接打入职工个人公积金账户，实行专款专用。

六、住房面积控制规定

（十三）职工购买存量公有住房和住房工龄补贴的面积控制标准为一般干部职工65平方米，科级干部（含中级职称）75平方米，处级干部（含副高职称）85平方米，厅级干部（含正高职称）110平方米。

七、房改资金管理

（十四）明确住房资金用途。财政部门是住房资金的管理部门，房改部门是住房资金的协管部门。住房资金包括单位住房资金、城市住房资金及收益金，主要用于住房改革、住房公积金补贴、住房工龄补贴，任何单位和个人不得截留、挪作他用。

（十五）严格住房资金使用审批程序。住房资金的使用，由拟用单位拿出可行性报告，经房改部门初审签具意见交财政部门审定后，市政府主管领导批准，再由财政部门办理拨款手续，财政部门应将拨款情况及时反馈给房改部门。

永州市人民政府关于加强保障性安居工程建设的实施意见

（2012年3月9日，永政发〔2012〕4号）

为贯彻落实党中央、国务院和省委、省政府关于加快保障性安居工程建设决策部署，根据《湖南省人民政府关于加强保障性安居工程建设的意见》（湘政发〔2011〕11号）精神，结合我市实际，提出如下实施意见。

一、进一步提高认识，明确工作责任

加快保障性安居工程建设，是保障和改善民生、促进社会和谐稳定的必然要求，是调整优化住房供应结构、促进房地产市场平稳健康发展的重要途径，是改善我市发展环境的客观要求。各级各部门要进一步深化对保障性安居工程建设重要性的认识，增强责任感和紧迫感。按照市人民政府负总责，各县区人民政府（管理区）抓落实的责任制要求，进一步明确工作责任，要将保障性安居工程建设列入重要议事日程，明确各部门职责，调动各方面积极性，切实做好各项工作。

二、进一步明确思路，确定工作目标

（一）总体思路

按照“保基本、促公平、可持续”原则，加快建立我市基本住房保障制度，通过保障性住房建设和棚户区改造，对全市城镇低收入和中低偏下收入住房困难家庭、新就业职工和城镇稳定职业的外来务工人员，分层次、多渠道实施保障，逐步建立比较完善的住房保障体系。

（二）目标任务

“十二五”期间我市保障性安居工程工作的目标任务是：

1. 到“十二五”末，城镇保障性住房覆盖面达到20%以上，即通过保障性住房和各类棚户区改造住房累计解决中低收入家庭住房困难总户数占城镇家庭总户数（按常住人口计算）的20%以上；

2. 全市人均住房建筑面积13平方米（含）以下的城镇低收入住房困难家庭应保尽保；

3. 基本解决城镇中等偏下收入家庭住房困难，并通过公共租赁住房逐步改善新就业职工和城镇稳定就业的外来务工人员的居住条件；

4. 基本完成集中成片城市棚户区、国有工矿、国有林区、农场棚户区（危旧房）改造，稳步推进非成片棚户区、零星危旧房改造和旧住宅区综合治理，完善基础设施配套，改善居住环境。

三、进一步完善政策措施，加大政策支持力度

（一）加强规划编制

1. 各县区人民政府（管理区）要认真组织编制“十二五”住房保障规划和年度工作计划，所需经费由同级财政安排。

2. 住房和城乡规划建设、国土资源管理部门要将住房保障规划纳入城镇总体规划和土地利用总体规划，合理布局并预留建设用地，不得随意调整或变更。

3. 房产（住房保障）部门要参与城镇规划、土地规划的审查和实施，确保住房保障规划落实。

（二）确保建设用地

1. 各县区人民政府（管理区）要组织房产、发展改革、住房和城乡规划建设、国土资源等部门提前做好项目储备并落实到具体地块，并按照住房保障规划和保障性安居工程建设年度目标任务，明确土地供应计划。

2. 住房用地供应计划中，保障性住房、棚户区改造和中小套型商品房建设用地，不得低于住房建设用地供应总量的70%。凡未完成上述住房供地计划的县区，不得向其他住房建设供地。

3. 要合理调整土地储备结构，落实保障性安居工程建设用地储备。规划确定的保障性住房棚户区改造住房建设使用新增建设用地的，全部实行“净地”方式供地。对依法收回的闲置土地和具备“净地”供应条件的储备土地，优先供应给保障性住房建设。

4. 要认真落实廉租住房、经济适用住房、公共租赁住房等保障性住房和城市、国有工矿、中央下放煤矿、国有林区、垦区等棚户区改造的土地划拨政策，加大对保障性安居工程建设的支持力度。

（三）加大资金投入

1. 加大政府投入。各级政府要确保住房保障资金按政策及时足额到位。各县区人民政府（管理区）要加大财政预算安排，并按照规定的渠道和标准筹集保障性安居工程建设资金。住房公积金增值收益在提取贷款风险准备金和管理费用后，全部用于保障性安居工程建设；土地出让收入中用于保障性安居工程建设的资金不得低于土地出让总价款的5%，并实行分笔缴纳专账管理，专款专用。

2. 拓宽筹集渠道。要进一步解放思想，创新思路，除政府投资外，要加大"四个结合"的力度，即采取保障性住房建设与园区、企业建设相结合，与城市房屋征收安置相结合，与棚户区改造相结合，与房地产开发相结合，多渠道筹措保障性住房建设资金。

3. 要大力推进廉租住房和棚户区改造租售并举、共有产权模式。

（四）推行配套建设

1. 凡挂牌出让的商品住房用地项目，按照项目总建筑面积的5%以上配建保障性住房，其中，配建廉租住房不小于2%、公共租赁住房不小于3%。

2. 配建以项目配建为主，对住房保障规划未要求配建或不宜配建的，报经市、县区（管理区）房产部门批准后，可实行异地配建。异地配建可由房地产开发公司自行组织，也可按应配建面积当地的工程造价，由开发商出资，进入住房保障专户，由房产部门统一组织建设。新建商品住宅项目配建廉租住房的方式由房地产开发建设单位自愿选择，并与市房产部门签订配建或代建协议。廉租住房配建或代建协议签订后，房地产开发建设单位不得擅自更改。

3. 选择配建的，在建设过程中，廉租住房要按栋和单元集中安排，不足单元部分按规定套数依次由低到高竖向提供房源。不得在小区内插花建设或利用杂房、车库改建为廉租住房。

4. 房产部门会同发改、财政、国土资源、住房和城乡规划建设、物价等部门依据各自工作职责，共同做好保障性住房配建工作。

对未按规定实施配建或者保障性住房建设进度迟缓的，不予办理商品房预售许可证和房屋所有权初始登记，并将其不良行为记入企业信用档案。

（五）落实税费优惠政策

1. 切实落实国家关于保障性住房和棚户区改造的税收优惠政策。廉租住房、经济适用住房税收优惠政策按《财政部国家税务总局关于廉租住房经济适用住房和住房租赁有关税收政策的通知》（财税〔2008〕24号）执行。公共租赁住房税收按《财政部国家税务总局关于支持公共租赁住房建设和运营有关税收优惠政策通知》（财税〔2010〕88号）执行。对各类棚户区改造中解决低收入住房困难家庭的建设项目享受廉租住房优惠政策；安置住房建设和通过收购筹集安置房源的，执行经济适用住房的税收优惠政策。市财政、税务等部门，要按照国家的文件规定，出台具体实施的办法。

2. 严格执行湘政办发〔2009〕63号等文件规定，对廉租住房、经济适用住房、公共租赁住房等保障性住房和城市、国有工矿、中央下放煤矿、林区、垦区棚户区改造项目，免征用地管理费、城市基础设施配套费、森林植被恢复费等各种行政事业性收费和政府性基金；有财政拨款的执行单位，其经营服务性收费按低限减半征收。

（六）加强保障性住房分配和运营维护管理

1. 规范准入审核，健全退出机制

市、县区人民政府要根据当地经济社会发展水平、居民收入、住房状况合理确定保障对象的住房困难、家庭收入（财产）的具体标准，定期调整并向社会公布；及时确定并公布廉租住房、公共租赁住房租金标准，保证租金水平基本稳定。

房产（住房保障）部门要会同民政等部门，进一步完善住房保障管理信息系统，完善保障性住房档案，对保障对象家庭住房和经济状况进行动态监测。对不再符合保障条件，或购置、租赁、继承、受赠其他住房的，要按规定退出。对在规定期限内未退出保障性住房的，可以通过提高租金等方式实现退出；对拒不退出的，可以依照法律或合同约定申请人民法院强制执行。对以虚假资料骗购骗租保障住房的，一经查实，立即责令退出或退还，并取消其5年内再次申请购买或租赁保障性住房资格。

2. 加强保障性住房的运营维护管理

具有一定规模的廉租住房、公共租赁住房等保障性住房项目，要同步建设市政公用设施和公共服务设施，可配套建设一定比例的经营用房，经营所得用于弥补保障性住房维护、管理等运营支出。

要从保障性住房租金收入、多方式经营收入及社会捐助的资金中提取一定比例，以及通过财政补助等方式筹集保障性住房运营维护管理专项经费，实现保障性住房建设和管理的可持续。

要加强保障性住房合同管理，明确承租对象的权利和义务，载明租金水平、期限以及违反使用规定的责任等事项，对违规使用的，要按有关规定或合同约定予以处理。

要积极引入市场手段和竞争机制，通过服务外包、购买服务、社会化的物业管理等方式运营保障性住房，提高效率。

四、进一步完善工作机制，推进工作落实

（一）建立健全工作机构

市、县区（管理区）要按照保障性安居工程建设工作需要，统筹机构设置和人员编制配备，建立健全保障性安居工程工作机构配备人员编制、安排专项工作经费。

（二）完善责任体系

市、县区人民政府、管理区和相关部门为责任主体，承担工作责任。

1. 市人民政府工作责任

负责全市保障性安居工程建设的组织实施工作。

2. 市直责任单位和工作责任

责任单位：市房产局、市发改委、市财政局、市国土资源局、市地税局、市住建局、市环保局、市民政局、市农业局、市林业局、市国资委为实施责任单位。

工作责任：（1）建立领导责任制，主要领导亲自抓，分管领导具体抓，并组建工作班子，确定专人负责。（2）建立工作责任制，制定工作方案，明确工作进度，按时上报实施进度和工作情况。（3）建立协调责任制，及时协调处理工作中的矛盾和问题。相关部门要切实做到特事特办，急事急办，开辟绿色通道。（4）建立督查责任制，定期调度工作情况，督促工作目标任务的完成。（5）建立保障性安居工程建设项目的后续管理机制，做到建管并重。（6）市直各责任单位要与上级主管部门做好指标衔接工作，将各项考核指标任务及时分解落实到相关县区、管理区，并明确责任。

3. 县区、管理区工作责任

县区人民政府和管理区委会要按照市直责任单位分解下达具体工作目标任务落实责任，并参照市直责任主体工作责任建立责任体系。

（三）健全监督检查和考核督办制度

市人民政府负责对各县区人民政府（管理区）保障性安居工程建设情况进行监督检查，市保障性住房建设工作办公室会同市政府督查室、市纪委执法室、市直责任单位具体负责对县区进行监督检查，并于每月 10 日前将全市保障性安居工程建设情况予以通报；对资金、土地不落实，政策措施不到位，进度达不到要求的县区人民政府（管理区），报请市人民政府约谈其政府负责人。建立市保障性安居工程目标考核和表彰奖励问责制度，将保障性安居工程工作纳入政府年度绩效考核。市人民政府组织对县区（管理区）保障性安居工程工作进行年度考核，予以表彰奖励和问责。表彰奖励资金由市财政预算安排。

（四）严格建设程序和质监机制

保障性安居工程事关群众生命财产安全。在建设过程中要认真履行项目基本建设程序，依法规范招标行为，落实项目法人制、合同管理制、工程监理制。项目法人对住房质量终身负责，建设、勘察、设计、施工、监理等单位对建设工程质量负责；强化竣工验收监督，全面落实保障性住房工程质量分户验收制度，确保工程质量和安全。

（五）加强舆论宣传

要采取多种方式广泛宣传保障性安居工程建设的重要意义、目标任务、政策要求，增强各方面推进工作的自觉性。同时，及时分析社情，加强舆论引导，主动宣传解释，让全社会了解和支持这项工作，加强舆论监督，形成合理预期。要及时宣传好的典型、好的做法，凝聚智慧，调动各方面积极性。

各县区（管理区）可根据本意见规定，结合本县区实际，制定具体实施意见。

永州市人民政府办公室关于促进我市房地产业平稳健康发展的若干意见

（二〇一二年十一月五日，永政办发〔2012〕71号）

各县区人民政府，各管理区，市政府各委局、各直属机构：

为进一步加强和改善房地产市场调控，合理引导房地产开发与消费，规范房地产市场秩序，促进房地产业持续稳定健康发展，结合我市实际，经市人民政府同意，提出以下意见：

一、加强市场监管，优化发展环境

认真落实国家调控政策，加大对房价监控力度，力求稳定房价；严格商品住房预售许可管理，进一步规范商品住房预售行为；统计、住房和城乡规划建设、国土资源、房产、税务、金融等部门要定期互通信息数据，加大房地产市场监测分析和预警预报力度，为科学决策提供可靠依据；加快建立完善房地产市场监管体系特别是个人住房信息系统建设，各县区年内要实现基本数据建库；进一步引导和鼓励中介机构创新发展，建立完善我市房地产信用信息管理评价体系；清理规范房地产各项税费，优化开发环境，打击不法行为，积极帮助房地产开发企业协调解决开发建设中的供水、供气、供电、消防、人防等基础配套工作，促进房地产项目早开工、早建设、早使用。

二、加大普通商品房供应，鼓励普通商品住房消费

用好用足政策，努力提高中小户型、中低价位商品房在市场供应中的比例，采取优先供地、控制地价、减免有关收费以降低建设成本等措施吸引开发商投资普通商品房；落实国家首套住房信贷政策，协调银行、住房公积金等各方降低首付比例，购房贷款不得高于基准利率；进一步提高公积金贷款额度，延长贷款期限，对因房屋征收造成住房公积金二次贷款的，享受首套房公积金贷款政策。有条件的地方可以给予适当补贴，为居民首次购房创造条件，刺激刚性需求释放；建立健全“二手房”交易资金监管体系，引入房屋交易担保机构，活跃“二手房”的交易市场；保障性住房建设配套资金按要求到位的县区，可适当增加购买、改建、租赁资金，用于购买符合条件的商品房作为廉租房和公租房。

三、推进新型城镇化，壮大县域房地产市场

县域市场正在成长为我市房地产业发展的主阵地。国土资源部门和银信机构要积极支持开发企业投资城镇特别是县城扩容提质和中心镇建设，鼓励集中成片开发，鼓励以 BOT 或 BT 等形式合作，鼓励企业参与城镇经营，提升城镇建设品质，带动房地产市场繁荣。

四、加快保障性安居工程建设，强力推进城市棚改

积极鼓励社会资本投入保障性住房建设，充分发挥保障性住房融资平台作用，拓宽保障性住房融资渠道。在突出抓好保障性住房建设考核指标全面实现的同时，强力推进城市棚改，充分发挥城市棚改改善住房困难家庭的居住条件和有效释放潜在需求的作用，全面落实已出台的有关优惠政策措施，吸引更多社会资金投向城市棚改，加快棚改进度；对一时难以拍卖的拆迁土地，可采取地方政府投资公司与战略投资者合作建房形式进行开发，商品房出售后按投资比例分配获利。

五、加大旧城和危房改造力度，全面提升城市品质

通过有计划、有步骤的改造，改善城市居民住房条件。本着积极稳妥、有序推进、政府主导、市场化运作、统筹兼顾、综合改造、区别对待、分类指导的原则，结合城市功能完善、综合环境改善、基础设施配套、城市路网建设进行旧城危房和城中村改造；将旧城改造和城中村改造地块与其他项目统一规划，提高土地利用率，逐步实现居住生活环境的普遍改善。

六、支持绿色建筑和初、精装修商品房上市

对购买上市的精装修房，按面积给予精装修补贴。支持优势地段优先开发，鼓励在统一规划下的高品质合作建房。积极拓展房地产发展新方向、新市场，以弥补商品住宅市场萎缩而出现的缺额；对城市重要节点、重要路段的建设项目，原定容积率过低的，在不违反国家规定的情况下，根据实际情况，可以按程序适当提高容积率，并按规定补交土地价款等费用。促进住房建设由数量型、粗放型向绿色环保宜居型转变，对绿色节能达标建筑，给予绿色节能建材补贴。对房价坚挺的优势地段，可适时适当地多推出，以提升城市人气和销售景气。

七、加强住宅小区物业管理整治规范

根据《永州市人民政府办公室关于印发〈永州市集中整治规范中心城区房地产开发小区物业管理工作的实施方案〉的通知》（永政办函〔2012〕58 号）精神，按照“全面整治、属地管理、条块结合、标本兼治、集中整治与强化监管相结合”的原则和“五个到位”（经费公示、清退收缴到位，房屋产权证、国有土地使用证办理到位，水、电、气、通讯、有线电视维护管理到位，基础配套设施整改到位，物业服务管理规范到位）的要求，扎实开展对中心城区房地产开发小区的集中整治，切实解决小区存在的突出问题，规范小区管理，推动房地产市场的进一步发展。

八、加快征收补偿进度

要按照《永州市人民政府关于印发〈永州市国有土地上房屋征收与补偿实施办法（试行）〉的通知》（永政发〔2012〕11 号）规定，依法、文明、和谐拆迁，做好征收补偿和安置工作。积极推进货币补偿方式，被征收人购置住宅的，其购房成交价格中相当于征收补偿款的部分免征交易契税。切实做好项目征收补偿的前期工作，加强对房屋征收项目、征收补偿方案、征收补偿资金的管理。各级财政部门要统一筹集房屋征收与补偿资金，并实行专户储存，保障我市房屋征收补偿工作有序进行。

九、积极妥善处理好历史遗留问题

要学习借鉴外地经验，制定专项工作方案，妥善处理好因历史原因造成土地或规划等手续不全、欠缴土地出让金和有关税费、超规划或超容积率没有处理到位的小区，以及私人自建房、拆迁户自建房无法进行产权登记的问题，维护社会稳定，促进房地产市场有序发展。

十、加强舆论引导，提高投资和消费信心

新闻媒体要加强正面引导，深入解读政策措施，客观报道房地产市场形势，加强对房地产市场调控政策、保障性住房建设、市场监管等方面的宣传报道，规范房地产市场信息发布和各类房地产广告发布行为，增强投资和消费信心，为我市房地产市场平稳健康发展营造良好的舆论氛围。

永州市人民政府关于促进物业管理健康发展的若干意见

（二〇一二年十二月十二日，永政发〔2012〕32号）

各县区人民政府，各管理区，市直各单位，中央、省驻永各单位：

为进一步加强物业工作，规范物业管理行为，提高物业管理服务水平，改善人民群众生活质量，推动我市城市建设和管理水平的提高，根据《中华人民共和国物权法》和国务院《物业管理条例》等法律法规，结合我市实际，现就促进我市物业行业健康发展提出如下意见。

一、统一思想，提高认识，充分认识促进物业行业健康发展的重大意义

物业管理是城市管理的重要内容。加强物业管理工作有利于提高城市管理水平，改善城市人居环境，提高群众生活质量；有利于促进经济增长，扩大社会就业；有利于维护社会稳定，推进城市精神文明建设；有利于保障物业的合理使用，促进物业的保值、增值。近年来，随着城市化进程的加快推进，我市物业管理工作得到了较快发展，已成为具有一定发展潜力的新兴产业。但从总体上看，目前物业管理工作中还存在着制度建设滞后，市场化程度低，市场主体之间的法律关系不明确；物业管理企业资质较低，从业人员素质不高，物业管理专业人才缺乏；成立业主委员会的覆盖面低，物业服务的消费意识不强；物业服务收费的监管机制不够完善；物业管理与社区居委会建设管理相互脱节，部门监管职责落实不够到位等问题。各级政府及部门要以科学发展观为指导，从构建和谐社会的高度，充分认识加强物业管理工作的重要意义，把加强物业管理工作作为提升城市形象、打造城市品牌、营造发展环境、维护社会稳定的一项重要工作，切实加强领导，强化措施，促进物业行业健康。

二、明确职责，理顺关系，切实加强物业管理

全面推行“市、县区、街道、居委会”四级管理体制，切实加强对物业管理工作的监督和管理。

（一）建立联席会议制度。物业管理联席会议由县区物业管理工作机构负责召集，各街道办事处、居民委员会、辖区派出所、物业服务企业、业主委员会或业主代表及相关部门参加，协调解决物业管理的疑、难、急问题。中心城区物业管理联席会议由市信访局负责召集。

（二）市房产行政主管部门作为全市物业管理行业主管部门，负责对县区物业管理主管部门的业务指导和监管，组织物业管理行业重大问题的调研及制定相关配套政策。

（三）县区（管理区）房产行政主管部门负责本辖区内物业管理工作，落实物业管理综合协调、管理的职责，根据本地实际，制定物业行业发展的政策措施。及时处理业主、业主委员会、物业使用人和物业服务企业在物业管理活动中的投诉。

（四）街道办事处、乡镇人民政府负责协调物业管理与社区建设之间的关系，协助物业主管部门对物业管理进行指导和监督。

（五）社区居委会负责牵头组建召开首届业主大会，物业主管部门和街道办事处按各自职责做好指导工作。

物业服务企业、业主委员会按照各自的职责做好物业管理及服务工作。

三、加强开发建设管理，确保前期物业管理规范有序开展

（一）严格执行前期物业管理招投标制度。开发建设单位应按《前期物业管理招标投标管理暂行办法》的规定，在业主或业主大会选聘物业服务企业之前，通过招投标选聘具有相应资质的物业服务企业，对新建物业实施前期物业管理，并将前期物业服务合同送物业管理主管部门备案；同时在商品房销售时，公示前期物业管理合同和临时管理规约。项目综合验收完成后，开发建设单位应及时将相关资料移交物业服务企业。

（二）确保公共服务设施到位。新建物业项目的供水、供电设计应符合国家有关技术标准和规范，并满足“一户一表”收费到户的要求。开发建设单位在物业建成后，其按规定投资建设的供水、供电、供气、通讯、有线电视等设施，经验收合格后移交给上述相应的专业经营单位进行维护管理。公用水、电表不再挂户在物业服务企业的名下，可明确为小区公用水、电表，落户在业主委员会名下，公用水费、公用电费由业主委员会分摊到户、委托物业服务企业代收代缴。

（三）确保监控设施、物业管理用房落实到位。开发建设单位新建物业项目应严格按有关法规和技术规范进行规划设计，充分考虑并满足物业管理的要求。住房和城乡规划建设行政主管部门在审查建设工程设计方案和办理建设工程规划许可证时，应确定物业管理用房的位置和面积、监控设施的布局。开发建设单位应当按照房屋总建筑面积3—5‰的标准配备物业管理用房；物业管理用房应为地面以上、水电到位、便于物业管理活动、具有正常使用功能的房屋。未按照规划、设计要求建设物业管理用房的，住房和城乡规划建设行政主管部门在进行规划核实时，直接认定为不符合规划条件，同时由房产行政主管部门按照《物业管理条例》的规定予以处理。监控设施的布局要充分考虑物业管理的要求。

（四）严格履行建筑保修责任。开发建设单位应严格履行房屋质量保修责任，开发建设单位在退还施工单位质量保证金时须经业主委员会或物业服务企业签字证明，对未履行保修责任的施工单位应延期退还质量保证金。

（五）切实做好物业承接查验。建设单位组织工程竣工验收和分户验收时，应当通知前期物业服务企业参与监督。在物业管理专项验收合格后应当与选聘的物业服务企业完成物业共用部位、共用设施设备的承接查验工作。物业承接查验费用的承担，由建设单位和物业服务企业在前期物业服务合同中约定。没有约定或者约定不明确的，由建设单位承担。

四、加快建立房屋维修资金保障体系

要按照建设部、财政部制定的《住宅维修资金管理办法》，加快建立住宅共用部位、共用设施设备维修资金，以保障物业管理企业的正常运转和物业管理行业的整体发展。对已经交付使用，但没有缴存房屋维修资金的小区，由业主委员会牵头，物业公司配合组织实施房屋维修资金的追缴工作。对维修资金要切实加强管理，保证其使用效率和安全。

五、齐抓共管，形成合力，努力促进物业行业持续健康发展

各有关主管部门应按如下工作职责，形成合力，加大对物业管理小区的执法力度，确保执法效果。

（一）房产行政主管部门。根据《物业管理条例》的规定，负责查处下列行为：擅自改变物业管理区域内的公共建筑和共用设施用途；擅自占用、挖掘物业管理区域内道路、场地，损害业主共同利益；擅自利用物业共用部位、共用设施设备进行经营，侵占、损坏共用部位、公共场地、共用设施设备；建设单位未按规定配足物业管理用房；在房屋装饰装修中，未按原设计单位或具有相应资质等级的设计单位提出的设计方案，擅自拆改、变动建筑主体和承重结构等违反《建设工程质量管理条例》的行为；物业服务企业违反有关规定，对业主或者使用人的违法行为未予以劝阻、制止或者未及时报告有关行政主管部门。

（二）住房和城乡规划建设行政主管部门。负责查处未经规划部门批准，擅自进行改、扩建和增建，或者擅自改变住宅外立面，在非承重外墙上开门、窗的行为，并按照《城乡规划法》及相关法规的规定处罚。

（三）城管行政执法部门。负责查处小区违法搭建建筑物，构筑物；在建筑物、构筑物上涂写、刻画或者违反规定悬挂、张贴宣传品，未经批准擅自饲养家畜家禽影响市容和环境卫生的行为。对小区流动摊点进行整顿。

（四）城市园林管理部门。负责查处侵占园林绿地或擅自砍伐、移植等损坏城市花草树木的行为。

（五）公安部门职责。负责查处违反治安管理条例以及生产、销售、运输、储存、燃放烟花爆竹等行为；加强犬类管理和社会生活噪音的管理；指导物业服务企业做好小区的安防工作，加大对盗窃等违法行为的查处力度。

（六）消防部门。负责查处擅自改变建筑物防火间距、耐火等级、防火分区、消防安全疏散条件、消防设施，增加建筑物火灾荷载、占用消防道路设施等行为。

（七）工商行政管理部门。负责查处在物业管理区域内未取得营业执照擅自从事经营活动的违法行为；对住宅改变为经营性用房，申请人未能提交本单元、本栋住户、业主委员会等利害关系人书面同意材料的，不予核发营业执照；对影响周边环境不适合在住宅小区内开设的经营项目不予核发营业执照；适当放宽物业服务企业的兼营范围，在不损害利害关系人利益的情况下，经该单元住户（该栋住户、业主委员会）书面同意的，允许和扶持物业服务企业开展多种经营。

（八）环保行政主管部门。负责查处在物业管理区域内贮存、堆放、弃置、倾倒、排放工业污水、工业废弃物；城市饮食服务业的经营者未采取有效污染防治措施，致使排放的油烟等对附近居民的居住环境造成污染；工业企业、建筑施工噪音等其他影响物业管理区域环境的行为。

（九）价格主管部门。按照《湖南省物业服务收费管理办法》的规定，会同同级房产主管部门按照价格管理权限，负责当地行政区域内物业服务收费的日常管理和监督工作。

六、规范费用代收代缴行为

物业管理区域内，供水、供电、供气、通讯、有线电视等专业经营单位应当直接为业主提供服务，向最终用户收取有关费用，并承担物业管理区域内相关管线和设施设备维修、养护责任；对直接收费到户有困难的，业主委员会可委托物业服务企业代收。委托单位可以按照不低于3%的佣金标准，与物业服务企业协商签订代收合同。

七、严格依法纳税

从事物业管理的单位，以与物业管理有关的全部收入减去代业主支付的水、电、燃气以及代承租者支付的水、电、燃气、房屋租金的价款后的余额为营业额，依法缴纳各项税费。

八、制定合理的物业服务收费标准

建立和完善物业管理收费和物业小区停车场服务收费政策，规范物业服务企业的服务收费和停车场收费的行为。

九、加强行业监管，提高物业服务满意度

（一）规范物业服务市场。各级物业行政主管部门应制定统一的物业分级服务标准，规范物业服务行为；加强行业自律，整顿物业服务市场秩序；促进物业服务专业化、品牌化发展；加大对不履行物业服务合同、损害业主利益、无资质从事物业服务、低质低价恶性竞争等违法违规行为的查处力度，净化物业服务市场。

（二）加强行业培训。各级物业行政主管部门应加强行业从业人员队伍建设，定期开展物业行业从业人员资格培训、继续教育，提高从业人员综合素质，全面推行专业化、规范化服务，提高物业服务整体水平。

（三）加强物业服务企业诚信建设。物业行政主管部门应建立物业项目巡查通报制度、物业服务企业退出项目管理办法以及信用评估制度等，加强物业行业动态管理，强化企业诚信管理；对各类违法违规、不讲诚信、损害业主权益的不良行为应计入企业诚信档案，并及时向社会公示；对诚信档案中不良记录较多的企业，应责令整改，取消项目投标资格，性质严重的要责令其退出物业服务行业。

（四）切实提高物业服务满意度。物业服务企业应加强自身建设，提高服务能力和水平，改进服务态度，以实际行动赢得广大业主的支持和理解；物业行政主管部门应加强物业服务企业满意度调查，制定考核评议办法，督促物业服务企业改变形象、树立品牌，与业主共建和谐小区。

十、坚持正确的舆论导向

新闻媒体和各有关单位应采取多种形式加强物业管理政策法规宣传，坚持正面舆论引导，让广大市民和业主了解物业管理政策法规，树立物业服务的消费理念，积极支持和参与物业服务相关活动，自觉遵守物业管理法规和业主规约，为物业服务行业的发展营造良好的舆论氛围。

永州市物业管理暂行办法

（2013 年 1 月 4 日，永政发〔2013〕1 号）

第一条 为规范物业管理行为，维护业主和物业服务企业的合法权益，根据《中华人民共和国物权法》和国务院《物业管理条例》等有关法律法规的规定，结合我市实际，制定本办法。

第二条 本市行政区域内的物业管理及其相关活动，均适用本办法。

第三条 本办法中物业，是指经批准兴建并竣工验收的各类建（构）筑物及其附属的设施、设备和相关场所。

物业管理，是指业主通过选聘物业服务企业，由业主和物业服务企业按照物业管理服务合同约定，对房屋及其设施、设备和相关场地进行维修、养护、管理，维护相关区域内的环境卫生和秩序并提供相关服务的活动。

业主，是指物业所有权人。

使用人，是指物业承租人或实际使用物业的其他人。

物业服务企业，是指依法设立的从事物业管理服务并取得相应资质的企业法人。

建设单位，是指依法投资，开发建设和出售物业的法人或其他组织。

前期物业管理，是指在业主、业主大会选聘物业服务企业之前，由建设单位选聘物业服务企业实施的物业管理。

第四条 本市物业管理活动应遵循尊重业主物业财产权利、推行市场竞争和专业服务、保障物业合理使用和提升业主公共生活品质的原则。

第五条 市房产行政主管部门是本市物业管理的行政主管部门（以下简称物业管理行政主管部门)，负责全市物业管理活动的指导、监督和管理。

各县区（管理区）房产行政主管部门，在市物业管理行政主管部门的指导下，负责辖区内物业管理活动的协调、监督、管理工作。

各县区（管理区）房产行政主管部门应及时处理业主、业主委员会、物业使用人和物业服务企业在物业管理活动中的投诉。

第六条 街道办事处、乡镇人民政府、社区居委会应当组织做好本辖区内业主大会成立及首届业主委员会的选举工作，指导和监督业主大会、业主委员会依法履行职责，调解物业管理纠纷，协调物业管理与社区管理、社区服务的关系。

第七条 业主按照法律法规、管理规约和物业管理服务合同的约定，有参加物业管理活动的权利，并有合理使用物业、维护公共利益的义务。

业主在物业管理活动中享有下列权利：

（一）按照物业管理服务合同的约定，接受物业服务企业提供的服务；

（二）提议召开业主大会会议，并就物业管理的有关事项提出建议；

（三）提出制定和修改管理规约、业主大会议事规则的建议；

（四）参加业主大会，行使投票权；

（五）选举业主委员会委员，并享有被选举权；

（六）监督业主委员会的工作；

（七）监督物业管理企业履行物业管理服务合同；

（八）对物业共用部位、共用设施设备和相关场地使用情况享有知情权和监督权；

（九）监督物业专项维修资金的管理和使用；

（十）法律、法规规定的其他权利。

业主在物业管理活动中履行下列义务：

（一）遵守管理规约、业主大会议事规则；

（二）遵守物业管理区域内物业共用部位和共用设施设备使用、公共秩序和环境卫生维护等方面的制度；

（三）执行业主大会的决定和业主大会授权业主委员会作出的决定；

（四）按照合同约定，按时足额缴纳物业管理服务费；

（五）按照国家有关规定缴纳物业专项维修基金；

（六）不妨碍其他业主、使用人对物业的合法使用，对毗邻物业所需的维修予以配合、协助；

（七）法律、法规规定的其他义务。

物业的合法买受人尚未办理权属登记，但已实际占有使用的，享有本办法规定的业主权利，承担相应义务。

第八条 物业管理区域内的全体业主组成业主大会，业主人数较多的，可以按比例推选业主代表，组成业主代表大会。业主大会或业主代表大会选举产生业主委员会。只有一个业主或者业主人数较少且经全体业主一致同意，决定不成立业主大会的，由业主共同履行业主大会、业主委员会职责。

第九条 一个物业管理区域只能成立一个业主大会。

物业管理区域的划分，应当根据物业的共用设施设备、建筑物规模、社区建设等因素，并遵循相对集中、便于管理的原则。

（一）物业管理区域的范围应以物业建设的原地红线内规划批准的范围确定，但已经自然形成且无争议的，不再重新划分；

（二）分期开发或者两个以上建设单位开发建设的区域，配套设施设备共用的，应当划分为一个物业管理区域，但若因区域规模较大等原因，已自然分割或习惯形成多个相对独立、封闭小区的，可以划分为不同的物业管理区域。

第十条 符合业主大会成立条件的物业管理区域，业主向当地房产行政主管部门和街道办事处（乡镇人民政府）提出申请，并在其指导下组成业主大会筹备组，负责业主大会筹备工作，组织召开第一次业主大会。

筹备组由业主代表、建设单位代表、街道办事处（乡镇人民政府）代表和社区居民委员会代表组成。筹备组成员人数应为单数，其中业主代表人数不低于筹备组总人数的一半，筹备组组长由街道办事处（乡镇人民政府）代表担任。筹备组成员名单确定后7日内由街道办事处（乡镇人民政府）以书面形式在物业管理区域内公告。

建设单位应当提供筹备工作所需要的物业和业主相关资料，为筹备组开展工作提供条件并配合协助筹备组开展工作。

第十一条 筹备组履行下列职责：

（一）确定首次业主大会会议召开的时间、地点、形式和内容；

（二）草拟管理规约、业主大会议事规则和业主委员会工作规则；

（三）确认业主身份，确定业主在业主大会上的投票权数；

（四）提出首次业主委员会委员候选人条件、名单和选举办法；

（五）完成召开首次业主大会会议的其他准备工作。

前款内容，应当在首次业主大会会议召开15日前以书面形式在物业管理区域内公告。业主对公告内容有异议的，筹备组应当复核并告之异议人复核结果。

第十二条 筹备组应当自组成之日起90日内，按照《业主大会和业主委员会指导规则》有关规定组织业主召开首次业主大会会议，并选举产生业主委员会。

第十三条 业主大会决定以下事项：

（一）制定、修改业主大会议事规则和管理规约；

（二）选举业主委员会或更换业主委员会委员，监督业主委员会的工作；

（三）选聘、解聘物业服务企业，授权业主委员会与物业服务企业签订、变更或终止物业管理服务合同；

（四）制定、修改、审议物业管理区域内共用部位和共用设施设备的使用、公共秩序和环境卫生的维护等方面的制度和物业服务企业提出的其他管理事项；

（五）决定物业专项维修资金使用、续筹方案，并监督实施；

（六）涉及业主共有和共同管理权力的其他重大事项。

第十四条 业主大会议事规则应当就业主大会的议事方法、表决程序、业主投票权确定办法、业主委员会组成和委员任期、改选、罢免等事项依法作出决定。

管理规约应当对有关物业的使用、维护、管理，业主应当履行的义务，违反规约应当承担的责任等事项依法作出约定。

第十五条 业主大会通过的管理规约和作出的决定，对物业管理区域内的全体业主、物业使用人具有约束力。

业主大会或者业主委员会作出的决定侵害业主合法权益的，受侵害的业主可以请求人民法院予以撤销。

第十六条 业主大会会议分为定期会议和临时会议。

业主大会定期会议应当按照业主大会议事规则的规定，由业主委员会组织召开；有下列情况之一的，业主委员会应当及时召开业主大会临时会议。

（一）有20%以上业主提议的；

（二）发生重大事故或紧急事件，需要及时处理的；

（三）业主大会议事规则或管理规约规定的其他情形。

业主委员会应当召开业主大会会议或者业主大会临时会议而不依法组织召开的，由物业所在地居民委员会在街道办事处（乡镇人民政府）的指导和监督下组织召开。

第十七条 业主大会会议可以采取集体讨论或书面征求意见的形式举行。召开业主大会会议应当有物业管理区域内专有部分占建筑物总面积过半数的业主且占总人数过半数的业主参加。物业管理区域内人数较多的可以幢、单元、楼层等为单位，推选业主代表参加会议。

第十八条 首次业主大会选举产生业主委员会。业主委员会根据物业管理区域规模，由3名以上单数委员组成，一般不超过15人，业主委员会首届任期由业主大会确定，一般为3~5年，其组成人员可以连选连任。

分期建设的物业达到成立业主大会条件时，初次选举的业主委员会成员一般为3~5人，每期入住后再增选业主委员会成员，直至本届业主委员会任期届满重新选举。

第十九条 业主委员会委员应当是本物业管理区域内的业主，并符合下列条件：

（一）遵守国家法律、法规；

（二）具有完全民事行为能力；

（三）遵守业主大会议事规则和管理规约，模范履行业主义务，按时足额缴纳物业管理服务费；

（四）热心公益事业、责任心强、公正廉洁、具有社会公信力；

（五）具有一定组织能力和协调沟通能力。

第二十条 业主委员会作为业主大会的日常工作机构，执行业主大会决定的事项。依照有关法律、法规和业主大会授权，履行下列职责：

（一）召集并组织业主大会会议，报告物业管理实施情况；

（二）在业主大会作出决定后的30日内，代表业主大会与物业服务企业签定、续签、变更或解除物业服务合同；

（三）执行业主大会的决议、决定；

（四）及时了解业主、物业使用人的意见和建议，督促业主按时缴纳物业管理费用，监督和协助物业服务企业履行物业服务合同；

（五）监督管理规约的实施；

（六）组织续筹专项维修资金；

（七）组织业主委员换届和补选工作；

（八）完成业主大会交办的其他事项。

第二十一条　业主委员会应当自选举产生之日起30日内，持下列文件向市、县区（管理区）房产行政主管部门（或物业管理行政主管部门）和街道办事处（乡镇人民政府）办理备案手续。

（一）业主大会会议决议；

（二）业主大会议事规则；

（三）管理规约；

（四）业主委员会委员名单和基本情况；

（五）法律、法规规定的其他资料。

备案内容发生变更的，业主委员会应当自变更之日起30日内，将变更内容书面告知原备案部门。

第二十二条　业主委员会委员有下列情形之一的，由业主委员会三分之一以上委员或者持有20%以上投票权数的业主提议，业主大会或者业主委员会根据业主大会的授权，可以决定是否终止其委员资格：

（一）以书面方式提出辞职请求的；

（二）不履行委员职责的；

（三）利用委员资格谋取私利的；

（四）拒不履行业主大会决定的；

（五）侵害他人合法权益的；

（六）因其他原因不宜担任业主委员会委员的。

业主委员会成员有上述情形之一的，业主委员会应当在物业管理区域内公告。业主委员会任期内，委员出现空缺时，应当及时补足。

第二十三条　业主委员会应当定期召开会议，会议应当有过半数委员出席，作出的决定必须经全体委员人数半数以上同意。

业主委员会会议应当作书面记录，由出席会议的委员签字后存档。

业主委员会的决定应当以书面形式在物业管理区域内及时公告。

第二十四条　业主委员会任期届满30日前，应在物业所在地街道办事处（乡镇人民政府)、社区居委会的指导和监督下由原业主委员会组织召开业主大会会议进行换届选举，新一届业主委员会产生后10日内，原业主委员会应将其保管的档案资料、印章及其他属于全体业主所有的财物移交新一届业主委员会，并做好交接手续。

第二十五条 业主大会、业主委员会应当依法履行职责，不得作出与物业管理无关的决定，不得从事与物业管理无关的活动。

第二十六条 在物业管理区域内，业主大会、业主委员会应当配合社区居委会依法履行自治管理职责，支持社区居委会开展工作，业主委员会召开业主大会会议时，应当告知社区居委会并认真听取建议，作出的决定应书面告知社区居委会。

第二十七条 业主委员会应当督促违反物业管理服务合同约定、逾期不缴纳物业服务费用的业主，限期足额缴纳物业服务费用。业主委员会应当配合公安机关，与社区居委会相互协作，共同做好物业管理区域内的社会治安等相关工作。

第二十八条 设立物业服务企业除应符合有关法律法规规定的企业设立条件外，还必须符合住房和城乡建设部《物业服务企业资质管理办法》规定的设立条件，并按规定申请核定物业服务企业资质等级。

物业服务企业应当在资质等级许可的范围内从事物业管理活动。未取得物业服务资质等级证书的，不得从事物业管理业务。

物业管理的从业人员，应当依法取得职业资格证书。

物业服务企业不得转让或以出租、挂靠、外借等形式转让资质证书。

外地物业服务企业进入本市从事物业管理活动的，应当到市物业管理行政主管部门备案。

一个物业管理区域由一个物业服务企业实施物业管理。

第二十九条 物业服务企业享有下列权利：

（一）根据法律法规和物业管理服务合同，拟定物业管理制度；

（二）依照物业管理服务合同的约定，收取物业管理服务费用；

（三）选择专业公司承担专项经营服务业务；

（四）制止业主违反法律、法规、规章及管理规约和物业管理制度的行为并向业主委员会和有关管理部门报告；

（五）开展多种经营和特约服务；

（六）要求业主委员会协调业主之间、业主与物业服务企业之间的矛盾和纠纷；

（七）法律、法规规定的其他权利。

物业服务企业应当履行下列义务：

（一）履行物业管理服务合同，并按照国家、省、市规定的服务技术标准和操作规范实施质价相符的管理服务；

（二）听取业主大会意见和建议，接受业主、使用人、业主委员会的监督；

（三）接受业务活动所在地物业管理行政主管部门和街道办事处（乡镇人民政府）的监督、指导和管理；

（四）为业主、使用人保守秘密；

（五）拟定物业管理制度报业主委员会审查；

（六）法律、法规规定的其他义务。

第三十条　投标人少于3人或建筑面积3万平方米以下的住宅物业，建筑面积1万平方米以下的非住宅物业，经物业管理行政主管部门批准，可以采取协议方式选聘具有相应资质的物业服务企业实施前期物业管理。

第三十一条　建设单位应当按照下列规定时限，完成前期物业管理的招投标工作：

（一）预售商品房在取得商品房预售许可证前；

（二）现售商品房在正式销售30日前；

（三）非出售的新建物业在交付使用90日前。

第三十二条　建设单位应在物业预售、销售时公示前期物业管理服务合同和业主临时管理规约。物业买受人在与建设单位签订物业买卖合同时，要签订临时管理规约并就遵守业主临时管理规约予以书面承诺。

在首次业主大会会议通过的管理规约生效后，临时管理规约即行失效。

前期物业管理服务合同作为物业买卖合同的附件，对物业买卖双方和物业服务企业具有约束力。

第三十三条　前期物业管理期间，物业服务企业向建设单位收取前期物业管理服务费，建设单位与业主在房屋销售合同签订过程中有业主缴纳前期物业管理服务费约定的，可由建设单位委托物业服务企业向业主收取。

第三十四条　规划、设计、建设、房产等主管部门在审查物业项目规划设计和办理相关手续时，应严格执行有关法规和技术规范，充分考虑并满足以下物业管理的要求：

（一）应当按照房屋总建筑面积3‰～5‰的标准配置物业管理用房，但最低不低于50平方米；

（二）规划行政主管部门在审查建设工程设计方案和审批建设工程规划许可时，应确定物业管理用房的位置和面积。物业管理用房应为地面以上、计算产权面积、编有房号并具有正常使用功能的房屋，位置应当便于物业管理活动；

（三）物业的供水、供电、采光设计必须满足使用要求；

（四）房产行政主管部门在办理房屋所有权初始登记时，开发建设单位应当提交物业管理用房的房号、面积等相关资料。物业管理用房由房地产登记机构予以登记为全体业主所有，但不颁发房屋权属证书。

开发建设单位应在相应环节接受市物业管理行政主管部门的监督和管理。

第三十五条 物业管理用房的所有权依法属于业主，未经业主大会同意，物业服务企业不得改变物业管理用房的用途。

第三十六条 开发建设单位在物业管理活动中承担下列义务：

（一）提供良好的物业管理条件，按规划设计要求进行配套设施建设，按要求配置物业管理用房；

（二）在物业交付使用前，开发建设单位必须与选聘的物业服务企业完成共用部位、共用设施设备的承接查验工作；

（三）依照法律、法规和合同约定承担物业保修责任，并向业主提供物业质量保证书和使用说明书；

（四）依法参加首次业主大会会议筹备工作，协助成立业主大会；

（五）以未售物业业主身份承担相关义务；

（六）法律、法规和合同约定的其他义务。

第三十七条 建设单位必须在业主委员会成立之日起 30 日内，向业主委员会移交物业管理用房和以下物业建设档案资料：

（一）物业的报建、批准文件，竣工总平面图，单体建筑结构、设备竣工图，配套设施、地下管网工程竣工图等竣工验收资料；

（二）设施设备订货合同及安装、使用和维护保养等技术资料（含随机资料）；

（三）物业质量保修文件和物业使用说明文件；

（四）消防工程及消防设施、设备验收资料；

（五）物业管理区域内各类建（构）筑物、场所（地）设施、设备清单；

（六）物业及配套设施的产权清单；

（七）管理用房清单；

（八）物业的使用、维护、管理所必须的其他资料。

第三十八条 物业服务企业承接物业管理项目时，应当按照有关规定签订物业管理服务合同。物业服务合同对物业服务企业和全体业主具有约束力。

物业管理服务合同应明确以下内容：

（一）双方当事人和物业项目的基本情况；

（二）双方当事人的权利与义务；

（三）物业管理服务范围、服务内容和服务标准；

（四）物业服务企业收取物业管理服务费用的标准及支付方法；

（五）合同期限、合同解除的条件以及合同终止时物品及档案资料的移交方式等；

（六）违约责任及争议解决的方式；

（七）双方当事人约定的其他事项。

第三十九条 解除或者续签物业服务合同，应当履行合同必要的通知义务，合同未约定通知期限的，应当提前60天书面通知。

物业服务合同解除或终止，物业服务企业应当与业主委员会按照法律规定和合同约定办理退出手续，并履行下列交接义务：

（一）物业项目的档案资料；

（二）提供物业服务期间形成的物业及设施设备改造、维修、运作、保养的有关资料；

（三）移交物业管理用房和属于业主所有的场地、设施设备；

（四）清算预收、代收的有关费用；

（五）法律、法规和合同约定的其他事项。

第四十条 物业服务企业应当每月公布服务小区各业主已交或者欠交的水、电、气等费用和物业服务费及代收其他有关费用的情况，并将各欠交费用的情况书面报告业主委员会。

第四十一条 物业服务收费，是指物业服务企业按照物业服务合同约定，对房屋及共用配套的设施设备和公共或共用场地进行维修、养护、管理，维护相关区域内的环境卫生和秩序，向业主（使用人）所收取的费用。物业公共性服务收费、代收代办收费和特约服务收费，根据物业服务企业所提供服务的项目、性质、内容、特点等不同情况，分别实行政府指导价和市场调节价，具体按《湖南省物业服务收费管理办法》（湘价服〔2010〕76号）的规定执行。

第四十二条 业主应当根据物业管理服务合同的约定缴纳物业管理服务费用，业主与物业使用人约定由物业使用人缴纳物业管理服务费用的，从其约定，业主负连带缴纳责任。业主不得以与物业管理服务合同约定的物业管理活动无关的理由，拒交物业管理费。业主委员会应当督促违反物业管理服务合同约定逾期不缴纳物业管理服务费用的业主，限期缴纳物业管理服务费用。

第四十三条 建设单位交房前的物业管理费用由建设单位全额承担，交房后的物业管理服务费用，由业主按政策规定全额承担。

业主入住是指业主收到入住通知并办理完相应手续。业主收到入住通知书后，在限定期限（不得超过3个月）内无正当理由不办理相应手续的，视为入住。

第四十四条 业主或者物业使用人使用物业应当遵守法律法规和管理规约的规定，禁止有下列行为：

（一）损坏房屋承重结构、主体结构和破坏房屋外貌等违反装饰装修管理规定的行为；

（二）擅自改变房屋使用性质，占用、损坏共用部位、共用设施设备或者擅自移动房屋共用设施设备等违反房屋管理规定的行为；

（三）违章搭建建筑物、构筑物等违反规划管理规定的行为；

（四）随意倾倒垃圾、杂物等违反市容环境卫生规定的行为；

（五）堆放易燃、易爆、剧毒、放射性物品，排放有毒、有害物质或者制造超过规定标准的噪声等违反环境保护规定的行为；

（六）占用消防通道等违反消防管理规定的行为；

（七）赌博、利用迷信活动危害社会、饲养动物干扰他人正常生活等违反治安管理法的行为；

（八）侵占、损坏楼道、绿地等物业公用部位、公用设施设备等违反物业管理规定的行为；

（九）法律、法规和管理规约、临时管理规约禁止的其他行为。

业主委员会、物业服务企业发现有前款行为的，应当予以制止，并报告政府有关行政主管部门依法处理。对物业造成损坏的，由行为人恢复原状或依法赔偿。

第四十五条 任何单位或者个人不得擅自占用、挖掘物业管理区域内的道路或者场地。供水、供电、燃气等经营单位因维修养护等需要临时占用、挖掘道路场地的，应首先通知业主委员会和物业服务企业，征得同意并办理相关手续后方可施工，完工后须及时恢复原状，造成损失的应予赔偿。因发生水、电、气事故，确需实施抢修的，供水、供电、供气等经营单位可先实施抢修，完工后须及时恢复原状，造成损失的应予赔偿。

第四十六条 业主、物业使用人封闭阳台以及安装空调外机、太阳能热水器、防盗网、遮阳棚等设施的，应当遵守管理规约、临时管理规约和物业管理的有关规定，保持物业的整洁、美观和安全。

第四十七条 在不影响通行、消防和安全的前提下，业主或物业使用人确需经常占用道路或者场地停放机动车辆的，应当征得业主委员会的同意，并按规定缴纳场地占用费。对车辆停放有保管要求的，由车主或者车辆使用人与物业服务企业另行签订特约保管合同。

第四十八条 业主或物业使用人需要装饰装修房屋的，应该首先告知物业服务企业，并遵守住宅室内装饰装修有关规定，办理完有关审批手续后，方可进行施工。物业服务企业应当将房屋装饰装修中的禁止行为和注意事项告知业主，并与业主就共用部位、共用设施设备损坏赔偿，装修垃圾清运处置，装修人员管理等有关事项签订协议。

物业服务企业发现业主、使用人在房屋装饰装修中出现违反法律、法规、规章或业主规约的行为，应当依据有关规定或者约定予以劝阻制止，对拒不改正的，应及时报告业主委员会并报告有关行政管理部门依法处理。

第四十九条 建设单位应当建立健全物业售后维修服务体系，按照国家和省有关规定的保修期限、范围，承担物业的保修责任。

建设单位可以将物业保修的有关事宜委托物业服务企业承担，签订委托合同，向物业服务企业支付相应的报酬，并将委托合同交业主委员会一份。

建设单位不履行保修义务的，业主、业主委员会或者其委托的物业服务企业可以向建设主管部门提出申请，经建设主管部门核实后，责令由建设单位承担维修责任。

第五十条 物业保修期满后，业主专有部分的养护、维修，由业主负责；物业管理区域内共用部位及共用设施设备的维护和管理责任，由业主共同承担。

共用部位主要包括：住宅的基础、承重墙体、柱、梁、屋顶以及户外的墙面、门厅、楼梯间、走廊通道等；共用设施设备主要包括：电梯、天线、照明、消防设施、绿地、道路、路灯、沟渠、池、井、公益型文体设施和公用设施设备使用的房屋等。

第五十一条 住宅物业、物业管理区域内的非住宅物业或者与单栋住宅楼结构相连的非住宅物业的业主，应该按照国家有关规定缴纳物业专项维修资金。专项维修资金属业主所有，专户存储，专款用于物业管理区域内物业共用部位、共用设施设备保修期满后的大修、更新和改造。

第五十二条 物业专项维修资金的使用按照下列规定分摊：

（一）物业管理区域内的公共设施、设备大修、更新、改造的费用，由全体业主按房屋的建筑面积比例共同承担；

（二）房屋共用部位、共用设施设备大修、更新、改造的费用，由相关业主按房屋的建筑面积承担；

（三）前期物业管理期间，不得使用物业专项维修资金。物业的共用部位属于人为损坏的，费用由责任人承担。

第五十三条 物业专项维修资金的管理应当遵循专户存储、专款专用、所有权人决策、政府监管的原则。

（一）物业出售时，购房者应当按照其所拥有物业的建筑面积和市物业管理行政主管部门公布的数额标准交存物业专项维修资金。售房单位自用或尚未出售的物业，其物业专项维修资金由售房单位缴交。

（二）开发建设单位不得代收物业专项维修资金。业主在办理房屋交房日期前，将首期物业专项维修资金存入市物业维修资金专户，由物业管理行政主管部门代管。

（三）首期物业专项维修资金未交存到市物业维修资金专户的，开发建设单位或者公房出售单位不得将房屋交付购买人，市房屋登记机构不得办理房屋所有权证。

第五十四条 业主对设置于房屋内部的共用设施设备负有监管责任。

业主应当配合物业服务企业对物业共用部位、共用设施设备实施维修养护。物业的共用部位、共用设施设备维修时，相邻业主、使用人应当予以配合；因相邻业主、使用人阻扰维修造成其他业主、使用人财产损失的，由责任人负责赔偿。

第五十五条 物业专项维修资金不敷使用时，由业主大会按各业主占有的物业建筑面积续筹，续筹比例和方式由业主大会决定。

第五十六条 住宅小区内供水、供电、供气、通信、有线电视、宽带数据传输等专业经营单位，应当承担分户计量装置以及入户端口以外设施设备的维修、养护、更新等责任及相关费用。

专业经营单位对专业经营设施设备进行维护、养护、更新时，业主应予以配合。

专业经营设施设备的维护、保养等费用，不得从专项维修资金中列支。

第五十七条 业主、使用人、物业服务企业违反物业管理服务合同，应当承担相应的违约责任。

第五十八条 业主、使用人未按照物业管理服务合同缴纳物业管理服务费的，物业管理企业可按每日应缴纳费用的3‰加收滞纳金，但滞纳金最高不超过欠费金额。

第五十九条 物业管理企业收取业主的水、电、气等费用或其他代收的费用，如未及时交给水、电、气有关公司或有关部门的，造成水、电、气或者其他服务停止供应的，物业管理企业每拖欠一日，除按应缴纳费用的3‰承担滞纳金外，还应按物业服务合同的规定承担违约责任。

第六十条 业主大会、业主委员会所作出的决定违反有关法律规定的，市物业管理行政主管部门应当责令其限期改正或撤消其决定，并通告全体业主，由此造成的损失，由全体业主承担。

第六十一条 物业管理活动中业主、使用人、业主委员会、物业服务企业、建设单位违反《物业管理条例》和国家、省、市有关物业管理法律、法规及政策规定的，由相关行政主管部门按照《物业管理条例》和相关法律、法规及政策处理。

第六十二条 本办法自发布之日起施行。

永州市国有土地上房屋征收与补偿实施办法

（2014 年 1 月 24 日，永政发〔2014〕2 号）

第一章 总 则

第一条 为了规范国有土地上房屋征收与补偿行为，维护公共利益，保障被征收房屋所有权人的合法权益，根据《中华人民共和国物权法》、《中华人民共和国城市房地产管理法》、《国有土地上房屋征收与补偿条例》（以下简称《条例》）、建设部《关于印发〈国有土地上房屋征收评估办法〉的通知》（建房〔2011〕77 号）和省政府《关于贯彻实施〈国有土地上房屋征收与补偿条例〉有关问题的通知》（湘政办发〔2011〕23 号）的规定，结合我市实际，制定本办法。

第二条 在本市行政区域内，为了公共利益的需要，征收国有土地上单位、个人的房屋，适用本办法。

第三条 市人民政府为市中心城区中冷水滩区、永州经济技术开发区和跨县区项目国有土地上房屋征收与补偿的主体，统一领导本市行政区域内国有土地上房屋征收与补偿工作。

各县、零陵区人民政府为所在区域国有土地上房屋征收与补偿的主体，负责本区域内国有土地上房屋征收与补偿工作。

市房产行政主管部门（永州市人民政府国有土地上房屋征收与补偿管理办公室）为中心城区国有土地上房屋征收部门，组织中心城区国有土地上房屋征收与补偿工作，负责市中心城区的国有土地上房屋征收与补偿的日常管理和协调监管工作，指导各县、零陵区国有土地上房屋征收与补偿工作。

各县、零陵区人民政府应明确相应房屋征收部门负责本行政区域内房屋征收与补偿工作。

各级发展改革、财政、国土资源、住建等部门按照各自职责，积极协调配合做好国有土地上的房屋征收与补偿工作。征收房屋所在区域的街道（乡镇）、社区（村组）应当配合房屋征收部门做好房屋征收与补偿工作。

第四条 市房产行政主管部门下设的永州市国有土地上房屋征收与补偿事务所，作为市中心城区范围内国有土地上房屋征收与补偿实施单位，受市房屋征收部时点为征收决定公布之日。

第十七条 被征收人对被征收房屋价值有异议的，可以向房地产价格评估机构申请复核评估。对复核结果有异议的，可以向房地产价格评估专家委员会申请鉴定。

房屋征收部门应当在收到评估结果报告后2日内将评估报告送达财政部门备案。财政部门对评估报告有异议的，在收到评估报告3日内向房屋征收部门提出，由房屋征收部门按程序向评估机构提出申请复核评估。

房屋征收部门应当将评估结果在房屋征收范围内公布。

第十八条 房屋征收部门拟定房屋征收补偿方案。房屋征收补偿方案的内容应当包括：征收依据、理由、房屋征收范围、实施步骤、被征收房屋的权属等详细情况、改变房屋使用用途和未登记房屋的认定、征收补偿方式和标准、征收补助奖励项目及标准、产权调换用房及周转用房准备情况、征收签约期限、过渡期限等。

房屋征收部门组织相关单位对房屋征收补偿方案进行论证，报同级人民政府同意之后，在征收范围内予以公布，征求公众意见时间不得少于30日。征求公众意见修改的情况应当及时公布。

第十九条 因旧城区改建需要征收房屋，超过50%的被征收人认为征收补偿方案不符合《条例》规定的，市、县人民政府应当组织有被征收人和公众代表参加的听证会，听取意见，修改方案。

第二十条 市、县级人民政府授权房屋征收部门组织征收实施单位、发展改革、公安、城管、监察、信访、维稳等部门和征收区域的人民政府（管委会）及街道（乡镇）、居（村）民委员会进行社会稳定风险评估，社会稳定风险评估报告应报同级综治维稳部门备案。

第二十一条 房屋征收部门认为具备房屋征收条件并符合征收程序的要求，经同级人民政府法制机构合法性审查，报同级人民政府作出房屋征收决定，发布房屋征收公告。

第二十二条 市中心城区范围内被征收人超过300户或者被征收房屋总建筑面积超过5万平方米的项目，房屋征收决定应当由市人民政府常务会议研究决定；县域范围内被征收人超过200户或者被征收房屋总建筑面积超过3万平方米的项目，房屋征收决定应当由县人民政府常务会议研究决定。

第二十三条 征收决定应当在房屋征收范围内予以公告。公告应当载明征收补偿方案和行政复议、行政诉讼权利等事项。房屋被依法征收的，国有土地使用权同时收回。

第三章 补 偿

第二十四条 由政府财政投资性项目征收补偿资金，由同级财政部门负责筹集，按照房屋征收补偿方案和依法出具的评估报告将征收补偿资金在房屋征收决定发布前足额存入征收补偿专用帐户，专款专用。建设业主单位或项目筹备单位自筹资金的项目由该单位按照房屋征收补偿方案所定标准，在征收决定发布前足额存入市、县房屋征收部门专户，专款专用，并接受市、县财政等相关部门监督、检查。

第二十五条 征收决定作出后5个工作日内，市、县房屋征收部门向征收实施单位预拨一定比例的征收启动资金，并根据签订征收补偿协议的进度情况，及时拨付征收补偿资金。市、县房屋征收部门应对资金使用情况进行监督检查。

第二十六条 市、县人民政府应根据各地实际制定房屋征收与补偿的标准、补助项目及奖励标准。本章规定的补偿标准、补助项目及奖励标准只适用于中心城区。零陵区房屋征收部门编制的项目资金预算应当报市房屋征收部门核定。

第二十七条 征收房屋的补偿包括：

（一）被征收房屋价值的补偿；

（二）因征收房屋造成的搬迁、临时安置的补偿；

（三）因征收房屋造成的停产停业损失的补偿。

被征收房屋的价值由依法确定的评估机构按照国家有关规定评估确定，对被征收房屋价值的补偿不得低于房屋征收决定公告之日被征收房屋类似房地产的市场价格。

第二十八条 被征收人可以选择货币补偿，也可以选择房屋产权调换。鼓励被征收人选择货币补偿，对被征收人选择货币补偿的，市、县级人民政府可适当提高补助标准。

被征收人选择房屋产权调换的，市、县级人民政府根据被征收人的实际情况统一规划集中建设安置小区，或组织建设单位提供产权调换房屋，并与被征收人计算结清被征收房屋价值与用于产权调换房屋价值的差价。产权调换房屋为期房的，过渡期限内，房屋征收部门应当向被征收人支付临时安置费或提供周转用房。

原则上在市中心城区的核心区域内不得以原地产权置换。因旧城区改建征收个人住宅，被征收人选择在改建地段进行房屋产权调换的，房屋征收部门应当为其提供改建地段或者就近地段的房屋。

第二十九条 采取过渡安置的产权调换方式补偿被征收人住宅的，房屋征收部门应当支付被征收人临时安置费，临时安置费每月为被征收房屋评估值（不含装饰装修）的4‰。但每户每月不少于600元，最高不超过2000元。

公布，并依法建立房屋征收补偿档案。

市房屋征收部门应当对市中心城区国有土地上建设项目的房屋征收补偿费用进行审核。

审计机关应当加强对房屋征收补偿费用管理和使用情况的监督，并公布审计结果。

第四章　搬迁、拆除

第四十二条　房屋征收部门对被征收人给予补偿后，被征收人应当在补偿协议约定或者补偿决定确定的搬迁期限完成搬迁。除房屋征收部门（或征收实施单位）确定的拆除施工单位外，任何人不得损坏房屋或者拆卸已按照规定作了补偿的被征收房屋及附属设施。

第四十三条　被征收房屋所有权人不明确的，由房屋征收部门拟定补偿方案报同级人民政府作出补偿决定。房屋拆除前，房屋征收部门应当对被征收房屋作出勘察记录，并向公证机关办理证据保全。

第四十四条　被征收人在法定期限内不申请行政复议或者不提起行政诉讼，在补偿决定规定的期限内又不搬迁的，由作出房屋征收决定的市、县级人民政府依法申请人民法院强制执行。

在按补偿决定实施强制执行时，房屋征收部门应对被征收房屋装饰装修做勘察记录，并向公证机关办理证据保全，被征收房屋装饰装修价值由评估机构评估确定。

第四十五条　房屋征收部门应当按照法律、法规的规定，通过招投标的方式确定被征收房屋拆除工程的拆除施工单位。

市房屋征收部门应当加强全市被征收房屋拆除工程招标投标活动的监督管理。

第四十六条　房屋征收部门和征收实施单位负责本区域内的房屋拆除施工安全监督管理。

房屋拆除工程必须由具有相应资质等级的建筑施工单位承担。拆除施工单位对本单位承接的房屋拆除工程承担全部责任；并为拆除施工人员办理意外伤害保险。

第四十七条　市中心城区房屋拆除施工单位应当将房屋拆除工程项目报市房屋征收部门备案，备案时应当提交以下资料：

（一）拆除施工单位营业执照、资质等级证明、安全生产许可证；

（二）拆除工程施工合同；

（三）拆除施工组织方案及安全事故处险应急预案；

（四）拆除工程施工安全监理合同；

（五）监理单位营业执照、资质；

（六）拆除工程项目经理及技术负责人、安全管理人员上岗证书：项目监理部人员资格证书；

（七）拆除施工团体意外伤害保险投保证明；

（八）国家规定应当提供的其他资料。

实施爆破作业的，应当遵守国家有关民用爆炸物品管理的规定。

第四十八条 房屋拆除施工单位主要负责人、项目负责人、专职安全生产管理人员必须具备拆除施工安全生产专业知识。从事拆除施工的人员必须定期接受业务培训。

第四十九条 房屋征收部门应当在房屋拆除后30日内向房屋登记机构申请办理被征收房屋的产权注销手续。

公安、教育等部门应当及时为被征收人办理户口迁移和转学等手续。

第五十条 市中心城区房屋征收日常工作经费按征收补偿费用的8%计算，其中1%为市房屋征收部门工作经费，7%为征收实施单位工作经费，征收实施单位经费主要包括2%日常工作经费和5%不可预计费。征收日常工作经费计入征收补偿总成本。

第五章 法律责任

第五十一条 有下列行为之一的，按照《国有土地上房屋征收与补偿条例》有关规定进行处理：

（一）市、县区人民政府及房屋征收部门工作人员在房屋征收与补偿工作中不履行规定的职责，或者滥用职权、玩忽职守、徇私舞弊的；

（二）采取暴力、威胁或者违反规定中断供水、供热、供气、供电和道路通行等非法方式迫使被征收人搬迁的；

（三）贪污、挪用、私分、截留、拖欠征收补偿费用的；

（四）房地产价格评估机构或者房地产估价师出具虚假或者有重大差错的评估报告的。

第五十二条 采取暴力、威胁等方法阻碍依法进行的房屋征收与补偿工作，构成违反治安管理行为的，依法给予治安管理处罚；涉嫌犯罪的，依法移送司法机关追究刑事责任。

第五十三条 任何组织和个人对违反本办法规定的行为，都有权向有关人民政府、房屋征收部门和其他有关部门举报。接到举报的有关人民政府、房屋征收部门和其他有关部门对举报应当及时核实处理。

监察机关应当加强对参与房屋征收与补偿工作的人民政府和有关部门或者单位及其工作人员的监察。

第六章　附　则

第五十四条　本办法自印发之日起施行。本办法没有作规定的及与《条例》的规定不一致的，按《条例》执行；国务院及住房和城乡建设部、省人民政府有新规定的，从其规定。

第五十五条　2003 年公布的《永州市城市房屋拆迁管理实施办法》（市政府令第 3 号）和《永州市人民政府关于印发〈永州市国有土地上房屋征收与补偿实施办法（试行）〉的通知》（永政发〔2012〕11 号）同时废止。

第五十六条　本办法施行前已依法取得房屋拆迁许可证的项目，继续沿用原有规定办理，但政府不得责成有关部门强制执行。

附件：永州市中心城区国有土地上房屋征收补助奖励项目及标准

一、征收个人住宅，被征收人在房屋征收方案确定的签约期限内签订补偿协议并完成搬迁的，选择房屋产权调换的，除以被征收住宅房屋建筑面积 1∶1 调换新房外，再按被征收住宅房屋建筑面积给予 20%的补助面积；选择货币补偿的，除以房屋产权调换补偿补助面积按新房价格（新房价格估价时点为征收决定之日）计算补偿外，再增加 5%的购房补助。

二、征收个人住宅，被征收人选择货币补偿，按期签订征收补偿协议并完成搬迁的，再按 350 元/平方米的标准享受购房补助。

三、征收公告发布后 90 日内，征收区域范围内的直管公房住宅承租人及时解除租赁关系，并完成搬迁腾退直管公房的，按其范围内直管公房住宅评估价乘以计租面积所得总价的 30%的标准给予承租人补助。

四、房屋征收范围明确后并告知了被征收人，被征收人积极配合征收工作人员上户调查摸底、丈量登记面积、认定权属性质及用途的，给予每户支持公共利益项目建设奖 5000 元；被征收人没有实施新建、扩建、改建房屋和改变房屋用途等不当增加补偿费用的行为的，再给予每户 10000 元奖励。

五、房屋征收补偿方案确定的签约期限内，被征收人签订征收补偿协议的，按主房面积 100 元/平方米的标准给予被征收人签订协议奖。

六、征收补偿协议签订后，被征收人在协议约定的期限内完成搬迁并交房的，按 100 元/平方米的标准给予被征收人房屋按期搬迁奖。

七、设立征收工作连带奖。为鼓励列入同一个征收项目的同单元、同一栋、同一小区的被征收人相互做工作，自发积极主动搬迁，设立征收工作连带奖，在规定时间签订协议并完成搬迁的同单元的被征收人每户每套奖励1万元；在规定时间内签订协议并完成搬迁的同栋被征收人每户每套再奖励1万元；在规定时间内签订协议并完成搬迁的同一小区被征收人每户每套再奖励1万元。

八、征收活动中的补助、奖励事项必须按规定要求在规定期限内完成；未达到规定要求或超过规定期限的，不予补助、奖励。

九、补助、奖励计算面积基数按征收房屋合法有效产权登记的面积或经有关部门认定为合法建筑的面积。

十、确定持有《永州市城市居民最低生活保障金领取证》、《残疾证》的被征收人的住房补助时，被征收人须提供相关部门的证明文件，并经其所在的社区和民政部门认定后，方可发放补助。

永州市商品房预售管理暂行办法

（2014年1月24日，永政办发〔2014〕9号）

第一章 总 则

第一条 为加强商品房预售管理，保障商品房交易安全，维护商品房交易双方的合法权益，促进房地产业健康发展，根据《中华人民共和国城市房地产管理法》、《城市房地产开发经营管理条例》、《城市商品房预售管理办法》、《商品房销售管理办法》等有关法律、法规、规章的规定，结合本市实际，制定本办法。

第二条 本办法适用于本市行政区域内的商品房预售及其管理。

本办法所称商品房预售是指房地产开发经营企业（以下简称预售人）将正在建设中的商品房预先出售给承购人，并由承购人支付定金或房价款的行为。

第三条 商品房预售应当遵循自愿、公平、协商一致和诚实信用的原则。

第四条 市、县房产行政主管部门是所辖行政区域内商品房预售管理的行政主管部门，具体负责市、县城市规划区内的商品房预售管理工作。

第二章 商品房预售项目管理

第五条 商品房预售应当符合下列条件：

（一）取得土地使用权证书，并已交付全部土地出让金；

（二）取得建设工程规划许可证、建设工程施工许可证；

（三）建筑工程进度达到设计形象进度主体封顶；

（四）已确定施工进度和竣工交付日期；

（五）预售商品房项目及其土地使用权未被司法机关或者行政机关查封、扣押；

（六）法律、法规、规章规定的其他条件。

第六条 商品房预售许可按开发规模，以期（指统一规划、分期开发的期数）为单位发放，不得分层、分单元办理预售许可。

第七条 房地产开发经营企业申请办理商品房预售许可证应当提交下列证件资料：

（一）商品房预售登记申报表；

（二）房地产开发企业营业执照；

（三）房地产开发企业资质证书；

（四）土地使用权证书（必须是供开发的出让土地）；

（五）建设用地规划许可证；

（六）建设工程规划许可证和建设工程规划审批单；

（七）建筑工程施工许可证；

（八）工程施工合同及关于施工进度说明；

（九）商品房预售方案；

（十）商品房预售资金监管协议；

（十一）土地抵押或在建工程抵押的银行同意预售的证明；

（十二）物业管理方案及用房确认单；

（十三）测绘报告书，预售商品房分层平面图；

（十四）统一的商品房买卖合同；

（十五）报建打捆收费票据；

（十六）一房一价销售明细表；

（十七）现场勘察记录表及工程形象进度的现场照片；

（十八）白蚁预防合同；

（十九）销售人员上岗合格证。

第八条 房产行政主管部门收到商品房预售申请后，应详细查验各项证件和资料，并到现场进行查勘。经审查合格的，应在收到申请之日起 7 日内，核发商品房预售许可证；对不合格的，应说明理由，书面通知申请人。

房地产开发企业应当按照商品住房预售方案销售商品住房。预售方案应当包括项目基本情况、建设进度安排、预售房屋套数、面积预测及分摊情况、公共部位和公共设施的具体范围、预售价格及变动幅度、预售资金监管落实情况、住房质量责任承担主体和承担方式、住房能源消耗指标和节能措施等。预售方案中主要内容发生变更的，应当报房产行政主管部门备案并公示。

第九条　商品房建设项目经规划行政主管部门批准变更用途、增容的，当事人应在批准后 15 日内，向房产行政主管部门办理商品房预售许可证变更手续，方可销售。

第十条　房产行政主管部门对新批、变更和失效的商品房预售许可证，实行定期公告制度。

第十一条　房产行政主管部门应对已核发预售许可证项目的进展情况进行跟踪监督，并及时受理社会举报和投诉，发现问题依法处理。

第十二条　预售人应取得房地产广告审查证明后，方可按规定发布预售商品房广告。预售广告发布前，预售人应向房产行政主管部门提出申请，房产行政主管部门应于受理申请之日起 15 日内作出审查决定，对审查合格者发给房地产广告审查证明，房地产广告审查证明有效期为一年，有效期满后需继续发布的，应当重新提出申请。房产行政主管部门应当将审查通过的房地产广告证明送同级工商行政管理部门备查。

商品房预售广告的内容必须真实、合法、准确，不得有误导、欺诈和与预售商品房实际情况不相符的内容，同时还应载明商品房预售许可证的批准文号和有效期限。

第三章　商品房预售行为管理

第十三条　预售人应根据商品房预售许可证批准的用途和范围等内容进行预售。预售人未取得商品房预售许可证，不得进行预售，不得向承购人收取任何预订款性质的费用。

第十四条　预售项目销售部必须证照上墙张挂营业执照、资质证书、土地使用权证、建设用地规划许可证、建设工程规划许可证和建设工程施工许可证；商品房预售许可证；商品房销售价格表、商品房项目总平面图；代理机构的备案证书和项目所有策划、营销人员的姓名、岗位职务、编号、照片等及资格证书或上岗证书。

第十五条　预售人应使用统一的商品房买卖合同，在订立商品房预售合同前，预售人应向承购人明示有关商品房买卖的法律规定，并向承购人明示下列事项：

（一）预售人的名称、注册地址、联系电话和法定代表人；

（二）商品房预售许可证；

（三）商品房座落位置、设计环境、用地性质及使用年限、建筑物使用年限；

（四）商品房结构类型、户型、质量、装修标准；

（五）项目及其配套设施的平面示意图；

情况以及已登记、转让抵押等信息。

第三十条 受托房地产策划经纪机构销售商品房时，应当如实向买受人介绍所代理销售商品房的有关情况。房地产策划经纪机构不得代理销售不符合销售条件的商品房。

第三十一条 房地产策划经纪机构在代理销售商品房时不得收取佣金以外的其他费用，不得采取垫资、包销等形式承揽代理业务，并遵守房地产中介行业规则。

第四章 商品房预售资金管理

第三十二条 商品房预售资金只能用于该商品房工程建设所需及法定税费及银行贷款合同约定的贷款偿还，不得挪作他用。

第三十三条 预售人在申请商品房预售许可证前，应与预售管理部门、开户银行三方签订商品房预售资金监管协议书，明确各方的权利、义务和责任。商品房预售资金监管协议必须使用由预售管理部门统一制定的文本格式。预售管理部门负责监督，代收预售款的商业银行负责预售款的拨付与使用管理。

第三十四条 预售人应当在银行设立商品房预售款专用帐户；预售人有多个预售项目的，应当分别设立商品房预售款专用帐户，并报预售管理部门备案，但项目每一开发期内原则上委托一家监管银行。

预售管理部门应对每个项目核定专控数额，超出专控数额的售房款，预售人可自由支配。“专控数额”是指房产行政主管部门根据开发项目的投资预算情况，确定完成该建设项目所必需的资金数额。

第三十五条 有贷款的商品房预售项目，专用帐户原则上应当开立在提供贷款的商业银行；设立土地使用权抵押或在建工程抵押的项目，预售人应对保证商品房预售资金监管银行是该项目的抵押权人，以切实维护银行贷款债权，防止房地产开发贷款形成不良。商品房预售资金监管协议签订后，由于开户银行贷款指标和服务等原因，预售人可以变更开户银行，重新签订商品房预售资金监管协议书。

第三十六条 商品房预售时预售款应当由预售人委托设立预售款专用帐户的商业银行代为收取，房地产开发企业和其代理销售机构不得直接收存商品房预售资金。承购人按合同约定的付款时间，将商品房预售款直接交入指定的商品房预售款专用帐户，凭银行缴款凭证向预售人换领发票。房地产开发企业应按月向房产行政主管部门申报工程完成的形象进度以及监管银行出具的商品房预售款收缴、支付对账单。

第三十七条 监管银行发现商品房预售资金未进入专用帐户的，应告知属地预售管理部门。预售管理部门应对商品房预售资金进入专用帐户情况监督，并对工程进度进行实地核查。

预售资金监管银行按商品房预售资金监管协议拨付预售款，并于每月 10 日前将预售款专用账户的上月资金收支情况报送房产行政主管部门。房产行政主管部门根据工作需要可以到监管银行核对预售资金专用账户的收支情况。

第三十八条　预售资金应当专款专用，预售管理部门在收到预售人申报的用款计划之日起 2 日内，予以核对并做出答复。

房地产开发企业在资金使用节点申请使用监管资金的，应当持以下材料向预售管理部门提出书面申请。

（一）地下结构完成节点，提交勘察、设计、施工、监理等单位签字的地基与基础部分工程质量验收记录表。

（二）主体结构封顶完成节点。提交勘察、设计、施工、监理等单位相关人员签字的主体部分工程质量验收记录表。

（三）竣工验收完成节点。提交建设、施工、监理、设计等单位相关人员签字的单位工程质量竣工验收记录表。

第三十九条　监管银行收到房地产开发企业经预售管理部门审核同意的批准意见，应当在 2 个工作日内向房地产开发企业拨付资金。

未经预售管理部门书面通知，代收预售资金的银行不得直接向预售人划款。

第四十条　预售商品房项目竣工并经依法验收合格，预售人凭竣工验收证明、房屋已全部移交的证明，向预售管理部门和银行申请解除预售资金监管协议。监管银行应在 3 个工作日内与房地产开发企业签订商品房预售资金终止监管协议，解除对商品房预售资金的监管。

第四十一条　完成初始登记并达到购房人可单方办理转移登记的节点前，专用帐户中的专控资金不得低于项目工程建设费用的 10%（含银行按揭的押金 5%）。

第四十二条　有下列情形之一的，商品房预售管理部门可以书面通知监管银行暂停拨付专用帐户内的全部商品房预售资金，并启动应急措施，协调相关部门监督专用帐户内资金的使用。

（一）房地产开发企业存在违法违规行为，导致工程停工的；

（二）预售项目存在严重质量问题；

（三）预售项目未按期交付的；

（四）违反商品房预售款监管协议和本办法规定，自行收存承购人缴纳的商品房预售款，未进专用账户或未全额将商品房预售款纳入监管；

（五）向承购人以集资、借款、会员费、VIP 卡等形式变相预售商品房，逃避预售款监管；

（六）擅自截留、挪用承购人购房款；

（七）以虚假证明套取专用账户上商品房预售款的；

（八）未按商品房项目建设用款计划或未按申请用途使用商品房预售款。

整改期间停止商品房预售和预售款拨付使用。情节严重的，房产行政主管部门依据《城市商品房预售管理办法》的相关规定对开发企业予以处罚。同时，将开发企业违规行为记入金融机构征信系统和房地产行业信用信息管理系统。

第四十三条 监管银行未经预售管理部门审查批准，擅自划转预售款或不按规定将商品房按揭贷款划入监管账户的，由银监部门依法查处。对拒不整改或造成重大损失的，预售管理部门暂停与该银行签订新的《商品房预售资金监管协议》。

第五章 罚 则

第四十四条 房地产开发企业违反将未取得预售许可证的项目以认购、预订、排号发放 VIP 卡等形式进行预售的，根据《城市商品房预售管理办法》第十三条的规定，由房产行政主管部门责令停止预售，补办手续，没收违法所得，并处以已收取的预付款 1%以下的罚款。情节严重的将在电视、报刊、房产政务网上对其行为进行曝光。

第四十五条 房地产开发企业隐瞒有关情况，提供虚假材料，或者采用欺骗、贿赂等不正当手段取得商品房预售许可的，根据《城市商品房预售管理办法》第十五条的规定，由房产行政主管部门责令停止预售，撤销商品房预售许可，并处 3 万元罚款。

第四十六条 违反规定用途使用商品房预售款的，根据《城市商品房预售管理办法》第十四条的规定，由房产行政主管部门责令限期纠正，并可处以违法所得 3 倍以下但不超过 3 万元的罚款。

第四十七条 未取得房地产开发企业资质证书，擅自进行开发销售商品房的，根据《商品房销售管理办法》第三十七条的规定，由房产行政主管部门责令停止预销售活动，处 5 万元以上 10 万元以下的罚款。

第四十八条 在未解除商品房买卖合同前，将作为合同标的物的商品房再行销售给他人的，根据《商品房销售管理办法》第三十九条的规定，由房产行政主管部门处以警告，责令限期改正，并处 2 万元以上 3 万元以下罚款；涉嫌犯罪的，移送司法机关依法追究刑事责任。

第四十九条 房地产开发企业未按规定将测绘成果或者需要由其提供的办理房屋权属登记的资料报送房产行政主管部门的，根据《商品房销售管理办法》第四十一条的规定，由房产行政主管部门处以警告，责令限期改正，并可处以 2 万元以上

3万元以下罚款。

第五十条 房地产开发企业在销售商品房中有下列行为之一的，根据《商品房销售管理办法》第四十二条的规定，由房产行政主管部门处以警告，责令限期改正，并可处以1万元以上3万元以下罚款。

（一）未按照规定的现售条件现售商品房的；

（二）未按照规定在商品房现售前将房地产开发项目手册及符合商品房现售条件的有关证明文件报房产行政主管部门备案的；

（三）返本销售或者变相返本销售商品房的；

（四）采取售后包租或者变相售后包租方式销售未竣工商品房的；

（五）分割拆零销售商品住宅的；

（六）不符合商品房销售条件，向买受人收取预订款性质费用的；

（七）未按照规定向买受人明示《商品房销售管理办法》《商品房买卖合同示范文本》《城市商品房预售管理办法》的；

（八）委托没有资格的机构代理销售商品房的。

第五十一条 房地产中介服务机构代理销售不符合销售条件的商品房的，根据《商品房销售管理办法》第四十三条的规定，由房产行政主管部门处以警告，责令停止销售，并可处以2万元以上3万元以下罚款。

第五十二条 房地产开发企业未进行白蚁预防，不能出具《白蚁预防合同》或出具虚假合同的，由房产行政主管部门责令限期改正，暂缓办理《商品房预售许可证》，并按照建设部《城市房屋白蚁防治管理规定》第十九条规定处罚。

第五十三条 商品房预售管理工作人员玩忽职守、滥用职权、徇私舞弊、贪污受贿的，由其所在单位或上级主管部门给予行政处分；涉嫌犯罪的，移送司法机关依法追究刑事责任。

第六章 附 则

第五十四条 本办法自发布之日起施行。

永州市人民政府关于促进房地产市场平稳健康发展的实施意见

（2014 年 11 月 27 日，永政发〔2014〕17 号）

各县区人民政府，各管理区，永州经济技术开发区，市政府各委局、各直属机构：

为加强和改善房地产市场调控，切实满足广大群众合理的住房需求，推进以人为核心的新型城镇化，促进我市房地产市场平稳健康发展，现提出以下实施意见：

一、规范房地产市场秩序

严禁各机关事业单位和无房地产开发资质的企业、其他组织或个人自主或委托定向建设商品房；加大房地产市场监管力度，严厉打击合同、价格欺诈和发布虚假广告等违法违规行为；督促房地产企业加强行业自律，指导房地产企业合理定价，遏制其价格恶性竞争。

二、合理引导住房消费

（一）加大存量商品房的销售力度。县区人民政府和企事业单位及园区可购置适当面积的普通商品房用于公租房和棚户区改造安置房，也可长期租赁普通商品房用于公租房，纳入 2015 年全省保障性安居工程计划，享受国家、省保障性安居工程有关资金补助及配建房源税费减免政策。鼓励被征收对象选择货币补偿，政府支持被征收对象购买商品房。购置普通商品房用于保障房的，套型面积不超过 60 平方米；用于棚户区安置房的，套型面积原则上在 90 平方米左右，超出应安置面积部分，由安置户以政府采购价购买。购买普通商品房用于保障房和棚户区安置房，或长期租赁普通商品房用于保障房的，原则上实行整栋购买或租赁。

（二）实行购房财政补贴，促进住房消费

1. 补贴标准：按购房者实际缴纳契税的 50%给予补贴。

2. 补贴对象：2014 年 12 月 1 日至 2015 年 11 月 30 日在中心城区与房地产开发企业签订购房合同，及时到地税局办理契税缴纳并到房产交易所办理商品房预告登记手续的新购商品房者。

3. 购房补贴申请及审批发放程序：

（1）购房者提供正式购房合同、契税完税凭证、房屋预告登记证明、产权人身份证和银行储蓄卡号，向房产交易所申请购房补贴。

（2）房产交易所审核相关凭据原件并留存契税完税凭证及产权人身份证复印

件，按周汇总应补贴数额，提交财政局窗口。

(3) 财政局复核并按程序报市政府审批后，将购房补贴资金按月拨付给补贴对象。

(三) 调整公积金贷款政策，鼓励缴存人购房

1. 在湖南省内缴存住房公积金的缴存人，在本市行政区域内购买自住住房的，可在购房所在地申请住房公积金贷款 (含组合贷款)。

2. 无房户租赁住房用于本人自住并能提供相关备案手续，且房租超出家庭收入 15%以上 (含 15%) 的，可按规定每年提取一次本人或配偶住房公积金存储余额支付房租，但提取额不得超过租金。

(四) 在全市范围内购房办理签约 (网签)、贷款、产权登记等手续时，无需提供一定年限纳税证明或社会保险缴纳证明。购房人住房套数认定不包括其自建房、房改房、继承房、征迁安置房和已偿清贷款的住房，其拥有的住房套数只在购房所在地房屋登记机构查询。房屋登记机构出具的查询证明只载明购房人拥有一手住房的套数情况。家庭购买房改房按首套房认定。

(五) 购房人偿清购房贷款后，再次申请贷款购房，按首贷认定。金融机构在贷款首付比例和利率方面按照政策规定的低限执行。

(六) 个人异地购买商品住房，本人及其父母、未成年子女可按当地户籍政策在购房所在城镇落户。鼓励长期进城经商、务工的农业转移人口依法转让其原有农村住房，在城镇购买商品住房落户。提前办理入户时间，可凭房产管理部门备案的商品房买卖合同、购房发票、契税完税凭证办理户口迁入手续，改变以往必须办理房屋产权证后方可迁入户口的限制性条件，但在办理房屋产权登记之前不得解除商品房买卖合同。

三、落实差别化住房信贷政策

(一) 各商业银行要增加住房开发贷款供应，并向商业银行总行积极争取开发贷款额度，优先保障普通商品住房开发项目合理资金需求，进一步提高开发贷款授信审批效率。及时发放达到授信条件的开发贷款，促进增加房地产市场供应。

(二) 各商业银行要努力配足个人住房贷款额度，优先满足个人首次购买普通住房贷款需求。加快受理、审批、发放个人住房贷款，不压单、不压贷。异地购房者可以在购房所在地商业银行办理住房按揭贷款，各商业银行应当支持。

(三) 房地产开发项目融资纳入企业资金应急处置机制的协调范围。对在建或已预售的房地产项目出现资金风险的，建立政府、房企、银行、承建商的合作协调机制，按照“分类处置”原则，一企一策，通过重组等手段实施帮扶，促进项目建成销售，化解风险。对兼并重组的有关房地产企业和项目，各金融机构要积极提供

融资支持和相关金融服务。

（四）各金融机构取消一切不合理的收费，银监部门加大监管力度，价格部门加大对不合理收费的处罚力度，确保贷款客户公平合理地开展资金运营活动。

四、优化市场发展环境

（一）进一步简化审批程序，提高办事效率，审批时限要缩短三分之一。全面清理收费项目，禁止和取缔乱收费、乱摊派，切实减轻企业负担。供电、供气、供水、通信等行业要积极主动配合房地产项目配套设施建设，实施跟踪服务。对用地规模大于4公顷的建设项目，如用地片区控制性详细规划已批准实施，或用地规划条件已确定，不再进行建设项目修建性详细规划审批。严格按照国家对建筑工程项目的规范和标准，特别是强制性内容和城市规划管理技术规定对建设项目规划设计方案进行审查，其他内容不作为技术审查的硬性要求。通过招拍挂取得的土地，缴清了土地出让金的，不再补办项目立项、环境评估、选址意见书、用地规划审批等购地前期手续，直接办理用地规划许可证和签订国有土地使用权出让合同。

（二）对于房地产企业适应市场变化，在不变更容积率、建筑密度等指标，并满足停车位等公共配套设施的情况下，作出的户型调整，规划部门应当及时予以审批，精简办事程序，在资料齐全申报后15个工作日批准。除国有或国有控股的房地产项目外，其他房地产项目可以由开发企业自主直接发包，选择勘察、设计、施工、监理单位。

五、推进保障性住房建设

（一）加快构建以政府为主提供基本住房保障、以市场为主满足多层次需求的住房供应体系。坚持租售并举、以租为主，提供保障性安居工程住房，满足基本住房需求。以巩固租赁住房为主要形式，面向城镇低收入和中低收入住房困难家庭，并把农业转移人口纳入城镇住房保障体系。探索完善租赁补贴（租金减免）制度，通过发放租赁补贴或实行公共租赁住房租金减免，增强保障家庭承租住房的能力。大力推进棚户区改造，落实2014—2017年棚户区改造规划，积极改善群众居住条件。

（二）积极稳妥收储商品住房项目配建的保障性住房。商品住房项目按照住建部门出具的规划条件要求配建了保障性住房的，其配建的保障性住房无偿移交给政府，产权归政府所有，市房产管理部门做好收储等相关工作；未配建保障性住房的，按要求缴纳异地配建费用。

六、完善土地供应机制

（一）中心城区和县城要根据当地商品住房库存量和市场供求变化情况，合理确定商品住宅用地供应量，避免商品住宅用地集中过度投放。

（二）县区要建立交地跟踪服务机制，加强对已出让的房地产项目实际交地情况的跟踪，增强履约意识，及时解决交地过程中遇到的问题，确保按土地出让合同规定的时限全面交地，切实解决企业受让土地后发生的拖延交地问题。

（三）对于商品房库存量大、去化期限超过24个月的中心城区和县城，应调减商品住宅用地出让规模。

（四）推行“净地”出让，政府供应的土地必须处理好地上遗留问题，保证供应的土地能及时建设。

七、加强市场分析监测

（一）加大房地产市场信息公开力度，及时准确发布市场供求信息。完善房地产市场风险预警机制，县区要建立市场异常变化、突发性重要情况向上一级政府报告制度；市场库存压力大的要及时制定风险应对预案。

（二）密切关注舆情，加强舆论引导，稳定市场预期，形成有利于房地产市场持续平稳健康发展的舆论氛围。

永州市推进住宅产业化实施意见

（2015年4月28日，永政办发〔2015〕11号）

住宅产业化是指采用工业化生产的方式建造住宅。住宅产业化有利于实现节能减排、推进绿色安全施工、提高住宅工程质量、改善人居环境以及促进产业结构调整，是住宅建设发展的趋势。为贯彻落实《湖南省人民政府关于推进住宅产业化的指导意见》（湘政发〔2014〕12号）、《湖南省人民政府办公厅关于印发〈湖南省推进住宅产业化实施细则〉的通知》（湘政办发〔2014〕111号），加快推进全市住宅产业化发展，结合本市实际，制定本实施意见：

第一章 适用范围

第一条 全市范围内从事住宅产业化科研、设计、开发、生产、施工等相关企业和采用工业化方式建造的住宅产业化项目，适用于本实施意见。

第二章 目标任务

第二条 按照“全省各市州（2014—2020）住宅产业化项目建设目标任务”

制定全市发展目标：

（一）2015 年为住宅产业化试点期，主要是培育商品房和保障性住房试点项目；

（二）2016 至 2018 年为住宅产业化推广期，力争产业化住房占政府投资住房项目比例的 50%以上、占商品房开发的 20%以上，住宅产业化示范项目至少达到 2 个以上；

（三）2019 至 2020 年为住宅产业化成熟期，力争产业化住房占政府投资住房项目比例的 60%以上、占商品房开发的 25%以上。

第三章　联席会议

第三条　永州市住宅产业化发展联席会议是市人民政府推进全市住宅产业化工作的指导协调机构。联席会议由市政府分管副市长担任总召集人，市政府分管副秘书长担任召集人，市直有关单位负责人为联席会议成员。联席会议办公室设在市房产部门，市房产部门主要负责人任办公室主任，承担联席会议日常工作。

第四条　联席会议原则上每年召开一至两次，由总召集人或召集人主持，可根据会议议题需要邀请县区和其他部门参加会议。联席会议以会议纪要形式明确会议议定事项。重大事项按程序报批。

第四章　扶持政策

第五条　对住宅产业化项目实施以下鼓励政策：

（一）采用工业化方式建设的房地产开发项目，预制装配率达到 50%以上的，给予 3%~5%的建筑容积率奖励，具体奖励办法另行制定；

（二）采用工业化方式建设的保障性住房和棚户区改造住房，所增加的造价计入项目建设成本；

（三）纳入国家康居示范工程的住宅产业化项目，实行项目资本金监管额度减半，住房公积金优先放贷等支持政策；

（四）采用工业化方式生产的建筑产品，纳入全市重点扶持的高新技术产业范畴，依据相关政策经认定为高新技术企业的，享受高新技术企业相关优惠政策。

第六条　对住宅产业化生产施工企业，实施以下财税优惠政策：

（一）住宅产业化项目计算报建费时预制外墙板部分不计入建筑面积，报建费中涉及到基础设施配套费等政府非税收入的可按非税收入缓减免程序办理审批手续后实行减半征收；

（二）企业在提供建筑施工业务的同时销售自产部品部件的，分开核算，根据部品部件销售额计算缴纳增值税，建筑安装业务征收营业税，符合政策条件的给予税收优惠；

（三）在住宅产业化项目中使用的预制墙板，经相关部门认定视同为新型墙体材料的，可享受新型墙体材料专项基金先征后返优惠政策；

（四）在住宅产业化项目中使用散装水泥生产预制构件的，可计入建设单位散装水泥专项资金的返退依据，实行先缴后返；

（五）采用工业化生产方式生产建筑产品，且属于《科技部财政部国家税务总局关于印发〈高新技术企业认定管理办法〉的通知》（国科发火〔2008〕172号）规定范围的，支持生产企业申报认定高新技术企业并享受相关优惠政策。

第七条 凡购买预制装配率达到30%的产业化商品房项目的消费者可享受首套房购买政策，可异地申请住房公积金贷款，住房公积金贷款首付比例为30%。

采用预制外墙板外挂技术的住宅产业化项目，其预制外墙不计入建筑面积。

购买产业化全装修商品房消费者，且与房地产开发企业签订了商品房预（销）售合同和委托装修协议的，可以按全装修住宅总价款进行公积金贷款。

第八条 住宅产业化项目可采用设计、生产、施工总承包模式，也可采用部分承包方式。住宅产业化项目预制装配率达到50%以上的建设项目，在施工当地只有3家以下（含3家）住宅产业化生产施工企业和住宅产业化部品部件生产基地的，设计施工招标时可以采取邀请招标方式。

具有专利或成套住宅产业化技术体系的住宅产业化集团或企业总承包实施住宅产业化项目，按《中华人民共和国招标投标法实施条例》第九条第（一）、（二）款规定，设计施工可以不进行招标。

第五章 组织实施

第九条 市房产部门会同有关部门编制全市住宅产业化发展规划（2015—2020年）。

第十条 市住房和城乡规划建设部门会同有关部门组织成立永州市住宅产业化专家委员会，受委托提供全市住宅产业化技术审查、评估和论证等咨询服务。专家委员会出具的审查、评估和论证意见作为认定住宅产业化项目享受优惠政策以及职能部门进行监管的重要依据。

住宅产业化专家委员会由城市规划、设计、施工和检测，以及金融投资、产业经济、建筑材料生产等领域的专家与相关职能部门代表组成。

第十一条 市质监部门会同市住房和城乡规划建设部门规范住宅产业化相关技术标准、规范规程和标准图集管理。设计文件中采用经省住房城乡建设主管部门发布的标准图纸设计的，免于设计审查。

第十二条 市住房和城乡规划建设、经信部门要加强和完善对住宅产业化部品部件生产企业的生产供应管理，将预制部品部件纳入建设工程材料目录管理，制定住宅产业化部品部件推荐目录申报和评审制度，由相关职能部门进行评审后，定期发布推广应用，限期使用和强制淘汰不适应住宅产业化的技术、工艺、材料和装备。

第十三条 市国土资源部门根据全市住宅产业化发展规划，在每年的建设用地计划中安排专项指标，重点保障全市住宅产业化基地和园区建设用地。鼓励开发建设单位采用住宅产业化方式建设住宅项目，在土地出让或划拨前，对已明确按照住宅产业化方式建造，具备条件的保障性住房、写字楼、酒店等建设项目，优先保障供地。

2015—2016 年市人民政府在本区域内住宅供地面积总量中落实不少于 25%用于住宅产业化项目，2017 至 2018 年不少于 35%，2019 至 2020 年不少于 40%。

第十四条 市住房和城乡规划建设部门要整合全市产业链资源，鼓励研发、设计、生产、施工、建材、装饰、家具、家电、市政、园林、物流等产业链上相关企业参与住宅产业化建设，组建永州市住宅产业化联盟（集团）。

鼓励住宅产业化联盟和相关企业按规划投资建设住宅产业化园区，该园区可按规定享受我市工业园区有关优惠政策。

第十五条 市住房和城乡规划建设部门负责制定永州市住宅产业化基地管理办法，对达到市级或以上建设标准的住宅产业化基地，在推进新型工业化专项引导资金和培育发展战略性新兴产业专项引导资金中给予积极支持。市财政给予住宅产业化基地（园区）投资建设企业奖励。具体奖励政策由市财政部门商市发改、经信、住建等部门研究制定。

第十六条 市住房和城乡规划建设部门会同相关部门制定住宅产业化示范项目申报程序及评价标准、技术导则和动态管理措施，鼓励商品住宅进行产业化试点，通过试点示范工程，引导房地产开发企业在设计理念、技术集成、居住形态、建造方式和管理模式等方面实现根本性转变。

第十七条 市交通运输管理部门应制定住宅产业化部品部件运输道路交通组织专项方案，在所辖职能范围内，对运输超大、超宽住宅产业化部品部件（预制混凝土及钢构件等）的运载车辆，在物流运输、交通通畅方面给予支持。

第六章　附　则

第十八条 本实施意见自印发之日起施行。

附件：永州市住宅产业化发展联席会议制度

根据工作需要，经永州市人民政府同意，建立永州市住宅产业化发展联席会议（以下简称“联席会议”）制度。

一、主要职责

（一）在市人民政府的领导下，统筹协调全市住宅产业化相关工作，加快推进住宅产业化发展。研究制定全市住宅产业化发展中长期规划；

（二）贯彻落实住宅产业化法律、法规、规章和省委省政府、市委市政府的有关重大政策规定，研究制定全市住宅产业化的政策措施，指导、督促、检查有关政策措施的落实；

（三）统筹协调解决需要多部门联动且带有普遍性、综合性的重大问题，以及需要联席会议研究解决的其他问题；

（四）通报住宅产业化工作进展及有关政策措施的落实情况，提出意见和建议，针对工作中存在的问题，研究提出可行的解决办法；

（五）研究和讨论其他重要问题。

二、成员单位

联席会议由市发改、科技、经信、财政、国土资源、住建、交通运输、商务、房产、质监、消防、工商、国税、地税等部门组成。

联席会议由市政府分管副市长担任总召集人，市政府分管副秘书长担任召集人，各成员单位有关负责人为联席会议成员。联席会议成员因工作变动需要调整的，由所在单位相关负责人自然递补，并报联席会议办公室备案。

联席会议办公室设在市房产局，市房产局局长任办公室主任，承担联席会议日常工作。各成员单位明确一名相关科室负责人担任联络员，承担相关具体工作。

三、工作规则

（一）联席会议原则上每年召开一至两次，由总召集人或召集人主持，可根据会议议题需要邀请县区和其他部门参加会议。

（二）联席会议以会议纪要形式明确会议议定事项。重大事项按程序报批。

（三）对执行中碰到的新情况、新问题，各成员单位要及时向联席会议办公室反映。联席会议办公室对实施过程进行跟踪、监督与反馈。

四、工作要求

联席会议确定的事项，各成员单位要按照职责分工具体落实。属各成员单位职责范围的，由各成员单位负责办理；不属成员单位职责范围的，由联席会议办公室统筹协调。联席会议议定事项的落实情况，由负责落实的单位向联席会议汇报；涉及两个以上部门的事项，由主承办单位负责落实并向联席会议汇报。市房产局要切实发挥好牵头作用，各成员单位要积极配合，形成合力，确保联席会议有效运转。

二、历史建筑遗迹

（一）古村落

零陵区富家桥镇涧岩头村（国家历史文化名村、第一批中国传统村落）

涧岩头村景

涧岩头周家大院古建筑群位于富家桥镇何仙观涧岩头村，始建于明世宗嘉靖年间（1522—1566），完成于清光绪二十九年（1904）。因聚族而居于大院里的世代子孙均为宋代理学鼻祖周敦颐的后裔，故名“周家大院”。

周家大院总占地面积100余亩，建筑面积4.5万平方米，由6座庞大的民居宅院组成，成北斗七星状分布，均保存完好。它们分别为：明代3座——迁徙始祖周佐创建的“老院子”、其子周希圣所建“红门楼”、其孙周自稷（希圣长子）所建“黑门楼”；清代3座——周尹东修建的“新院子”、周崇傅之子侄7人合建的“子岩府”、周正琪兄弟4人合建的“四大家院”。

周家大院建筑规模庞大，气势宏阔，建筑装饰艺术博大精深，体现出“品类全、数量多、质地精、形态美、寓意深”的鲜明特点，为国内罕见。2006年1月，湖南省公布为省级文物保护单位。1996年1月，湖南省公布为省级文物保护单位。2013年5月国务院公布为国家级重点文物保护单位。

祁阳县潘市镇龙溪村（国家历史文化名村、第一批中国传统村落）

龙溪村因从李家大院背后的象牙山流下来的小溪而得名，因有李家大院而出名。李家大院位于祁阳县潘市镇龙溪村，距衡昆高速公路出口1500米，省级文物保护单位。龙溪李家大院原由老屋院、吊竹院、上、下院和品字书屋组成。现存的李家大院仅指上、下院和李氏宗祠。祠堂坐落在大院的正前方。

建这个院子的李氏先祖叫李文敬，是个做木材生意的大商人，因生意兴隆，家运亨通，于是率二子九孙创建这份家业。李家大院始建于明弘治十一年（1498），历经80余年陆续营建至万历十年（1583）才全部建成，是目前祁阳乃至永州年代久远、保存完好、规模最大的古民居。龙溪李家大院原由老屋院、吊竹院、上、下院和品字书屋组成。现存的李家大院仅指上、下院和李氏宗祠。占地23792平方米，呈长方形，东西长，南北短。整个上下院是一个相互联系的整体，有游亭、巷道或阶檐相通。由房屋48栋组成，全院大部分房屋为直向排列，李家大院以高大的象牙山为衬托，山上绿树成荫、苍翠欲滴，从外院角度看到的全是翘角屋垛，给人以展翅欲飞的动感。

双牌县理家坪乡坦田村（国家历史文化名村、第一批中国传统村落）

双牌县理家坪乡坦田村岁圆楼古建筑群始建于清道光十六年（1836），建成于清道光二十年（1840），占地面积4.2公顷，建筑面积3000多平方米。属典型的湘南古民居，目前仍保存着较为完整的大片整体风貌，具有较高的历史、科学、艺术价值。

何氏族谱记载，坦田村由何氏先祖建于北宋大中祥符元年（1008），全村332户1269人无一杂姓，清一色为何姓，皆发源于同一始祖，已繁衍48代。该村清代以前的连片古建群落面积达300多亩，古建筑达200多座，至今仍较完好地保存大量宋元明清各个时期的古建筑、古遗址。坦田村内的岁圆楼古建筑群是典型的清代建筑。

坦田千年古村，展现封建农耕社会的历史风貌。古村庞大的古民居群坐落于后龙山麓，它所面对逶迤连绵的马山，马山以其形似马鞍而名之，又称马鞍山。村落坐落于山环水抱之中，追求人与自然的和谐。建筑依山势而立，可谓因地制宜，充分利用自然山形和土地资源；用山峦而建古堡，可谓天然屏障，以御敌而避乱；引山泉凿石渠，可谓化害为利，排洪疏流；拦溪筑坝，引坦水灌溉农田，并山塘水池，以吸天地之灵气，防火灾于未然。山、水、石、泉与人融为一体，乃谋求天时、地利与人和。从古建筑的格局上观之，村落分布呈矩形，南北长，东西短，村前青石板村道，外与古驿道相接，是村人通向外界的通途，内与中心街巷沟通，便利于出入行走。

江永县夏层铺镇上甘棠村（国家历史文化名村、第一批中国传统村落）

上甘棠位于江永县城西南25公里处，省道325线从上甘棠村1公里处经过，穿龙虎关与阳朔、桂林相接。从汉武帝元鼎六年（前111）至隋文帝开皇九年（589）是古苍梧郡谢沐县治，历经700年；自唐太和二年（827）周氏族人在此定居立宅，迄今已有1000多年历史。村中名胜古迹繁多，文化底蕴厚重，有北宋靖康年间（1126—1127）的步瀛桥及摩崖石刻、明万历四十八年（1620）的文昌阁、前芳寺、明弘治六年（1493）的门楼，有昭示为人处世精典名言“他字歌”的寿萱亭，有湖南发现最早的宋代石桥——寿隆桥，还有300多栋保存较完好的体现明清时期建筑风格的古民居。其古建筑群2006年被国务院公布为全国重点文物保护单位，该村2007年被住建部、国家文物局公布为中国历史文化名村，2012年被公布为中国传统村落。

上甘棠村景

上甘棠山水优美，旅游资源天下奇观。村内风景如画，曾有“甘棠八景”之说，有太师椅、阴阳八卦、七星拱月的格局，富有韵味。太师椅格局：上甘棠古村背靠玉屏山脉，左右将军山、昂山为扶手，西临谢沐河，龟山为案、西岭为朝。太师椅格局符合传统基址选择“负阴抱阳、背山面水、藏风聚气”的基本原则，积淀浓郁的传统文化色彩。阴阳八卦格局：以谢沐河为阴阳八卦线，古村与对面农田为阴阳鱼，昂山与文昌阁一虚一实一阴一阳为鱼眼。七星拱月格局：古代军事要塞小鬼寨、叉寨、榕木寨、昂山寨、樟寨、仙姑寨、蒙公寨等七个山寨与上甘棠古村形成一个七星拱月的格局，七个古寨与古村互为呼应，形成古村牢固的防御。

宁远县禾亭镇小桃源村（第二批中国传统村落）

小桃源村位于宁远县禾亭镇东部，从宁远冷水镇四方井迁来，因原有一片桃园而得名。东、南两面与宁远太平镇的平下、章家村相邻，西、北两面与本镇的琵琶岗、猫仔凼相靠，距禾亭镇政府约9公里，距宁远县城约25公里，是禾亭镇最偏僻、海拔最高的行政村。

小桃源村四面山体围绕，最高海拔567米，最低海拔457米，属丘陵地区。始建于明代万历年间（1573—1620），附近的琵琶岗等村都是从小桃源村搬迁演变发展的。小桃源村古来文化厚重，明清时期经济繁荣，雄踞宁远东部。独具明清时期建筑风格的村落集中在地势较低的地带，四面青山环绕，只有北面有一条小道可通入其中，宛如世外桃源。经过多年发展与建设，小桃源村逐渐形成以传统建筑为肌理，山脉体系为依托的传统村落风貌特色。

小桃源村现仍保留着50余处明清时期古民居，建筑风格均为青砖黑瓦木结构梁柱，采用对称院落式布局，从格局到装饰无不在诠释着儒家文化的理念，是该县古民居历史较长、保护较好的村庄，极具历史、文化及旅游价值。

新田县金盆圩乡河三岩村（第二批中国传统村落）

河三岩村现有340余户，总人口1468人。据骆氏宗谱记载，河三岩建村始于道光十三年（1833），开村始组骆氏五兄弟从隔壁院子骆铭孙村（也有从宁远上宜骆家迁址到此一说）寻觅新寨村址到此。当时他们以养鸭为业，在山洞的3个岩洞处，清澈见底的泉水成河而流，汇集成数十亩水域，是放养鸭群的好地方。看到这里山青水秀，三面环山，环境十分优美，他们便在此开村定居，繁养生息。并因此而得村名：河三岩——意即一河之水出自三岩。

古村现存20多栋清朝年间修建的古民居，坐西朝东而建，在建设过程中遵循着纵向对齐、横向基本一致的原则，全都是青砖灰瓦的砖木结构。转角石雕、门庭木雕、文字彩绘是河三岩村古民居建造的三大特色。每栋房屋的转角处，都用一整块大石头镶嵌着。屋角巨石大都雕着各色各样的花卉图案，也有飞禽走兽、民间故事等等，内容各异，精彩纷呈，却又绝无雷同。每栋房子堂屋大门的正上方均安装着两颗圆型木墩，很像是龙头的一双眼睛，上面有风水八卦图案，也有福禄寿喜等文字及花卉雕刻。门楣上方有刻着龙凤呈祥图案的，也有雕刻花鸟鱼虫的。每座堂屋正前方的墙壁上，都写有一个大大的“福”字，意寓“福满门庭，阖家康宁”。许多房子的屋檐下，还用各色颜料进行彩绘，把民间故事和传说，以彩绘的形式用画笔精心描绘出来。

双牌县五里牌镇塘基上村（第三批中国传统村落）

塘基上村位于双牌县城以北9.2公里，背靠紫金山系，三面环山，环境雅静。古村依山而建，始于明清，虽历经百年沧桑，依然保存着原汁原味的明清建筑格局。整个古村建筑均为砖木结构，以山石为基、青砖为墙，以三合泥铺地，院套院，院通院，如同迷宫，是湘南边陲古民居的典型代表，2014年，列入第三批中国传统村落。

塘基上村古建筑群，由新院子和老院子两部分组成，老院子保存着大量的明朝建筑及部分清代建筑，新院子基本上是清代建筑，两大院落布局完整，互相依托，相互辉映，各成一体，又相通成整体。一眼望去古色古香，风貌依旧。由于成群成

新田县三井镇谈文溪村（湖南省历史文化名村）

谈文溪村景

谈文溪村地处新田县三井乡南部，是国家AAA级旅游景区。全村耕地总面积178亩，拥有林地2855亩。该村现存清代门楼一座，清代公祠一座，黑瓦青墙的明清建筑数栋，基本都保存完好，有青石板古官道穿村而过，古店铺清晰可见，明清数十块方石碑也散落村中各处。其中有块嘉庆年间（1796—1820）的古碑，上面刻着："余族坊名谈文喜（溪），自明初之际，始祖富公由深圳坊卜迁于兹地"。据考证，深圳"土著"中有郑氏多个祠堂，寻源溯流，与谈文溪村开基祖郑氏确是一族。专家推断，元末明初沿海深受倭寇海盗之苦，百姓内迁到这里的可能性极大。在村中最古老的一栋青砖房的堂屋里，凸出两块雕成龟鳖对卧的大青石，当地人称"灵龟化石"，是暗示房主的祖先来自东南沿海，隐喻"回归"故乡之意。在谈文溪村的水田间，耸立着一根由十块青石垒起的，貌似男性生殖器的石柱，雅名"笋矗云根"，是汉族地区唯一的生殖石雕。村后有一处貌似女性生殖器的带洞岩堆——仙姑岩，称为"生命之门"，"生命之根"中和"生命之门"，阴阳和谐。

在村里，有一处建于清道光年间（1821—1850）的文溪家庙，内部为一个大戏台，戏台保存完好，台上雕龙刻凤，均为透雕，其纹饰繁杂，极显工艺之精美。在戏台屏风的背后，曾发现清代在此演戏的剧目单，这些剧目单详细的表明清代至民国时期不同的剧团在此表演的曲目，有很多甚至排十几天的演出日程，反映出古代农村文化生活的繁荣。这个剧目单对于研究地方戏戏剧史意义重大。同其他古村落相比，谈文溪村的社会文化内涵更丰富，有关农耕文明的历史遗存更多，更具研究价值。

新田县枧头镇黑咀岭村（湖南省历史文化名村）

黑咀岭村龙家大院位于距新田县城近15公里，连绵大冠岭山脉深处的山坳间。"村连幽径拖青黛，门瞰群山拥翠微"是其幽雅环境的真实写照，全村均为龙姓，为史籍记载以"敦厚周慎、口无择言"之"八德"著称于世的东汉零陵郡太守龙伯高的后裔，大约在宋元丰年间（1078—1085）从零陵迁居至此，直到清道光年间（1821—1850）基本建成龙家大院现在的规模，被省文物局专家誉为"中国传统乡村的活化石。”

龙家大院三面环山，前有池塘，现存古民居60余栋，大部分为明末清初建成。房屋古朴大方，宽敞适用，不事豪华，很少装饰，街巷整齐规整，巷道内不见污水垃圾。最有特色的是建筑门壁上的对联，字体娟秀飘逸，含义追求恬淡自然，返璞归真。

龙家大院的先辈们把儒家思想天地人和的精髓，环境学与建筑规划学有机地融入到龙家大院的每一个角落。村庄的左边是青龙山，延绵数十里山色葱茏如同青龙，龙头在与新田县相邻的宁远县白云岩，岩口酷似龙口，龙尾在新田县毛里乡青龙峰，山上灌木苍翠，不时随风飘摇，极似龙尾。村右是白虎山，山势险峻，顶有古堡，虎视眈眈方圆数十公里。切乎中国传统风水学“左青龙、右白虎”一说。“坐堂听书”“丹凤朝阳”“榭楼垂钓”“双珠撵朝”“狮子望楼”“五代同堂”“秀涧藏龙”“葫芦晓月”是龙家大院的古八景，虽历经千年，依然四季皆景，四时妙趣不同，魅力无穷。村中终日香樟蔽日，古柏展绿，有古树118株，树龄300至1000年不等。

道县清塘镇楼田村（湖南省历史文化名村）

楼田村坐落于道县清塘镇，村庄依山而建，濂溪环腰而过，历史悠久，文化底蕴深厚，风景秀美。是北宋著名哲学家、文学家周敦颐故里，其一生著有《太极图》《通说》《太极图说》《爱莲说》等名作，被尊称为理学鼻祖、湖湘文化先驱。该村先后被评为湖南省风景名胜区、湖南省历史文化名村、全国重点文物保护单位。

楼田村景

庭，大都以三进九间为一个庭院布局，中间设有天井，院内设有过道和侧门与巷道连接。村前有六角楼、扁书房、青龙桥等古建筑，全村以四口古井为中心，井水长流，清澈见底，冬暖夏凉；古院落布局极为严谨，外屋以墙为接点，联为“口”字，形成统一布局，村内东西向三条巷道，南北向五条巷道，各以巷门为分割形成独立院落，院落之间门户相对，跨进门庭大多以三进九间为布局。整个村庄依山而建，座落在山腰上，从上至下形成一个自然的斜坡，有利于雨水顺势自然排出。村庄建房规划整齐，纵横相接，错落有致，每家每户每条巷子两边都有较深的排水沟，通往村口的池塘，形成一个“路相通、渠相连”的畅通排水网络，即使在大雨天，房屋周边也不会出现积水。

滨溪村几经沧桑，基本上保留原状。趣味黯然的雕梁画栋，是滨溪村古屋整体美的重要组成部分。屋檐上的木雕，石料上的图案，大门左右的石雕，无不是处处皆画，步步有景。2013 年，滨溪村被列为“湖南省第四批历史文化名村”。

（二）古建筑

舜庙

舜帝南巡，死后葬于九疑，具体地点说法不一，已无可考。舜庙相传始建于夏，地点在大阳溪。新莽王朝时，王莽命在九疑山修建“虞帝园”，将舜庙迁建于九疑山中的玉琯岩前。明洪四年（1371），舜庙迁建于现址，位于舜源峰北麓，座南朝北，娥皇、女英二峰环绕其前。舜庙现建筑系 20 世纪 90 年代重修，共斥资近 3000 万元，于 1999 年建成。

宁远文庙

宁远文庙

为全国现存规模最大的文庙之一，国家级重点文物保护单位。位于宁远县舜陵镇。初建于宋乾德三年（965），曾几经重建和修葺。现存建筑为清同治十二年（1873）至光绪八年（1882）建。宁远文庙规模宏大，占地约 7000 平方米。外环以垣，左右为登圣房、步贤房，其上各有“德配天地”，“道冠古今”石匾。入门为半月形的畔池。首进为棂星门。再进为大成门，两对龙凤大石柱矗立门内外左右两侧。门左右为“名宦”“乡贤”二祠。更进为大成殿。丹墀前有大石狮一对，墀上刻有五龙戏珠石雕。殿前有巨型龙凤石柱4对，殿后3对。殿外左右两侧，共有5对巨型八棱石。殿正中设雕龙画凤贴金之高大牌位："大成至圣先师孔子之神位"，两旁为先贤先儒神位。殿中主梁上悬有清嘉庆帝御笔"圣集大成"及光绪帝"斯文在兹"巨型牌匾。最后为崇圣祠。纵观全庙，庭院广阔，殿宇轩昂，飞檐斗拱，气势雄伟。全庙共有八角石柱8对，龙凤石柱10对，大石狮3对。特别是龙凤石柱，均为镂空石雕，实属全国罕见，具有十分重要的文物价值。

柳子庙

全国重点文物保护单位。位于零陵区潇水西岸，为纪念唐代著名文学家、思想家柳宗元而建。初建年代有碑可考者在北宋至和三年（1056），当时名柳子厚祠堂。此后曾多次修葺。现存庙宇为清光绪三年（1877）所建。柳子庙系砖木结构，三栋进深，庙门正上方有石刻"柳子庙"三个大字，环以五龙戏珠石雕。东西门楣分另有"清滢"、"秀澈"石刻，是对柳子高尚情操的赞美。进门后即是戏台。过戏台，越青坪，跨阶十三级即是中殿。中殿宽宏巍峨。从中殿拾级而上为后殿，殿中塑有柳宗元像。庙内原有很多石刻，现仅存宋苏轼《荔枝碑》、明代严嵩《寻愚溪谒柳子庙》等少数几块。

柳子庙

回龙塔

省级重点文物保护单位。位于零陵区北门外潇水西岸，系明万历十二年（1584）邑人钦差巡抚操江右佥都御史吕霍（零陵人，嘉靖进士）所建。塔身挺拔夭矫，结构奇巧，保存宋代建塔结构的特点。在建筑艺术和工程技术上均有其独特之处，是湖南明代砖塔建筑中的佼佼者。

永州文庙

省级重点文物保护单位。位于零陵区高山寺右侧。又名"县学宫""先师庙""孔子庙""圣庙"。始建于宋嘉定元年（1208），后曾6次迁移改建，四易其地。

永州文庙

现存文庙系清乾隆四十年（1775）重建。文庙系砖木结构，规模宏大，气势雄伟。现存大成殿和东西两厢建筑，面积为700平方米，殿为歇山重檐。殿前有石柱4根。其中两根为汉白玉柱，上雕蟠龙；两根为青石柱，上雕飞凤。殿前阶沿石狮石象各一对。石丹墀上有雕花蟠龙，技艺精美。木横坊、飞檐、大殿四周的石围栏和台阶的石脚上，刻有人物、飞禽、走兽、花卉。大成殿内的神座很大，系汉白玉雕刻而成。殿后两角上方有两块汉白玉石碑（其中一块已毁），立于用青石刻的乌龟之上，碑上盖顶和两边的龙雕十分精巧。左面一石碑为清康熙御制《至圣赞》，系咸丰元年（1851）重刻。

永州武庙

又名关帝庙或关圣庙，位于零陵区城内的东山上，在高山寺右侧。坐东朝西，建筑面积700平方米。建于清嘉庆年间（1796—1820），砖木结构，歇山重檐，红墙青瓦，檐角高翘。现仅存正殿，殿前有宽3米的檐廊，廊前有6柱，直径约0.6米。其中青石柱4根，浮雕雌雄蟠龙，两雌龙怀抱小龙，小龙形态天真活泼。正门上方原挂有一大横匾，正书“与天地参”四个大字，系光绪十二年（1886）零陵总兵才勇巴图鲁长明敬献。大殿台基前在石狮二尊，有青石丹墀云龙。殿后有歌颂关云长功德之圣诰石碑一方。石碑、匾额于“文化大革命”时毁坏。

广利桥

省级重点文物保护单位。位于东安县城以西20公里的塘复乡花桥村。桥初建于清乾隆三十八年（1774），重建于清光绪二年（1877），模仿宋代营造法。桥建成后，取“广济行人，万民称便”之意而命名。桥身分三拱，石墩木罩，拱脚落水处较薄，约一尺厚。桥两侧用青石条砌成，中间填土，有“金鸡脚、豆腐腰”之称。桥全长36.8米，宽4.3米，高7米，拱高6米。桥上天罩全系木结构，共17间，上盖青瓦，桥两侧栏杆内铺设厚木板，可供行人坐卧。两端建有八字门辅亭，与桥中央天罩均高出其余各间1.5米。桥两头各有石阶17级。该桥结构严实，造型艺术独特，装饰木板精致，是很有价值的古建筑之一。

寇公楼

位于道县城内五星街上，为纪念寇准所建。寇准于宋天禧四年（1020）被贬为道州刺史。任职期间，勤政爱民。当时百姓渴望太平，他于是在潇水之滨建楼，亲书“望太平”三字于其上。后人为纪念他忧国忧民的政绩，将此楼改为寇公楼。楼成方形，高9.1米，占地36平方米。循木梯而上，凭栏远眺，可俯瞰潇水两岸奇丽风光。

寇公楼

濂溪祠

在道县城西周家坊，为纪念北宋理学家周敦颐所建。后人称周敦颐为“濂溪先生”，因故名“濂溪祠”。祠坐北朝南，前临濂溪水，背倚梯云岭。整个建筑由正祠、礼厅、道脉相承坊、像厅、会元钟萃坊、棂星门、太极亭、爱莲亭、御碑亭组成，安排严谨，庄严肃穆。该祠几经重修，皆毁于火，现仅存仰濂楼。

李郃状元楼

位于宁远县湾井镇下灌村，西临泠江，历经元、明、清数代，几经修缮。楼为纪念唐文宗太和元年（827）及第状元李郃而修建。楼高10米，宽8米，长9米，为12根木柱台梁式楼阁建筑，悬山顶屋面，拱棚飞檐，宏伟壮观。李郃，字子玄，号西贞，为湖南历史上第一位状元。

状元楼

阳明山万寿寺

士、各里名贤共解囊施用伸臂助”得以重建。重建后，更胜于昔，香火更盛。其时，万寿寺有和尚108人。至清光绪二十六年（1890），阳明山万寿寺有上、中、下三殿，各殿之间有回廊。后殿祭祀七祖佛爷父母，后殿右侧观音阁，供七祖佛和十八罗汉、二十四孝、十二元觉、十八真人、四大金刚等塑像，以及如来佛祖、观音菩萨等三十余座神像。立柱上挂黑底金字木板楹联。三殿两侧建有客房四栋。寺内有铁钟四口，铜钟和铁锅各一口。民国33年（1944），下殿被焚，后殿亦因年久失修而毁。1957年，万寿寺住持通慧法师送静莲等10名和尚到广东南华寺受戒。1966年，“文化大革命”开始后，七祖佛像被盗毁，万寿寺仅存大殿和石塔一座、碑刻四块。1979年后，原阳明山万寿寺和尚黄祥明、张普瑞、田义兴化缘7000元，重修中殿。1983年，祁阳县由陶霞岭香会发起向原僧尼集资2300元，重塑七祖佛像。1983年，双牌县将其列为重建文物保护单位。1985年，万寿寺接待香客4000多人，其中部分来自河南、广西、浙江等地。1992年，阳明山公路修通，前来朝拜的善男信女逐年增多。2009年，市佛教协会会长释延藏担任住持。

豸山寺

豸山寺

位于江华县城东豸山，始建于明万历四年（1576），重建于清乾隆三十一年（1766），清咸丰年间（1851—1861）毁于战火，清宣统三年（1911）重建。豸山，屹立于潇水之畔，“峭壁摹空，悬崖俯流”，从对岸白象山（俗名狗公岭）遥望，其形似“豸”（一种古兽，独角），故名“豸山”；从城中望去，有似一坐立之青蛙，故又名“蛤蟆山”，山腰面阳有岩洞，俗称“麻拐岩”。豸山寺为前后三进，拾级而上。中间为山门，山门东西两侧为厢房，高两层，封山式建筑。进山门拾级而上为文昌阁，歇山重檐。由文昌阁而上为观音阁，歇山三檐建筑，高3层，木柱木楼，底层供观音大士和十八罗汉塑像，东有吕祖阁。临沱江建有望江楼、歇山三檐楼阁建筑，木柱木楼，高3层。豸山寺内有“巍然岩壁立，一窍向中开。澒洞破天巧，萧凉出世才。闲云眷野鹤，曲径箓苍苔。夜静无关锁，千峰伴月来”的石刻。1988年，江华瑶族自治县人民政府拨款10万元进行全面维修，为江华瑶族自治县重点文物保护单位。

永福寺

坐落于宁远县九疑山九疑洞村永福庄，距玉琯岩约一公里，旧名为无名寺，南齐时（479）为护卫舜帝陵而建，为永州境内最早的佛寺。宋太平兴国五年（980），改名永福寺。宋元祐元年（1086），僧人善义建齐云阁。宋绍兴二十五年（1155），敕建御书楼。宋淳熙五年（1178），全面修缮，并建严华阁。宋元丰年间（1078—1085），成为佛教丛林，寺僧众多，鼎盛时期，僧众千余人。明末清初，寺僧散去后荒废。清顺治十一年（1654），重修。寺旁建有永福庄，为僧人耕居之所。2000年年底，经省宗教事务局批准在原址重建。2003年，宁远县引进民营企业家李树新、罗锦均、周华驹、蔡建勋居士投资3000余万元重修。重修于2003年11月18日开工，2005年8月27日落成，并作为宗教活动场所对外开放。重修后的永福寺依山而建，错落有致，一半在平地，一半在山坡，相对高度100米，东西宽171~200米，南北长440米，占地124.6亩，总建筑面积19.78万平方米。全寺布局严谨，为五进院落，自下而上沿中轴线依次展开。一进为山门，天王殿，二进为大雄宝殿，三进为御堂，四进为观音殿，五进为御书楼、华严阁、齐云阁、观音台、弥陀台。两边寺舍对称分布，有方丈寮、信士堂、静心斋、长生殿、经堂和斋房等，永福寺的所有建筑均按原样修葺一新。寺内园林葱郁，曲径通幽，流畅通透，规模完整，与寺观浑然一体。为求神拜佛、旅游休闲、开展佛事活动的佳处。

甘泉寺

位于祁阳县城龙山之侧，因寺前有一口甘醴的泉井而得名。甘泉寺始建于明成化六年（1470）。寺内有房舍300余间，占地150余亩，且有稻田、旱土、鱼塘等产业。甘泉寺香火鼎盛时期，有僧徒近200人。民国32年（1943），甘泉寺遭日本飞机轰炸，大部分寺舍被炸毁，山门倾圮。1949年10月后，四周宅基地和田、土、鱼塘等被祁阳二中和附近居民占用。“文化大革命”期间，佛像被捣毁，僧众遣散，寺院被占作他用，宗教活动停止。1980年以后，甘泉寺重归僧众管业，宗教活动得以恢复。1987年以来，筹资30余万元，陆续修复大雄宝殿和两厢僧房、客舍。甘泉寺现占地面积7300余平方米，规划为三进，有建筑面积达264平方米的“大雄宝殿”，宝殿两厢有寮房、斋堂、客堂计36间，总建筑面积1100平方米。寺内供奉着释迦牟尼佛，西方三圣、地藏王、七祖、十八罗汉和弥勒等26尊佛像。甘泉寺为湖南省正式登记的宗教活动场所，曾被评为“湖南省五好宗教活动场所”。1999年，湖南省人民政府宗教局授予甘泉寺“湖南省宗教界为社会主义两个文明建设服务先进集体”称号。甘泉寺建筑颇具地方特色，寺内树木成荫，环境幽雅，每天前来朝拜的信众接连不断，是目前祁阳县最高盛名的宗教活动场所。

祁阳县观音堂

原名石观音堂。位于祁阳浯溪镇东江村，始建于清同治八年（1869）。相传很久以前，祁阳县东江村有一尊天然的石观音像，清同治七年（1868），胡家台村一卖豆腐的农民在佛像前休息时许下一愿，菩萨显灵让他在半个时辰之内卖完豆腐，结果愿望达到。此事传开后，在此烧香敬拜的人越来越多，并屡有灵验。清同治八年（1869），此地便建起一座小殿，供奉观音像，即石观音堂，香火旺盛。清光绪二十九年（1903），申永宁组织当地人将小殿扩修为四垛三间的大殿。民国19年（1930），胡家台村人胡松林在大殿两侧增修横屋。至此，石观音堂初具规模。后因战火和动乱，年久失修，遂逐渐败落。1995年，当地信教群众在原址重建一座240平方米的观音大殿，后经社会各界的支持，购置周围面积达1000多平方米的土地，于1998年又增建250平方米的玉皇大殿。1999年，观音堂被批准为湖南省正式登记的宗教活动场所，并改石观音堂为观音堂寺，后又改名为观音堂。2003年，观音堂大殿再次重修，主殿面积达380平方米，耗资22万余元，红墙碧瓦，颇具古宗建筑风格。观音堂两大殿供奉着大小17尊佛像、神像，主要有观音、寿佛、七祖、玉皇大帝、财神等。香火十分旺盛。

冷水滩文昌阁

位于冷水滩城北，湘江西岸的回龙山上，始建于明嘉靖十一年（1532），现仅存观音堂和洞宾楼，其余殿楼不知圮于何时。据当地老人回忆，文昌阁原来规模较大，有财神殿、文昌殿、观音堂、洞宾楼等建筑群，系砖瓦结构，总面积5000平方米。阁前竖有砖砌牌坊，上塑五龙捧圣图案，楷书“文昌阁”三个大字。坛前石阶5级，两侧衬以云龙浮雕。财神殿为八角三檐建筑，内供赵公元帅骑虎巨像，右手执金鞭，左手握元宝，形象威武雄壮。文昌殿前有王甫君书刻《重修文昌阁记》石碑一块，二楼塑有文昌帝君像，像前立一执笔魁星，圆形楼顶上绘有太极图案，供桌中央有“至圣先师孔子神位”，神龛两旁有对联：“为士大夫十七世，作帝王师亿万年。”循文昌阁左廊至观音堂，堂前有匾，题“一片婆心”四字，堂内塑有木刻观音菩萨像，怀抱裸体婴儿，赤足立于海浪中鳌鱼头顶之上，前有善财童子，后有龙女，两侧有对联：“好子向积善人家送去；化身从普陀海上飞来。”洞宾楼在观音堂后，楼下撑以木柱，中为主门，额题“欸乃一声山水绿”匾，其左右各有一侧门，分题“黄鹤飞来”“观水有木”，楼筑于岩石上，依岩面水，其势险峻，其景优美。文昌阁曾有两次大的重修，第一次重修年月不详。2002 年，文昌阁住持释自愿等人，自筹资金 32 万元，进行再次重修。再修后的文昌阁面貌焕然一新，二楼大门上方题有“大雄宝殿”四字，两旁有对联：“佛法无世间立足世间求出世；禅心静尘俗置身尘俗再超尘。”新修的观音殿内有新塑观音像大小四尊，中央塑有释迦牟尼像，左右伴有阿弥陀佛和药师菩萨像，神龛两旁刻有对联：“佛地有尘风自扫；禅门无锁月常关。”殿内左侧上方有匾“普渡众生”，下方有地藏菩萨；右侧上方有匾“大慈大悲”，下方供有观音娘娘像，殿内后柱对联“东土修行慈悲万民成菩萨；西天为佛育经千卷称三圣。”殿内西侧摆放十八罗汉塑像，左右各 9 座，形象千姿百态，威武生动。今文昌阁为冷水滩区重点宗教活动场所，是冷水滩区佛教、道教弘法和信徒居住地。文昌阁于 1998 年列为冷水滩市（县级市）重点文物保护单位，2003 年列为永州市文物保护单位。

文昌阁

江华盘王殿

盘王是瑶族人民的始祖。瑶族人民每到一地都要建立盘王殿，以纪念先祖。瑶族进入江华县境后，曾立有数座盘王殿。1993 年冬，根据瑶族人民的意愿，江华瑶族自治县筹备将原建于姑婆大山中的盘王殿迁建县城沱江镇，1995 年 11 月投入使用。新建的盘王殿坐落于平头岩公园内，占地 21 亩，依山而建，坐北朝南，为混凝土仿古式建筑。整个建筑由厢房、大殿和后殿 3 部分构成。在宽敞的停车坪下车后即进入高 8.9 米的瓠圣门，进入殿内，两旁是瑶族特色的吊脚楼式厢房，是瑶族历史文化陈列室，陈列着各级领导的题词、瑶族人民生产生活实物和照片。

大殿是盘王殿的主体建筑，长 26.2 米，宽 17.8 米，高 20.23 米，建筑面积 466.36 平方米。正门上方“盘王殿” 3 个金色大字和殿内的“盘王始祖随身带，木本水源不可忘”均为全国人大原副委员长、著名社会学家费孝通题写。殿内塑有盘

盘王殿

王和夫人及瑶族十二兄妹的雕像。盘王坐像高4.5米，盘王夫人像立于左侧，瑶族十二兄妹像分列大殿两侧，神态各异。墙上是4幅反映瑶族历史文化的大型壁画，殿内彩绘面积约1200平方米，有930条龙，608只凤，苏式彩绘346幅，民族服饰232幅，瑶家山水78幅，以及不计其数的花草、鸟兽。从大殿后方拾级而上，则是盘王的王陵，也称后殿。整座盘王殿雕梁画栋，古色古香，具有浓郁的民族特色。

盘王殿总建筑面积1300余平方米，总投资418万元，得到海内外瑶胞和县内外汉族等兄弟民族的大力支持和关心。今盘王殿已成为海内外瑶胞寻根访祖的活动中心，各族人民了解瑶族、认识瑶族的主要场所，被称为“中国瑶族第一殿”。

基督教永州堂

又称永州南堂，坐落于零陵区中山南路50号院内，于2002年开工建设，一层主体平面以下由祁阳人温玉华出资建设，中途温玉华擅自违约离开。后永州教会自筹资金建设第二层主体，因资金困难而停工。2003年8月起，经省基督教两会会长姚增谊牧师推荐，省两会副会长陈郅牧师与美国宣道会魏瑞理牧师多次考察，并给予资助，于2004年年底竣工，2005年6月19日举行献堂大典。教堂总建筑面积2000多平方米，总造价100万元，现值约200多万元。一楼为幼儿园和主日学，可容纳小孩100余名学习和住宿；二楼为礼拜堂可容纳500多人，并配有唱诗班练习室、圣物室、售书室；三楼为楼座礼拜堂，可容纳100多人，以及市“两会”办公、接待和常务会议室、灵修室、财务室、电脑室、档案室、财物保管室；四楼为培训中心，教室可容纳50个学生座次，另配有娱乐室、老师办公休息室、洗涤卫生室、天台课间操场；五楼为培训中心学员宿舍，可容纳40余名学生床位，并配有卫生间，舞蹈排练场，晒衣间等。六楼为钟楼。

祁阳天主教堂

1918年由意大利籍神父宝仁（音译）在城内燕窝池南面（今县委招待所旁）创办，包括泮池塘堂（老天主堂）、九塘冲堂（新天主堂）等。民国33年

(1944)，日本飞机进入祁阳滥施轰炸，将九塘冲新天主堂炸毁一角，民国34年（1945）日本投降，在获得联合国救济总署救济财物后，被炸毁的圣母堂予以修复。泮池塘天主堂后辟为招待所，九塘冲天主堂今保存完好。1995年被确定为湖南省重点宗教活动场所。现存的祁阳天主堂即原九塘冲天主堂，位于祁阳县浯溪镇九塘冲，始建于民国23年（1934），民国25年（1936）竣工，耗资一万银圆。独体式砖木结构，是一座古典歌特式宗教建筑。全堂由牌楼式正门、钟楼和经堂组成，其中经堂内设有祭台、更衣室、礼拜厅、唱经台和讲道台等设施。建筑面积为650平方米，堂内穹顶设计气势恢宏，宛如天宇，正面门楼及四围墙壁之泥塑、彩绘、装饰图案构图精美，工艺精湛，是全省至今保存完好的中型哥特式教堂。20世纪末经两次全面维修后，面貌焕然一新。现每周礼拜日，教友来此聚会，开展祈祷、念经、布道等活动。此外，每年教会还组织天主教徒在此举行5次规模较大的宗教典礼和庆祝活动（圣母升天瞻礼、圣母无原罪瞻礼、圣诞节、基督复活节、圣神降临节）。

绿天庵

坐落于零陵区城内东山上，唐代名僧、书法家怀素在此出家。绿天庵始建年代不详，清康熙初年重建，乾隆年间（1736—1795）曾加以维修。清咸丰二年（1852）毁于战火，清同治元年（1862）知府杨翰重建。有正殿一座，上为种蕉亭，左为醉僧楼，另建有书禅精舍，舍旁有怀素所书诸碑。至民国38年（1949），种蕉亭、醉僧楼、书禅精舍、佛殿，已难睹旧貌，剩下的正殿也于1981年被零陵地区精神病医院拆除，现仅存风化剥落清代摹刻的怀素草书“千字文”贴碑一块。

回山寺

位于江永县允山乡周家邦村回龙山。始建时间不详。回山寺大佛殿坐中，钟鼓楼居前，观音阁殿后，回龙书院靠左，禅院傍右，古木参天，林荫蔽日，气宇非凡。寺内观音像及壁画工艺精美，形态生动，在湘南一带享有盛誉。今寺已废，山光水色依旧。清代江永县令周鹤题词赞曰：“寥廓招提上界尊，翠微岩畔扣禅阁。秋高绝磴闻仙籁，日落平芜见远村。金碧诸天青嶂合，腾落一壑白云昏。披襟懒作穷探思，坐啸胡霞到石门。”

沉香庵

坐落于东安县渌埠头村湘江北岸的尖峰岭，相传地处悬崖边有一高大沉香树而得名。庵建于清乾隆四十八年（1783），有正殿3座，两侧横屋各4座。砖木结构，上盖琉璃瓦。前殿为关圣帝君殿，内有关云长、关平、周仓等烫金塑像，像前立一直经为1.5米的大铁钟。中进为大雄宝殿，内有三尊大佛像，立有一座焚纸大铁

沉香庵

鼎。两侧有十八罗汉和二十四诸天菩萨。后殿为观音殿，有清同治八年（1869）建造的石塔，叫飞鹅塔。塔形七层六面，高12米，底座直径为4米。横庭内设禅座和诵经堂，有弥勒菩萨和齐天大圣神像。庵前临江悬崖处，有一石像观音，清道光十五年（1835）錾成，神态慈祥。石壁上刻有“有心非石”4个大字，笔力沉穆雄浑，至今清晰。新中国建立初年，菩萨全毁。“文化大革命”时，庙宇拆除，仅存飞鹅塔。庵前周围石碑刻现存有9块，能清晰可辨者4块。20世纪80年代，原址正殿处，重建一间砖瓦房，供有菩萨，备有香火，有一尼姑在此修行。

芝山庵

位于零陵区河西朝阳办事处桃江村对面山上。始建年代不详。1966年以前，庵内有尼姑修行，香火旺盛。“文化大革命”中，庵及上山的两条石板路均毁，房屋破败。1980年后，有尼姑在庵修行，至今不断。

（四）名人故居

张浚故居

张浚故居

张浚（1097—1164），南宋名相、抗金名将、学者。张浚故居位于永州市零陵区城南文星街38号，为张浚贬谪永州时宋绍兴七年（1137年）而建。现存建筑民间传说为明朝天启年间（1621—1628年）张浚后裔张皇后重建，时称文昌阁。后族人张勉重修，更名为“勉园”，其为木质结构，硬山顶建筑。

故居前水井系张浚开凿，后人张勉学于明天启六年（1626）刻“紫岩仙井”，至今仍然在供附近百姓取水饮用、浇灌。

李达故居

李达故居

李达（1890—1966），中国共产党创始人之一，1920年参加上海共产主义小组，中共一大被选为宣传主任，曾任湖南大学、武汉大学校长。李达故居位于永州市冷水滩区南15公里岚角山镇油榨头村灌塘李家，有前后两栋，坐北朝南，占地350平方米。故居为砖木结构，悬山顶、盖小青瓦。原为清代豪绅黎某人的庄房，清光绪三十四（公元1908年）由李达的父亲李辅仁置买，并于清宣统三年（1912年）增建前面一排围屋和南北两栋陪房，民国27年（1938），李达回家隐居，仿效西方的建筑风格对正屋的左寝室进行了局部改造。故居出门左边的墙壁上，迄今还保存着李达同志亲笔题写的“辅仁小学”4个遒劲的大字。2013年，李达故居被列为第七批全国重点文物保护单位。

唐生智故居

唐生智（1890—1970），中华民国陆军一级上将，在中华民国建国到解放战争开始时期担任国民政府重要职务，1949年参加湖南和平起义。唐生智故居位于东安县芦洪市镇，又名树德山庄。山庄为长方形，坐东向西，建于民国16年（1927），占地7000平方米，建筑面积7018平方米。全系砖石木结构建筑，抬梁穿斗式与券廊式骨架并存，青砖铺地，青瓦盖顶，四进三井，廊道相连。主体建筑有门楼、主楼、洋楼，其附属建筑有厢房、会议厅、藏书院、迴廊、天井、花园、卫兵房等。主楼2层，为唐及夫人、子女居住的地方。洋楼2层，是待客与聚会之所。在功能上，官邸与私宅、园林与民居和谐共存。风格上，轴线式的对称布局与各中心点的非均衡分布方式相得益彰。建筑整体上体现立足传统，“洋为中用”的设计理念，并全面实施“中西杂糅”的建造工艺，手法别致，造就一处风格独具的中西合璧式的、20世纪初官署与民居合一的建筑。2006年，被列为第六批全国重点文物保护单位。

李启汉故居

李启汉（1898—1927），中国共产党上海发起组成员，中国社会主义青年团的创始人之一，马克思主义宣传家，早期工人运动的杰出领导人之一。李启汉故居位于江华瑶族自治县码市镇朝阳村李家大屋。李启汉出生时的李家大屋始建于清末，为厅堂式青砖灰瓦结构，内厢房为木质结构，建筑面积约400平方米。整座大屋保存完好，但内厢房因年久失修多有破损。李启汉的亲属为怀念烈士，多次对内厢房进行维修，保持原貌。2003年，永州市人民政府公布李启汉故居为市级文物保护单位，成为重要的爱国主义教育基地。

李启汉故居

蒋先云故居

蒋先云（1902—1927），中国共产党早期的优秀党员、学生运动与工人运动的杰出领袖、革命烈士、"黄埔三杰"之一。蒋先云故居位于湖南省新田县大坪塘乡大坪塘村，始建于清乾隆四十一年（1776），由蒋先云的高祖登堂公所建，因故居前有一形如半月的池塘，故蒋氏族人又称之为"月光堂（塘）"。清光绪二十七年（1902）农历七月十四日，蒋先云出生于此，他的童年、青少年皆在这里度过，直到踏上革命征程。故居坐北朝南，系明清时期砖木结构建筑，整体呈"一池三堂两井十二间"的格局，其主体建筑由月光池塘、大堂、中堂、正堂等组成，建筑面积457.5平方米。2011年，蒋先云故居被湖南省人民政府公布为省级文物保护单位。

江华故居

江华故居

江华（1907—1999）原名虞上聪，中国无产阶级革命家，党务工作和政法战线的杰出领导人，最高人民法院原院长，中央顾问委员会常委。江华故居位于江华瑶族自治县大石桥乡鹧鸪塘村，建在村中的一条小巷里，始建于清末，距今近200年，砖木结构，一进堂。整栋建筑为典型的江南古民居，现保存完好，两边厢房上门窗的人物、花鸟、雕花栩栩如生，房屋四周及大堂天井的排水系统没有受到破坏，雨天不涝。故居内阳光充裕，燕声缭绕。从大门进去是天井，再进去是正堂，之后是后厢房，左右为上下四个厢房。江华出生在左边厢房的下房，此房也是少年江华读书学习的书房。

陶铸故居

陶铸（1908—1969），坚定的马克思主义者，杰出的无产阶级革命家，党和军队卓越的政治工作者，党和国家的卓越领导人。陶铸故居坐落在祁阳县潘市镇石洞源陶家湾村，1958年修建石洞源水库时，因水淹拆迁至西向的后山背高处，土砖墙，椽、门窗、青瓦大部为搬迁来的原物。房前有小坪，四周树木葱郁。故居是一处典型的湘南山区农家民居院落，砖木结构，主体为二层吊脚楼，由一正两横和一栋杂屋组成，占地1500平方米，建筑面积1100平方米，前坪后院呈“凹”字形布局。1997年于其旁建陶铸故居陈列室，青瓦平房5间，计200平方米，前有约1500平方米的广场，山顶建有陶公亭、松风亭。2003年定为市级文物保护单位和爱国主义教育基地。

后 记

2016年年初，永州市委、市政府启动永州市第二轮修志工作，计划用5年的时间完成首部《永州市志（1996—2015）》及有关部门志、专志的编修。《永州市房产志》作为《永州市志（1996—2015）》的专业分志纳入计划，由永州市房产局承担编纂任务。

自2016年3月修志工作启动以来，市房产局成立了局长挂帅、局副处级以上领导任委员的编纂委员会，组建了编纂工作办公室，聘请了专职编辑，局各科室负责人及全市各县区房产局局长为办公室成员，局办公室牵头负责志书编纂工作。我们在市史志办的正确指导下，先后3次参加全市编纂培训，并赴常德、岳阳等地学习取经，制定了《永州市房产志编修实施方案》《永州市房产志编修实施细则》《永州市房产志编目大纲》，全面组织实施。

为确保志书编修工作高质量完成，市房产局先后6次召开局务会议进行专题研究，组织召开局中层以上干部参加的永州市房产志编修工作动员大会，各县区房产局长参加的县区房产局志书编纂动员大会，全面动员全局上下共同参与志书编纂资料长编收集工作。由各科室分别撰写相关章节工作记录，全局副科级以上干部每人都撰写个人大事记，为志书编写工作提供信息线索。

编纂工作历时两年多，共收集整理局档案室档案、各科室基础资料、各县区房产局素材以及市档案局、市住建局等单位相关材料2000余份共60余万字，形成资料长编，为编纂工作打下扎实基础。2017年10月，资料长编呈报市史志办和永州市志总编办审读通过后，又经过一年多时间的精心编纂修订、补充完善，在内部审读五易其稿的基础上，4次请市史志办专家精心把关，最终形成书稿，于2018年11月交专家评审。

编纂和评审过程中，得到《永州市志（1996—2015）》总纂蒋政平，市史志办李俊江、高波、高爱国、王劲梅、唐嘉婕、黄斌，以及伍军、张泽槐、贺德林、乐中志、张宁波、刘忠福、杨建平等领导专家的精心指导和支持帮助，《湖南日报》张新国、永州摄影家蒋新国、彭雯提供了部分历史照片，在此一并鸣谢！

编者

2018 年 12 月

索　引

说明：本索引中章、节、目名称按第一个字的汉语拼音首字母顺序排列。